탈경계인문학 연구총서 2

이미지 문화사회학

이수안(李受晏)
독일 프랑크푸르트대학교에서 사회학으로 박사학위를 받은 후 성신여대 대학원 여성학과 교수를 역임하였으며 현재 이화여자대학교 이화인문과학원 교수로 재직 중이다. 탈경계인문학 연구과제 중에서 특히 문화혼종성 연구에 주력하고 있다. 저서로 『후기근대의 페미니즘 담론』(여이연, 2004)과 『문화사회학』(살림, 2012, 공저)이 있고, 주요 논문으로 「Cultural Hybridity in the Discourses of Marriage Migration」(*Korean Journal of Sociology*, 2011. 12), 「혼종공간으로서 카페와 유목민의 문화풍경」(문화와 사회, 2011. 11) 등이 있다. 2009년부터 2년간 진행한 연구과제 "현대 한국사회의 문화적 풍경: 핸드폰, 택배, 방, 라면을 중심으로"(한국연구재단 지원)가 인문사회분야 기초연구사업 10년 대표 우수성과로 선정되었다.

탈경계인문학 연구총서 2

이미지 문화사회학
포스트젠더와 탈경계의 이론적 상상

2012년 12월 20일 초판 1쇄 발행
2017년 02월 15일 초판 2쇄 발행

지은이 이수안
펴낸이 이찬규
펴낸곳 북코리아
등록번호 제03-01240호
주소 13209 경기도 성남시 중원구 사기막골로 45번길 14 우림 2차 A동 1007호
전화 02) 704-7840
팩스 02) 704-7848
이메일 sunhaksa@korea.com
홈페이지 www.북코리아.kr
ISBN 978-89-6324-252-1 (94330)
978-89-6324-250-7 (세트)

값 19,000원

- 이 저서는 2007년 정부재원(교육과학기술부 학술연구조성사업비)으로 한국연구재단의 지원을 받아 연구되었습니다(NRF-2007-361-AL0015).
- 표지 사진
  위: Chris Cunningham 감독의 뮤직비디오 〈All is full of love〉 스틸컷 ⓒ Chris Cunningham
  아래: Royal Galleries of Saint-Hurbert 사진 ⓒ 에디션 리안
- 이 도서의 국립중앙도서관 출판시도서목록(CIP)은 e-CIP홈페이지(http://www.nl.go.kr/ecip)와 국가자료공동목록시스템(http://www.nl.go.kr/kolisnet)에서 이용하실 수 있습니다.(CIP제어번호: CIP2013000065)

탈경계인문학 연구총서 2

이미지 문화사회학

포스트젠더와 탈경계의
이론적 상상

이수안 지음

북코리아

차례

III 젠더 이미지 재현의 현상학

여는 글

우리는 이미지가 넘쳐나는 세계에 살고 있다. 현대성의 문화적 조건을 구성하는 가장 중요한 의제 중 하나를 시각성이라고 했을 때 이미지 과잉은 이미 예고된 현상이라고 해도 과언이 아니다. 더욱이 테크놀로지의 발달로 다양한 미디어가 등장하고 이들의 가장 핵심적인 기능이 이미지를 실어 나르는 것이라고 한다면 이미지를 통한 '일상생활의 미학화'는 영상문화의 화려한 번영에 힘입어 더욱 속도를 낸다고 할 수 있다. 다양한 디지털 미디어의 등장은 이미지 재현의 폭을 엄청나게 확장시켜 왔다. 시각이 인간의 감각 중에서 독보적인 우위를 차지하고 있는 지금의 사회에서 각종 매체를 통해 가장 빈번하게 등장하는 이미지는 시각화된 인간의 이미지다. 이 책이 젠더와 몸, 그리고 섹슈얼리티와 욕망의 표상에 집중하는 이유다.

이미지란 무엇인가? 이미지는 한순간 머릿속을 스치고 지나가는 단편적인 그림일 수도 있고, 눈앞에 물질적 실체를 가지고 놓이는 사진일 수도 있으며 스크린 위의 물질적 지속으로 포착되는 영상일 수도 있다. 여러 학문 분야에서 다양한 용어로 이미지를 개념 정의하고 있으며 그런 만큼 이미지를 정의하는 스펙트럼은 매우 넓다. 이미지란 본질을 알맹이로 하고 그 위에 사람들의 요구와 욕망을 덧입혀 형상화한 실체, 또는 그 실체에 가깝게 재현된 상, 또는 가치, 이상 등을 가리키며 이러한 재현 과정에서 모방(mimicry)을 수반하기도 한다. 이미지가 인간의 심상만을 가리킨다면 이미지를 이해하는 데 있어 오롯이 인간의 상상력이 문제가 될 것이다. 그렇지만 지금의 사회에서 이미지는 아리스토텔레스가 정의했던 바와 같이 상상력에 기반한 '마음의 그림'을 포함하면서 이로부터 더 나아가 문화적 변동과 테크놀로지의 발달, 그리고 소비문화와 연동된 각양각색의 라이프스타일에 따라 기호로 생산되고 소비되는 등 다양한 개념정의가 요구되는 경험이자 물질적 실체의 형상을 하고 있다.

이러한 맥락에 따라 이 책에서는 눈앞에 시각적으로 재현되는 이미지뿐 아니라 사람들이 마음 속에 떠올리는 특정한 그림, 즉 심상을 포함하여 기호화한 가치, 감각, 이상형(ideal typus) 등을 문화의 장(場)에 따라 폭넓게 이미지로 정의하면서 논의를 시작한다. 예를 들어 소비문화에서 등장하는 이미지는 단순히 광고에서 재현되는 상품의 사용가치보다도 더 먼저 발생하는, 인간의 심연에서부터 생겨나는 욕망 그 자체를 일컫는 개념이기도 하다. 이상적인 지표로 삼고 있는 삶의 가치나 라이프스타일을 상상하고 그에 비교적 근접해 있는 어떤 것을 열망의 대상으로 삼을 때, 그것은 반드시 형상화한 상품이나 물질적 가치로 물화(reification)하여 나타나기만 하지는 않기 때문이다. 이 경우의 이미지는 정신적 이미지, 또는 심적 이미지에 가깝다. 또한 젠더에 따른 성별 이미지의 경우에도 사회적인 인식의 추상적 결정체로서 구체적인 형상을 하고 있다기보다는 추상적인 이념과 사회적 인식으로 규정될 수 있다. 이렇게 본다면 이미지란 매우 높은 추상성을 지닌 정신적 이미지로부터 구체적으로 고정된 그림으로 제시되는 재현물까지 스펙트럼이 넓다는 사실이 확인된다.

그렇다면 이미지에 대한 문화사회학적 성찰이란 무엇을 의미하는가? 이미지의 문화사회학이란 문화의 다양한 장(場)에서 나타나는 이미지를 문화사회학적 이론들과 연결시켜 해석하는 작업이다. 이미지가 생성되는 문화의 장(場)은 사회 전체를 구성하는 다양한 문화적 영역을 뜻하며 여기에서는 구체적으로 영상문화, 소비문화, 대중문화, 그리고 이를 총체적으로 포괄하는 시각문화로 세분화된다. 그러므로 이미지의 문화사회학은, 이미지가 범람하는 지금의 시대를 문화적 기류 형성의 중심이 되는 주요 개념들 중에서 특히 젠더와 몸, 그리고 섹슈얼리티와 욕망 개념이 연결된 이미지를 중심으로 하여 이미지 생성 과정과 그 결과물로서 등장하는 이미지 재현의 풍경, 즉 이미지스케이프 (imagescape)에 대해 특히 시각체제를 중심으로 하여 보다 세밀하게 분류하고 해석하는 작업에 대한 명명이다.

근대성 기획이 시각을 통해 효과적으로 성취되었다는 점은 그동안 발터 벤야민(Walter Benjamin), 게오르크 짐멜(Georg Simmel), 마틴 제이(Martin Jay), 그리고 크리스 젠크스(Chris Jenks) 등 사회학자들에 의해 확인되어왔다. 젠크스(Jenks, 2004)는, 사회학적이고 문화적인 연구에서 '관찰'은 근원적인 은유가 되어 왔고 이로써 존재론적이고 인식론적인 가정을 동반함으로써 모더니티를 통한 '시각에 대한 우리의 방법들'의 근원으로 이끈다고 주장한다. 앎에 대한 직관적인 이론보다 경험적인 이론들에 의해서 '시각의 열림'으로 묘사하는 시기인 근대성의 시대가 열렸다는 것이 이들의 이론이 지시하는 시각성에 대한 공통적인 이해다.

사회학의 주된 관심이 '사회구조'로부터 '일상'과 '문화'로 선회하면서 사회학적 논의의 중심은 사회적 체계에 대한 과학적 논의에서 일상적 삶의 언저리를 구성하는 다양한 상징과 실천적 행위에 대한 담론으로 옮겨지고 이는 문화사회학의 기반을 이루게 되었다. 최종렬(2009)의 논의에 의하면, 문화사회학에서는 문화적 현상, 인간의 행위와 그 행위의 과정 등에 대한 외면적 접근뿐 아니라 그 문화의 내면적 차원까지 깊숙이 들어가 그것의 의미를 밝혀주는 것을 목적으로 한다. 이로써 문화의 의미를 해석하고, 수많은 혼종성을 만들어내면서(Clifford, 1992) 유동하는 문화개념을 포괄하는 문화사회학이 요구되고 있다. 이런 관점에서 볼 때, 현재의 '사회적인 것'을 '풍경' 개념으로 포착한 아파두라이(Arjun Appadurai, 1996)의 논의는 이미지스케이프라는 개념 정립에 있어서 매우 유용하다.

아파두라이에 의하면, 지금의 전지구적 자본주의 사회를 형성하고 있는 에스노스케이프, 테크노스케이프, 파이낸스스케이프, 미디어스케이프, 이데오스케이프들은 복합적 연계성 속에서 수많은 다차원적인 행위자들이 개입하여 만들어가는 '유동적이며 불규칙적인' 전체로서의 전지구적 문화흐름의 다섯 가지 차원을 일컫는다. 이로써 서로 뒤섞여 복합적이고 중복적이며 이접적인(disjunctive) 질서 속의 전지구적 문화풍경이 만들어지고 있는 것이다. 이와 같은 배경에서 이 책에서는 아파듀라이의 개념정의를 차용하여 이미지가 중심이 되어 생성되는 문화변동의 공간을 이미지스케이프로 개념 정의하여 파악하고자한다.

이미지를 단편적인 그림으로만 볼 것이 아니라 파편적인 기호로 형성된 다양한 인식이나 개념의 조각들이 사람들의 마음에 그리는 커다란 그림으로, 또는 인식으로 파악하고자 하는 현상학적 논의는 아파두라이의 스케이프 분석이론이나 벤야민의 모나드 이론과 맞닿아 있다. 그런 의미에서 아파두라이가 스케이프(scape)로 파악하고자 했던 전지구적 문화흐름의 차원들에 있어서, 결국은 복합적 연계성 속의 개별적인 행위자가 이 풍경의 원근법에서 가장 최종적인 지점에 위치하고 있다는 이해는 시사하는 바가 크다. 개별 행위자에 대한 개념을 모나드와 연결시키자면 이는 김홍중의 모나돌로지 방법론 제안과 맞닿을 수 있을 것이다.

김홍중(2012)은 '복합된 것 안에 있는 단순한 실체', 즉 "자신의 부분을 갖고 있지 않은 세계의 최소 요소를 가리킨다"(라이프니츠, 2010: 251-252)는 모나드에 대한 라이프니츠의 개념정의를 출발점으로 하여 '사회학적 모나돌로지(monadology)'를 개념화하고 있다. 가장 단순한, 창문 없는 단자(單子)로 표상되는 모나드는 그러나 "전 우주를 표상"하는 것으로 정의된다(라이프니츠, 2010: 282; 김홍중, 2012: 16에서 재인용). 김홍중의 모나돌로지 방법론에 대한 다음과 같은 서술은, 이 책에서 중심 주제이자 개념으로 다루는 이미지가 본질과 갖는 관계와 세계인식의 프레임으로서의 위상을 보여주는 데 있어서 모나돌로지 방법론 도입이 매우 유용하다는 판단을 가능하게 한다. 김홍중은 미소한 것에 극대한 것이 표현되어 있음을 발견할 때 우리는 거기에서 바로 모나돌로지의 가능성을 확인한다는 점을 들어 다음과 같이 사회학적 모나돌로지의 방법론을 제안하고 있다.

> 사실 20세기 인문·사회과학은 모나돌로지적 방법에 다양한 차원에서 깊은 주의를 기울여 온 바 있다. 역사학의 영역에서 가장 대표적인 것은 미시사이다(곽차섭, 2000). 그 중에서 특히 긴즈부르크의 작업들이 이를 잘 보여준다. 그가 자주 인용하는 독일 예술사가 아비 바부르크(Aby Warburg)의 표현을 빌려 말하자면, 신은 세부에 거한다(God is in details). 그는 이 표현을 자신 작업의 원칙과 방법으로 설정하고 있다. 그는 언제나 작은 단위의 연구대상 속으로 들어가서 그 속에서 역사적, 사회적 총체성의 구조를 찾아낸다. 그는 자신의 방법이 사실 19세기 후반에 창안된 하나의 새로운 인식론적 전환에 기초하고 있다고 말한다. 이 새로운 인식론의 징후는 미술사가 모렐리, 프로이트, 그리고 탐정 홈즈의 탐구 방법에서 엿볼 수 있다. 긴즈부르크는 이를 추측적 패러다임(paradigme indiciaire)이라 부른다(Ginzburg, 1989: 218-294). 추측적 패러다임은 전체가 아닌 미소한 디테일에 대한 정밀한 해독과 탐구를 통해 전체 구조를 인지하는 방법이다(김홍중, 2012: 16-17).

김홍중은 또한 벤야민으로부터 긴즈부르크와 약간 다른 의미에서 모나돌로지의 중요한 방법론적 전제를 찾아내고 있다. 벤야민에게 있어서 탐구 대상은 사회적 총체성을 이미지의 형식으로 내포하고 있는 '모나드'(Benjamin, GS I-1: 228)라는 것이다. 모나드에 접근하는 방법은 그리하여 그것을 다른 차원에 인과적으로 귀속시킴으로써 설명하는 것이 아니라, 그 내부에 은닉된/표현된 수많은 이미지들을 '보여주는' 것이다. 즉 벤야민적 모나돌로지의 절정을 이루는『파사젠베르크 *Das Passagen-Werk*』의 방법론적 원칙은 다름아닌 '몽타주'다. 따라서 이 방법론을 간략하게 집약시켜 말하자면(김홍중, 2005: 158), 모나드는 그것이 표현하는 수많은 세계의 이미지들로 구성되어 있고, 모나돌로지는 그런 이미지들을 몽타주함으로써 마치 영화처럼 이를 풀어 보여주는 것이다.

모나돌로지의 방법론을 원용하여 이 책의 이미지 해석 작업을 설명하자면 다음과 같다. 세계를 각각의 독특한 문화적 현상들이 모여서 이루어진 사회로 보고 그 사회를 구성하는 특징적인 각 문화적 장(場)에 잠재적인 추상적 이미지로 현존하거나 재현적 이미지로 생성된 다양한 이미지들을 모나드로 인식한다. 이 이미지들을 재현의 구체적 형상에 의해 부여된 상징과 기호적 의미에 따라 해독하여 전체 사회의 그림을 몽타주해 감으로써 지금의 사회를 이미지 해석의 방식으로 이해해보는 것이다. 이때 사회를 구조로 보지 않고 이미지가 중심이 되어 생성되는 문화변동의 공간으로 이해함으로써 지금 사회의 문화적 풍경을 아파두라이의 개념을 차용하여 이미지스케이프로 파악한다는 점이 기존의 구조 중심의 거대이론과 거리를 두는 문화사회학적 이해방식의 특징이라고 할 수 있다.

이 책에서는 이미지스케이프에서 특히 젠더적 표상의 모나드에 관심을 집중한다. 즉 여러 가지 문화적 장에 재현되는 젠더 이미지의 현상적 흐름을 시각체제 속의 응시를 통해 들여다보는 것이다. 그러므로 젠더 이미지 현상학의 구체적 작업은 젠더를 둘러싼 개념이 가지고 있는 의미가 어떻게 이미지화하고 그것이 어떻게 드러나는가(erscheinen), 그리고 그것은 본질과 어떤 관계에 놓여 있는가를 읽어냄으로써 그 표상과 본질, 이미지와 실체 사이의 관계를 파악하고 이해하는 작업이다.

이미지 연구에서 가장 중요한 것은 역설적으로 그 이미지의 뒤에 있는, 또는 감춰진, 아니면 특정 이미지로 재현하게 만드는 '본질'은 무엇인가 하는 점이다. 이미지는 일차적으로는 가장 충실하게 본질을 구현하려 하는 특징을 가지는 한편, 역설적으로 오히려 본질과 완전히 동떨어져서 본질을 숨기고 본질과 다르면서도 설정한 지향점에 가장 가까이 접근하는 그림으로, 즉 시뮬라크르로서 본질 위에 매스커레이드하는 방식의 이미지를 형성하기도 한다. 이러한 과정이 각각 선택적으로 이루어지기도 하고 동시에 하나의 이미지에 적용되기도 한다. 정치인들의 경우 본질과 이미지가 판이한 경우가 많은데 이러한 경우는 그 이미지를 접하는 대중과의 접근이 어려울수록 더 자주 발생한다. 이미지와 본질이 긴밀하게 연관되지 않는 대표적인 경우가 영화배우들이다. 이들은 하얀 도화지와 같아서 그들이 재현하는 인물의 본질은 이미지와 그대로 합치되기 때문에 이미지와 재현해내려는 캐릭터 사이의 거리나 괴리는 애초부터 존재하지 않는다. 다만 영화배우 개인의 인간적 특성이 그 영화배우가 주로 맡아왔던 캐릭터와 얼마나 근접해있느냐 하는 것이 캐스팅 과정에서 고려되겠으나 이는 영화 속의 인물이 만들어내는 이미지와 근본적으로 연계되어 있지는 않다. 따라서 배우가 영화 속에서 만들어내는 이미지는 그 인물에게 설정되어 있는 본질적 속성과 일치할수록 이미지의 완성도가 높게 나타난다.

젠더 이미지를 다룬다는 것은 지금까지 축적되어온 '젠더'이론을 바탕으로 젠더에 관련한 심층적인 이론적 개념들을 천착하고 이러한 '젠더'가 사회적 실천의 영역에서 어떠한 이미지 기호·의미·외양으로 드러나는가를 보는 것이다. '이미지로 드러나는' 것은 '이미지로 만들어지는' 것과는 다소 거리가 있다. 이는 젠더이기(being gender)와 젠더하기(doing gender) 만큼의 논리적 거리를 가지고 있다. 이미지로 드러나는 재현에서 기존의 이분법적 젠더 유형이 그대로 재현되는 것과는 대조적으로 '이미지로 만들어지기'는 보다 주체적이고 행위성이 드러나는 수행과 실천이기 때문이다. 이상과 같은 이미지 탐구의 방법론과 의미를 배경으로 하여 이미지의 정의와 내용은 다음과 같이 크게 3부로 나뉘면서 각 문화적 장의 특성에 따라 세부적으로 분류될 수 있을 것이며 이렇게 분류된 이미지가 이 책의 내용을 이룬다.

I부에서는 이미지와 시각성, 그리고 젠더의 개념적 분석 프레임을 구축한다. 우선 이미지의 개념적 정의와 다양한 이미지의 형성 과정에 대한 논의를 깊이 있게 다룬다. 시각성과 응시, 그리고 이를 매개로 하여 구축되는 시각체제는 이 책의 전체를 관통하는 중요한 방법론적 축이다. 따라서 근대성과 시각성의 매우 정교한 결합을 짐멜과 벤야민의 산보자 개념을 통하여 살펴보고, 팬옵티콘을 응용하여 시선의 권력을 이론화한 푸코(Michel Foucault)의 시각성 담론과 라캉(Jacques Lacan)의 시각장이론, 그리고 존 버거(John Berger)의 보는 방식(ways of seeing)에 대한 담론을 적용하여 시선의 젠더 권력화 현상을 설명한다. 끝으로, 이미지 분석의 세분화된 개념적 항목의 중심을 이루는 젠더는 좀 더 구체적으로 몸 이미지, 섹슈얼리티, 욕망 등으로 나뉘며 이 개념들의 이론적 구조를 이미지와 연결시켜 이해한다. 나아가 젠더 디스플레이와 매스커레이드를 이미지 재현의 분석에 활용할 수 있는 이론적 개념으로 파악한다.

시각장에 대한 라캉의 정신분석학적 시각 이론을 적극 수용한 이유는 오늘날 페미니스트 영상 이미지 분석의 주요 이론적 근거가 정신분석학과 포스트모더니즘에 놓여있기 때문이다. 물론 시각 이론과 이미지 연구에서 라캉의 정신분석학적 응시 이론을 '과학적 근거 없음'이라는 라벨을 붙여 아예 다루지 않으려는 철학자, 예를 들면 『이미지와 마음』의 저자인 그레고리 커리(Gregory Currie) 등이 있고, 우회적으로 이러한 입장을 취하는 학자, 예를 들면 『이마주』의 저자인 자크 오몽(Jacques Aumont) 같은 이가 있기는 하다. 그럼에도 불구하고 라캉의 응시와 주체 형성의 전개과정을 보여주는 시각장이론은 크리스티앙 메츠(Christian Metz)로부터 시작해서 로라 멀비(Laura Mulvey), 매리 앤 도앤(Mary Ann Doane), 테레사 드 로레티스(Teresa de Lauretis) 등 주요 페미니스트 영화이론가들의 이론에 이르기까지 매우 영향력 있고 기본적인 이론적 토대를 제공해주는 것으로서 중요성이 입증되고 있다. 물론 영화의 내러티브 분석은 또 다른 차원의 이론 프레임을 요구할 것이다. 그렇지만 결국 영화와 영상 이미지를 어떻게 해석하느냐에 따라, 즉 영화의 반영적 이미지에 초점을 맞출 것인지, 구성적 이미지에 초점을 맞출 것인지에 따라 이론의 수용이 달리 이루어질 수 있을 것이다.

II부에서는 이미지로 이루어진 문화적 풍경을 영상문화, 소비문화, 대중문화 등 세 개의 문화적 장(場)이 갖는 특성에 따라 분류해 살펴보고 이미지의 서로 다른 개념적 차원을 재현으로 이어지는 과정에 대한 고찰과 함께 이론적으로 천착한다. 각 이미지의 개념적 정의는 현대사회의 특징적 문화의 장(場)이 갖는 특성에 따라 조금씩 다르게 이루어질 것이며 어떤 문화적 범주 안에서는 좀 더 다양한 개념의 스펙트럼이 적용될 것이다. 우선, 시각문화와 영상문화에서는 응시가 중심적인 분석틀이 된다. 소비문화에서는 취향과 라이프스타일, 사회계층과 욕망이 핵심적인 개념이 될 것이다. 또한 대중문화에서는 감각과 몸, 스타일, 젠더디스플레이 등이 주요 분석 개념이 된다. 이를 각 문화의 장(場)에 따라 살펴보면 다음과 같다.

II부의 1장인 '영상문화와 시각 이미지'에서 다루어지는 이미지는 광학적인 이미지이다. 다시 말하자면 스크린이라는 물질에 빛을 쏘아서 만드는 그림이자 동영상이며 이러한 이미지는 영화, 광고 동영상,

뮤직비디오, TV드라마 등 다양한 양상으로 만들어진다. 영화로 만들어질 경우에는 내러티브를 가지고 재현의 형식을 취한다. 영상문화에서의 이미지는 이미지 분석개념의 많은 부분을 포함하여 분석 가능하다. 즉 젠더, 섹슈얼리티, 몸, 욕망, 성 정체성, 노동 등은 중심적인 내러티브 분석과 더불어 이들 요소들이 이미지를 어떻게 만들고 있는지를 이해하는 데 중요한 개념이다. 또한 영상문화에서 응시는 영화이론에서 지적하고 있듯이 매우 중요한 요소인데 이는 다시 관객성(spectatorship)과 연결되면서 젠더와 밀착된 관계를 형성한다. 카메라의 응시, 관객의 응시, 주인공의 응시 등 기존의 영화이론에서 발전시킨 응시에 대해서 초점을 맞추는 것은 물론이고 사회적 관점이라는 측면에서의 특수한 사회적 배경에서 비롯된 응시 - 예를 들면 한국의 80년대 호스티스 영화의 기이할 정도의 폭발적 양산이라는 이상 징후에 대해 끈질기게 접사하는, 즉 가까이 탐색하는 분석자의 응시 - 도 포함된다. 또한 관객성과 관련하여 매리 앤 도앤의 젠더 매스커레이드(gender masquerade)의 개념이 의미있게 다루어진다.

II부의 2장 '소비문화와 욕망의 이미지'에서 개념 정의되는 이미지는, 심적 이미지를 생성하는 욕망이 구체적인 물질적 이미지를 만들어내는 과정을 거치면서 형성되는 이미지다. 환상이나 욕망같이 마음 속의 그림을 넓은 의미에서 이미지라고 한다면 소비문화에서 소비자의 입장에서는 유행이나 스타일을 마음에 '담고', 생산자 측에서 이를 광고로 재현한다면 이는 소비자의 마음 속 이미지로 자리잡고 있는 욕망을 시각적 이미지가 중개하여 소비를 실천하게 함으로써 결과적으로 욕망을 실현하는 과정이라고 할 수 있다. 따라서 소비문화에서 소비에 대한 사람들의 환상이나 욕망이 일단 마음 속에 생성된 단계에서 구체적인 소비로 충족되지 않는다면 이는 아직 재현과정에 돌입하지 않은 심적 이미지라고 칭할 수 있다. 후기 자본주의가 정점에 달한 오늘날 소비는 구체적인 제품으로부터 잠재적 가치를 증식시키는 주식투자에 이르기까지 매우 광범위하게 이루어지기 때문에 소비와 관련된 심적 이미지는 그만큼 다양하다.

소비문화의 문화적 장(場)에서 이미지는 자본주의적 무한소비의 세계에서 상품의 효용가치를 넘어서서 선택적으로 소비되는 기호가치로서 '욕망의 현현'이라는 의미를 가진다. 보드리야르(Jean Baudrillard)의 기호가치론, 부르디외(Pierre Bourdieu)의 계급 범주에 따른 취향과 사회자본의 관계는 라이프스타일에 대한 기호와, 기대하는 삶의 이상에 대한 상상력으로서의 이미지를 생각해보게 한다. 여기에서 이미지는 보다 근원적인 이미지의 개념정의인 '정신적인 그림(아리스토텔레스)'으로 복원된다고도 할 수 있다. 왜냐하면 소비자가 소비하고자 하는 대상이 단순한 상품이 아니라 사회적 계층과 라이프스타일을 이상화하고 개성화하는 '소비적 자아'를 구축하는 데 필수적인 추상적 이미지이기 때문이다.

한편 소비문화와 이미지 분석에 있어서 보드리야르의 기호가치를 중심으로 하여 짐멜의 트리클다운 이론과 베블렌의 '과시적 소비' 등이 주요 개념으로 등장하면서 사람들의 삶에 대한 이상이 어떻게 광고에서 구체화되는지, 특히 몸과 섹슈얼리티, 에로티시즘, 유혹 등의 기호는 광고를 통해 어떻게 사람들의 삶의 이상을 이미지화하는지 보여준다. 주거공간에 대한 한국 사람들의 욕망이 타인과의 차별화된 라이프스타일과, 언제라도 바로 더 큰 가치의 현금으로 교환될 수 있는 물질성을 통해 특정 브랜드에 대한 소비로 전화되어 나타나는 현상도 매우 흥미 있는 분석 대상이다. 이 경우 차별화는 곧 부의 과시이면서 품격 있는 삶의 기준인데, 그것은 지방의 종갓집처럼 대대로 내려오면서 손질을 하여 품격을 갖춘 전통 한옥과는 달리 언제든 바로 돈이 될 수 있는 종류의 물질성을 가지고 있다. 실제로 소비문화, 특히 광고에서 이미지화하는 것은, 물질성은 교묘하게 뒤로 감춰지고 전면에는 품격있는 주거생활로 돋보이는, 격조 높은 라이프스타일이다. 이러한 이미지를 통해 지속적으로 타자와의 차별성을 강조하지만 역설적이게도 아파트같은 상품이 가지는 다수의 획일적이고 따라서 평준화된 구조 속의 삶의 방식은 결과적으로 소비자가 가지고 있던 정신적 이미지, 즉 애초의 욕망과는 매우 다른 현실로 구체화될 뿐이다. 이미지와 본질의 괴리가 그만큼 크게 될 가능성이 언제나 존재하는 것이다.

II부 3장인 '대중문화와 기호가치 이미지'에서 이미지는 매우 구체적인 재현을 통해 오히려 추상적인 수준의 마음의 그림으로 환원되는 특징을 가지고 있다. 영화나 TV드라마 등 대중매체를 통해서 보여지는 재현으로서의 이미지는 그 이미지 자체로 소비되기 때문에 영상문화에서 중점적으로 다루게 되고, 대중문화에서는 팬덤 형성이 가능한 아이돌 그룹의 공연이나 한류를 형성하는 TV드라마 등, 구체적이고도 현장 중심적인 활동 속의 인물들이 역설적으로 매우 추상적인 감성적 가치로 환원되어 이미지화하는 과정을 들여다 본다. 이를 위해서는 먼저 구체적으로 이들의 몸짓, 감각, 춤, 스타일, 의상 등 무대매너, 캐릭터 설정, 즉 예를 들면 아이돌 그룹의 이미지메이킹, 탤런트의 이미지메이킹 등을 젠더, 몸, 젠더 디스플레이, 섹슈얼리티, 욕망 이론과 연결하여 분석한다.

III부 '젠더 이미지 재현의 현상학'에서는 I부와 II부에서 구축한 이론적 분석틀을 젠더 이미지 재현의 현상 분석에 적용하여, 특히 한국사회의 이미지스케이프를 젠더문화론적으로 조망해본다. III부에서는 먼저 1장 '스크린에 투영된 섹슈얼리티와 욕망'에서 '보는 주체로서의 남성'과 '보여지는 대상으로서의 여성'을 대조적으로 재현하고 또한 팬옵티콘적 시선의 권력을 잘 보여줌으로써 I부의 시각성 이론이 매우 잘 적용될 수 있는 영화 〈나쁜 남자〉와 욕망의 응시를 구현한 〈롤리타〉, 그리고 똑같은 소재인 여성의 벗은 몸에 대한 응시를 극단적으로 대조적인 방식으로 풀어낸 두 영화 〈올란도〉와 〈007 옥터퍼시〉의 이미지 분석을 수행하였다. 이 영화들의 이미지 분석을 통해 '〈욕망을 영화화하기〉'를 추구하는 페미니스트 영화감독들의 이미지 생산의 새로운 지평을 이해할 수 있을 것이다.

한편 III부의 2장 '몸 담론과 영상 재현'에서는 〈처녀들의 저녁식사〉에서 재현된 여성의 섹슈얼리티와 몸에 대한 주체적 이해와, 영화 〈3×FTM〉을 통해 한국적 상황에서 트랜스젠더링(transgendering)이 직면하게 되는 젠더 트러블(gender trouble)을 젠더 정체성이 몸과 맺는 수행성과 젠더 디스플레이 이론에 적용하여 살펴보았다. 3장 '광고와 자기감시의 시각체제'에서는 몸 관리 프로그램, 다이어트 산업, 식품 광고, 그리고 TV매체의 다이어트 서바이벌 프로그램 등에서 여성 스스로가 자기 몸에 사회적 시선을 대입시켜 유순한 몸으로 만들도록 하는 시각체제에 대해서 비판적으로 분석하였다. 또한 '자본주의적 대중문화의 꽃'이라 불리는 상품광고에서 소비적 욕망의 이미지화, 특히 여성의 몸 이미지가 광고에서 에로티시즘을 매개하는 기제를 살펴본다.

4장 '대중문화 풍경과 젠더 디스플레이'에서는 대중문화와 고급문화의 경계가 와해되는 전지구적 문화변동의 미디어스케이프 속에서 전통적 미학적 가치와, 소위 말하는 B급 문화가 융합되는 정서적 변화를 살펴본다. 그 가운데 오늘날의 대중문화 속에서, 특히 대중가요의 공연이나 뮤직비디오를 통해 여성성과 남성성이 기호가치로 소비되는 측면을 살펴보면서 어떻게 젠더가 디스플레이되고 여성성을 선정성과 엮어 소비하는지 이해하기 위하여 아이돌 그룹의 이미지를 분석하였다. 또한 글로벌라이제이션의 영향으로 인한 문화변동의 파장을 서구와 비서구의 영화 속에서 문화혼종적 이미지를 분석함으로써 짚어내고자 하였다. 이는 결국 문화적 지구화의 파동 속에서 젠더 역학을 읽어내는 방식으로 가능한 일임을 확인하였다.

맺는 글인 '포스트젠더와 탈경계적 몸 이미지'는 사실상 이 책의 결론을 대신한 에필로그적 성격을 띠었다. 글로벌 미디어스케이프의 측면에서 볼 때 지금의 테크놀로지 발달단계에서 보이는 매체의 융합 현상은 앞에서 분석했던 각 매체에서 보여주는 젠더역학의 복잡한 현상 또한 동반할 것이라고 전망할 수 있다. 여기에서 몸 이미지를 놓고 탈경계를 논의하는 방식에 대해 심도있게 고민하게 된다. 이에 떠오르는 질문은, 탈육화된 몸의 이미지가 상상적으로 부여하는 물질성이란 과연 현실세계에서의 여성의 몸 이미지, 노동수행성과의 관계에서 어떠한 의미작용을 하는가? 또한 탈육화된 몸의 이미지에서 다양하게 생성되고 선택되는 젠더 정체성이 사이버공간과 현실세계 사이에서 어떠한 사회적 관계를 반영하는가? 이러한 맥락에서 젠더 정체성은 몸과 어떤 의미망으로 엮여질 수 있을 것인가? 궁극적으로 젠더 정체성과 몸의 새로운 패러다임이 보다 진취적인 여성 이미지를 매개로 하여 여성주체형성에 연결되어 작용할 방법론은 무엇일까? 등이다. 이에 제시될 수 있는 플루서(Vilém Flusser)의 대안적 신체 기획(Körper Projekt)이 해러웨이(Donna Haraway)의 사이보그 개념과 무관하지 않을 것이다. 결과적으로 물질과 탈물질, 여성과 남성, 정신과 육체의 이분법적 경계를 넘어서는 이미지로서의 인간은 방법론적으로도 탈경계 인문학의 연구방식을 통해서 탐구 가능할 것으로 전망한다.

바로 이와 같은 학제적 주제 의식과 방법론에서 이 책이 탈경계 인문학 연구총서로 기획된 의미를 찾을 수 있다. 정신과 육체가 이미지 형성에서 뫼비우스의 띠처럼 엮이고 여성성과 남성성이 새로운 통합적 인간관을 상상하는데 도움을 주며 사회문화적 장(場) 안에서 생성되는 이미지를 이해하는데 있어서 철학과 사회학, 그리고 문화풍경에 대한 문화학적 관점이 보다 세밀한 이미지 분석에 유용하다는 점에서 학문 간의 융합적 접근방식이 절실하게 요구된다고 하겠다. 이미지 분석을 통해 현대사회의 문화 스펙트럼을 시간적·공간적으로 횡단하고 글로벌 이미지스케이프에서 문화혼종의 궤적을 좇아가는 작업이 탈경계인문학 연구에 있어서 하나의 내용적 계통을 만드는 데 조그만

고임돌 역할을 할 수 있다면 거기에서 이 책의 출간 의의를 찾을 수 있을 것이다. 그런 의미에서 이 책이 탈경계인문학 연구총서로 출간될 수 있도록 지원해주신 이화인문과학원 장미영 원장님과 탈경계인문학 총서심의위원회의 모든 선생님들께 감사드린다.

더 나아가 이 책의 근간이 되는 이미지와 젠더연구의 토대인 탈경계인문학 연구의 길로 들어서게 이끌어주신 이화인문과학원의 초대 원장 오정화 교수님께 깊은 감사의 말씀을 전하고 싶다. 또한 이미지의 사회문화적 형성과 이미지스케이프에 대해 접근할 수 있는 이론과 방법론적 방향에 영감을 준 한국문화사회학회의 학문적 동지들께 고마움을 표한다. 연구의 내용적 깊이를 더 할 수 있도록 조언해준 이화인문과학원의 여러 동료 교수들, 참고문헌 정리와 교정작업을 도와준 이화여대 국문과 박사과정의 박구비씨, 이미지 자료를 정리해준 친구 같은 딸 채원, 그리고 오랜 기간 지속된 저서집필을 정서적으로 지지해준 안규철 교수와 아들 채민에게 고마운 마음을 전한다.

현상학의 지향점이 '사태 그 자체로(zu den Sachen selbst)'라고 했을 때 그것이 외양, 즉 이미지만을 뜻하는 것이 아니고 오히려 그 안에 본질이 내포되어 있다고 한다면, 이미지를 분석하는 것은 어쩌면 표면(Oberflächlichkeit)만이 아니라 이를 표상하기 위해 숨어있는 의식의 드러남(Erscheinung)을 주시하는 작업이 될 것이다. 그런 의미에서 이미지 재현의 현상학적 연구는 본질 탐구와도 무관하지 않음을 확인할 수 있으며, 그러므로 이미지 연구가 문화의 본질을 탐구하는 데 중요한 발판이 된다는 점에서 이 책을 앞으로 더욱 심도 있는 문화사회 연구의 출발점으로 삼고자 한다.

2012년 깊어가는 가을에

이수안

I

이미지스케이프

1 이미지

이미지란 무엇인가?

우리는 아침에 일어나서 다시 잠자리에 들 때까지 끊임없이 생각하고 행동하며 머릿속에 무언가를 떠올리고 눈앞에 펼쳐진 모든 사물들을 본다. 심지어 자면서도 꿈속에 펼쳐지는 이미지를 따라가고 이 이미지는 기억의 저장고에 새겨진다. 이렇게 인간의 자연적인 정신활동과 심리활동에 따라 새겨진 이미지뿐 아니라 우리의 망막이라는 스크린에 새겨지는 수많은 실제적인 사물의 상이 이미지로 형상화한다. 이미지는, 그러므로 시각적인 감각에 의해서만이 아니라 우리의 정신과 감성, 심리적 움직임에 따라 뇌라는 인간의 물질적 몸 속에 각인되는 하나의 반영적(reflective) 심상이다.

포스트모던 문화의 표상을 만들어내는 많은 특징을 지적한 래시(Lash, 1988)는 이차적인 과정인 에고(ego)보다는 일차적인 과정인 욕망을, 말(word)보다는 이미지를 강조했으며 거리 유지에 대비되는 것으로써 대상(object)에 대한 욕망의 투사와 관찰자의 몰입을 강조했다. 또한 래시는 질적인 문제들을 탈분화(de-differentiation) 과정과 연계시켰다. 탈분화 개념은 문화적 분화과정에 대한 역에 근거한다. 베버(Max Weber)와 하버마스(Jürgen Habermas)가 언급했던 미학적 형식을 현실세계와 차별화하는 탈분화는 예술의 탈분위기화(de-auraticization)와 욕망의 미학, 감각과 직접성을 선호하는 것을 내포한다. 래시에게 무차별화와 의미화의 표상체계는 언어와는 달리 무의식적인 것을 이끌어내는 인지적 기억에 기반함을 의미하는데, 이미지는 체계적인 규칙이 있는 언어처럼 구조화되지 않는다. 이미지는 도식적으로 의미화되는데, 주로 유사성을 통해 이루어진다(Featherstone, 1999: 112).

이리가라이가 『검경 *Speculum*』에서 플라톤의 동굴의 우화를 꼬집으며 제시한 대안적인 창조이야기에서 '기원'이 의미하는 것은 태양이 아니라 동굴 뒤의 '이상한' 장면이다. 이리가라이는 우리에게 플라톤의 우화에서 세계를 표상하는 지하의 그림자들은 "그것의 생산을 위한 시간과 시제의 복잡성을 요구한다"(Irigaray, 1985: 287)고 언급한다. 한편 이리가라이는 또 다른 관점에서 동굴의 우화에 충실하면서 플라톤처럼 외양의 영역을 그림자, 복제물, 가짜, 시뮬라크르, 거울 이미지, 전통적으로 무시되어 온 외양의 다른 형상들과 연결짓는다(Irigaray, 1985: 246; Silverman, 2010: 24). 실버만은 하이데거와 라캉의 이론에서 존재가 어떻게 구성되는지를 규명하면서 서양 형이상학에서 이분법적으로 보았던 외양과 존재 사이의 관계에 대해 '본다는 것', 즉 시각성에 초점을 맞추어 근본적인 문제제기를 시도한 바 있다. 그러한 실버만의 입장에서는 전통 서양철학의 남성중심성을 전복적으로 바라보면서 외양의 물질성(어머니/질료 mater)에 대해 적극적인 이론을 전개하는 이리가라이의 논의가 매우 적절한 대안으로 보인 것이다.

실버만은 주체가 존재를 드러내기 위해 빛처럼 시각을 작동해야 한다는 주장을 다음과 같이 전개하고 있다: "결국 세계가 나타나 존재하게 될지, 아니면 비(非)존재의 어둠으로 흐려져 사라질지를 결정하는 것은 오로지 우리 자신뿐이다. 무엇보다 강조해야 할 점은, 우리가 바라봄으로써 사물을 빛으로 이끌어 낸다는 사실이다. 사물을 이런 식을 바라보는 것에 실패했을 때 우리는 그것을 은폐하게 된다. 다시 말해, 우리가 주체로서 마땅히 해야 할 시각적 작인의 활용을 소홀히 했을 때, 우리는 사물을 은폐하게 되는 것이다."(Silverman, 2010: 15) 실버만이 역설하는 바처럼 세계의 중심으로서 주체가 제대로 서게 되는 것은 시각성의 작동을 통해 사물을 시각장으로 이끌어내고 이미지/스크린에 놓이게 하는 순간부터이다.

한편 이미지와 실재 사이의 관계는 아른하임(Rudolf Arnheim, 2002)이 제시한 이미지의 가치가 실재와 맺어지는 삼분법에서 잘 설명되고 있다(Aumont, 2006: 103-104). 그 가치를 살펴보자면 다음과 같다. 첫째는 재현적 가치이다. 재현적 이미지란 구체적 사물을 나타내는 이미지를 말한다. 따라서 그 추상적 수준은 이미지 자체의 추상화 수준보다 낮다. 둘째는 상징적 가치이다. 상징적 이미지란 추상적 사물을 나타내는 이미지를 말하며 추상적 수준은 이미지 자체의 추상화 수준보다 높다. 이미지의 상징적 가치는 재현된 사물의 사회적 수용 가능성에 의해 실질적으로 정의된다. 셋째는 기호적 가치로서 이미지가 어떤 내용의 성격을 시각적으로 그대로 반영하지는 않으면서 내용을 나타낼 때 그 이미지는 기호로 쓰인다. 교통표지판 같은 경우 시각적 기표(signifiant)는 그 기의(signifié)와 전적으로 자의적인 관계만을 갖는다. 위와 같은 분류에도 불구하고 이미지의 실재는 복합적이어서 세 가지 가치를 모두 포함한다.

이미지의 생성은 고대로부터 현재에 이르기까지 인간의 역사와 궤를 같이하기 때문에 그 개념을 하나로 축약하여 이해할 수 없을 만큼 넓은 스펙트럼을 가지고 있다. 이미지에 대한 학문을 '아이코놀로지(iconology)'라는 용어로 설명하는 미첼(Mitchell, 2005: 11)에 의하면 아이코놀로지란 '이미지, 그림, 혹은 그것과 유사한 것으로서의 도상(icon)'에 대한 '말, 관념, 언설 혹은 학문으로서의 로고스(logos)'이다. 이러한 개념들 속에 이미 '이미지에 대한 학문'을 아이코놀로지라는 용어로 새로 명명하는 이유가 있을 만큼 이미지 연구는 다양한 학문적 관점을 포함하고 있다. 즉 '이미지학'을 일컫는 용어가 생겨날 정도로 이미지에 대한 연구는 인문학의 전통만큼이나 오랜 세월 동안 다양한 학문 분야에서 진행되어 왔으며 최근 들어 복합 학문적 관심을 집중시키고 있다.

미첼의 지적대로 이미지라고 불리는 것들은 실로 다양하고 광범위하여 회화, 조각상, 광학적 환영, 지도, 다이어그램, 꿈, 환각, 스펙터클, 투사상, 시, 패턴, 기억, 그리고 관념까지도 아우른다. 이러한 포괄적 범주로 묶이는 이미지는 닮음(likeness), 유사(resemblance), 상사(similitude) 등의 개념과 동의어로 이해되며 이들은 그래픽적, 광학적, 인지적, 심적, 언어적 이미지로 분류될 수 있다(Mitchell, 2005: 23). 이미지는 심리적·정신적 측면에서 심상으로 이해하거나, 눈앞에 존재하는 하나의 객관적 실체로 드러난 대상을 이미지로 간주하거나 하는 방식에 따라 그 이해의 폭이 달라진다.

이미지의 어원을 살펴보면 아이콘(eikon), 아이돌론(eidolon), 판타스마(phantasma), 이마고(imago) 등으로 나누어 살펴볼 수 있다.(유평근·진형준, 2003: 22-23)[1] 먼저 아이콘은 이미지를 이해하는 데 있어서 핵심적인 단어로서 어원적으로는 '닮음(resemblance)'의 뜻을 가지며 그리스어에서 시각적 경험을 표현하기 위해 쓰였으며 실재(reality)를 닮은꼴로 재생해내는 것을 의미한다. 플라톤은 후기 저작 『소피스테스』에서 우리가 사는 세계, 즉 현상계를 영원한 원본(pattern)의 세계, 즉 '이데아(idea)'계를 모방한 모상(模像), 즉 아이돌론으로 본다. 우리에게는 '시뮬라크르'에 대한 들뢰즈의 분석으로 잘 알려져있는 텍스트이다. 『티마이오스』

---

1. 이미지의 다양한 유형에 대한 설명은 유평근·진형준(공저). 2003. 『이미지』. 서울: 살림. pp. 22-23 참조.

에는 데미우르고스라는 신이 진리의 세계인 이데아계를 본으로 해서 이 세계를 제작했다는 신화적 설명이 등장한다. 결국 진리의 세계와 현상계는 원본과 모상의 관계이다(황수영, 2006: 308). 모상은 그리스어로 아이돌론으로 표현되는데, 꿈속의 이미지 등 정신적 재현을 표현하는 데 사용됐고 초상화나 조각상 등 물리적 현실의 물질적 표현에 사용되었다.

모상은 진실을 감추는 허상이라는 의미를 갖는다고 할 수 있으며 오늘날 사용하는 이미지라는 용어는 모상과 유사한 면이 있다. 이런 의미라고 한다면 이미지들의 존재론이란 허상의 존재론이 되는데 이는 진정한 존재, 즉 실재란 영원히 동일하게 남아 있는 것을 지칭하기 때문에 허상의 존재론이란 모순적인 용어가 될 수 있다(황수영, 2006: 209). 그러나 바로 그 모순이 이미지를 허상과 실재 모두로 존재하게 하는 개념으로 이해하게 만드는 특징이 된다. 아이돌론은 모양, 형태를 의미하는 아이도스(eidos)로부터 파생된 용어로서 그 뿌리는 '본다'라는 뜻의 바이드(weid)이며 '가시적 이미지'인 아이돌론과 연관된다. 판타스마는 의미상 아이돌론과 근접해 있으며, 빛나게 해서 보이게 한다는 '파이노(phaino)'라는 동사에 뿌리를 둔다. 환영(vision), 꿈(songe), 유령(fantôme)의 뜻으로 쓰인다. 플라톤이 모상을 아이콘과 판타스마로 나누면서 이미지가 가지는 두 가지 대표적인 개념이 파생된다. 아이콘은 대상의 형태를 실제와 비슷하게 나타내는 도상(圖像)이며 지금 사용하는 아이콘이라는 용어가 단순히 복사물이라는 뜻을 가진 아이콘으로서 이데아계를 곧바로 모사한다고 간주되어 현상을 설명하는 데 적합한 것으로 풀이되고 있다. 한편 판타스마는 시뮬라크르라고도 불리는데 복사물을 다시 복사한 것이며 우리 기억 속의 심상을 의미하기도 한다.

아이콘이 플라톤의 이데아론에서 유래한 용어라면, 사물의 본질적 특성을 '형상(eidos)'에서 찾는 아리스토텔레스에 이르러 판타스마는 더 적극적인 의미를 부여받는다. 형상은 구체적인 사물들의 내부에 있고 우리는 감각을 통해 사물들의 형상을 인식하게 되는데 판타스마는 감각을 통해 우리 안에 들어 온 외부대상의 형상이 기억으로 남아 있는 흔적, 즉 심상을 지시하기도 하기 때문이다. 아리스토텔레스는 심상을 토대로 지성적 인식이 형성된다고 보는데, 이 심상이라는 의미의 판타스마가 중세에 라틴어 이마고(imago)로 번역되었다.

이마고는 어떤 사물에 대하여 재현적 유사성을 띠고 있는 현상을 지칭함으로써 모방, 즉 이미타리(imitari)의 행위를 전제하는 용어로 현재 사용하는 이미지의 직접적인 기원이 된다. 한편 아이콘은 퍼스(Charles Sanders Peirce)의 정의를 따라서 다음과 같이 이해될 수 있다. 퍼스에 따르면 아이콘이 언어적으로 표현되는 예는 의성어에서 찾을 수 있으며 여기서 신호 전달수단은 그것이 의미하는 것을 모방하게 된다(Peirce, 1932; McCracken, 1996: 95). 아이콘의 또 다른 예로 도형(diagrams)과 복사물(replicas)이 있는데 도형은 그것이 나타내는 대상(사물)과 구조적으로 동형이며, 복사물에서는 신호(signal)와 신호로 나타낸 대상(object signaled)의 물리적 속성들이 구별되지 않는다(Silverstein 1976; McCracken, 1996: 96).

여러 유형의 이미지들은 영상문화를 통해 이미지 형성의 통합적 단계로 모아진다. 즉 인지적 이미지를 만들어내는 감각자료, 감각형상, 그리고 외양(appearance)과, 심적 이미지의 기억과 관념, 그리고 환영은 이미지의 내용을 구성하면서 언어적·광학적·그래픽적 방법론을 통하여 재현된다. 미첼이 아리스토텔레스를 빌어서 한 설명에 따르면 '감각형상'이나 '지각 가능한 형태'는 사물에서 유출하여 도장처럼 밀랍 같은 감각의 저장소에 각인되며, 그 인상의 재생판인 환영(fantasmata)은 애초에 인상을 자극했던 대상이 부재할 때 상상력에 의해 환기된다. 미첼은 또한 이러한 과정에서 우리가 아주 흔하게 '이미지'로 언급하는 것으로서 우리 자신과 현실 사이에 개입하는 것이 외양이라고 설명하면서 여기에는 숙련된 배우가 투사하는 이미지에서부터 광고나 선전에서 전문가들에 의해 창조된 상품이나 유명 인물 이미지까지 포함된다(Mitchell, 2005: 23)는 점을 상기시킨다.

이상에서 살펴본 바와 같이 이미지는 비현실적이고 가상적인 것으로서 존재하지 않는 상상 속의 대상, 즉 꿈·환영·유령 등을 가리키는 것으로부터 시작하여 가시적인 형태, 즉 그림·형상·표상 등 구체적인 차원까지 광범위한 개념적 스펙트럼을 가지고 있다. 이를 보다 세분화하여 살펴보면 이미지의 범주는 대체로 크게 세 가지로 분류된다. 우선 가장 추상적인 범주로서 이미지를 단순히 감각적인 표현에 국한하지 않고 보다 추상적인 관념의 표현으로 확장시켜서 해석하는 경우인데 이때는 이미지와 관념이 혼용된다고 할 수 있다. 둘째, 기억에 의해 직관을 고정시켜 놓은 표현과 상상력에 의해 그것을 변형시키는 표현으로 간주되는 이미지의 범주다. 이는 순수한 지각과 지각된 사물에 대한 개념의 중간에 위치해 있다고 할 수 있다.

마지막으로 모든 지각적 인상을 포괄하는 감각적 표현으로 간주되는 경우로서 상상력의 활동에 국한되지 않고 인간의 감각적 직관이 작용한 모든 표현으로 확장되며, 있는 그대로의 대상에 주관적·직관적 인상이 가미되면 그것은 모두 이미지에 해당된다고 보는 입장에서 규정하는 이미지의 범주다. 오늘날 영상문화에서 주로 언급되는 시각이나 영상 이미지는 이중 세 번째 범주에 해당된다고 할 수 있다.

심적 이미지와 언어적 이미지를 구분하기는 쉽지 않다. 우리가 책을 읽고 꿈을 꾸는 동안 머리 속에서 이미지를 '본다'고 말할 수 있으나 그 근거는 기억과 말로만 남아 있을 뿐이다. 이것은 현실의 영상과는 확연히 다르고 안정적이지도 영속적이지도 않으며 사람마다 다르게 인지한다. 또한 전적으로 시각적이라고만 할 수도 없이 모든 감각과 관계한다. 그럼에도 심적 이미지와 언어적 이미지는 표현되는 방식에 있어서 뚜렷이 구분된다. 심적 이미지가 마음 속에서 보는 그 형상 그대로를 표현하지 못하는 매우 주관적인 이미지라고 한다면, 언어적 이미지는 소통의 매개가 되는 언어로 뚜렷하게 표현되기 때문에 설혹 사용되는 단어나 개념이 듣는 이로 하여금 새로운 해석을 통해 전혀 다른 연상을 불러일으키더라도 심적 이미지에 비해 훨씬 덜 사적이다. 즉 텍스트와 발화행위는 단순히 '의식'에 속한 것이 아니라 우리가 창조하는 모든 유형적 표상인 회화, 조각, 그래프, 지도 등과 같이 의식 외부에 속해 있는 공적 표현으로 간주된다(Mitchell, 2005: 34). "이미지는 스스로가 표상한 것의, 사물이 보이는 방식 또는 사물의 본질적인 존재방식의 직접적인 전사(轉寫)로서 자신을 꾸미는 일종의 글쓰기이며, 일종의 그래픽적 기호일 뿐"(Derrida, 1976; Mitchell, 2005: 44에서 재인용)이라고 규정한 데리다(Jacques Derrida)의 정의에서 보는 바와 같이 심적 이미지와 언어적 이미지는 혼합되어 있다.

심적 이미지와 언어적 이미지가 이처럼 확연히 구분할 수 없는 혼합의 형태로 구성되는 것과는 별도로 최근 들어 활발하게 진행되는 이미지 연구에서는 종종 언어, 즉 문자와 이미지가 서로 대응되는 위치에 있는 것으로 간주된다. 이때 이미지는 보다 구체적인 사물의 표상으로서의 이미지를 가리킨다. 이미지를 심적 이미지와 언어적 이미지로 세분화함으로써 어느 정도는 이미지를 보다 큰 개념으로 상정하고 언어를 이에 포함하는 것으로 보면서 상쇄되는 것처럼 보인다. 그러나 언어로부터 이미지가 보다 포괄적인 지위를 획득하는 지금의 미디어 테크놀로지 시대를 감안한다면, 언어적 이미지가 문자로 구현되어 재현하는 정도와 이미지의 직접적인 재현적 힘은 서로 비견할 만한 상태를 이미 넘었다고 할 수 있다. 그만큼 영상 이미지의 영향력이 막강해졌다는 것은 자명한 사실이다.

졸리(Martine Joly)는 '이미지'라는 단어가 꿈·이미지를 통한 언어·정신적인 표상과 같은 심리적인 활동을 지칭할 때 사용된다는 점을 지적하면서 정신적인 이미지는 그것을 바로 눈앞에서 '보는' 듯한 인상과 유사하다고 보고 있다(Joly, 1994: 23). 정신적인 표상은 거의 환각적인 방식으로 형성되며, 보는 것에서 그 특징을 빌려온다는 것이다. 졸리가 언급하듯이 정신적인 이미지 가운데 흥미로운 것은 환상(fantasme)이나 꿈에서 본 인상과 가까운 시각화(visualization)가 지배하는 인상이다. 우리는 환상이나 꿈과 같은 심리적 활동과 영화 상영과의 유사성을 증명하고자 애쓰나 각자가 경험하는 것은 이와 반대의 것이다. 그 이유는 사람이 꿈을 꾸고 나서 다시 기억할 경우, 꿈이 하나의 영화처럼 기억된다는 사실 때문이다.

졸리에 의하면 꿈에서는 현실과 완벽하게 닮은 인상과 시각적 회상이 혼합되어 이미지와 현실사이에 유사한 인상을 만들어내며 여기서 우리가 정신적 이미지라고 여기는 것이 시각화, 즉 영상화의 인상과 유추적 인상, 즉 이중적인 인상을 결합하고 변용시킨다고 한다. 영상문화를 위시한 시각문화에서 이러한 여러 유형의 이미지들은 서로 유기적 관계를 맺으면서 이미지 형성의 전 과정에서 작동한다. 또한 사람들이 '자신의 이미지'나 표상에 대해 이야기할 때 자기동일화의 측면이 강하게 작용하며 그것이 심리학이나 사회학의 영역에 속하는 가공현상(elaboration)[2]이라는 점은 이미 일반적인 상식이 되고 있다(Joly, 1994: 25). 실제로 기업의 '이미지'나, 정치가의 '이미지', 직업의 '이미지'는 커뮤니케이션 영역에서 매우 일반화된 표현이 되었다. 따라서 표상적 이미지를 통해 어떠한 대상, 사람, 직업에 대해 사회문화적 특성을 부여함으로써 이들을 동일시하는 데 사용되는 체계적인 연상작용을 연구하고 촉진시키는 것은 커뮤니케이션 뿐 아니라 여러 응용학문에서 활발히 이루어지는 작업이다. 이것은 위에서 말하는 '가상적 객관성'과도 일맥상통하는 연상작용이라고 할 수 있다.

2. 표상작용의 구성적이고 자기 동일화적인 현상을 일컫는다.

이미지와 실재, 그리고 시뮬라크르

이미지와 현실 사이의 관계를 매우 상징적으로 보여주는 사례로 브루넬레스키의 원근법 그림을 보는 방법을 들 수 있다. 벨지는, 『회화론』의 저자인 알베르티가 자신의 저서 이탈리아 판을 브루넬레스키에게 헌사한 사실로 미루어 필리포 브루넬레스키(Filippo Brunelleschi)를 사실상 원근법의 창시자로 인정하고 있다고 추정한 바 있다. 건축가이자 화가였던 브루넬레스키가 원근법에 대한 일종의 실험으로 만든 패널화는, 그러나 그림은 남아있지 않고 그림에 대한 마네티의 기록(Manetti, 1970: 42-44; Belsey, 2008: 137에서 재인용)만 남아있다. 마네티의 기록에 의하면 브루넬레스키는 패널의 구멍과 거울을 이용하여 관객들로 하여금 그림이 실물과 같다는 사실을 체험할 수 있도록 했을 것이라고 추측되고 있다.

> 그러한 그림에서 화가는 그림을 바라보는 지점을 미리 설정해야 한다. 그리고 거리뿐만 아니라 측면의 길이와 너비도 고려해야 한다. 그림을 바라볼 때 어떤 오류도 생기지 않도록 하기 위해서이다(그 지점에서 일탈했을 때 문에 보이는 것이 변할 수 있다). 그래서 그는 패널에 작은 구멍을 하나 뚫었다. 그 구멍은 산타마리아 델 피오레의 중앙문에서 산죠반니 성당을 바라보는 사람의 눈에 보이는 것을 보기 위한 것이다. 그림이 그려진 쪽에 있는 구멍은 콩알만큼 작았으며, 반대편으로 갈수록 피라미드나 여성모자 모양으로 확대되어 있었다. 그 크기는 동전만 했다. 브루넬레스키는 사람들에게 구멍이 큰 쪽으로 한쪽 문을 댄 다음, 그림 반대편에 평평한 거울을 들고 그림을 보게 했다. 그렇게 보면 그림이 거울에 비쳐서 보였다. 거울과 그림 사이의 거리는 브루넬레스키가 산조반니 성당을 그렸을 때 자리 잡았던 곳과 비슷한 비율이 되도록 조정했다. 그렇게 거울에 비친 그림을 특정한 장소에서 바라보면 사람들은 실물 그 자체를 보고 있

는 듯한 느낌을 받게 된다. 나 또한 그러한 방식으로 수없이 그림을 보았으므로 이를 증언할 수 있다(Manetti, 1970: 44-45; Belsey, 2008: 139에서 재인용).

벨지(Catherine Belsey)에 의하면, 실물 그 자체를 보고자 하는 관람객은 그림의 뒷면 구멍에 한쪽 눈을 대고 다른 손으로는 그림이 그려진 쪽에 거울을 든 다음, 거울에 반사된 그림의 이미지를 바라보았으며 이때 거울과 그림 사이의 거리는 브루넬레스키가 그림을 그릴 때 세례당과의 거리에 맞는 비율로 조정되었다는 것이다. 이러한 방식을 통해야만 사람들은 브루넬레스키가 그림으로 옮겼던 것을 정확하게 볼 수 있었으며, 따라서 그림을 삼차원으로 감상할 수 있었다. 이러한 과정이 필요했던 것은 정확한 거리를 유지한 상태에서 자신의 눈과 같은 높이의 소실점을 정면으로 바라보면서, 한쪽 눈으로만 모든 것을 볼 수 있게 하기 위해서였으며 이러한 조건 하에서만 진실 자체가 그림 속에서 나타났던 것이라고 보는 것이다(Belsey, 2008: 139).

이 사례는 진실과 현실, 실재와 이미지와의 관계를 매우 상징적으로 보여주고 있다. 더욱이 마네티의 기록에 의하면 브루넬레스키는 원근법의 두 번째 사례를 통해 원근법의 새로운 해법을 찾았는데 두 번째 그림에서는 건물의 지붕윤곽을 따라 패널을 잘라낸 뒤 건물 뒤 하늘을 볼 수 있는 곳에 갖다 두었다(Manetti, 1970: 44-47; Belsey, 2008: 141). 이는 결국 그려진 장면은 진실 아니면 현실을, 혹은 진실 다음에 현실을 보여주지만 둘을 동시에 보여주지는 못하는 것으로 이를 통해 벨지는 의미 작용하는 이미지는 그것이 묘사하는 것을 대체하는 것, 즉 기표가 지시대상의 자리를 차지한다는 점을 역설하고 있다. 즉 데리다 식으로 말하자면, 그것은 지시대상을 '지연시킴(défer)'으로써 그것을 현존 혹은 이데아로서 접근할 수 없는 위치로 쫓아내는(Derrida, 1973)는 것이다.

브루넬레스키가 자신이 건축한 플로렌스의 산조반니 성당을 그린 패널화와 거울을 가지고 행한 정교한 의식은 환영과 현실, 그림과 현실, 그리고 이미지와 현실의 관계를 좇아가는 의식이었다. 벨지는 반짝이는 은색으로 칠해진 하늘이 거울에 비쳐지는 모습이 실제 날씨에 따라 그때그때 달랐을 것이라는 가정이 결과적으로는 현실과 그려진 이미지 사이의 대립을 해체하여 그림과 현실세계 사이의 대립을 강조하는 효과를 낳았을 것이라고 해석하고 있다. 또한 벨지는 원근법의 기원에 대한 라캉주의적 분석을 전개하는 다미슈(Hubert Damisch, 1994: 139-140)를 인용하면서 브루넬레스키가 이 그림을 통해 진실과 현실 사이의 차이를 보여준다는 점을 강조하고 있다. 즉 진실은 문화에서, 기표의 층위에서 존재한다는 점을 강조하고 있는 것이다. 이 경우 진실은 건물을 보여주는 그림이라는 기표에 존재하는데 이 그림이 특정한 가시성의 조건 하에서만 실재처럼 보인다는 사실, 혹은 진실의 사례가 그것을 가능하게 하는 규칙에 한정되어 있다는 사실은 문화가 손쉽게 재생산하는 것보다 더 많은 것들이 하늘과 땅에 존재한다는 것을 암시한다. 그 환영은 마법처럼 보이지만, 하늘을 묘사한 반짝이는 은색은 환영이 바로 환영이라는 것을 드러내며, 문화가 종속되어 있는 한계를 문화 자체에 각인시키고 있다(Belsey, 2008: 140)는 점이 벨지의 해석이다.

이 사례에서 벨지가 실재와 문화, 그리고 현실이라는 기표에 주목하는 것은 이미지와 실재의 관계를 규명하는 데 시사점이 크다. 패널화라는 문화 뒤에는 현실인 시뇨리 광장이 있고 이는 오히려 패널화로 인해 보이지 않게 되었는데 그럼에도 문화 뒤에는 문화 안에서 보이지 않는 무엇이 실재한다는 점이 중요하며, 문화는 실재를 가리는 동시에 실재의 상실을 암시하는 공허를 둘러싸는, 도려낸 그림과도 같은 것이 된다.

회화와 문학에서는 인간의 눈과 손을 통한 표현에 따라서 대상의 이미지만 떠오른다고 한다면 사진에서는 모든 것이 대상의 이미지이며 그것을 본 후의 정서적·심미적 흔적이 발견된다. 즉 회화와 문학이 대상의 이미지가 인간의 정서적·심미적 프리즘을 통해서만 보여질 수 있음을 암시한다면, 사진은 인간의 정서와 심리마저도 대상의 이미지를 통해 생성될 수 있음을 보여준다. 이 같은 지각 과정의 전복은 철학에 있어서의 중요한 전환을 시사한다. 즉 그것은 칸트와 쇼펜하우어의 주체중심적 철학에서 베르그송의 대상 이미지 유물론으로의 선회(나병철, 2009: 95)를 의미한다.

베르그송은 『물질과 기억』 서문에서 이미지에 대해 다음과 같이 정의내리고 있다: "우리에게 물질은 '이미지들'의 총체이다. 그리고 우리가 이미지라는 말로 의미하는 것은 관념론자가 표상이라고 부르는 것 이상의 존재, 그리고 실재론자가 사물이라고 부른 것보다는 덜한 존재, 즉 사물과 표상 사이의 중간 길에 위치한 존재이다."(Bergson, 2005: 22) 베르그송은 이 생각이 상식에 충실하면서 우리의 감각기관으로 사물을 인지하게 되는 즉각적인 현상을 그대로 설명해줄 수 있다고 본다. 그래서 『물질과 기억』 첫 장, 첫 구절이 다음과 같이 시작된다: "잠시동안 우리가 물질과 정신에 관한 이론들에 대해, 그리고 외적 세계의 실재성이나 관념성에 관한 논의들에 대해 아무것도 알지 못한다고 해보자. 그러면 나는 사람들이 사용할 수 있는 가장 막연한 의미에서의 이미지들, 즉 내가 나의 감각기관을 열면 지각되고 내가 그것들을 닫으면 지각되지 않는 이미지들 앞에 있게 된다."(Bergson, 2005: 37)

특이한 점은 여기서 베르그송이 운동하는 물질을 이미지로 표현하는 점이다. 황수영은 베르그송이 이미지를 지속 개념으로부터 이해한 것에서 그 실마리를 찾는다(황수영, 2006: 59). 베르그송의 지속은 무엇보다 질적 변화를 의미하는데, 이 질적 변화는 우주 전체에 나타나는 존재방식이며 우리의 지각에 나타난 구체적 특성들은 이 연속적인 질적 변화를 우리 방식으로 순간 속에서 파악한 것으로, 바로 이 순간적으로 파악된 존재자를 베르그송은 이미지라 부른다. 그것은 매순간 변화하지만 상대적으로 안정되어 있으며 허상이나 환상은 아니라는 점에서 배후의 초월적 실체를 제거하고 그 자체가 실재를 표현하는 것으로서 매우 물질적이다. '사실상 물체는 매순간 형태 변화를 하고 있다'고 보는 베르그송은 참으로 존재하는 것은 운동과 변화이며 오히려 고정된 형태야말로 변화의 순간적 외양일 뿐인데 바로 이 순간성이 이미지로 나타난다는 것이다.

연속적으로 나타나는 비슷한 이미지 중에 중간 정도의 대표적인 이미지, 즉 '중간적 이미지'를 우리가 사물의 '본질'이나 '실체'라고 착각한다고 보는 베르그송에 의하면 이미지는 실체도 아니고 허상도 아닌, 실재의 일부인 것이다(황수영, 2006: 319). 운동에 의한 이미지의 연쇄로부터 발생하는 착시효과를 베르그송은 '영화적 환상'(Bergson, 2005: 452)이라고 부르는데 이는 후에 들뢰즈에 의해서 영화철학에 원용되고 있다. 들뢰즈에 의하면 운동은 베르그송이 영화적 환상이라고 부른 순간적 이미지들의 연쇄가 아니라 실재적 지속의 움직이는 단면으로 나타난다. 이 점이 둘 사이의 유사하면서도 다른 측면이지만 운동의 지속과 연관되는 점에 있어서는 크게 다르지 않은 것을 알 수 있다.

그렇다면 관념과 표상은 이미지와 어떻게 구별되는가? 데카르트는 의식의 깊은 곳으로 들어가서 우리가 가장 직접적으로 알 수 있는 것을 '관념(idea)'이라고 불렀는데 이는 이데아 또는 아이도스에서 유래한다. 이데아나 형상이 우리 밖 대상의 본질적 특성을 의미하는 반면, 관념은 우리 마음 속에 있는 대상, 즉 '표상(representation)'을 의미한다. 표상은 대상을 마음 속에서 재현한다(represent)는 뜻으로 관념보다 나중에 쓰인 말이며 관념과 거의 같은 의미로 사용되지만 좀 더 구체적인 뉘앙스를 가질 때는 마음 속의 상, 즉 이미지를 의미하기도 한다(황수영, 2006: 310). 관념과 표상은 인식의 기초단위라 할 수 있는데 마음 속에서 생각하고 상상하는 것들이 밖에 있는 대상을 충실히 반영할 수는 없듯이 관념은 이데아나 형상에 비해 유동적이고 허약한 것이 되는 것이다.

데카르트와 로크에 의해 관념이 본질을 반영하는 수학적 성질과 오류의 가능성을 내포한 감각적 성질로 나뉘면서 감각적 성질들은 이미지에 가깝게 정의되었다. 즉 관념이나 이미지는 대상과 관련없이, 혹은 대상을 반영하는지 아닌지를 정확히 알 수 없는 상태에서 마음 속에 일어나는 일차적 표상이다(황수영, 2006: 312). 상식적 수준에서 판단해볼 때 관념이 정신 쪽에 가깝다고 한다면, 이미지는 어느 정도 사물 쪽에 가까운 것으로 보이며 대체로 관념에서 표상으로, 그리고 이미지로 감에 따라 추상에서 구상에 더 가까워진다. 이로써 베르그송은 이미지가 정확히 대상의 실체를 지시하는 것은 아니지만 마음 속의 관념만도 아닌 중간적 위치에 있다는 점을 역설한다.

이미지와 본질의 관계를 짚어볼 때 보드리야르의 시뮬라크르는 의미하는 바가 크다. 보드리야르는 지금의 시대를 시뮬라크르가 지배하는 사회라고 정의함으로써 원본이 지워지고 이미지만 남아서 본질을 잃어버린 시대적 특징을 비판하고 있다. 의미하는 것(기표 signifier)과 의미되는 것(기의 signified)의 관계, 즉 재현의 질서는 소비문화에 있어서 핵심적인 요소들을 관통하면서 시뮬라시옹 현상을 이끌어낸다. 그러므로 보드리야르에게 있어서 시뮬라시옹, 즉 재현의 의미는 전통적 사회질서의 안정성 상실과 관련해서 설명 가능하다는 채니(David Chaney)의 견해는 매우 타당성이 있다.

채니는 시뮬라크르의 첫 번째 질서는 르네상스에서 산업혁명까지 존속했다고 보면서 이 시대에 기호는 자연을 모방하는 것을 전제로 했기 때문에 모조품이라고 불린다(Chaney, 2004: 81)고 설명한다. 그런데 이 질서는 기호가 자신의 시장가치를 위해 산출됨을 의미하는 산업주의 속에서 생산의 기계화로 대체되는 두 번째 질서를 맞게 되는데 이 두 번째 질서 과정의 논리는 대상이 자신의 내적 의미를 잃어버리고 세 번째 질서로 나아가며, 여기서 시뮬라크르는 재생산성을 위해 기획된다는 것이다. 이로써 보드리야르는 시뮬라시옹의 결정적 단계, 즉 시뮬라크르가 지배하는 사회의 도래를 단언하게 된다. 이로써 그는 "생산 자체는 이미 어떤 의미도 없다. 생산의 사회적 결말은 일련의 계열 속에서 빠져있다. 시뮬라크르가 역사를 지배한다"(Baudrillard, 1993: 56)는 결론에 도달한다.

영화 이미지, 이미지 기호

영화의 이미지를 내러티브 중심의 언어적 기호로 보는 메츠의 입장은 영상 이미지를 보이는 그대로의 이미지 기호로 해석하려는 입장과 대조된다. 영화 기호학의 창시자로 알려진 메츠의 경우 영화적 약호들과 비영화적 약호라는 분류에서 더 들어가 영화적 약호들과 영화적 하위 약호들을 분류한다. 영화적 약호들이란 영화의 공통 요소들, 즉 편집, 조명, 프레이밍, 미장센 등을 가리키며, 영화적 하위 약호들은 영화적 약호 내에서 실행되는 구체적인 선택들이다. 그렇지만 커다란 범위에서 본다면 메츠는 "어떤 기호이든 언어라는 기호가 보여주는 기본적인 속성들을 만족시켜야만 비로소 기호로 성립될 수 있다"는 소쉬르의 기호학적 사고를 바탕으로 하여 영화 이미지를 언어기호로 보고 있다(김호영, 2010: 606).

에코(Umberto Eco)는 이와는 조금 다른 입장을 보이는데, 그는 영화 이미지를 언어기호가 아닌 하나의 도상기호 혹은 시각기호로 간주하며 특히 문화적 약호의 중요성을 강조한다. 동시에 영화 이미지의 의미화작용을 파악하기 위해서 더욱 세밀한 분절이 필요함을 역설한다. 이를 위해 에코는 영화 이미지를 포함한 모든 '도상적 언술'의 분절에 소용될 수 있는 열 가지 문화적 약호들(김호영, 2010: 608)[3]을 제시하고 있

3. 열 가지 문화적 약호들을 나열하자면 다음과 같다. 즉 지각 약호, 인식 약호, 전송 약호, 강도 약호, 도상 약호, 도상 생성적 약호, 취향과 감성의 약호, 수사적 약호, 스타

다. 영화는 언어와 달리 복수의 분절이 가능한 매체라고 강조하는 에코는 영화 이미지와 관련해서 의미소(sème), 기호(signe), 형상(figure)으로 구성되는 삼중분절 구조를 제시한다. 먼저 의미소, 또는 도상적 의미소란 스크린에 나타나는 '금발의 키 큰 남자'처럼 그 자체로 인지가능하고 의미를 지닌 단위로서 도상적 언술 또는 시각기호에 해당한다.

다음으로, 기호, 또는 도상적 기호란 금발 남자의 코나 눈처럼 의미소를 이루는 하위 요소들을 가리키는 것으로 시각적 연속체의 일부이거나 서로 연결되어 있기 때문에 한 언술의 문맥에 삽입되어야만 무엇인가를 외시할 수 있고 의미를 얻을 수 있다. 끝으로 형상 혹은 시각적 형상은 코의 선이나 각도처럼 각 도상기호들을 이루는 앵글·곡선· 질감·빛·그림자 등을 가리키는 것으로, 기호를 구성하지만 부분적인 기의는 갖지 않는 요소들을 말한다(김호영, 2010: 609). 에코에게 있어 기호란 '사회적·문화적 관습에 근거해 다른 무언가를 대신하는 것'이며 이러한 견해에 따르면 관습과 약호는 기호의 의미작용의 필수조건이라고 할 수 있다. 그는 이미지가 언술과 동일하다는 사실을 전제로 하고 있는데 이 점에서 근본적으로 영화 이미지를 언술로 대체하는 입장에서 메츠와 유사하다고 평가받는다.

파솔리니(Pier Paolo Pasolini)는 영화의 주요 속성이 언어라는 점을 확실히 하면서 영화는 현실에 의해 현실을 표현하는 언어로서 영화에서 사용되는 기호란 관습적인 것도 상징적인 것도 아니며 단지 현실에서 그대로 가져온 것이라는 점을 강조한다. 영화와 현실 사이에 차이란 존재하지 않으며 영화가 제시하는 것은 현실의 외양이나 그 대체물이 아니라 현실 그 자체(김호영, 2010: 612)라는 것이다. 그러나 이러한 입장은 영화가 하나의 매체로서 언어와 유사한 체계를 지니며 언어와 유사한 기능을 수행할 능력을 갖추고 있다는 사실을 강조하기 위한 것으

일의 약호, 무의식적 약호가 그것이다. 김호영(2010). p. 608.

로 영화에는 언어, 이미지, 사운드 등 각자 고유한 기호적 특성을 갖는 하위 영역들이 존재하고 있다는 사실을 강조함으로써 하나의 '이미지 기호'로서 독자적인 특성을 수행한다고 보는 것이 일반적인 평가다. 언어 기호가 오랜 역사를 거치며 세밀하고 정교하게 구축된 기호인 반면, 이미지 기호는 현대까지도 여전히 '아주 거칠고 거의 동물적'이며 '문법 이전의 비합리적인 유형의 것'으로 남아 있는 기호라고 받아들여지고 있다. 이를 통해 파솔리니는 이미지를 가장 중요한 수단이자 제재로 삼는 영화 또한 본질적으로 지극히 '원시적'이고 '주관적'인 매체가 될 수밖에 없다고 강조한다(김호영, 2010: 614). 파솔리니가 영화 이미지를 영화 자체의 독자적인 이미지 기호로 파악하는 것은 영화가 언어에 기초한 문학과는 다른 영역의 매체임을 인정하는 것으로서 영상 이미지의 독창적인 해석 방식에 대한 필요성을 제시하는 것이다.

한편 바르트(Roland Barthes)는 모든 영상 이미지는 하나의 구조적이고 체계적인 기호라고 주장하면서 사진 이미지가 지니는 역설적 또는 이중적 구조에 대해 강조한다. 그에 의하면 사진 이미지는 기본적으로 '약호 없는 메시지'이자 동시에 문화적·역사적 의미가 새겨지는 '약호 지닌 메시지'이다. 즉 한편으로 사진 이미지는 원칙적으로 '대상과 이미지 사이에 중계 행위가 필요없는', '약호를 배치하는 일이 전혀 필요없는' 약호없는 메시지이며, 다른 한편으로는 재생의 스타일과 보충적인 메시지가 뒤따르는 약호화된 메시지라는 것이다. 다시 말해, 사진을 포함한 모든 시각 매체의 이미지들은 이미지 그 자체로서의 '외시적 메시지(message dénoté)'와 사회적, 문화적 의미를 나타내는 '공시적 메시지(message connoté)'를 동시에 내포하는 이원성을 지닌다(김호영, 2010: 616). 바르트는 이 중 공시적 메시지에 더 관심을 보였는데 그 이유는 공시적 메시지의 약호가 역사적이고 문화적 함의를 포함하는 시대의 수사학에 의해 구성된다는 사실에 주목했기 때문이다.

바르트는 「제3의 의미」(Barthes, 1994)에서 이전의 기호학적 입장과 관련해 결정적인 변화를 보여준다. 즉 메시지의 새로운 층위가 있다는 사실을 논증하면서 그 세 가지 층위는 무대장치, 의상, 인물들 등으로 이루어지는 정보적 층위, 즉 의사소통의 층위이고, 여러 상징체계들(지시적 상징체계, 이야기적 상징체계, 에이젠슈타인적 상징체계, 역사적 상징체계 등)의 중층구조로 이루어지는 '상징적 층위', 즉 의미작용의 층위, 마지막으로 명백하지만 고정되지 않고 완고한 의미를 갖는 '제3의 층위', 즉 시니피앙스(signifiance)의 층위(김호영, 2010: 618-619)라는 것이다. 시니피앙스의 층위인 제3의 층위는 의미작용의 영역이 아닌 기표의 영역에 관계한다. 바르트에 의하면 이 제3의 의미 층위에서 영화적인 것이 나타나게 되는데 이는 '영화 속에 있으면서도 묘사될 수 없는 것, 혹은 재현될 수 없는 재현'(Barthes, 1994; 김호영, 2010: 622에서 재인용)이다. 결론적으로 보자면 시니피앙스의 층위를 구성하는 요소들은 사진이나 영화 같은 영상 이미지 안에서 구조화되지 않고 약호화되지 않으며 언어적 구성체의 바깥에 존재하는 일종의 '탈(脫) 언어적' 혹은 '전(前) 언어적' 요소들이며 이들이 이미지에 역동성과 독자성을 부여한다. 이미지 기호로서의 영화 이미지의 본질을 주장하는 이론은 영화 이미지의 '정신적 이미지' 성격을 강조하는 것으로 평가되고 있다.

정신적 이미지

환상이나 욕망같이 마음 속의 그림을 넓은 의미에서 이미지라고 한다면 소비문화에서 소비자의 입장에서는 유행이나 스타일을 마음에 '담고', 생산자 측에서 이를 광고로 재현한다고 했을 때 이는 시각적 이미지가 중개하여 소비를 실천하게 함으로써 소비자의 마음 속 이미지로 자리 잡고 있는 욕망을 실현하는 과정이라고 할 수 있다. 따라서 소비문화에서 소비에 대한 사람들의 환상이나 욕망이 일단 마음 속에 생성된 단계에서 구체적인 소비로 충족되지 않았다면 이는 아직 재현과정에 돌입하지 않은 정신적 이미지라고 칭할 수 있다.

정신분석학적 접근에서는 이미지가 무의식과 긴밀한 관계를 가진 것으로 보고 있다. 이미지는 일차적인 것, 즉 무의식을 '담고' 있고, 무의식은 이미지 또는 재현물을 '담고' 있다(Aumont, 2006: 156). 그러나 오몽은 무의식이란 직접적 탐구로 접근할 수 없으며 무의식을 드러내는 증후적 생산물들을 통해 간접적으로 밖에 알 수 없기 때문에 사실상 이러한 이미지들이 어떠한 양상으로 무의식 안에 존재하는지 밝히기는 불가능하다고 판단하고 있다. 그렇기 때문에 이러한 무의식적 이미지들과 다른 형태의 '내적'·'정신적' 이미지들을 근접시키는 것이 타당하다고 보고 있다. 수많은 실험과 통상적 성찰에 의해서 우리의 생각에 '내적인' 이미지들이 존재함이 밝혀졌으나 그 이미지들을 어떻게 표현할 수 있는지에 대해서는 확연하게 정의된 방법이 없는 가운데 오몽은 다음과 같은 방법이 그중 명료한 방법일 것이라고 제안하고 있다. 즉 '정신적 이미지'란 우리의 정신 작용 안에서 이원적 정보를 사용하는 컴퓨터에 의해 모방될 수 없는 것을 말하므로, 현실에 관한 일종의 내적 '사진'이 아니라 현실의 약호화된 재현으로 볼 수 있다. 언어적이지도 도상적이지도 않은 약호화로 중개자적 성질의 약호화가 존재할 수 있으며 이로써 실험에 의하지 않고도 무의식적 이미지들에 대해 논의하는 것이 가능할 수 있다는 것이다(Aumont, 2006: 158).

정신적 이미지에 대한 정신분석학적 논의 중 특히 라캉 이론에서 상상계는 중요한 개념이다. 상상계는 상상력의 분야로 경우에 따라서는 외화시킬 수도 있는 내적 이미지의 생산적·창조적 기능을 의미하며 이로써 영화적 재현에 관한 이론에서 매우 적극적으로 응용되었다. 라캉에게 있어 주체란 상징계의 효과이며, 상호 관계에서만 의미를 얻는 기표들의 그물망으로 구성되는데 이 관계가 이루어지는 것은 상상적 형성의 중개에 의해서이며 이는 주체의 욕망의 대상들과 동일시들 간의 상호 관계에 의해서이다. 그러므로 라캉 이론에 있어서 상상계라는 개념은 주체가 형성적 동일시와 맺는 관계를 말하고, 주체가 실재계와 맺는 관계를 말하며 이 관계는 환상적 성격을 갖고 있다. 그렇기 때문에 라캉은 상상계라는 단어가 이미지라는 단어와 엄격히 연결되어 이해되어야 한다고 주장한다.

라캉의 이론을 충실하게 따르자면 주체의 상상적 형성물은 곧 이미지인데, 이는 이미지가 대리 역할을 하는 중개자일 뿐만 아니라 경우에 따라서는 물리적 이미지로 생성된다는 의미에서이다. 최초의 규범적 상상의 형성은 거울 단계에서 생산되며 이 단계에서 어린이는 처음으로 자신의 신체에 대한 이미지를 형성한다고 보는 것이다. 최초의 규범적 상상의 형성은 이렇게 사변적 이미지, 사실상의 이미지 생성에 직접적으로 근거한다. 그런데 주체가 이후 맞닥뜨리는 이미지들은 변증법적으로 상상계에 자양을 공급하게 된다. 그러한 이미지들 덕에 주체는 동일시의 기록과 대상 물체의 기록을 상호작용토록 하는데, 반대로 주체는 대상 물체들을 이미 작동된 동일시의 기본에만 근거하여 파악할 수 있다(Aumont, 2006: 159).

이미지 재현-환상과 실재

1970년대 초 이래로 의미화 체계로서의 이미지, 특히 영화 이미지에 대한 연구는 이러한 '페미니즘 이전'의 관심을 이어받아 발전시켰고, 재현의 대상이 되며, 재현에 의해 위치가 설정되고, 재현에 의해 형성되는 주체로서의 관객의 문제를 부각시켰다(Kuhn, 2001: 13). 쿤(Annette Kuhn)은 바르트를 인용하면서, 이미지에 담겨있는 의미는 재현 과정에서 작용하는 코드를 통해 생산되며, 자연스럽고 명백하고 내재적인 것처럼 보이는 의미가 사실은 생산된 것이라는 점을 지적하는데 왜냐하면 의미란 모든 재현에 작용하는 식별 가능한 의미화 과정을 통해 구축된 것이기 때문이다.

이와 유사한 맥락에서 푸코의 재현(représentation)개념에 대해 『말과 사물』의 번역자인 이규현은 옮긴이 주에서 다음과 같이 그 의미를 설명하고 있다. 즉 재현이란 "일반적으로 기호나 그림 등을 통한 나타냄 또는 표시의 의미이고 그 결과로 생겨난 작품이나 그림 또는 기호를 의미하기도 한다. 또한 인식론이나 심리학에서는 이미지가 감각에 제시되는 과정, 이미지 또는 이미지들의 결합, 비현실적이거나 부재하는 사물의 이미지를 뜻하기도 한다. 그러므로 이미지와 매우 유사한 개념이긴 하지만, 사유 행위의 구체적인 내용을 형성한다는 점이 이미지와는 다르다. 이처럼 마음 속에 그려 보는 것과 동시에 그러한 행위 및 과정을 의미할 때는 표상이라는 번역어가 들어맞지만, 이 책에서는 무언가를 이미 나타내는 기호나 그림 또는 도표 따위에 의한 '다시 나타냄'이라는 더 넓은 의미로 사용되고 있다. 그러니까 꼭 마음 속이 아니더라도, 즉 외부적으로 어떤 것이 다른 어떤 것을 다시 나타내는 경우에도 이 용어가 폭넓게 사용된다."(Foucault, 2012: 19-20) 그러므로 푸코의 책에서 사용되는 재현이라는 용어를 의식 또는 정신 내부의 재현인 표상으로만 이해한다면, 일종의 범주 오류를 범하는 셈이 될 것이라는 경고 또한 덧붙여져 있다. 이런 의미에서 볼 때, 이미지가 결과물의 의미를 갖는다고 한다면 재현이란 이미지가 생성되는 과정이라고 구분해볼 수도 있을 것이다.

기호에 대한 해석학적 접근의 상이한 두 관점인 재현적 패러다임과 표현적 패러다임의 차이에 대해 김홍중(2009)은 들뢰즈를 인용하면서 다음과 같이 설명하고 있다. 우선 재현은 재현되는 것과 재현하는 것의 매개적 결합으로 이해된다. 매개의 형식은 매우 다양하여 유사성, 모방, 재생산, 유비 혹은 반영 등이 이에 속한다. 예를 들어, 한 마리의 새를 재현한 그림에서, 재현된 것(그려진 새)은 시각적 유사성을 매개로 하여 그것의 원천(실제의 새)과 결합함으로써만 그 의미를 발생시킬 수 있다. 그러나 표현의 경우는 이와는 상이한 방식으로 의미가 생산된다. 가령 뭉크의 『절규』에 나타나는, 공포에 질린 얼굴을 생각해보자. 여기에서 표현하는 차원은 뒤틀린 얼굴, 커다랗게 치뜬 눈, 그리고 벌린 입일 것이다. 이를 통하여 표현되는 공포는 어디에 있는가? 그것은 그 공포에 질린 표정 속에 내장(enveloppé) 혹은 내포(impliqué)되어 있다. 공포와 그것의 표현을 매개하는 것은 없다. 공포는 그 표현 속에 시각적으로 제시되어 있을 뿐이다(Deleuze, 1968: 334; 김홍중, 2009: 164에서 재인용).

이렇게 본다면 재현의 시각과 표현의 시각은 대조적인 과정과 결과를 가져온다고 할 수 있다. 즉 재현체는 자신의 외부에서 원인으로 기능하는 확고한 지시체를 갖고 있다는 의미에서 안정적이나, 대상에 대한 구체적 관찰이 미흡하다 할지라도 재현의 의미를 생산하는 기호 외적 지시체와의 매개적 관계가 명료하다면 거기에서 해석이 종결된다는 점에서 기호 그 자체의 형상적 가치를 무시할 가능성을 갖고 있다. 이와는 반대로 기호에 내재하는 의미를 발견하려 하는 표현의 시각은, 해석 대상의 자율성을 최대한 보장하며 그 표현적 형식들(영상적 차원)에 대한 관심을 절대적으로 요구한다. 결국 표현의 시각에서 보는 해석대상은 그 대상을 배태하고 있는 다양한 맥락을 이미 내장하고 있는 일종의 소우주이며, 자립적으로 완성되어 있는, 그러나 은폐되어 있는 총체성의 표징으로 이해될 수 있다는 것이다.

이미지 사유의 방법론

재현의 패러다임을 표현의 패러다임으로 전환한 사례로 벤야민의 『파사젠베르크』는 사물의 영상적 표현이라는 점에서도 매우 의미있는 사례라고 할 수 있다. 김홍중에 의해 포착된 벤야민의 근대 자본주의에 대한 해석 작업이 시사하는 점은 다음과 같다. 즉 벤야민에게 있어서 아케이드는 모더니티와 이를 가능하게 해준 근대 서유럽 자본주의(신)가 그 스스로를 표현하고 있는 파편들의 만화경(세부)이었다(김홍중, 2009: 166)는 것이다. 즉 문화적 현상을 경제적 하부구조와 매개적으로 조응시켜야 한다고 본 아도르노의 오해와 비판을 무릅쓰고 벤야민은 아케이드를 둘러싸고 진행되던 모든 삶의 양식과 문학적·예술적 운동들과 현상들을 마치 화가가 그림을 그리듯이, 영사기가 필름을 상영하듯이 보여준다는 것이다. 아케이드라는 해석대상이 표현하고 있는 하부구조를 '문학적 몽타주'를 통해 방대하고 다각적으로 제시하는 벤야민의 작업이 결과적으로 우리에게 해석의 대상이 하나의 '풍경'이 되는 독특한 광경을 제공하고 있다는 것이 김홍중의 견해다.

브루넬레스키 이후 근대로 넘어오면서 이미지를, 물질적 토대를 가진 '사유의 이미지'로 이해하는 철학자, 문화이론가, 예술사가들은 풍경(scape)에 주목하기 시작한다. 김홍중은 『마음의 사회학』에서 20세기 중후반의 예술사, 문학사, 문화분석, 신문화지리학 등의 다양한 분과에서 중요한 테마로 등장한 '풍경(scape)'(Mitchell, 1994; Warnke, 1997; Barrel, 1980; 김홍중, 2009: 141)이 일상적 체험의 수준으로부터 예술적 규범에 이르는 방대한 영역에서 진행되었던 시지각적 재현 체제 혹은 근대적 시각체제(scopic regime)의 구조적 변동이라는 관점에서 파악되고 있다는 점을 들어 풍경에 대한 사회학적 사유의 가능성을 피력하고 있다. 이때 풍경이란 단순한 미학적 완상의 대상이 아니라 그것을 통해서 풍경의 향수자가 세계를 해석하고 이해하고 구성하는 일종의 '제도적 세계상'이며 영상적 구축물이라는 점을 전제로 하고 있다.

가라타니 고진의, 단순히 재현된 풍경화가 아닌 인식의 틀이자 제도로서 풍경 개념 창출은 외적 풍경의 대척점을 구성하는 내면적 고백의 공간 속에서 근대 소설의 화자가 서술의 대상과 객관적인 거리를 유지하는 하나의 시선으로 등장하는 사실에 대한 포착으로부터 시작되었다. 이러한 논의가 원근법적 시선의 확립과 동시에 발견되었다는 고진의 논리에 이어서 김홍중은 "근대적 내면이란, 무질서하게 흘러가는 상념들의 다발이나 망상, 번뇌, 희망, 기억 따위의 방만한 유출이 아니라, 그것들을 삶과 체험의 구조 속에서 일목요연하게 파악하는 객관적 관점(perspective)에 의해서만 조직되는 공간"(김홍중, 2009: 151)으로 정의한다. 근대적 내면이 시각의 중립적 지점을 확보하여 시계 속에 산포되어 존재하는 모든 사물들을 일률적으로 재현하는 풍경화와 동일한 원칙 하에서 창출되기 때문에 '인식틀로서의 풍경'이라는 이름을 부여하고 있다는 것이다. 이때 인식틀로서의 풍경은 그 안에서 인식의 주체와 대상을 규정하는 객관적 장(場)을 형성한다.

파노프스키(Erwin Panovsky)는 뵐플린(Heinrich Wölfflin)의 양식(style) 개념을 보완할 목적으로 발표한 한 논문에서 시각에 의해 획득된 현실을 형상화한다는 것, 즉 현실과 이미지의 관계에 대해 다음과 같이 논의하고 있다.

> ……그렇다면 시각에 의해서 획득된 현실을 형상화한다는 것은 무엇을 의미하는가? 아직 형태를 갖고 있지 않은 시각적 소여를 미학적 차원에서, 형식적이고 예술적인 도식에 적합하게 해석하는 주체는 무엇인가? 여기에는 단 하나의 대답밖에 없을 것 같다: 그것은 영혼이다 ……요컨대, '시각적 태도'란, 엄밀히 말하자면, 시각적인 장에 대한 지적인 태도이며, '눈이 세계와 맺는 관계(Verhältnis des Auges zur Welt)'는 사실상 '영혼이 눈의 세계와 맺는 관계(Verhältnis der Seele zur Welt des Auges)'이다."(Panovsky, 1915: 188; 김홍중, 2009: 153에서 재인용)

김홍중은 근대 이후 제도적이며 선험적인 인식틀로 부각된 풍경이 언어적이고 논리적 질서가 아닌 영상적 질서로 구성되어 있다는 점을 들면서 풍경을 들뢰즈의 '사유의 이미지'와 연결시키고 있다. 즉 들뢰즈가 말하는 '사유의 이미지'는 벤야민의 '이미지-사유(Bilddenken)' 또는 '사유이미지(Denkbild)'로부터 왔을 것으로 추정되고 있다. 벤야민이 자신의 저작에서 사유이미지를 명시적으로 설명하지는 않았으나 아도르노나 후대의 철학자들의 해석에 의해 다음과 같이 규정되고 있다. 아도르노의 해석에 의하면, 벤야민의 사유 이미지를 '정신과 이미지와 언어가 결합되는 층위'를 찾아내는 작업의 한 방식인 꿈에서 찾아볼 수 있다고 전제하면서 다음과 같이 해석하고 있다: "벤야민의 '사유이미지'들은 말로 표현할 수 없는 것을 비유적으로 불러낸다는 의미에서 끼적거려놓은 수수께끼 그림들이다. 그 이미지들은 개념적 사유를 정지시킨다기보다 그 수수께끼 같은 형상으로 충격을 주고 그로써 사유를 움직이고자 한다. ...... 통상적인 양식으로 증명될 수 없으면서도 강제적 힘을 발휘하는 것이 사고의 자발성과 에너지를 자극하고, 또한 액면 그대로 받아들여짐이 없이 일종의 지적인 단락을 통해 불꽃을 점화시킬 것이다. 이 불꽃은 우리에게 익숙한 것을 (......) 불현듯 다른 각도에서 비춘다."(Adorno, 1974: 681; Benjamin, 2007: 52)

이렇게 '규율받지 않은 경험의 매개체가 되는 꿈은 딱딱하게 굳어버린 사유의 각질 표면에 맞서는 인식의 원천이 되며 사물들은 섬광이 비치는 순간 보이는 모습 그대로 내버려두는데 그것은 철학자 벤야민이 이성을 경시하기 때문이 아니라 바로 그러한 금욕을 통해서 비로소 사유를, 세계가 사람들에게서 추방시키려고 하는 그 사유 자체를 다시 복구할 수 있기를 기대하기 때문'이라고 아도르노는 주장하고 있다. 이에 따르면 벤야민은 꿈의 기술 등을 통해 꿈을 단지 무의식적이고 정신적인 것에 대한 상징들로 설정하기보다는 인식과 관계를 맺는 사유의 방식으로 정립했다는 것을 알 수 있다. 이러한 사유이미지의 본래적 의미에 더 나아가 김홍중은 들뢰즈가 말하는 사유의 이미지가 두 가지 상이한 의미를 동시에 내포한다고 전제하면서 우선 사유한다는 것은 무엇인가를 형상으로 표현한다는 의미에서 사유의 이미지이며(Deleuze & Guattari, 1991: 39-40), 동시에 사유가 그 안에서 이루어지는 전(前)-개념적, 전(前)-철학적, 전(前)-언어적 영상공간, 즉 사유가 뿌리내리고 있는 풍경을 가리키기도 한다는 점(김홍중, 2009: 159)을 지적한다. 이와 유사한 맥락에서 최성만은 벤야민 전집의 해제(최성만, 2007: 56)에서 사유이미지는 오로지 정신작용으로서의 사유라기보다는 '정신의 깨어있음(Geistesgegenwart)'을 강조하는 가운데 위기의 순간에 기호를 미메시스적으로 읽어내는 태도라고 할 수 있다고 강조하고 있다. 따라서 벤야민의 사유이미지는 온전한 정신작용으로서의 사유라기보다는 오히려 영상적 기호와 상징이 이루는 움직이는 사유의 흐름을 의미한다고 볼 수 있다.

젠더 이미지의 영상화

이미지에 대한 오랜 철학적 고찰이 이미 포화상태의 이미지에 대한 개념적 정의를 생산해 왔지만 문자 중심의 시기인 로고스페르(logosphere)를 지나고, 근대 이후 인쇄술에서 컬러 텔레비전이 등장하는 단계로 이행하는 시기인 그라포스페르(graphosphere)와 영상기기가 다양하게 발전하는 시기인 비디오스페르(videosphere)로 넘어가면서 중층적으로 등장하는 다양한 문화변동은 이미지에 대한 논의를 더욱 활기있게 이끌어오는 원동력이 되고 있다. 우선 사진과 영상문화의 등장은 그 이전까지 문학과 유화 중심의 미술이 주도해온 상상력의 세계에서 인간의 심상을 중심으로 논의되어온 이미지 형성에 관한 논의에 획기적인 전환의 계기를 제공하였다.

비디오스페르 이후 후기 자본주의적 생산단계의 발달과 글로벌 도시의 생성, 소비문화의 등장, 기술발전에 따른 영상문화와 대중문화의 발달, 글로벌라이제이션에 따른 혼종문화의 복합적 양상 등 엄청난 파동을 가진 문화변동에 따라 이미지는 더 이상 인간의 심상만이 아니라 외부로부터 만들어져서 시각을 통하여 인간에게 제공되는 방식으로 생성되고 있다. 이미지는 문화변동에 의해 만들어져서 인간에게 반영됨으로써 다시금 상상력을 동원하여 새로운 심상과 정체성을 만들어가도록 순환논리적 궤도 속에 편입되면서 생산되고 재생산된다. 즉 인간의 정신과 물질적인 몸이 이미지를 매개로 외부의 문화적 힘과 궤도 속에 편승함으로써 심상을 공유하면서 이미지의 생산과정에 적극적 행위성을 발휘하게 되는 것이다.

이러한 맥락에서 본다면, 젠더 이미지란 젠더와 관련된 규범, 상상, 이상 등의 정신적 작용이 개인에게 사회적인 인식의 형식으로 요구되고 수용되면서 한 사회의 구성원들이 공통적으로 가지는 평균적인 기준을 의식의 형태 또는 구상적인 형태로 표현한 표상이다. 현대사회에서 이미지는 본질과의 관계에서 볼 때 본질 그 자체를 그대로 드러내 준다기보다는 감각, 특히 시각과 청각에 의해 포착되는 그 순간 즉각적으로 판단의 기준을 제공하는 절대적인 하나의 '그림'을 그려낸다.

이미지와 섹슈얼리티, 몸의 재현을 분석할 때 중심을 이루는 주제는 시각과 응시의 의미, 시각체제의 젠더 관점, 관객성의 문제, 관람 행위와 여성 재현과의 관계, 남성성과 여성성과 보는 행위의 관계, 보는 행위의 젠더적 권력 관계, 여성의 몸 이미지의 사회적 만연 현상 등이다. 의미는 재현, 관람자, 사회 구조 사이에서 유통되는 것이라고 한다면 이 각각의 문화적 맥락은 서로를 연결하는 방식을 결정하게 될 것이다.

특히 오랜 역사를 통해 '보는 남성'과 '보여지는 여성'의 젠더 관계가 구축되어 온 것으로 미루어 이미지가 이미 내포하고 있는 젠더 관계의 전복적 재설정은 포스트페미니즘에서 매우 긴급하게 다루어져 온 의제이며 이는 1970년대 이후 지속적으로 제기된 영화비평 이론과 문화이론에서 뚜렷하게 방향 설정을 해오고 있다. 그러므로 이미지의 문화적·사회적 맥락을 분석하고 해석하여 이론화하는 것은 새로운 젠더 관계를 설정하는 실천적 행위만큼 대안적 문화 생산을 위해 필수적인 행위이다.

2 시각성과 응시의 시각체제

이미지 연구에 있어서 가장 핵심적인 감각은 의심할 여지없이 시각이다. 다시 말해서 인간의 시각성이 매개가 되어 형성된 문화를 연구하는 시각문화 연구(visual culture studies)의 핵심적인 대상이자 도구는 이미지이다. 여기서 이미지는 단순히 '눈에 보이는' 표피적 대상으로서의 이미지뿐 아니라 그 대상이 함축하는 의미와 그 의미화 과정을 표상하는 결과물까지 모두 포함한다. 이데올로기적 허상이나 꿈, 소비문화에서의 욕망의 이미지 같은 심상(心想), 또는 정신적 이미지 외의 모든 이미지는 눈앞에 펼쳐지는 그림의 형상을 한 이미지이며, 이는 시각에 의하여 비로소 인간에게 지각된다.

심상 또한 구체적으로 시감각에 의해 인지된 그림이 바탕이 되어 마음 속에 그려지게 된다. 인간의 감각 중에서 시감각은 가장 우위에 놓여있어서 한스 요나스(Hans Jonas, 1966) 같은 철학자는 이를 '가장 고귀한 감각'으로 칭하고 있을 정도이다. 물론 로우(Donald Lowe, 1982: 26) 같은 이는 유럽 역사의 전개과정에서 시기 별로 여러 감각의 위계가 다르다고 주장하기도 한다. 이와 같은 시각 중심주의(ocularcentrism)(Belova,

2006)에 대한 논의는 그동안 근대성과 인간의 감각의 문제와 연결되면서 세계관 형성 방식에 대한 논의로 확장되어 갔다.

로우는『부르주아 지각의 역사 *History of Bourgeois Perception*』에서 유럽의 역사를 다섯 가지로 나누어서, 첫 번째 시기인 중세에는 청각과 촉각이 시각보다 더 가치있게 평가받았으며, 두 번째 시기인 르네상스에서부터 시각이 가장 높은 자리를 차지하기 시작했다고 보았다. 그 계기는 선원근법 시스템의 출현이다. 세 번째 시기는 신분제 사회로서 선원근법에 기초하여 생성된 균질 공간 내 표상이 중요해지기 시작한 시기이다. 네 번째 시기인 부르주아 사회는 사진의 발명으로 인한 '시각의 확장'과 '시각의 시간적 발전'으로 특징지어진다. 로우는 다섯 번째 시기인 20세기를 '회사자본주의, 소비가 통제되는 관료주의적 사회'라고 정의하고 있다. 이 시기에는 시감각의 우월한 자리에 청각이 다시금 동반적 지위에 가까워져가면서 '전자문화, 즉 눈과 귀의 연장에 의해 구성되는 사회'(Lowe, 1982; Walker, 2007: 50에서 재인용)로 진화하고 있다. 즉 모더니티는 르네상스와 과학혁명이 시작된 이래 철저히 시각중심적인 것으로 여겨져 왔는데 맥루언(Marshall McLuhan, 1964)과 옹(Walter K. Ong, 1967)이 지적한 바와 같이 인쇄술의 발명은 시각에 강력한 특권을 부여했고, 망원경과 현미경 같은 발명품은 그것을 더욱 든든하게 뒷받침 해주었다(Jay, 1999: 73).

그리스 시대부터 '관념 idea'이라는 말 자체가 '본다'는 것에서 연원하여 왔으며 이는 외양이나 이미지 등의 쟁점과 결부되어 있다. 특히 플라톤은 시각의 창조를 인간 지성 및 영혼의 창조와 연결시켰다. 지(知)란 '마음의 눈'이며, 이 눈은 이데아의 형식을 보는 눈이다. 말하자면, 플라톤에게 있어 시각의 가치는 양면적인 것이다(주은우, 2003: 148). 왜냐하면, 초월적인 빛이 진리이며 마음의 눈은 그것을 볼 수 있다고 보는 반면, 육체의 두 눈에 대해서는 유보적 입장을 취하며 이데아의 빛을 보는 것을 방해하는 이미지와 모방 예술은 비난의 대상으로 여겨졌기 때문이다. 하지만 시각적 경험은 마음의 눈으로 본 것과 자연스럽고 중립적인 생리적 지각과정이 융합되어 나타나는 사회적이며 역사적인 활동이라는 점에서 마음의 눈과 생물학적 눈을 이분법적으로 분리하여 생각할 필요는 없다. 즉 사회적으로 학습되고 축적된 지식과 믿음에 의해 매개되는 시각적 경험은 사람들로 하여금 세계를 바라보는 '시각 양식'을 구축하게 하는 것이다. 시각 양식에 따라 이미지를 반영적으로 볼 것인가, 구성적으로 볼 것인가 하는 해석의 방법론적 차이는 분명히 존재하며 이는 오늘날 영상 이미지 해석의 이론적 근거를 어디에 둘 것인가 하는 문제와도 연결된다.

인간은 역사 이래 육체의 감각을 통해서 세계와 소통하고 인지해왔는데 근대에 들어서면서 다양한 기술의 발달로 인해 시감각은 지식과 감성의 매개에 있어서 다른 어떤 감각보다도 단연 우월한 지위를 점하게 된 점은 주지의 사실이다. 언어와 문자의 발명은 글자를 통해 지식을 습득하게 하였으며 중세에 유일한 시각적 이미지의 자리를 차지했던 그림은 사진의 발명을 계기로 폭발적인 영상 이미지로 세분화되면서 시감각의 새로운 세계를 열게 되었다. 생활방식으로서 시각문화는 일상생활 속에 녹아있는 것이 주류를 이루지만 또한 제도화되기도 하였다. 현대로 들어서면서 시각의 특권적 위치가 확고해져 갔으며 이로써 '시각 헤게모니'(Tyler, 1984)가 굳건하게 형성되었다. 이는 회화적 재현의 일상화 속에서 시작되었고 사진의 시각적 재현을 통해 좀 더 발전되었으며 현대로 들어서면서 카메라, 망원경 등 보는 도구의 발명과 더불어 영화와 TV, 그리고 컴퓨터 등 영상매체의 폭발적 발전에 힘입어 시각 헤게모니는 더욱 굳건해지고 있다.

'시각(vision)'이 신체적인 작용으로서의 '시선(sight)'을 연상시키고 또 '시각성(visuality)'이 사회적인 사실로서의 시선을 연상시킨다고 할지라도 이 두 개념은 상호보완적이다. 시각에 대한 논의의 주된 방향은 포스트구조주의와 정신분석학으로부터 비롯된, 주체와 이미지에 대한 분석들에 접근해있다. 즉 시각은 주체와 이미지 개념 둘 다를 전환 배치하는 데 도움이 되는 하나의 구조로 연구되고 있다. 1990년대 이후의 페미니즘 문화이론 연구에서는 성적인 것과 시각적인 것이 정신적으로 서로 겹쳐있다는 점에 주목해왔는데 재클린 로즈(Jacqueline Rose)의 시각성 연구가 바로 이에 해당된다. 한편 기호학이 차이를 통해서 생산되며 욕망에 의해 파열되는 기호들의 한 영역으로서의 시각적인 것에 대해 민감한 점(Foster, 2004: 16) 또한 시각성 연구에서 매우 중요하게 다루는 주제이다. 시각문화에 초점을 맞추었을 때 이미지는 구체적인 시각적 이미지를 지칭한다. 즉 '인간의 노동과 상상력이 생산하는 물리적인 제작물(artefact), 건축물 도상(image), 그리고 시간의 흐름에 따라 데이터를 의미있게 변화시키는 매체인 오디오 클립, 무비 클립, 애니메이션 등의 시간적 미디어와 퍼포먼스, 미적 상징적 제의적 혹은 이데올로기적 정치적 목적, 혹은 실용적인 기능까지 아우르는, 시감각에 호소하는 이미지들'(Walker & Chaplin, 2007: 17)이 이에 해당된다.

마틴 제이(Martin Jay)는 근대적 시각체제의 지배적인 실천과 비판적인 저항들을 전통적 원근법 내에서의 균열들을 지적함으로써 근대적인 시각성을 역사화하려는 시도를 해왔다. 특히 프랑스의 철학자 뷔시-글뤽스만(Christine Buci-Glucksmann)은 책 제목이기도 한 '시각의 광기'라는 표현으로 바로크의 시각 경험에서 이미지들의 과잉이 일정한 방향 없이 현란하고 황홀한 상태임을 찬미하는 바로크적 시각의 폭발적인 힘을 보여주고 있음을 제시하고 있다(Jay, 1999). 제이는 어느 학술토론[4]에서 이 경우 광기를, '억제하지 않는 것으로서의 희열(jouissance)과 관련된 엑스터시'로 볼 수 있다고 언급한 바 있다. 제이는 이러한 바로크적

---

4. 마틴 제이의 「모더니티의 조망 체제」 논문과 관련한 토론으로서 이 논문과 함께 수록되어 있다. 토론자는 마틴 제이(Martin Jay), 재클린 로즈(Jacqueline Rose), 노먼 브라이슨(Norman Bryson), 핼 포스터(Hal Foster), 버나드 플린(Bernard Flynn), 존 라치먼(John Rajchman) 등이다. 이영철 엮음/백한울 외 옮김. 『21세기 문화 미리보기』. 서울: 시각과 언어. pp. 90-95.

스펙터클의 어지러운 환상적 영상(phantasmagoria)이 시각과 연결되어 정립된 현대의 문화산업적 시각은, 오늘날의 '시각의 광기'를 드러내려는 포스트모더니즘적 시각적 실험들에 의해 그다지 위협받는 것으로 보이지 않고, 오히려 그 반대의 경우가 당연한 것처럼 보인다고 지적하고 있다. 따라서 제이가 분류한 근대적인 세 가지 시각체제 중에서 바로크적 시각체제는 어떤 면에서는 뷔시-글뤽스만의 분석대로 현재의 이미지 과잉에 대한 은유적 설명이 될 수 있을 것이다.

'보는 방식'의 문화적 의미

문화를 기호와 상징을 가지고 의미를 생산하는 실천, 즉 '의미화 실천(signifying practices)'으로 정의하는 윌리엄스(Williams, 1983: 87-93)의 견해를 참고하여 보자면 문화연구에서 '보는 방식'에 대한 이해는 그 사회의 문화의 의미를 시각적 차원에서 파악하는데 있어 중요하다. 인간의 보는 행위는 단순히 시지각적 작용을 넘어서서 그 사회 구성원들의 일상생활에서 구현되는 문화를 습득하는 것이며, 따라서 사회적인 행위이다. 그러므로 '보는 방식'에는 필연적으로 사회적이며 역사적인 관점이 들어있고, 이를 환원론적으로 보자면 문화의 구조와 내용에 따라서 다시금 '보는 방식'이 규정된다.

'본다'는 행위 자체가 보는 자신 이외의 이미지나 시각매체 및 그와 결부된 사회적 힘들에 의해 일정한 방식으로 유도되거나 구조화되고 있음은 또한 최근의 문화사회학적 연구들에서 지적되고 있다. 즉, 버거가 이론화한 바와 같이 인간의 보는 행위는 신체 기관으로서의 눈이 수행하는 시지각 이상의 것으로서, 그가 속한 사회의 문화적 내용들에 의해 매개되는 것이고, 이에 따라 특정한 시대, 특정한 사회는 사람들이 일상생활 속에서 세계를 바라보는 일정한 '보는 방식(way of seeing)'(Berger, 1990)을 규정한다. 버거에 의하면, 우리들이 사물을 보는 시각은 무엇을 알고 있는가 또는 무엇을 믿고 있는가에 의해 깊은 영향을 받고 있다. 우리가 보는 것은 선택인데 이 선택 행위에 따라 우리가 이해할 수 있는 범위 안에 포함되며, 이로써 시각은 우리가 현실이라고 부르는 것을 구성한다(Berger, 1990: 24-26). 버거는 또한 '보는' 행위에 있어서 주체와 객체, 즉 '보는 사람'과 '보여지는 사람' 간의 성별 관계가 형성되고 응시의 권력이 생겨난다는 점을 지적함으로써 페미니즘 문화이론의 이미지 연구에서 중요한 분석틀을 제공해준다(이수안, 2009a: 75).

'보는 방식'이 문화사회학에서 중요한 이유는 현대성과의 연관 때문이다. 원근법으로 대표되는 근대적 시각 양식의 핵심은 시각 공간의 합리성이다. 공간의 깊이를 나타내고 그림의 중심인 소실점(a vanishing point)이 보는 사람의 눈의 시점과 일치됨으로써 보는 사람이 주체로 등장하게 되는 계기가 된다. 그동안 이에 천착한 여러 학자들의 설명에서도 알 수 있듯이, 현대성을 합리성과 주체성의 원리로 압축하여 정의한다면 이 원리는 시각영역에서도 관철되며 그것은 원근법이라는 시각 양식에 의해 이루어졌다는 것을 알 수 있다(주은우, 2003: 25)고 보고 있다. 주은우는 이러한 견해에 따라, 현대성의 시각체제란 원근법이라는 합리화된 시각 양식이 지배하는 시각장이며, 이 시각 양식에 의해 규정되는 주체는 데카르트의 코기토와 마찬가지로 시각의 장에서 자기 의지적이며 대상 세계와 거리를 둔 채 통제력을 행사하는 세계의 중심이고 초월적 주체라는 점을 강조하고 있다.

현대성에 대한 치열한 논쟁을 이끌어내는 다양한 의제들 가운데, 보는 문제(seeing) 또는 시각성이 현대성의 문화적 조건을 구성하는 주요 의제라는 점은 버거, 푸코 등 여러 이론가들의 논의에서 상세히 다루어지고 있다. 시각의 문제를 성찰하는 것은 다양한 시각 매체가 발달하고 영상문화가 폭발적으로 범람하는 사회적 조건과 무관하지 않다. 기

드보르(Guy Debord)가 『스펙터클의 사회』(1996)에서 시사하는 바와 같이 현대사회에서 시각문화가 인간의 경험을 구조화하는 중심 범주가 되었음을 부정하는 이는 드물며 이러한 문제의식은 최근에 언표화되고 있는 '영화적 사회론'(Denzin, 1995)으로까지 이어지고 있다. 이는 1960년대 이후 서구의 많은 사회학자들이 '고도 소비사회의 외양 중심의 문화경험'(Bell, 1990)과 그로 인한 인성 구조의 형성에는 미디어, 특히 시각매체의 영향이 절대적임(Riesman, 1978)을 거론한 바와도 연관된다.

시각문화가 입체적 형상으로 전개되는 영상시대의 도래는 '문자로부터 이미지로의 전환(pictorial turn)'이 전면적으로 이루어지고 있음을 시사한다. 서구문화에서 현대성이 실현되는 데 있어 인간의 '시각 중심주의'는 중요한 역할을 해왔다. 망원경의 발명은 사람들로 하여금 신(神) 중심적 서구사회의 도덕적 토대를 뒤흔들면서 시각 중심주의가 확산되는 계기를 제공하였다(주창윤, 2003: 17). 이 논리에 의하면 망원경은 '도덕적 가치'와 '지적 가치'를 명백히 구분하는데 기여하였으며 지적 가치가 도덕적 가치보다 우위를 점유하게 된 것은 바라봄의 확장을 통해서 가능하게 된 것이다. 또한 외부 세계(자연)와 내부 세계(마음) 사이의 구분, 그리고 자아와 타자 사이의 구분은 사회과학에서 '관찰'의 중요성을 환기시켰다. 이로써 '관찰'은 시각 중심적이며 대상의 계량화를 의미한다는 점에서 현실을 설명하고 접근하는 도구가 되었다. 사진과 영화가 발명된 이래 폭발적인 영상문화의 성장은 고도 소비사회와 맞물리면서 스타일과 외양을 중시하는 문화가 뿌리내리는 데 커다란 역할을 해왔고, 이 과정에서 시각 미디어는 개인의 태도와 취향뿐 아니라 사회적 문화 경험을 주도하는 역할을 하고 있다.

마틴 제이가 개념 규정한 관찰체제(scopic regime)는 일명 시각체제라고 명명되기도 하는데 이는 메츠에 의해서 영화 관람에서의 관객성을 일컫는 데 원용되기도 한다. 이렇게 시각의 장(the field of vision 또는 visual field)[5]이 개인 바깥의 힘과 배치에 의해 구조화됨을 지적한다는 점에서 '시각체제' 개념은 전체 사회로 확장되어 시각의 사회적 성격과 주체 구성 기능을 포착하는 데 적용되고 있다. 이와 더불어 특정한 시각체제를 구성하는 '보는 방식(들)' 역시 사회적인 것이라는 점에서 '시각 양식'이란 말로 개념화할 수 있다. 말하자면 '시각 양식'이란 역사적·문화적으로 형성되어 개인들의 시각을 일정하게 규정하는 사회적인 '보는 방식'이다. 이 '보는 방식'이 이미지와 관련해서 이야기되어야할 것은 표상으로서의 이미지와 보는 방식, 즉 재현 양식과 시각 양식은 서로 결부되어 있다는 점이다(Berger, 1996: 28; 이수안, 2009a: 79). 따라서 모든 이미지는 보는 방식을 체현하며 응시의 기록으로서의 결과물이 되는 것이다.

시각체제의 근간은 상징계적으로 규정되는 시점과의 동일시, 즉 일정한 '보는 방식'이며 그런 점에서 라캉의 응시와 주체 그리고 이들을 매개하는 이미지/스크린의 삼각형 구도를 시각체제의 기본적인 형식적 틀로 보는 것(주은우, 2003: 106 참조)에 크게 무리가 없음을 알 수 있다. 이 구도는 시각장이 주체 바깥의 비인격적인 요소를 축으로 사회적으로 구조화되고, 시각의 주체는 그 과정에서 구성되는 것임을 보여주는 동시에 현상적으로는 이 시각의 주체가 자신의 보는 행위와 시각장을 통어하는 듯이 나타남을 보여주기 때문이다. 그러므로 이 시각장의 구체적이고 특정한 내용과 구조는 사회역사적으로 결정되며, 사회역사적으로 특정한 시각장은 시각체제이다.

시각장이 사회적 성격을 갖는 이유는 그것이 상징계의 규제를 받는 데 있으며 이렇게 시각은 언어와 불가분하게 연결되고 이미지와 시각의 상상적 질서가 문화적 역사적으로 특정한 양상으로 구성되는 것은 바로 언어와의 연결 때문이다(Bryson, 1988: 106; 주은우, 2003: 107에서 재인

---

5. 시각장(the field of vision) 개념은 자연과학자들의 연구에 힘입어 라캉이 주체와 이미지 간의 관계를 설명하는 삼각형 다이어그램을 토대로 본격적으로 발전시켰다.

용). 노만 브라이슨(Norman Bryson)은 라캉의 주체론을 적용하면서 주체와 세계 사이에 삽입되는 담론들이 순수한 시지각적 경험과는 다른 문화적 구성물로서의 시각성을 형성한다는 점을 강조한다. 이로써 "시각성 속에서 작용하는 권력이 자신을 순수 지각 또는 보편적인 시각이라는 신화 속에 위장하고 은폐하는 방식에 대한 분석을 이끌어내야 한다"(Bryson, 1988: 108)고 역설한다.

근대적 시각성의 대두와 관찰자로서 주체

근대적 시각의 역사는 단지 감각의 문제 뿐 아니라 근대적 인식론의 역사와 맥락을 같이 한다. 즉 근대적 시각의 역사는 카메라 등 과학기술적 장치나 테크놀로지의 발달과 연관되어 있으며 주체성, 자아, 타자의 문제와 문화적 장에서의 힘과 권력의 문제와 관련된다. 문화의 장의 배치를 염두에 두고 테크놀로지와 철학, 권력, 예술의 문제를 연관시킨 논의가 바로 조나단 크래리(Jonathan Crary)의 『관찰자의 기술』이다(Crary, 2001). 크래리는 기술적인 시각적 장치와 문화적 장의 배치를 상징하는 광학기구로 17, 18세기에는 카메라 옵스큐라를, 19세기에는 입체경(stereoscope)을 들고 있다. 우리는 여기에 20세기를 상징하는 영화와 비디오 매체, DMB, 스마트폰 등 전자기계를 첨가할 수 있을 것이다.

19세기에 시각 이론이 대두되면서 지금까지 시각성에 대한 이론의 커다란 흐름이 어떻게 전개되었는지에 대해서 브라이슨은 다음과 같이 간략하게 설명하면서 특히 라캉의 시각성 이론이 역사적으로 매우 중요하다고 평가하고 있다. 브라이슨은 시각을 응시에 의해서 위협당하는 것으로 보는 라캉의 설명이 상상계 내에서 전개된 것으로서 상상계란 문화적으로, 그리고 역사적으로 특정한 관습적 방식으로 구성되는 것이므로 문화적, 역사적 탈중심화를 경험할 필요가 있음을 보여준다고 설명한다. 즉 라캉의 이론이 어떤 근본적인 전환, 즉 시각에 대한 이전의 사고방식에서 그 기반이 됐던 근거로부터 벗어나게끔 하는 근본적인 전환을 나타낸다고 보고 있다.

한편 19세기에 출현한 시각 이론은 시각의 진리란 망막 속에, 말하자면 눈의 생리학과 시각 기관의 신경학 속에 있다고 보는 이론이었다. 즉 눈이라는 생물학적 조건으로부터 크게 벗어나지 않는 범위 내에서 추상화하는 경향을 보였다. 20세기에는 이처럼 시각을 일차적으로 망막과 빛의 영역으로서 보는 개념이 수많은 주요 활동들에 접맥되었다. 예를 들어 미술사에서 형식주의와 접맥되었고 미술이론에서는 곰브리치(Ernst Hans Gombrich)나 아른하임의 저술에 나타나는, 지각심리학을 통한 예술에의 접근과 연결되었다. 이러한 활동들 및 이와 연관된 활동들로부터 예술이란 지각의 순수성에 관련된 문제라는 인식, 즉 예술은 사회적 영역으로부터 격리된 것으로서 시대를 초월한 보편적인 것이라는 인식이 생겨났다. 그런데 포스트모더니즘은 이러한 인식으로부터 벗어나려는 움직임을 수반했으며 존재하고 있는 시각장은 형태들로 이루어진 것이 아니라 의미들로 이루어진 장으로서 언어적 ·시각적 담론들, 즉 기호들이 처져있는 장이고 이러한 기호들은 우리가 사회적으로 구성된 것과 마찬가지로 사회적으로 구성된다고 하는 사실에 대한 인식을 수반했다(Bryson, 2004: 193).

라캉에 있어서 응시는 주체의 탈중심화와 밀접하게 연관되어 있다. 주체가 어떻게 형성되는가에 대한 라캉의 서술은 문화라는 전제로 부터 전개된다. 즉 인간의 주체성이 촉진되는 것은 상징적 질서 및 의미화의 난입 속에서이며, 상징적 질서의 구성과 의미화 코드들의 구성은 역사적·문화적으로 변화 가능한 것이다. 주체의 상징계 진입 이후의 현존은 문화, 역사, 계급의 변수들이 작용하는 곳이며 또한 그 같은 현존이 주체를 움직이는 지역적 혹은 국부적 담론들, 즉 직장과 가정, 또 교육·의료·법률·복지·종교·행정 등의 제도들, 그리고 사회적으로 형성된 온갖 다양한 문화적 활동의 장들 내에서의 담론들을 가로질러 주체가 구성하게 된다(Bryson, 2004: 190). 라캉은 우주의 중심을 지배적인 주체에 두는 것을 환영(fantasma)이라고 간주하며 중심화된 주체는 분산되고, 그 경계는 해체되며, 또한 대상의 경계 역시 해체되어 근본적으로 탈중심화된다고 보는데 여기에서 탈중심화된 주체는 데카르트의 코기토에 있어서의 주체와 근본적으로 대조된다.[6]

카메라 옵스큐라

시각성 연구에서 다양한 논의를 촉발한 카메라 옵스큐라는 이 분야 연구에 있어서 마치 판도라의 상자처럼 주요 장치이자 개념적 도구이다. 카메라 옵스큐라는 어두운 방 한쪽 벽의 구멍으로 빛이 들어와 외부 세계의 모습이 반대편 벽에 전도된 이미지가 맺히도록 한 장치로서 이 원리는 적어도 이천 년 전부터 알려졌다고 전해지고 있다. 이 기구는 점점 발전되어 17세기 이후 벽의 구멍에 렌즈를 부착하게 되었고 방의 크기도 줄어들어 이동형 암상자 형태로도 사용되었다. 크래리는 "카메라 옵스큐라는 물체와 꼭 닮은 이미지를 드러내어 매우 즐거운 스펙터클을 제공한다"(Crary, 2001: 58)라고 기술함으로써 세계를 관찰하는 즐거움에 더하여 르네상스 이래의 원근법적 경험뿐 아니라 새로운 주체성의 모델을 제시하는 계기가 되었음(Crary, 2001: 61)을 알려주고 있다.

크래리는 또한 카메라 옵스큐라가 세계에 대한 인식과 또 관찰하

6. 브라이슨에 의하면, 데카르트적 코기토의 주체는 스스로를 어떤 대상 세계의 수많은 안정된 사물들에 둘러싸여 있는 보편적인 중심으로서 인식한다. 즉 이러한 주체는 사물들의 세계에 둘러싸인 중심이라는 그 위치에서부터 대상들을 관찰하고, 그러한 대상들을 별개의 실체들로서 지각한다. 코기토적 주체의 특징에 대해서는 Bryson(2004). p. 177 참조.

는 주체를 구성하는 데 매우 깊이 연루되어 있다고 보며 이에 주목하고 있다. 카메라 옵스큐라의 역사는 구조적이면서 광학적인 원리들이 서로 합해져서 하나의 지배적인 패러다임, 즉 관찰자의 위상과 가능성들을 규정하는 지배적인 패러다임이 됐는지를 살펴보는데 중요한 시사점을 주고 있다. 즉 어떻게 관찰이 외부 세계에 관한 참된 추론에 이르게 되는지에 대한, 하나의 모델이 되었다(크래리, 2004: 68)는 점이 그것이다. 크래리는 카메라 옵스큐라가 데카르트나 로크, 라이프니츠 등 철학자들에게 있어서 이 시기의 담론적인 질서의 중심이 되는 인식론적 형상이었다고 보면서, 동시에 케플러와 뉴턴의 작업에서처럼 기술적, 문화적 실천들의 배치에 있어서도 주된 위치를 차지했음을 주목하고 있다. 또한 복잡한 권력 기술의 하나로서 카메라 옵스큐라는 관찰자에게 무엇이 지각의 '진리'를 구성하는 지를 규정해주는 수단이었으며 또 일련의 고정된 관계들의 윤곽을 그려줌으로써 관찰자가 그러한 관계들에 대한 주체로서 설정되도록 해주는 것이기도 하다는 점을 중요하게 보고 있다(크래리, 2004: 68-69). 이를 종합해보자면 카메라 옵스큐라는 경험적 현상에 대한 관찰을 위한 모델이면서 또한 성찰적인 내성과 자기관찰을 위한 모델이기도 한 점에서 중요한 의미를 지니고 있다고 하겠다.

사람들의 관심은 카메라 옵스큐라가 외부세계에 대한 인간 주체의 인식의 원리를 가시적으로 보여준다는 사실에 있었고 이로써 카메라 옵스큐라가 드러낸 세계를 인식하는 생생한 주체의 원리란 '개별화'와 '내부성'의 원리라고 추정되었다. 카메라 옵스큐라를 통해 외부로부터 고립된 방에서 세계를 관찰하며, 또한 외부세계와 단절된 채 어두운 내부에서 이미지를 인식한다. 이 같은 카메라 옵스큐라에서의 개별화와 내부성의 상태는 실제로 세계를 인식하는 주체성의 원리를 가시화한 것으로 볼 수 있다. 즉 근대인은 개인의 독립된 눈으로 세계를 경험하며, 또한 감각으로 전해진 세계의 모습을 내부에서 조절함으로써 인식에 이르게 된다. 로티는 로크와 데카르트가 카메라 옵스큐라를 통해 인간의 정신을 '내적 공간(inner space)'라는 개념으로 설명하면서 특히 데카르트에게 있어서 카메라 옵스큐라는, 어떻게 관찰자가 세계를 '정신의 지각에 의해서 독특하게' 인식하는지를 실증하는 것임을 지적하고 있다. 로티의 논의를 이어 받아서 크래리는 인간의 인식을 세계에 대한 순수하고 객관적인 관찰에 입각하게끔 하려는 데카르트의 의도에 카메라 옵스큐라야말로 가장 적합한 것이라고 인정하는 한편, 상대적으로 어떤 식으로든 신체에 의존하는 감각적인 증거는 무시되고 거부되고 있음에 대해 문제제기하고 있다.

시각적 세계가 자율적인 주체에 의해 전유될 수 있다는 패러다임은 19세기 초반에 시각에 대한 담론들과 실천들에 새로운 용어, 즉 인간의 신체가 끼어들면서 바뀌게 된다(Crary, 2004: 73). 시각적 생산자로서의 신체를 특권화하는 것은 카메라 옵스큐라를 규정했었던 외부와 내부 사이의 구별을 무너뜨리기 시작했으며 이로써 외부와 내부라는 양극적인 배치가 사라지게 된다. 관찰자에게 새로운 지각의 자율성과 생산성을 부여해준 주관적인 시각은 관찰자를 새로운 지식의 주체, 새로운 권력 기술들의 주체가 되게 한 것의 결과였다(Crary, 2004: 76). 크래리에 의하면 19세기 중반까지의 생리학에서 이루어진 연구는 신체에 관한 새로운 진리, 즉 '감각의 분리'라는 연구성과를 도출해냈는데 이때의 시각이란, 세계의 대상들이 물화되고 상품화되었기 때문에 어떤 의미에서 여전히 통일된 주체가 세계를 바라보는 행위이기도 하면서 어떤 의미에서는 그저 막연히 바라봄(sheer looking)으로써의 자신을 의식하게 된 것이라고 추정하고 있다.

과학적 이론화로 고전적 관찰자와의 단절이 더욱 결정적으로 이루어졌으며 이 경우의 관찰자는 바라본다는 행위와 전혀 아무런 필연적 연관 없이 시각을 인식하는, 그러한 관찰자라는 것이다. 새로운 도구의 기술들이 관찰자에 대해서 새로운 '실재' 세계를 구축하면서 사물들의 정체성을 불안정하고 유동적인 것으로 만들며 감각들이란 다른 것으로 서로 교체가 가능한 것이 되었다. 크래리는 다음과 같이, 신체는 신체적 경험이나 능력의 원천에 무관심하다는 헬름홀츠의 이론을 원용함으로써, “지각자는 하나의 중립적인 배관, 즉 그 배관에 흐르는 것이 상품이든, 에너지이든, 자본이든, 이미지이든, 정보이든 간에 단지 순환 및 교환가능성의 최적 조건들을 허용하기 위한 일종의 중계장치가 된다”(Crary, 2004: 88)라는 결론을 제시하고 있다. 이로써 새로운 세기의 요구들을 충족하는 생산적인 관찰자란 “신체의 새로운 용도들에 적합하고, 또 유동적이면서 교환 가능한 기호들과 이미지들의 엄청난 확산에도 적합한 관찰자”(Crary, 2004: 88)로 정의된다. 그리하여 현대화는 시각의 탈코드화 및 탈영토화를 필연적으로 수반했다는 것이다.

크래리에 의하면 관찰자는 항상 시각적인 행적들을 남길 것이라는, 말하자면 이미지들의 관점에서 정체성을 확인할 수 있을 것이라는 생각은 수정될 수밖에 없다. 왜냐하면 어떤 관찰자는 그와는 다른, 좀 더 불분명한 담론들과 실천들 가운데서 구체화된다는 점과 또 그러한 관찰자의 막대한 유산이 20세기에 와서는 모두 이미지 및 스펙터클 산업화된다는 점이 문제이기 때문이다. 따라서 크래리는 19세기 후반과 20세기에 있어서 지배 및 스펙터클의 테크놀로지들과 불가분의 관계인 영화와 사진의 헤게모니 증대는 시각이 비육체적이고 사실과 관계있는, 따라서 ‘실재론적’이라는 신화를 재창조하는 데 기여했다는 점을 강조하고 있다. 카메라 옵스큐라라는 재현적 모델이 19세기에 들어서서 와해된 것에 대해서 시각의 현대화 과정 중 일부라고 보는 크래리는, 결과적으로 이 과정을 자율적인 시각과 추상에 대한 다양한 관념들에 대한 새로운 인식이 성립할 수 있는 일종의 청산과정으로 규정짓고 있다.

보기(seeing)와 응시(gaze)

인간의 눈(eye)으로부터 시작된 행위는 일상생활에서 발생하는 단순한 ‘보기(seeing)’와 목적과 방향이 뚜렷한 자발적이고도 선택적인 행동인 바라보기, 즉 응시(gaze; 프랑스어로는 le regard)로 분류된다. 그런데 보는 주체에 따라, 그리고 보이는 대상에 따라 보기와 응시는 구분되며, 이는 특히 라캉을 비롯한 정신분석학적 논의에서 주체와 관련하여 매우 세밀하게 분석된다. 또한 주체에 대해 주목하면서 보는 행위의 차원은 이미지와 관련하여 가시적인 것에서 시각적인 것으로, 다시 상상적인 차원으로 이동하게 된다. 따라서 단순한 ‘보기’에서 응시로 이동하면서 시각의 지향성과 궁극성이 적극적으로 개입하게 된다. 이러한 논리는 시각장이 주체와 타자와의 관계를 규정하는 가운데 그 안에서 형성되는 이미지를 탐구하는 데 있어서 긴요하다.

한편 워커와 채플린은 그동안의 영화이론가들이 발전시킨 이론을 정리하여 이미지와 관련된 응시를 다음과 같이 네 가지로 구별하여 제시하고 있다(Walker & Chaplin, 2004: 181). 첫째, 기록이 된 모티프나 장면을 향해 행사되는 예술가, 사진가, 영화감독의 응시, 또한 카메라를 통해 바라보는 그들의 시선, 둘째, 묘사대상인 등장인물들이 그림 혹은 영화 내부에서 서로 교환하는 시선, 셋째, 이미지를 향한 감상자의 시선, 넷째, 묘사 대상인 등장인물과 감상자 사이에 교환되는 시선 등이다. 이 네가지 범주의 시선은 기본적으로 푸코의 논의에서 비롯되었으며 이후 영화이론에서 관객성을 연구하는 데 지속적으로 응용되고 있다.

라캉은 거울 단계가 에고와 이미지, 주체성과 시각성의 연관성을 보여주고 있음을 상상계를 통해 설명하고 있다. 거울 단계의 경험에 기초한 상상계는 어린 아이와 어머니 간의 관계와 자신의 이미지와의 나르시시즘적 동일시로 특징지어진다. 따라서 상상계(the imaginary)는 근원적 결핍으로 특징지어지는 주체가 오인에 기초하여 자신의 통일성을 취득하고 타자들과 일정한 관계를 수립하는 환영적(illusory) 세계이면서, 또한 무엇보다도 이미지와 시각적인 것의 등록소라는 두 가지 성격을 갖는다.(Lacan, Seminar I: 116; 주은우, 2003: 59)[7] 거울 단계의 중요성은 주체성 형성의 원형적 모델을 제공한다는 점과 그 과정에서 시각적인 것이 수행하는 구성적 역할을 밝혀 준다는 점에 있다. 즉 어린 아이는 거울에 자신을 비추고 움직이면서 자신의 신체 이미지를 자신이 통제한다는 데서 강한 기쁨을 나타낸다(Sarup, 1994; Lemaire, 1994: 259; 주은우, 2003: 60). 이러한 관점에서 본다면 인간은 이미지와의 특정한 관계 속에서 하나의 개체로서의 삶을 시작한다(Silverman, 1996: 41-42)는 실버만의 논점은 매우 타당성이 있다.

거울 단계의 이러한 경험은 '주체가 하나의 이미지를 취할 때 주체 안에서 일어나는 변형'으로서의 '동일시(identification)'이며 이 내적인 변형이 곧 에고의 형성이다. 그리고 이 동일시는 그 대상이 자기 자신의 이미지이기 때문에 '나르시시즘적'이다. 즉 이미 확립되어 있는 에고가 자기를 사랑하는 것이 나르시시즘인 것이 아니라, 거꾸로 나르시시즘이 에고가 구성되는 출발점이며 기초이다(Rose, 1986: 171; 주은우, 2003: 61). 라캉에 의하면 이렇게 동일시의 대상이 되는 거울 속의 자기 신체 이미지는 '이상적 에고(ideal ego)'의 지위를 갖는데 이로써 거울 단계는 이미지, 동일시, 정체성 간에 확립되는 상호 의존의 초점인 것이다. 거울 단계에서 에고가 형성되는 것은 역설적으로 오인의 과정인데, 첫째는 거울 이미지와의 동일시는 실제의 자기가 아니라 자신의 이미지에 불과한 것을 자기 자신으로 생각하는 것이기 때문이고, 둘째는 아이가 획득한 자기 신체의 동일성과 그것에 대한 통제력 역시

---

7. 동일시와 나르시시즘 이론은 로라 멀비(Laura Mulvey)에 의해서 관객성을 설명하는 이론적 근거로 활용되었다. 이에 대해서는 이 책의 II부 1장 '영상문화와 시각 이미지'를 참조.

환영적이기 때문이다(Lacan, *Écrits*: 19). 에고의 이 '나에 속하는(belong-to-me)' 측면은 거울 속 이미지가 비록 오인의 원천인 허상일지라도 '나 자신의' 이미지라는 사실에 뿌리를 둔다. 그러므로 아이가 그 속에서 최초로 자신을 발견하는 이미지의 '타자성(otherness)'과 '동일성 (sameness)'이 동시에 강조되어야 한다. 거울 단계는 인간 주체가 자신이 아닌 것과 자신을 동일시하는 오인을 보여주기도 하지만, 거울을 바라볼 때 그 주체가 보는 것은 또한 자기 자신의 이미지이기도 하다. 바로 이 이미지가 동일시가 일어나는 한계 또는 경계를 구성한다(Silverman, 1996: 10-11; 주은우, 2003: 63).

응시 세미나에서 라캉이 말하고자 하는 것은, 마치 인간이 자신에 선행하여 존재하는 기표들의 질서 속으로 들어가 정박점으로서의 주인 기표와의 동일시를 통해 상징적 위임을 부여받은 '말하는 주체'로 구성되는 동시에 기표들의 그물망에 의해 의미화되지 못하는 자신의 존재로부터 소외되어 상징계와 실재계 사이에서 분열된 주체로 구성되듯이, 시각의 장 (the field of vision)에서도 보여지는 것들이 주체에 앞서 존재하며 '보는 주체'는 그 속에서 끊임없이 분열을 겪는다는 것이다. 이 가시성의 장들을 구조화하는 중심이 라캉이 말하는 응시(gaze)이며, 보는 주체의 분열을 일컫는 것이 바로 '눈과 응시의 분열'이다. 응시의 이론을 만들어낸 배경에는 라캉이 젊은 시절 어부 가족과 함께한 경험에 기인하는데 이 경험으로부터 라캉은 응시에 의해 구조화되는 시각장이 상징계의 매개에 의해 사회적으로 규정되는 것(Lacan, 1979: 95-96; 주은우 2003: 82)임을 말해주기도 한다.

라캉의 설명은 다른 보는 자, 즉 인격화된 다른 존재의 침입이 아니라 시각장에서의 기표의 침입에 의존하여 보게 만드는 시각체제가 있으며 이 경우 내가 보는 것은 단순히 빛이 아니라 지적으로 이해할 수 있는 형태라는 것이다. 그러므로 응시는 기표에 의해 매개되며, 바로 이 기표가, 시각장이 상징적 현실과 사회적인 것에 의해 규정되는 통로이다. 부유물들이 어부들의 그물에 걸려드는 것과 똑같은 방식으로 빛의 시선들은 의미들의 어떤 그물에 걸려든다는 것을 뜻한다. 말하자면 떠다니는 것이 어부의 그물에 걸리듯이 빛의 광선들은 의미의 그물망에 붙잡히는 것이다.

인간들이 그들의 시각적 경험을 모두 일관되게 하나로 조정하기 위해서는 각자가 자신의 망막의 경험을 이해할 수 있는 세계에 대한 사회적으로 합의된 서술에 따르도록 해야 한다고 보면서 이로써 시각은 사회화된다고 할 수 있는 것이다. 그때부터 시각적 실재에 대한 이 같은 사회적 구성물로부터 벗어난 것은 착각이나 오인 혹은 '시각적 장애' 등으로 다양하게 간주되고 명명될 수 있게 된다. 주체와 세계 사이에는 문화적 구성물인 시각성을 형성하고 그러한 시각성을 시각, 즉 매개되지 않은 시각적 경험에 대한 인식으로서의 시각과는 다른 것으로 만드는 것들이 존재한다. 말하자면, 망막과 세계 사이에는 기호들의 스크린, 즉 사회적인 활동의 장을 이루는, 시각에 대한 모든 다양한 담론들로 구성된 스크린이 삽입되어 있는 것이다(Bryson, 2004: 168-169).

브라이슨의 해석에 의하면, 이러한 스크린을 통해서 우리가 보는 것은 외부로부터 우리에게 주어진 의미망이며 이때 형성되는 의미화의 모빌 테세라(mobile tesserae)들, 즉 유동적 모자이크인 이 그물망은 그것을 다루는 개인적인 수행주체보다 더 거대하다. 라캉의 이론에 따르면, 나라는 개인이 사회적으로 보는 것을 배울 때, 말하자면 나의 사회적 환경으로부터 내게 주어진 인식 코드들을 가지고 내가 나의 망막의 경험을 규명하기 시작할 때, 나는 내가 보기 이전에 세계를 보았고 또 내가 더 이상 보지 않는 이후에도 여전히 보고 있을 시각적 담론의 체계들 속에 편입된다. 내가 보는 것은 나의 봄(seeing)에 앞서 이미 놓여 있던 궤도들 혹은 의미망들에 의해서 형성된다. 이로써 나는 항상 내 자신이 내 시각의 중심에 있다고 느낄 수 있지만 그러나 재차 그 시각은 사회적 환경으로부터 내게 주어진 기표들의 의미망에 의해 탈중심화된다(Bryson, 2004: 171-172).

*Écrits*에서 라캉은 "거울-이미지는 시각적 세계의 문턱인 것처럼 보인다"(Lacan, 1977: 3; Silverman, 1999: 2에서 재인용)라고 술회한다. 이로써 그는 모든 시각적 상호작용은 나르시시즘에 의해 굴절될 뿐만 아니라 우리가 시각적 영역으로 들어가는 거울 단계를 통해 움직이는 것에 의해서만이라는 점을 제시한다. 시각에 대한 라캉의 서술은 정신분석을 받고 있는 대상자와 유사하게, 보는 주체는 지각의 어떤 지평에 있어 그 중심에 서 있지 않으며 또 시각 영역을 가로지르는 기표들의 일련의 연쇄체계를 제어할 수도 없다는 점을 보여준다. 시각은 타자의 장에 접해 있는 상태에서, 즉 그러한 타자의 장 주변에서 전개되며, 라캉은 그러한 봄의 형식을 타자의 장 위에서의 봄, 즉 응시 하에서의 봄이라고 명명하고 있다. 이로써 시각장에서의 응시의 이론이 전개되는 기초가 마련된 것이다.

이미지/스크린과 시각장

브라이슨이 지적한 바와 같이 망막과 세계 사이에 삽입되는 기호들의 스크린은 라캉의 시각장이론에 있어서는 주체 형성의 매개로 설정된다. 라캉에 따르면 시각장은 비인격적인 응시를 매개로 세계가 보여주는 구조이며 우리는 가시적 세계 속에서 보여지는 존재, 즉 응시의 대상이다. 라캉은 시각적 충동의 표명에 의해 추동되는 주체의 구성 문제를 3개의 삼각형 도해로 설명한다.[8]

8. 이 도해와 설명은 원래 라캉의 저서 *The Four Fundamental Concepts of Psycho-Analysis*에 제시되어 있는데 여기에서는 Kaja Silverman(1996)의 저서 *The Threshold of the Visible World* pp. 132-133와 주은우(2003)의 앞 책을 주로 참조하였다.

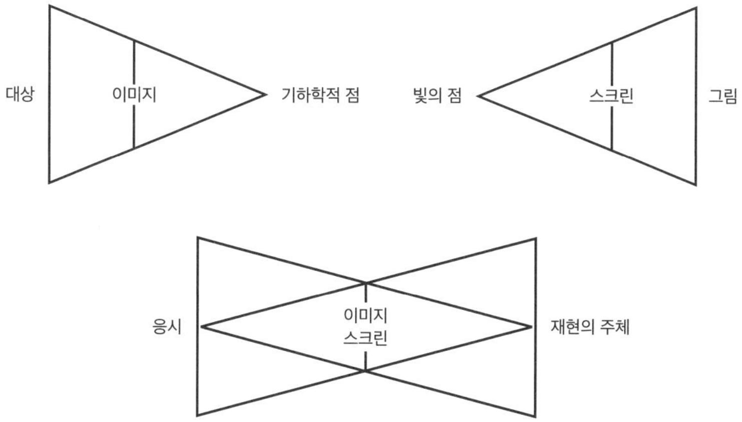

라캉의 세 가지 삼각형 도해

첫 번째 삼각형 도해는 원근법의 기하학적 광학 구조를 나타낸 것이다. 이 도해에서 주체는 '기하학적 점(geometral point)'이라고 표시된 위치로부터 대상을 바라보는 것으로 설명된다. 이 점과 대상을 이미지가 매개하며, 시각은 직선적인 관계로 이어진다. 두 번째 도해의 스크린과 겹치는 이미지는 즉각적으로 이 명백한 이해와 갈등을 겪는데, 즉 관객은 대상을, 알베르티의 투명한 판유리 거울을 통해서가 아니라 제 삼의 용어의 매개를 통해서 조사하는 것으로 보인다는 이 명백한 이해와 갈등을 빚는다. 그 또는 그녀는 단지 '이미지'를 가장해서만 대상을 볼 수 있으며 지속적으로 원근법적 모델에 암시된 인식론적 권위의 어느 것에도 이의를 제기할 수 없다(Silverman, 1996: 132). 이렇게 눈이 시각장의 중심에 위치하는 이 도해는 시각의 장에서의 에고 형성을 나타나는 것으로 생각할 수 있다(Conley, 1996: 49; 주은우, 2003: 85). 이 첫 번째 도해에서 주체의 눈은 초월적인 위치에서 세계를 탐색(Silverman, 1996: 132)함으로써 두 번째 도해와 대조된다.

두 번째 삼각형 도해는 응시의 차원을 보여주는 것으로서 가장자리에 있는 '그림(picture)' 에 주체가 위치를 잡고 있는데, 여기서 '빛의 점

(point of light)'은 응시를 뜻한다. 그러므로 주체를 시각성 안에 위치지우는 동시에 응시를 인간의 눈으로부터 극적으로 분리한다. 따라서 스펙터클로서의 주체(subject-as-spectacle)와 시선으로서의 주체(subject-as-look)는 응시의 바깥에 위치지어진다. 즉 빛의 점에 위치한 응시에 의해 주체가 그림 속에 각인되는 것은 스크린의 매개를 통해 이루어진다. 이것이 시각의 장에 상징계가 침입하는 모습이다(Silverman, 1996: 133). 실버만에 의하면, 이 상징계의 개입이 바로 기표의 난입이며, 스크린은 기표들의 장소이다. 스크린의 매개는 응시가 나타나는 모습을 말하는 또 다른 방식이다. 충동이 표명되고 실재계와의 만남이 실현되는 응시는 상징적 질서 속에 있는 우리에게 직접 포착되지 않는다. 다시 말하자면 응시는 직접 보이지 않고 항상 스크린이라는 상징계의 매개를 통해서만 보일 수 있다.

세 번째 삼각형 도해는 두 번째 삼각형 위에 첫 번째를 겹쳐놓은 것으로 첫 번째 도해는 항상 두 번째 도해의 제한을 받는다. 우리가 보듯이 우리는 '그림' 안에 있고, 그러므로 '재현의 주체(subject of representation)'이다. 즉 왼쪽과 오른쪽의 언어 간의 관계는 '이미지' 또는 '스크린' 더 나아가 '이미지/스크린'이라고 불리는 어떤 것에 의해 매개된다. 이것은 그 자체로 시각장 전체의 도해인데 한쪽에는 내가 나 자신을 재현의 주체, 코기토의 나/눈으로 생각할 수 있게 해 주는 시각의 '기하학적 차원'이 있고, 다른 한쪽에는 응시 아래 내가 나 자신을 그림으로 바꾸는 '응시의 차원'이 있다(Zupančič, 1996: 35; 주은우, 2003: 88). 이러한 설명 도식에 따르면 눈과 응시의 이분법이 시각장을 지배한다는 점을 알 수 있다.

스크린은 상징적 질서 하에서 욕망의 축에 따라 상상적 동일시가 작동하는 장소이며, 이 세 번째 삼각형은 시각장에서 상징적 질서의 규제 아래 동일시의 동학이 일어나는 구조를 도해한 것이기도 하다. 그래서 스크린은 거울 이미지에 원천을 둔 동일시의 대상 이미지들과 기표들의 사슬이 수렴되는 장소이다. 여기서 동일시의 매개체는 이제 거울이 아니라 스크린이며, 시각적 동일시가 불가해한 응시에 의존한다는 것은 상징계의 규제를 뜻한다. 즉, 이상적 에고 주위를 맴도는 이미지와의 상상적 동일시는 에고—이상을 형성하는 상징적 동일시의 규제를 받으면서, 큰 타자의 응시 아래서 이루어진다. 따라서 주체는 단순히 자신의 이미지가 아니라 '자신이 문화적으로 이해될 수 있는 통로가 되는' 이미지들, 말하자면 에고-이상의 기준에 부합되어 사회적으로 승인되는 이미지들과 동일시하는 것이다(Silverman, 1996: 18). 이상과 같은 설명 도식에 따라 실버만은 라캉의 시각장이론에서 제시된 응시/눈의 관계가 가지는 은유를 크래리의 카메라/눈 관계와 등치시키면서 '타자의 이미지'가 어떻게 내면화되는지에 대해 설명하고 있다.

근대적 시각체제의 성립

라캉의 동일시이론과 시각장(the field of vision)이론은 초역사적이라는 비판, 즉 역사사회적 성격을 띤 현상에 대해 설명력이 부족하다는 비판(Silverman, 1996: 133)을 받아왔지만 이미지와 가시성의 상상적 세계가 상징계에 의해 규제된다는 점을 수용한다면 시각과 주체 구성의 사회적 성격을 조명하는 이론적 자원으로 삼을 가능성을 배제할 필요는 없을 것이다.[9] 이는 크리스티앙 메츠에 의해 개념화되고, 마틴 제이에 의해서 명명된 '현대성의 시각체제(the scopic regime)'[10]를 통해 현대사회의 시

---

9. 라캉의 시각장이론은 이미지/스크린 개념에 핵심적인 이론적 개관을 제공하며 영화 분석에서 '응시'에 대한 중요한 이론적 근거로 제시되어왔다. 이에 대해서는 이 책의 II부 1장 '영상문화와 시각 이미지'에서 보다 자세히 다룬다.

10. 제이·마틴. 1999. "모더니티의 조망 체제." 『21세기 문화 미리 보기』. 이영철 엮음/백한울 외 옮김. 서울: 시각과 언어. p. 63. 제이의 글 원문에서는 메츠의 표현과 같이 "the scopic regime"으로 표현되었으나 위의 한글 번역본에는 '시각체제'가 아닌 '조

각성을 이해하는 차원에서 더욱 명확하게 설명될 수 있을 것이다. 이를 위해 먼저 원근법으로 상징되는 근대적 시각성의 출현, 주체의 가시성과 비가시성에 따른 시선의 권력, 그리고 근대사회의 시각체제에 대한 논의를 살펴본다.

시각장을 설명하는 삼각형 도해에서 라캉에 의해 기본적인 도식으로 원용되어 있듯이 원근법(perspective)은 현대적 시각체제에 있어서 근본적으로 보는 방식과 보는 주체의 관계를 드러내준다는 의미에서 매우 중요한 위치를 차지하고 있다. 현대성의 시각체제는 또한 응시를 매개로 한 권력과의 관계 속에서 그 성격이 규정되고 있다. 중세의 신 중심적 세계관 속에서는 초월적인 시각이 중심이 되면서 이를 시각화하는 원근법이 등장했다. 시각문화의 현대성을 보여주는 데 있어 가장 지배적인 시각 양식으로서 등장하는 것이 원근법이라는 점은 그동안 많은 연구(Jay, 1988, 1993; Jenks, 1995; Romanyshyn 1989; 주은우, 1994)에서 지적되어 왔다.

원근법은 라틴어로 perspectiva에서 왔으며 이 단어는 '아주', '완전히'를 뜻하는 접두사 per와 '보다'를 뜻하는 동사 specere가 합쳐서 된 perspicere라는 동사에서 나온 것으로, '잘 보다', '꿰뚫어 보다'라는 뜻이다. 따라서 원근법은 단어 안에 이미 '잘 보는 방법', '잘 보이게 하는 방법'이라는 뜻을 담고 있는 셈이다(이진경, 2007: 275). 원근법은 시점의 변화에 따른 주체의 등장과 해체를 설명하고 이로써 시각의 근대성과의 관계를 이해하는 데 매우 중요한 시각체제의 혁신적 발명품이다[11]. 원근법의 발명과 보급에는 건축가로 알려진 브루넬레스키와 예술가 알베르티, 두 사람이 결정적인 역할을 했다. 앞에서도 언급했

망체제'로 표기되어 있다. 이 책에서는 지금까지 학계에서 일반적으로 번역해온 '시각체제'로 표기하기로 한다.

11. 원근법과 주체의 위치에 따른 시각의 근대성에 대해서는 이 장의 뒷부분에서 좀 더 자세하게 언급된다.

듯이 브루넬레스키는 원근법의 과학성을 증명하는 유명한 공개실험을 하였으며(Edgerton, 1975: 125, Damisch, 1994: 101-143), 알베르티는 이로부터 10년 뒤 원근법의 과학성을 입증하는 책인『회화론』을 씀으로써 당시 르네상스의 중심지였던 피렌체에서 앞서가는 예술가와 지식인 사이에 원근법이 알려지기 시작했고, 이 책을 통해 유럽으로 널리 확산되었다.

회화에서 최초로 원근법에 따라 그린 것으로 알려진 그림으로 지금까지 남아있는 것은 1425년에서 27년 사이에 그려진 마사치오의 〈성 삼위일체〉이다. 〈성 삼위일체〉 프레스코의 높이는 30엘레로서 노아가 만든 방주나 솔로몬이 지은 성전과 같은 높이이다. 십자가에 못 박힌 알몸의 예수가 그림의 한가운데에 자리잡고 있다. 성부, 즉 하나님은 붉은 석관 위에 발을 딛고 십자가 뒤에 서있다. 성부와 성자 가운데로 비둘기로 표현된 성령이 자리한다. 셋이 하나가 되는 성 삼위일체의 전형적인 도상이다. 마리아와 어린 요한이 수난의 현장을 지킨다. 이 인물들은 관객을 그림 안 사건으로 안내한다. 여기까지가 벽을 파낸 안쪽 공간이다. 세로 홈이 파인 황금빛 사각 벽주가 교회 평면을 경계짓는다. 그 바깥으로 돌출한 계단 위에 봉헌자 둘이 무릎을 꿇고 있다. 그림 아래 석관 뚜껑에는 해골이 누워있는데 붓으로 그렸지만 벽면 바깥으로 성큼 나와 보인다. 등장인물 여섯을 모두 연결하면 뒤로 기운 삼각형 구성이 된다. 즉 개선문처럼 생긴 벽면 안쪽 예배소 깊은 곳에서부터 그림 바깥 공간까지 입체적으로 보이도록 구성되어 있다. 여기서 격자들을 연결하면 정확하게 예수의 발 밑에서 한 점으로 모이고 원통형 천장은 성부의 뒤로 강한 깊이감이 느껴지는 공간을 만들고 있다.

알베르티는 원근법을 이론화하면서 시각 피라미드라는 개념을 사용하고 유클리드 기하학의 비례 원리를 도입, 회화의 시점과 시각을 규정하고 있다. 즉 원래 주어진 대상과 그림으로 재현되는 대상 간

프레스코 〈성 삼위일체 *Holy Trinity*〉(마사치오 Masaccio, 1425-1427) 피렌체 마리아 노벨라 성당 소재

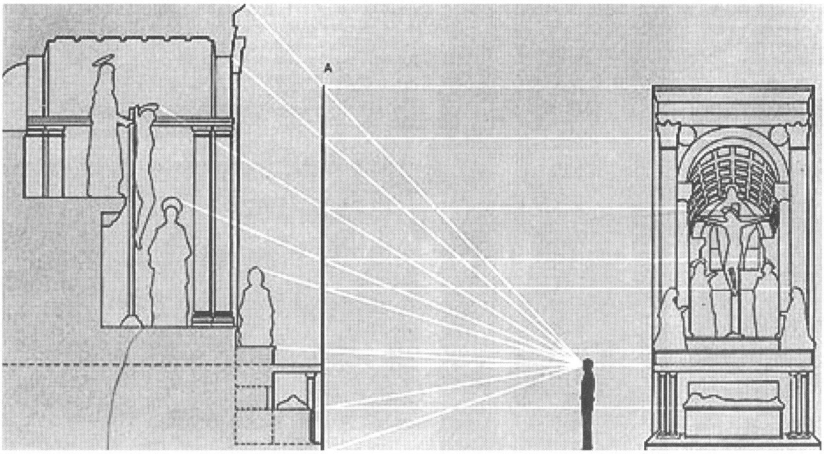

〈성 삼위일체〉의 원근법 도해

의 관계를 그것을 보는 눈을 통해, 좀 더 정확히 말하면 그 눈에서 방사 내지 흡수되는 시선을 통해 포착하는 방법을 채택하였다. 이는 시점을 꼭지점으로 하여 주어진 대상의 윤곽선을 연결하는 시선의 피라미드를 화면에 의해 절단하는 방법이다(Alberti, 1998: 22-24). 알베르티는 이를 가리켜 다음과 같이 설명하고 있다: "회화란 다름 아닌 시각 피라미드를 횡으로 잘라낸 하나의 특정 단면이라고 할 수 있습니다. 회화의 정의란 이렇습니다. 회화란 주어진 거리, 주어진 시점, 주어진 조명 밑에서 시각 피라미드의 횡단면으로 구성된 평면 위에 선과 색을 사용해서 이루어진 예술적 재현입니다."(Alberti, 1998: 33) 알베르티의 원근법은 단순히 회화에 적용되기 위한 방법이라기보다는 자연적이고 과학적인 지각양식으로서 미술이나 예술을 넘어서 근대적 사유의 한 출발점을 보여주고 있다고 평가되어 왔다.

파노프스키는 원근법이 과학적 지각양식이라는 명제를 깨고 원근법을 하나의 '상징형식'으로 규정하여 연구하였다(이진경, 2007 참조). 파노프스키는 다음의 두 가지 이유를 들어 원근법이 자연적 내지 과학적 지각형식이라는 주장을 반박하고 있다. 첫째, 원근법은 하나의 시점을 가정하는데, 인간의 눈은 둘이라는 점이고, 둘째, 투시적 상은 평면에 투영되는 것으로 간주되었는데 인간의 망막은 구부러져 있다는 점이다. 이로써 그는 원근법이란 자연적이고 과학적인, 따라서 유일하게 올바른 지각 방식이 아니라 역사적으로 가변적인 지각 체제요, 시선의 체제라는 점을 들어 강력한 반론을 제기하였다.

파노프스키에 따르면 시점을 설정하는 입장에 따라 원근법도 두 가지 유형으로 분류된다. 즉 소실점, 또는 알베르티식으로 표현하자면 중심점을 어디에 설정하느냐에 따라 르네상스적 객관적인 시점 대 바로크식 주관적인 시점이 대비된다는 것이다(Panofsky, 1991: 68). 르네상스의 기본적 입장은 전체 그림을 가장 균형있고 안정되게 포착할 수 있는 이상적인 시점에 소실점을 설정하는 것이고, 바로크 시대에 상응하는 입장에서는 소실점이 중앙으로 집중되어야 한다는 제한은 없어지고 다양한 가능성을 인정하는 편이다. 이로써 르네상스에서 객관적인 의미가 본질적이었다면, 바로크에서는 주관적인 의미가 본질적이었고, 이는 또한 규범적인 것과 자유의지, 집합적인 것과 개인적인 것, 합리적인 것과 비합리적인 것의 대비와 연관된다고 할 수 있으며 이것이 각각 르네상스와 바로크의 차이에 대응한다고 한다(Panofsky, 1991: 68; 이진경, 2007). 하지만 바로크가 시점마다 시시각각으로 다르게 변하는 상을 즐기면서 동시에 그 각각의 시점들이 제공하는 부분적이고 불충분한 상을 하나로 종합하고 통일시키는 특권적인 시점을 마련한다(Frankl, 1986: 238-243)는 지적은 시사하는 바가 크다. 즉 바로크식 시점은 어디서나 동일한 형상이 아니라는 의미에서 '주관적'이지만 여러 시점 가운데 대상을 가장 잘 포착하기 위한 점이라는 의미에서, 주체가 서야 할 점이라는 의미에서 '주체적'이라고 해야 한다(이진경, 2007: 286)는 것이 프랭클의 지적이다. 이런 맥락에서 볼 때 파노프스키가 이 점을 빠뜨리고 있다는 지적이 설득력을 얻는다.

시선의 가시성과 비가시성

이미지를 형상화하는 시선의 가시성과 비가시성은 형태를 규정하는 측면과 시선의 권력, 두 가지 측면에서 중요하다. 리오타르(Jean-François Lyotard)는 이미지의 '보여진' 체제, 즉 윤곽선에 의해서 규정된 대상 아래와, 또 형태의 '가시적이지만 안 보여진' 체제, 즉 대상을 시각화할 수 있는 가능성의 형식적 조건들이라고 우리가 부를 수 있을 체제의 아래에는 '비가시적인' 것의 체제가 놓여있다고 주장한다. 리오타르는 그러한 비가시적인 것의 체제를 '모체(matrix)'라고 부르고 있다(Lyotard, 1971: 283; 크라우스: 2004: 122). 리오타르에 의하면, 모체는 억압의 제약들 배후에서 비가시적으로 작동하는 까닭에, 오로지 그것의 환상적 산물만이 가시적인 장 위로 떠오른다. 따라서 모체는 무의식에 속해 있는 것으로서, 일차적 과정[12]의 형식이라고 할 수 있다.

바로크식 시점에서 시선의 가시성과 비가시성을 논의하는 데 있어서 매우 풍부한 암시적 질문을 던지는 동시에, 시선과 권력의 문제에 대해 사유할 수 있게 쟁점을 제공하면서 한편으로는 주체가 가시화되는 가장 대표적인 미술작품으로 벨라스케스(Diego Velazquez)의 〈시녀들 Las Meninas〉(1656년-1657년) 이 있다. 우선 이 그림을 간단히 설명하자면 다음과 같다. 화면에 실제로 등장하는 인물들은 캔버스를 앞에 둔 화가인 벨라스케스와 마르가리타 공주, 그녀를 수행하는 두 시녀, 중년의 여성과 남성, 난쟁이와 소년, 저 뒤편의 계단에서 움직이는 몸짓의 신사 등이다. 그런데 화면의 가운데 벽에 걸린 거울에 비치는 두 명의 인물들이 더 있는데 그들은 펠리페 4세 부부이다. 〈시녀들〉 그림

---

12. 크라우스의 설명에 따르면 일차적 과정(primary process)은 프로이트의 용어로서, 무의식의 활동방식이며, 본능의 방출을 그 목적으로 하기 때문에 쾌락 원리와 관계가 있다. 그러므로 논리적 연결을 무시하고 상반되는 것의 공존을 허용한다. 크라우스(2004). p. 283 참조.

〈시녀들 *La Meninas*〉(디에고 벨라스케스 Diego Velazquez, 1656-1657) 프라도 미술관 소장

은 사실은 이 국왕부부의 초상화를 그리는 광경인 것이다.

벨라스케스의 〈시녀들〉 그림에서 소실점은 대체로 왕과 왕비의 모습이 비친, 그림의 거의 중앙에 위치한 거울에 있다고 간주되며 이는 그 맞은 편에 왕과 왕비가 있다는 것을 의미한다. 왕의 시선이 발원하는 점이 투시점이며 이것이 소실점과 동일한 점이라는 점은 바로크적 원근법이 르네상스적 원근법과 구분되는 중요한 특징이다(이진경, 2007: 286). 이것은 또한 화가의 눈이 있는 시점이기도 하고 나아가 관람자의 눈이 자리잡고 있는 시점이기도 하여 결국 왕의 시점, 화가의 시점, 그리고 그림을 보는 우리의 시점이 하나의 동일한 점에서 일치하고 있는 셈이다.

푸코는 현대의 시각체제 속 응시가 갖는 권력의 힘에 대해 설명하기 위해 팬옵티콘과 함께 저서 『말과 사물』에서 벨라스케스의 〈시녀들〉을 통해 군주 권력의 응시를 분석하고 있다. 알퍼스에 의해 "모든 서구 예술에서 가장 미묘하고 강력한 재현의 실험"(Alpers, 1983: 69; 주은우 2003: 326에서 재인용)이라고 평가되고 있는 이 그림을 푸코는 "고전주의적 재현의 재현"(Foucault, 2012: 43)이라고 보면서 그림의 전반적인 구조가 재현의 순환 전체를 보여주는 것으로 파악하고 있다(Foucault, 2012: 28-29). 이 재현의 순환은 재현의 물질적 도구들(응시, 팔레트와 붓, 기호들로부터 결백한 캔버스), 완성된 재현들(그림들, 반영들, 실제 인간) 그리고 재현의 용해(틀만 보이는 그림들, 바깥에서 들어오는 빛)로 이루어져 있다(Foucault, 2012: 37).

이 그림은 이미지 재현에서 원근법을 구현하면서도 가시성과 비가시성이 역설적인 비중을 차지하면서 다양한 시선의 층위를 만들어 낸다는 점에서 끊임없이 연구의 대상이 되고 있다. 특히 화가 자신이 캔버스와 함께 그림 안에 위치하는 동시에 관람객을 향해 응시하고 있음으로써 관람객이 응시하는 것과 화가와 다른 시녀들 등 등장인물들이 보는 것의 대상이 다르며 가장 중심에 있는 것으로 추정되는 왕과 왕비는 사실은 '부재하는' 존재라는 점이 보는 사람과 보이는 대상,

보는 광경과 숨겨진 주체의 이미지에 대해 매우 다양한 해석을 낳고 있는 것이다.

푸코는 〈시녀들〉의 공간을 형성하는 가시성과 비가시성의 배치 및 그것을 형성하는 빛의 체제(Deleuze, 1995: 94-95), 그리고 응시들의 궤적을 분석하면서 이 그림의 전체를 지배하는 중심이 그림 내부에는 거울에 희미한 잔영으로만 그려져 있는, 다시 말하자면 비가시성의 영역에 위치한 두 명의 주권자인 펠리페 4세 왕과 왕비에 놓여있다는 점을 강조하고 있다. 푸코에 의하면 이 그림의 주요 주제와 작품의 오브제 자체가 바로 공주의 시선과 그 뒤의 희미하게 빛나는 거울의 위치 설정에 있다. "거울에서 나오는 선은 그림의 깊이 전체를 가로지르고 이보다 더 짧은 다른 선은 어린 공주의 시선에서 시작되어 단지 전경만을 가로지른다. 화살 모양의 이 두 가지 선은 매우 좁은 각을 이루면서 한 점으로 모이고, 이 두 직선이 만나는 지점은 캔버스로부터 떨어져 나온 그림의 전방, 그림을 바라보는 우리의 위치와 거의 동일한 부분에 고정된다"(Foucault, 2012: 38-39)는 설명은 바로 비가시적인 권력의 시선이 어떻게 이 그림의 모든 등장인물을 장악하는지 보여준다.

바로 이 지점에서 푸코는 '스펙터클로서의 주체(subject-as-spectacle)(Silverman, 1996)'가 가시성과 비가시성의 혼합 속에서 구성된 원근법의 완벽한 중심에 위치하는 군주 권력의 시선을 강조하고 있다. 즉 "그림의 외부에 있으므로 완전히 접근이 불가능하면서도, 그림을 구성하는 모든 선에 의해 결정되는 이 장소에는 무엇이 있을까? 이 장소의 광경은 무엇일까? 우선 공주의 눈동자에, 다음으로는 궁정 신하들과 화가의 눈에, 끝으로 멀리 반짝이는 거울에 비치는 두 얼굴의 주인공은 누구일까?"(Foucault, 2012: 40)라는 질문을 연속적으로 던짐으로써 이 강조가 완성되고 있다. 이로 인해 형성되는 시선의 주권자와 이를 바라보는 관람자 간의 재현의 구도에 대해 다미슈(Hubert Damisch)는 다음과 같이 묘사하고 있다: "그 결과는 그림 속 인물들과 두 주권자라는 서로 마주보는 장면들 사이에 존재하는 교체들과 몸 비키기의 끝없는 계열이며, 이 때문에 관람자는 그림 속에 연루되는 동시에 재현의 회로에서 배제된다. 관람자의 주의는 화가의 응시, 거울, 문 등에 의해 유혹되는 동시에 펄럭이고 헤매게 된다”(Damisch, 1994: 427-8). 그러나 그림의 인물들의 회전 운동이 거울에 의해 고정되듯이, 관람자는 그림으로부터 나와서 왕과 왕비가 위치한 이 불가피한 점에 수렴되는 선들의 그물망에 의해, 이 장면 내에서 일어나는 재현에 연결된다.

그림의 배치가 왕과 왕비의 시선에 맞춰 이루어지고 있다는 푸코의 해석에 따르면, 공주의 시선과 거울 속의 이미지가 따르게 되는 구성의 진정한 중심은 결국 상징적으로 최상의 자리이자 절대적 주권의 중심이라고 강조함으로써 군주 권력의 응시의 절대성을 보여주고 있는 것이다. 푸코는 바로 이 점을 설명하면서, 이 중심은 특히 그림과 관련하여 삼중의 기능을 수행하기 때문에 최상의 지점이 된다고 지적한다. “그려지는 모델의 시선, 장면을 바라보는 관객의 시선, 그리고 그림(재현되는 그림이 아니라 우리 앞에 있고 우리가 논의하는 그림)을 그리는 화가의 시선은 정확히 이 중심에서 서로 겹친다. 이 세 가지 ‘바라보는’ 기능은 그림 외부의 지점에서, 즉 재현되는 것에 비해서는 관념적이지만 또한 재현이 가능해지기 시작하는 출발점이므로 전적으로 실재적인 지점에서 합쳐진다. 이 실재 자체 속에서, 이 지점은 비가시적이지 않을 수 없다.”(Foucault, 2012: 41)[13]는 지적이 그것이다. 〈시녀들〉 분석을 통해 푸코는 근대 국민국가의 틀이 갖추어지던 절대 군주제 시대에 시각적 주체가 형성되는 과정이 바로 이 주체가 군주의 응시에 종속되는 과정임을 보여 주고자 하였다.

---

13. 푸코가 지적한 이 세 가지 시선은 영화분석에서 매우 중요한 비중을 차지하면서 적용되고 있다. 특히 로라 멀비는 영화분석의 세 가지 시선을 첫째, 필름 앞의 사건을 기록하는 카메라의 시선, 둘째, 제작된 영화를 보는 관객의 시선, 마지막으로 영화 안에서의 인물들 간의 시선으로 규정하고 있어 푸코 논의와의 상호연관성을 엿볼 수 있게 한다.

> 우리는 그림을 처음 보는 순간에 이 시선으로서의 광경이 무엇으로 이루어졌는가를 알아차렸다. 그것은 두 군주이다. 주위 사람들의 공손한 시선, 어린아이와 난쟁이의 놀란 모습에서 이미 그들이 있다는 것을 간파할 수 있다. 그림 끝의 거울에 비친 두 사람의 작은 실루엣에서 그들을 알아볼 수 있는 것이다. 한 곳을 주의 깊게 바라보는 모든 얼굴, 성장(盛裝)을 한 모든 사람 가운데에서 왕과 왕비는 가장 흐릿하고 가장 비현실적이며 가장 손상되기 쉬운 이미지이다. 가령 한 번의 움직임, 약간의 빛만으로도 그들은 쉽게 사라질 수 있다. 그들은 또한 그림 안의 모든 인물 중에서 가장 소홀히 취급되는 자들이다. 왜냐하면 모든 사람 뒤로 교묘하게 끼어들고 생각지도 않은 공간을 조용히 차지하고 있는 이 반영에는 아무도 관심을 기울이지 않기 때문이다. 가시적인 범위 내에서 왕과 왕비는 가장 덧없고 가장 비현실적인 형태이다. 역으로 그들은 그림의 외부에 있음으로써 본질적 비가시성 속으로 물러남에 따라, 재현 전체에 질서를 부여하는 중심이 된다. 누구나 그들과 대면하고 누구나 그들 쪽으로 고개를 돌리며 공주 역시 그들에게 보이기 위해서 나들이옷을 입고 나선 것이다. 뒷면만 보이는 캔버스에서 공주까지, 그리고 공주로부터 오른쪽 끝에서 연기하는 난쟁이까지 하나의 곡선이 그려지고 (또는 X자형의 하부가 열리고) 이에 따라 그림의 배치는 왕과 왕비의 시선에 맞춰 이루어지며, 공주의 시선과 거울 속의 이미지가 결국 따르게 되는 구성의 진정한 중심은 바로 이런 식으로 나타나게 된다(Foucault, 2012: 41).

푸코가 분석했듯이 〈시녀들〉에서 그림의 중심은 본질적으로 비가시적인 모습으로 거울에 반영되고 있지만 그 비가시성으로 인하여 '재현 전체에 질서를 부여하는 중심'이 되고 있고 이는 바로 군주의 시선의 권력을 암시하고 있다는 것이다. 이점은 파노프스키에 의해서도 확인되고 있다. 파노프스키는 〈시녀들〉에서 재현된 거울 속의 군주가 그림의 중심을 이룸으로써 바로 이 소실점이 근대적 주체의 모체가 되는 바로크적 시선의 체제에서 인간과 대상 간의 거리를 창출하면서, 동시에 대상 세계를 영유함으로써 그 거리를 제거할 수 있는 특권적 자리가 됨을 지적하고(Panofsky, 1991: 67) 있는 것이다. 벨라스케스의 그림에서 군주는 그림 속에 직접적으로 재현되어 있지 않기 때문에 비가시성의 영역에 들어있으나 군주의 응시는 거울의 반영으로서 간접적이지만 역설적으로 가시성의 영역으로 들어와서 재현되어 있다. 거울에 투사된 이미지 또한 뚜렷한 것이 아닌데 오히려 그렇게 함으로써 노골적으로 표현할 때보다 더 효과적인 권력의 응시가 표현되는 것이다. 즉 응시는 보이지 않기 때문에, 대타자의 자리에서 관람객에 의해 상상되기 때문에 강력한 힘을 갖게 된다. 이는 오늘날 행해지고 있는, 직접적으로는 보이지 않는 감시체제와 유사하며 그 원형은 팬옵티콘에서 찾아볼 수 있다.

시선과 권력 - 팬옵티콘

우리가 사물을 있는 그대로 보는 게 아니라 특정한 방식으로만 보거나 또는 보지 못한다는 것은, 결국 특정한 것만을 특정한 방식으로 보게 하는 배치가 가능하고 그것은 그 안에서 사고하고 판단하는 사람들을 결정적으로 방향지운다고 할 수 있다. 이는 결국 특정한 방식으로 믿고 행동하게 만드는 것이며 그것이 그 안에 있는 사람들에 대해 동일하게 일정한 반복의 형식을 취한다고 할 때 이는 결국 권력의 문제라고 할 수 있을 것이다. 따라서 볼 수 있는 것과 볼 수 없는 것을 가르고, 보아야할 것과 보는 방식을 정의하고 그 방식대로 보게 만드는 특별한 배치를 다루는 문제는, 동시에 그 안에서 작용하는 권력이 작동하는 '체제(regime)'를 다루는 문제라고 할 수 있으며(이진경, 2007: 272-273) 이러한 '시각체제'는 근대에 들어서면서 시각이 갖는 권력과의 관계를 규정해왔다.

현대로 들어서면서 시각과 권력이 연관되어 있다는 점은 보다 강력한 사회체제를 통해 증명되고 있다. 벤담의 팬옵티콘과 이를 시각의 근대성과 권력의 구도 속에서 파악하고 있는 푸코의 논의가 대표적이다. 푸코는 완벽한 감시의 장치라면, 단 하나의 시선만으로 모든 것을 영구히 볼 수 있을 것이라고 역설한다. "하나의 중심점이 있어, 그것이 모든 것을 비추는 광원이 되는 동시에 알아야 될 모든 사항이 집약되는 지점이 될 수 있을 것이다. 즉 그것은 그 무엇도 피할 수 없는 완벽한 눈이고, 모든 시선이 그쪽을 지향하는 중심이다"(Foucault, 2003: 273)라는 설명을 통해 푸코는 완벽한 하나의 시선, 즉 중앙감시의 체제를 암시한다.

> 푸코의 가설은……보일 수 있는 것을 결정하는 일종의 시각의 '실정적인 무의식'이 존재한다는 것이었다. 그의 생각은 시각화나 가시화의 모든 방식들이 다 동시에 가능하지는 않다는 것이다. 한 시대는 오직 어떤 것들만이 보이게 하고 다른 것들은 그렇지 않게 한다. 그것은 어떤 것들은 조명하고 다른 것들은 그늘 속에 던져 버린다……우리가 볼 수 있는 것에는 훨씬 더 많은 규칙성과 제한이 있다. 볼 수 있는 것은 '앞서 사유를 구조화하는' 것의 일부이기 때문에 본다는 것은 항상 사유하는 것이다. 역으로 사유한다는 것은 항상 보는 것이다(Rajchman, 1988: 92; 주은우, 2003: 112에서 재인용)

현대성은 사물을 '볼 수 있는 것', 즉 가시적인 대상으로 만드는 테크닉을 발명하였고 이는 지식이나 권력에 보여지는 방식의 변화를 더하는 것으로 이해될 수 있다. 푸코는 『임상의학의 탄생』과 『감시와 처벌』에서 가시성과 이것의 시각화가 지식과 권력의 실정성에 귀속됨(Rajchman, 1988: 91)을 보여준다. 푸코에 의하면, 19세기에 이르러서 임상의학은 병리해부학에 의거해 ‘개인’ 신체 내부 ‘심층’으로 질병의 공간을 확장하고 인체의 내부를 포함하여 인간의 신체를 3차원의 공간에서 설명할 수 있게 하는 새로운 ‘응시’의 차원을 열었다. 임상의학은 실증적 응시에 의지하게 됨으로써 명증성의 근원을 획득하게 된 것이다(Foucault, 1993: 21). 이 실증적 응시는 또한 시각-청각-촉각이 합세한 감각의 삼각 측량이 가시성의 두드러진 징후 아래 통제되고 있기 때문에 모든 의학적 경험을 주도하고 통제하는 통합의 절대적 응시(Foucault, 1993: 270-274)이기도 하다.

푸코는『감시와 처벌』제3부 ‘규율’의 제3장 ‘팬옵티콘 감시체제’에서 감시의 권력이 학교와 병영, 병원과 공장 등 모든 곳에서 미세한 권력의 그물망을 통해 ‘모든 것을 대상으로’ 행사됨을 제레미 벤담(Jeremy Bentham)의 팬옵티콘을 예로 들어 설명하고 있다. ‘팬옵티콘 감시체제’란 프랑스 원서에서는 ‘panoptisme’으로 표기되고 있는데 이를 통해 벤담이 고안한 감옥인 팬옵티콘 감옥의 원리가 사회 전반으로 확산되어 팬옵티콘 감시체제가 일반화되었다는 주장을 담고 있다. 푸코는 팬옵티콘을 통해 모든 것을 통찰할 수 있는 보편적인 시선의 제도화를 설명하며 군주제로부터 법치주의로 이행하는 서구사회 특성의 원형을 팬옵티콘에서 찾고 있다.

이 원형감옥은 ‘어디서든(pan) 볼 수 있고 감시할 수 있어서(opticon)’ 새로운 권력행사의 양식으로서 근대사회에서의 상징적인 감시체계의 출현을 설명하는 데 가장 적절하다. 즉 ‘한눈에 전체를 모두 본다’는 의미가 시선의 권력을 함축하고 있음을 이 단어로서 보여주고자 한 것이다. 푸코는 우선 팬옵티콘의 구조를 다음과 같이 설명한다.

> 주위는 원형의 건물이 에워싸고 있고, 그 중심에는 탑이 하나 있다. 탑에는 원형건물의 안쪽으로 향해 있는 여러 개의 큰 창문들이 뚫려 있다. 주위의 건물은 독방들로 나뉘어져 있고, 독방 하나하나는 건물의 앞면에서

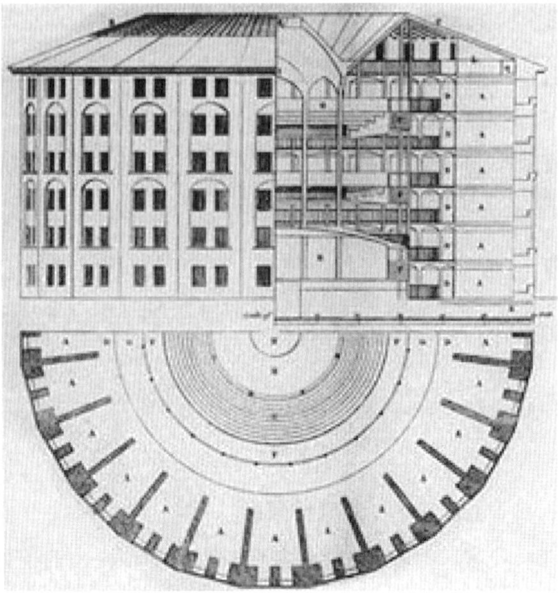

〈팬옵티콘 Panopticon〉조감도(Jeremy Bentham, 1791)

부터 뒷면까지 내부의 공간을 모두 차지한다. 독방에는 두 개의 창문이 있는데, 하나는 안쪽을 향하여 탑의 창문에 대응하는 위치에 나 있고, 다른 하나는 바깥 쪽에 면해 있어서 이를 통하여 빛이 독방에 구석구석 스며들어 갈 수 있다. 따라서 중앙의 탑 속에는 감시인을 한 명 배치하고, 각 독방 안에는 광인이나 병자, 죄수, 노동자, 학생 등 누구든지 한 사람씩 감금할 수 있게 되어 있다. 역광선의 효과를 이용하여 주위 건물의 독방 안에 있는 수감자의 윤곽이 정확하게 빛 속에 떠오르는 모습을 답에서 파악할 수 있는 것이다. 그것은 바로 완전히 개체화되고, 항상 밖의 시선에 노출되어 있는 한 사람의 배우가 연기하고 있는 수많은 작은 무대들이자 수많은 감방이다. 팬옵티콘의 장치는 끊임없이 대상을 바라볼 수 있고, 즉각적으로 판별할 수 있는 그러한 공간적 단위들을 구획 정리한다. 요컨대 이곳에서는 지하감옥의 원리가 전도되어 있다. 아니 오히려 지하감옥의 세 가지 기능 — 감금하고, 빛을 차단하고, 숨겨두는 — 중

> 에서 첫 번째 것만 남겨 놓고 뒤의 두 가지를 없애버린 형태이다. 충분한 빛과 감시자의 시선이, 결국 보호의 구실을 하던 어둠의 상태보다 훨씬 수월하게 상대를 포착할 수 있다. 가시성의 상태가 바로 함정인 것이다 (Foucault, 2003: 309-310).

푸코에 의하면, 팬옵티콘에 갇혀있는 사람들은 저마다 감시인이 정면으로 바라볼 수 있는 독방 안에 감금된 채 자기 자리를 지키면서 양쪽의 벽으로 인해 다른 사람들과 소통할 수 없다. 감시인에 의해 보여지지만 볼 수는 없어, 정보의 대상이 되기는 해도 정보 소통의 주체가 되지는 못한다는 것이다. 중앙 탑과 마주하도록 방을 배치함으로써 일종의 축을 형성하는 가시성이 강요되는 반면, 원형건물의 분할된 부분들과 완전히 분리된 독방들은 측면에서의 불가시성을 의미하게 되며 이러한 불가시성은 질서를 보장해준다. 따라서 '팬옵티콘 장치'는 '바라봄-보임'의 결합을 분리시키는 장치로서 주위를 둘러싼 원형의 건물 안에서는 아무것도 보지 못한 채 완전히 보이기만 하고 중앙부의 탑 속에서는 모든 것을 볼 수 있지만 결코 보이지는 않는다는 특징을 가지고 있다. 푸코는 이 장치가 권력을 자동적인 것이고 또한 비개성적인 것으로 만들기 때문에 중요하다고 본다. 즉 그 권력의 근원은 어떤 인격 속에 있는 것이 아니라 신체, 표면, 빛, 시선 등의 신중한 구분 속에, 그리고 내적인 메커니즘이 만들어내는 관계 속에, 개개인들이 포착되는 그러한 장치 속에 존재함으로써 군주가 최고의 권력자라는 것을 나타내는 예식이나 의식, 표지 등은 쓸모없는 것으로 된다(Foucault, 2003: 313)는 것이다.

푸코가 보기에 벤담의 팬옵티콘 제도들은 권력의 효과와 강제력을 다른 쪽으로, 즉 권력의 적용면 쪽으로 옮겨가게 하였다. 즉 가시성의 영역에 예속되어 있고, 또한 그 사실을 알고 있는 자는 스스로 권력이 강제력을 떠맡아서 자발적으로 자기 자신에게 작용시키도록 한다. 그는 권력관계를 내면화하여 1인 2역을 하는 셈이며, 스스로 예속화의 원칙이 된다. 중세의 절대군주의 권력에 의해 행사되었던 감시의 권력은 이제 새로운 감시의 권력으로 대체되고 있다. 이전의 시대에 만들어진 규율은 분명하게 규정되고 비교적 폐쇄된 장소, 즉 병영이나, 학교, 대규모 작업장 등에 국한되어 있었다면, 푸코의 해석에 의하면, 벤담은 팬옵티콘을 통해 이러한 규율을 결함이나 중단 없이 사회를 관통하면서 도처에서 항상 경계를 게을리 하지 않는 여러 장치의 그물망으로 만들기를 꿈꾼 것으로 파악된다.

따라서 이전 시대와는 완전히 다른 방식의 규율의 메커니즘이 사회 구석구석까지 파고 들어가 기본적인 체제로 완성되기를 희망한 것이다. 이에 대해 푸코는 다음과 같이 설명하고 있다: "이 권력이 제대로 행사되려면, 지속적이고 철저하며 어디에나 있고, 또한 모든 것을 가시적으로 만들면서 자신은 보이지 않는, 그러한 감시수단을 감추어야 한다. 그 감시는 사회전체를 지각 대상으로 만드는 얼굴 없는 시선과 같아야 한다. 그것은 도처에 매복되어 있는 수천 개의 눈이고, 움직이면서 항상 경계를 게을리 하지 않는 온갖 주의력이며, 위계질서화한 긴 그물눈이다."(Foucault, 2012: 302-3). 현대에 들어서 이러한 감시 권력의 장치가 응시의 장치라는 점은 점점 더 명약관하해지고 있으며 특히 전자 감시 장치가 도처에 설치되고 작동되는 디지털시대의 응시의 권력은 이제 세밀한 그물망 속의 '그물눈'임에 주목해야한다.

근대도시의 환등상 이미지

시각성과 시각문화의 연관성은 특히 현대성에 대해 천착하던 짐멜과 벤야민의 논의와 직접 연결된다. 현대로 들어서면서 대도시의 삶에서 시각적 상호작용이 현대성과 시각문화와의 밀접한 관계를 보여주는 과정에 대한 사회학적 논의는 짐멜로부터 시작된다. 19세기 말과 20세기 초의 대도시 거주자들의 삶에 의욕을 잃은 듯한 상태로부터 필연적으로 표출되는 태도는 실용적인 목적을 위해 주변을 살펴보는 것으로 포착된다. 짐멜은 이러한 일상적인 상호작용이 사회의 바탕을 이룬다고 보면서 한 사회를 생각할 때 흔히 정치적·경제적 체제나 사회 계급처럼 제도화된 사회구조의 차원에서 보는 것이 보통이지만, 이처럼 거대한 체제들은 사람들 사이에 매일 일어나는 수많은 상호작용들의 결정체일 뿐이라는 것이다. 짐멜은 사회학의 기본 임무가 바로 이런 형태의 상호작용을 묘사하고 분석하는 것이라고 보았다. 그는 이런 관찰을 1908년에 베를린에서 출판한 저서 『사회학: 사회화의 형태에 대한 연구 *Soziologie. Untersuchungen über die Formen der Vergesellschaftung*』에서 사회학적 이론으로 발전시켰다.

이 책의 제 9장에 포함된 「감각의 사회학 *Soziologie der Sinne*」에서 특히 눈과 눈의 상호작용인 시각에 대해 인간의 감각 중 가장 독특한 사회학적 기능을 수행하는 것으로 평가하고 있다. 서로 바라보는 개인들 사이의 결합과 상호작용이 시선에 의해 이루어지며 따라서 시선은 존재하는 것 가운데 가장 직접적이고 순수한 상호작용일 것이라고 강조하면서(Simmel, 2005: 158) 짐멜은 다음과 같이 설명하고 있다: "눈에서 눈으로 전달되는 시선이 사람들을 연결시킴으로써 생기는 가장 생동감 있는 상호작용은 그 어떠한 객관적인 구조로도 결정(結晶)화되지 않는다. 이 시선에 의해서 사람들 사이에 형성되는 관계의 통일성은 직접적으로 발생하는 사건과 기능 속에서 존재한다. 그리고 이 결합은 매우 강력하고 섬세하기 때문에 오직 가장 짧은 선에 의해서, 다시 말해 두 눈 사이의 직선에 의해서 유지되며, 또한 시선이 이 선으로부터 아주 조금만 벗어나거나 아주 잠시만 멈추어도 이 결합이 지니는 독특성은 완전히 파괴되고 만다……시선의 교환이란 단순히 다른 사람을 보거나 관찰하는 것과는 달리 전혀 새롭고 비교할 수 없는 인간관계를 의미한다"(Simmel, 2005: 158-9). 이렇게 미세한 일상의 조각들 속에서 사회학적 관계의 그림을 그려냈다는 점에서 짐멜은 가장 포스트모던한 방법론으로 모더니티를 주시한 문화사회학적 관찰자였다.

대도시에서 시각문화가 상대적으로 중요한 의미를 갖게 되는 것은 익명의 사람들과 마주치는 상황이 자주 발생하기 때문이다. 단순한 '시각적 인상', 즉 한번 보는 것(glance)에 의해 포착된 시각적 이미지로부터 상대방을 파악하고자 하는 상호작용 속에서는 현대사회의 상대적 소외 현상이 더욱 심화될 수 있다. '실세계의 환영(a visionary of the real world)'이라는 표현(Sennett, 1969: 10; Baldwin, 2008: 297)이 암시하듯이, 짐멜이 생각한 대도시 문화와 시각적 상호작용은 현대성이 구현되는 사회에서 시각적 상호작용이 인간관계와 시각문화를 어떻게 변화시켜왔는지 살펴보는 데 중요한 척도가 되고 있다.

짐멜에게 있어서 대도시는 구조화된 가시적 공간이나 외부의 움직임과 순간적 인상이 교차하는 만화경 같은 세계이기보다는, 개인들 간의 상호작용이 일어나는 장소로서 추상적 기능에 따라서 이해되는 세계지만 그와 동시에 근대 도시문화에서 지배적인 위치를 차지하는 것이 시각적인 것이라는 유미주의적 논의를 견지하게 하는 세계이기도 하다. 이 논지는 벤야민과 버먼(Marshal Berman)으로 이어지면서 도시를 텍스트로 읽는 것이 가능함을 시사하고 있다(Baldwin et al., 2008: 342). 또한 짐멜에게 있어서 대도시는 일시적이고 덧없으며 우연적인 인식과 관계의 저장소로, 패션, 스펙터클, 진기함의 장소로, 그리고 개인적 열망, 불확실성, 익명성과 혼란이 등장하는 장소로 간주되었으며(Savage & Warde, 1996: 239) 결과적으로 이러한 특성들이 짐멜의 도시문화 연구에 있어 근대성의 특징으로 각인되었다.

벤야민은 시각성이 '근대'라는 시대적 배경에 밀접하게 연관되어 있음을 방대한 자료인 『파사젠베르크』에서 매우 은유적 표현인 '산보자(flâneur)' 개념을 도입함으로써 보여주고 있다. 산보자 개념은 짐멜의 저작에서도 글쓰기의 방법론으로 등장하는데 짐멜의 광범위한 주제에 대한 분석적인 자세를 가리켜 산보자의 자세로 규정하고(Frisby, 1981; Weinstein & Weinstein, 1993) 있기도 하다. 벤야민은 산보자가 군중 속에서 피신처를 찾는데, 군중은 베일이며 이를 통해 보면 친숙한 도시는 산보자에게 환등상(die Phantasmagorie)으로 변형된다고 보았다.

벅 모스(Susan Buck-Morss)의 해석에 따르면, 파리는 벤야민에게 있어서 '거울 도시(looking-glass city)'로서 군중을 압도하는 동시에 기만한 것으로 인식된다. '거울 도시' — 군중이 스펙터클이 되는 도시 — 파리는 사람들의 이미지를 생산자가 아닌 소비자로 반영했으며, 그러면서 거울 이면에 존재하는 계급관계와 생산관계를 은폐했다고 보고 있다는 것이다. 이로써 벤야민은 파리의 스펙터클이 '환등상' — 착시를 이용한 환등 여흥으로, 상들이 수시로 크기를 바꾸며 다른 상들과 뒤섞인다 — 이라고 설명한다. 마르크스는 '환등상'이라는 용어로 상품의 기만적 외양을 지칭한 바 있다. 상품은 시장에 등장한 '물신'이라는 것이다(Buck-Morss, 2004: 115). 이러한 환등상이 백화점 장식의 영감을 제공해주고 있으며, 백화점은 이러한 산보조차도 매출에 이용한다고 비판하는 벤야민은 그럼에도 백화점을 박람회 등과 마찬가지로 산보에 마지막으로 남겨진 장소이면서 근대의 이미지를 주조한 틀이라는 점을 들어(Benjamin, 2005: 127), 도시 근대성의 보고로 간주하고 있다. 이로써 산보자를 '시장의 척후(斥候) 같은 사람'이며 동시에 '군중의 탐사자'로 정의하고 있다(이수안, 2009b: 285).

근대 도시의 풍경을 시각적으로 채집하는 '산보자'가 지닌 중요성은 이런 인물이 취하는 관찰 태도에 있다고 하겠다. 이들은 모더니티라는 새로운 상황에 말을 거는 지적인 인물이다. 자유롭게 거니는 것, 특히 도시의 풍경을 응시한다는 의미를 지닌 '산보하기'는 산업화되어 가는 유럽에서 생긴 대도시라는 사회적 상황에서 가능한 일이다. 그러므로 산보자는 모더니티의 공공장소에서 겪는 경험을 전형적으로

19세기에 건축된 전형적인 아케이드: Royal Gallerics of Saint-Hurbert

보여주는 인물이라 할 수 있다. 도시를 소요하면서 군중 속에서 자신의 익명성을 유지하는 산보자는 안전하게 멀리 떨어져 다양한 상황을 바라본다. 그가 취하는 태도의 핵심은 세상 돌아가는 모습을 보면서 단순히 관찰만 할 뿐, 이에 대한 처방이나 치유책을 내놓지는 않는다는 것이다. 이때 시각이 가장 중요한 역할을 한다. 즉 "그는 공간과 사람들 사이에서 그에게 허가된 특권적인 시선을 떼지 않고 소요한다"(Jenks, 1995: 146). 벤야민은 이렇게 채집, 조사된 도시의 이미지들을 제시하면서 역사의 문화적 기억을 전달하는 역할(Buck-Morss, 2004: 10-11)을 하고 있다(이수안, 2009b: 285).

『파사젠베르크』에서 벤야민이 사용한 방법론의 특별한 점은 이미지를 몽타주 방식으로 보여줌으로써 '사유의 이미지'를 구성하고 있다는 점이다. 우선 몽타주 방식의 방법론에 대하여 벤야민은 다음과 같은 '작가적 기술'을 하고 있다: "이 연구(Passagen-Werk)의 방법은 문학적인 몽타주이다. 나는 아무것도 말할 게 없다. 단지 보여줄 뿐이다. 나는 귀중한 어떤 것도 사취하거나 기지에 찬 표현들을 전유하지 않을 것이다. 그러나 나는 넝마들, 폐기물들을 목록으로 작성하는 것이 아니라 유일하게 가능한 방식으로 그것들이 자체의 권리를 찾도록 할 것이다."(Benjamin, 1989: Bd. V. 574; 강수미, 2011: 80)

벤야민은 자신의 글쓰기를 '현상(Entwicklung)'에 비유함으로써 사유가, 마치 음화 상태의 필름에 담긴 이미지를 양화로 드러내듯이 서술하는 방식으로 전개됨을 보여주고 있다. 이로써 벤야민의 사유방법론에서는 사유와 이미지가 서로 관계하며, 이미지는 구성적인 기능을 갖게 되고 이로써 미학 논문에 있어서도 이미지를 상상력과 환상을 위한 매개로 상정했다. 즉 의식적으로 사유에 '이미지(Bild)'라는 개념을 사용하여 사유의 인식과 이미지의 지각, 이 양자를 어느 한쪽에 종속시키지 않고 상호관계로 두는 '사유-이미지' 방법론을 구사하는 것이다.

이로써 벤야민은 인과적 논리가 아닌 이미지적 기술, 즉 몽타주 원리에 따라 이론이 이미지로 구성되었다고 본다(강수미, 2011: 84-85). 이는, 간략하게 정리하자면 새로운 조합으로 신선한 이미지와 조각들을 맞추어 숨겨지고 모호한 의미를 드러내는 작업이다. 결과적으로 나타나는 알레고리들은 모호하게 숨어있는 객관적인 의미들을 포착하는데 통찰력을 부여하며(Savage & Warde, 1996: 172) 그런 의미에서 벤야민의 문화적 의미 읽기(이수안, 2009b: 286)는 근대 도시 형성의 물질적 조건들을 구체적으로 따지고 파악하는 방법을 넘어서서 그러한 조건들이 문화텍스트로 상징화되어 나타나는 이미지를 포착하고 해석하는데 유용한 방법론이라 할 수 있다.

남성적 응시와 응시의 대상으로서 여성

벤야민의 산보자가 기본적으로 남성으로 상정되어 왔다는 점에 대해서 남성 편향성 내지 남성적 응시의 상징성으로 간주하여 주목하는 시각(Berger, 1996)이 있는 것 또한 사실이다. 즉 근대도시를 소요할 수 있는 자유를 가진 '신사(dandy)'는 산보하면서 일정한 거리를 두고 당시의 도시의 대로에 활보하는 것이 허용된 여성들, 즉 성매매 여성이나 정숙하지 못한 여성으로 간주되는 여성들을 관음적으로 쳐다보는 시선의 주체로서의 남성이었으며 이때 여성은 다만 대상이었다는 점이 비판의 핵심이다.

일상적인 시각적 경험은 단순히 눈에 들어오는 사물을 물리적 작용에 의하여 보는 행위로 구성되는 것이라기보다는, 보는 사람이 가지고 있는 지식과 믿음에 의해 타자들과의 관계 속에서 이루어지는 사회적인 행위에 의해 이루어진다. 이는 존 버거의 유명한 저서인『보는 방식 *Ways of Seeing*』에서 매우 중요하게 다루어지는 시각성에 대한 관점이다. 즉 우리가 보는 것은 선택적 보기를 통한 행위이며 이때 보이는 것은 우리의 이해 범위 안에 포함된다는 것이고 그럼으로써 시각은 우리가 현실이라고 부르는 것을 구성한다(Berger, 1972: 24-26)는 것이다.

버거는 저서인『보는 방식』에서 여성의 대상화가 재현에 대한 응시에 의하여 이루어지고 있음을 설명한 바 있다. 버거는 유럽회화의 전통에서 전형적인 누드화가 남성적 시각의 불평등한 바라보기가 가져다주는 사회적 통념을 그대로 반영하고 있다고 주장하면서 유화가 그것을 바라보는 사람들을 능동적으로 위치짓는 방식을 설명하고 또한 여성이 어떻게 서구문화의 재현에서 대상화되는가를 논의하고 있다[14]. 남성적 응시의 함축은 회화사에서도 잘 묘사되고 있는데 우선 첫 번째로 이들 누드화 속 여성의 누드는 남성 관객들의 시선을 끄는 미끼로 작용하며 마치 남성 아티스트에 의해 소유되고 있는 듯한 인

14. 보는 주체와 보여지는 대상으로서의 젠더적 관계는 버거에 의한 유화 분석에서 시작하여 멀비의 영화이론에서 남성적 응시의 권력에 대한 분석으로 발전되었다.

〈나부와 앵무새 *Woman with a Parrot*〉(귀스타프 쿠르베 Gustave Courbet, 1866)
뉴욕 메트로폴리탄 박물관 소장

상을 준다. 이는 전통적인 유럽의 유화 수집가가 남성들이었고 따라서 이들의 욕망을 충족시키는 상품으로서의 예술작품이 요구되었던 당시의 사회적 현실을 그대로 반영하고 있는 것이라고 해석된다.

쿠르베의 이 그림을 보면 보통 누드화가 그렇듯이 여성은 다만 그려지는 대상으로서의 자세를 취하고 있으며 정면을 바라보고 있지 않음으로써 시선의 주체라는 점을 전혀 감지할 수 없게 한다. 즉 남성인 화가와 관람객에게 그려지고, 보여지는 피동적인 입장에서의 묘사의 대상이 되는 방식으로 화면에 나타나는 것이다. 더욱이 누드화가 대체로 그러하듯이 무방비 상태로 누워있음으로 해서 적극적인 방어의 자세가 원천적으로 불가능하여 피동성을 더욱 강렬하게 표현하고 있다. 이 그림의 모델이 보여주는 자세는 여성의 나약함과 방어력 없이 남성의 힘에 그대로 노출되는 장면의 클리셰를 그대로 보여준다. 이렇게 아무 방어력 없이 온전히 남성의 시선 아래 포획되는 자세의 전형은, 유명한 영화인 〈바람과 함께 사라지다 *Gone with the Wind*〉의

영화 〈바람과 함께 사라지다 Gone with the Wind〉 포스터

포스터에서도 찾아볼 수 있다. 쿠르베의 그림에서 여성이 뒤로 젖혀진 상태의 나체를 전혀 거리낌없이 보여주는 자세를 취하듯이, 〈바람과 함께 사라지다〉의 비비안 리는 클라크 게이블의 두 팔에 안겨있는 상태로 뒤로 꺾인 목과 늘어뜨린 팔로 인해 온전히 수동적인 자세로 남성의 시선을 받고 있다.

19세기의 유럽 회화가 상품으로서의 가치를 생산하기 위해 남성적 응시를 극대화하여 집중시킬 수 있도록 여성의 몸을 활용하였다면, 20세기 초중반 한창 흥행하고 있었던 영화산업의 분위기에 맞추어 당시의 남성적 관객성을 겨냥한 〈바람과 함께 사라지다〉 포스터는 더욱 자본주의적 계산하에 최대한 남성 관객의 응시를 이끌어내는 방향으로 제작되었다.

버거의 '보는 방식'이 젠더연구에서 중요한 이유는 보는 방식에 의거한 이미지 조작과정 속에서 계급, 식민화 그리고 젠더 관계가 약호화한다고 제시하였다는 점 때문이다. 즉 버거는 예술과 다른 문화 형식 속에 있는 비가시적인 권력관계를 가시적으로 만들고자 하며 모든 장소에서 재생산되는 시선의 '불평등한' 관계를 발견하고 이를 이론화한다(주진숙, 1999: 334). 여성 피사체가 스스로 두 가지 역할을 하는 과정에서 이러한 시선은 이미지를 바라보는 관객들에게 분열(spilit)이라는 개념을 전달하고 있는데, 이 점에 대해서 스터르큰과 카트라이트는, 이미지를 자신과 동일시해 바라보는 것과 실제로는 동일하지 않은 이미지 사이의 균열을 나타내는 라캉의 소외 개념과도 깊은 연관성을 지니고 있다고 본다(Sterken & Cartwright, 2006: 69). 여성 관객의 분열적 동일시는 〈바람과 함께 사라지다〉 포스터에서 여실히 증명된다. 이 포스터는 이를 바라보는 여성관객으로 하여금 가장 여성적인 자세, 또는 가장 사랑받는 자세가 어떠한 것인지 학습하게 하면서 동시에 자신이 그러한 자세와 행위를 기꺼이 선택할 지에 대해서는 확신하지 못하게 하는 과정이 동원된다. 이는 20세기 후반에 페미니즘이 등장하면서 보다 적극적인 관객성을 요구하게 하는 계기가 된다.

조사자와 피조사자의 성별적 관계에 대한 버거의 논의에 의하면 어떤 행위를 하든 여성은 자신의 행위를 상상하는 것을 피할 수 없으며 아주 어린 시절부터 자신을 계속해서 조사해야 한다는 것을 배우고 설득당해 왔다. 이러한 맥락에서 버거는 '이상적'인 관객은 항상 남성으로 가정되어 왔으며 여성의 이미지는 그를 만족시키기 위해 계획되어 있다고 주장한다. 이러한 논의는 푸코의 '유순한 신체' 담론을 통해 타자의, 특히 남성의 시선이 여성의 몸에 대한 자기감시(self-surveillance)의 응시를 촉발한다는 주장(Blood, 2005)과 상통한다.[15] 버거가 행한 시선의 젠더적 권력 관계에 대한 해석은 시각문화에서 응시를 해석하는 새

15. 이에 대해서는 이 책의 III부의 '자기감시적 응시'를 살펴보는 부분에서 보다 세밀하게 논의된다.

로운 관점을 제공하면서 영상문화에서 응시의 젠더관계와 카메라의 응시, 그리고 관객성(spectatorship)에 대한 멀비의 이론으로 연결된다.

3 젠더의 탄생, 몸의 현현

성차(sexual differences)에 대한 오랜 사회·문화적 인식이 학문적 논제로 재개념화되면서 페미니즘은 '젠더(gender)'라는 새로운 개념을 창안하였다. '섹스'가 남녀의 생물학적이고 신체적 차이를 기반으로 한 개념이라면 '젠더'는 사회적으로 구성된 남성적, 여성적 범주 안의 성별로 그 범주에 주어진 사회적으로 부여된 태도와 행동, 그리고 특질로 구성된 사회문화적 성별이다. 어떤 태도와 행동이 남성 또는 여성에게 연결되어 있다는 사실은 '자연적'인 것이 아니라 관습적이며, 이로써 남성이나 여성으로 존재하는 것을 단순히 자연적 상태가 아니라 광범위한 사회 문화적 산물로 본다는 관점 때문에 젠더 개념의 등장은 급진적이다.

시몬느 드 보부아르(Simone de Beauvoir)는 1949년에 쓴 책 『제2의 성』에서 '우리는 남성과 여성으로 태어나는 것이 아니라 되는(become) 것'이라는 구절로 젠더 개념을 선언적으로 표현했다. 물론 보부아르가 직접적으로 젠더라는 용어를 사용하지는 않았으나 '제2의 성' 즉 '제1의 성'으로서 섹스가 아닌 의미상 젠더는 우리가 무엇인(being) 것이 아니라, 우리가 하는(doing) 무엇을 의미한다. 따라서 섹스가 생물학적 존재로서 주어진 상태를 칭하는 용어라고 한다면, 젠더는 사회문화적 과정 속에서 역할을 하여 만들어지는 수행성의 효과이자 산물이다. 다시 말하자면 섹스는 물질적으로 존재하는 반면, 엄밀히 말하자면 젠더는 존재하지는 않으나 언어, 이미지, 인간 간의 상호작용에 정체성을 매개로 하여 존재하고 문화로 나타난다. 이 점이 바로 본질론자들이 섹스를 토대로 하여 남성성과 여성성을 규정하는 데 기준이 되고, 사회구성론적 관점에서 젠더 개념이 섹스와 완전히 분리되지 않으면서도 명백히 다른 차원을 지시하는 이유이다.[16]

1960년대 말과 1970년대 초에 젠더가 이론적 개념으로 등장하기 시작하면서 가장 일반적으로 내린 개념 규정에 의하면 섹스는 생물학, 즉 해부학, 호르몬 그리고 물리학에 속하는 성별적 구분이며, 젠더는 심리학적, 문화적, 그리고 사회적 의미를 통해 구성된 '획득된 지위'로서의 성별이다. 그런데 이러한 사전적이고 이분법적 개념 규정은 두 개념 간의 상호의존적인 속성들로 인하여 사실상 서로 구분되어 차별적으로 설명력을 갖는다기보다는 개념의 경계가 뚜렷하지 않은 상태로 마치 뫼비우스의 띠처럼 얽혀 있다. 젠더가 구성된다는 개념은 해부학상 서로 다른 몸에 각인된 젠더의 의미가 두드러지게 표출되고 있다는 뜻이며 이로써 젠더는 생물학뿐 아니라 문화에 따라 운명이 되는 개념으로 등장한다.

버틀러는 여기에서 더 나아가 섹스는 정의상, 지금까지 줄곧 젠더였다고 주장한다(버틀러, 2008: 99). 그는 보부아르의 주장대로 '몸이 하나의 상황'(Beauvoir, 1973: 301)이라면 언제나 이미 문화적 의미로 해석되지 않은 몸에 기댈 수 있는 것은 아무것도 없다고 전제하면서, 따라서 섹

16. 최근의 논의를 살펴보면, '섹스'와 '젠더'가 뚜렷이 구분되지 않거나 '섹스'를 거의 섹슈얼리티와 결합하여 구체적인 성행위에 연관시켜 제한적으로 사용하는 반면 '젠더'가 보다 광범위하게 포괄적인 개념으로 사용되고 있다.

스는 담론 이전의 해부학적 사실성으로 볼 수 없다고 지적하고 있다. 버틀러는 젠더 개념이 등장하기 시작한 초창기의 페미니즘 학계의 논의로부터 훨씬 더 나아가 재현과 담론으로서의 젠더를 개념화하고 있기 때문에 젠더를 일종의 사회적 관계나 분석의 요소, 또는 차원으로 이해하는 사회학자들의 논의와는 일정한 거리를 두고 있다.

섹스/젠더 관계가 학문적으로 비판적 지평 속에서 처음 등장한 것은, 러빈(Gayle Rubin)이 사용한 '섹스/젠더 체계(sex/gender system)'(Rubin, 1975: 157-210)[17]라는 표현을 통해서이다. 이 개념 틀이 의미하는 바 섹스/젠더 체계는, 성적 관계에 있어서 유일하게 정상적인 형태로서 이성애를 상정하고, 이로써 인간을 '남성(male)'과 '여성(female)'으로 갈라놓으면서 유사성을 억누르고 성 활동이나 성과 관련된 관념과 모든 행동양식을 이성애적 기준에 따라 편성하는 체계이다. 이 두 성별의 구별을 좀 더 확실히 하기 위해서 섹스/젠더 체계는, 남성에게는 항상 전통적으로 이해되고 있는 '남성적(masculine)'인 방식으로 행동하기를 요구하며 여성은 항상 전통적으로 규정되고 있는 '여성적(feminine)'인 방식으로 행동하기를 요구한다(Connell, 1987: 183-188 참조).[18]

러빈은, 특정한 섹스가 특정한 젠더에 연결됨으로 해서 섹스/젠더 체계가 특히 여성의 종속과 관련하여 개인의 행동과 사회 관계의 강력한 통제 장치로서 작동한다고 비판하고 있다. 남성성과 여성성을 고정되고 보편적인 범주라고 가정하는 이 체계는 '생물학은 운명이다'라는 생물학적 결정론을 바탕으로 하고 있기 때문에 인간이 가지고 있는 다양한 외양, 행동, 관계 등에 대해 매우 제한적인 설명을 제공할 수밖에 없다. 러빈이 비판적으로 검토하는 섹스/젠더 체계는 사실

---

17. 러빈은 섹스/젠더의 이분법적 구도를 처음으로 개념 틀로 만들어 사용하여 이후의 이론적 논의의 기반을 제공했다.

18. '남성적'인 속성과 '여성적'인 속성은 커넬(Connell)에 와서 보다 확실한 성격을 부여받으면서 '헤게모니적 남성성(hegemonic masculinity)'과 '강조된 여성성(emphasized femininity)'으로 양극화한다.

상 가부장적 사회에서 일어나는 대부분의 인간 활동의 원칙과 규범을 성별 관계에 따라 양극화하여 규정하고 개인적인 차원은 물론 공적인 차원까지도 모두 이 규범에 의하여 지배받도록 하는 사회적 장치다. 따라서 생물학적으로 다르게 태어난 두 성별이 한 사회의 일원으로서 성장하는 사회화 과정부터 사회적 역할을 담당하는 단계에 이르기까지 섹스/젠더 체계는 인간의 일생을 지배하는 체계가 되는 것이다.

젠더 수행(performing gender)

버틀러는 모든 정체성이란 결국 문화와 사회가 반복적으로 주입한 허구적 구성물이라고 주장하며, 그런 의미에서 엄밀하게 보자면 섹스, 젠더, 섹슈얼리티는 구분되지 않을 뿐더러, 젠더마저도 명사로 고정하거나 규정할 수 없다고 보고 있다. 몸도, 정체성도 욕망마저도 문화적 구성물이라는 의미에서는 모두 젠더이고, 그런 젠더는 안정될 수 없어 부유하는 인공물이자 언제나 진행 중인 동사라는 것이다(Butler, 2008: 31). 애초에 '해부학은 운명(Anatomy is destiny)'이라는 공식을 논박하기 위해 생겨난 섹스와 젠더 간의 구분이, 섹스가 어떤 불굴의 생물학적 특성을 갖고 있든 젠더는 문화적으로 구성된 것이라는 주장에 공헌해왔음은 주지의 사실이다. 버틀러는 이를 기본 전제로 상정하면서, "따라서 젠더는 섹스의 인과론적 결과도 아니고 섹스처럼 외형적으로 결정된 것도 아니다. 젠더를 섹스의 다양한 해석 중의 하나로 보는 이러한 구분 때문에 주체의 통일성은 이미 잠재적 논쟁거리가 되었다"(Butler, 2008: 95)며 논쟁의 물꼬를 트고 있다.

젠더의 의미가, 성별화된(sexed) 몸이 갖고 있다고 가정되는 문화적 의미라면, 어쨌든 젠더가 섹스에서 따라나온 것이라고 할 수 없으며, 논리적 극한으로 밀고 가면, 섹스/젠더의 구분은 섹스로 결정된 몸과 문화로 구성된 젠더 간의 극단적 단절을 시사한다고 보고 있는 것이다. 따라서 버틀러에 의하면 이분법적 젠더 체계의 전제는 은연 중에 젠더가 섹스를 모방하는 관계라는 생각과, 그에 따라 젠더는 섹스를 반영하거나, 혹은 섹스의 규제를 받는다는 생각을 포함하고 있으며, 구성된 젠더의 위상이 섹스와 완전히 별개라고 이론화되면 젠더 자체는 자유롭게 떠도는 인공물이 된다는 것이다. 섹스가 불변의 특성을 지녔다는 것이 논쟁선상에 있다면, 아마도 '섹스'라고 불리는 이 문화적인 구성물은 젠더만큼이나 문화적으로 구성된 것이 될 것이라는 것이 버틀러의 가정이다. 그 결과 섹스와 젠더는 전혀 구별될 수 없는 것으로 판명된다는 것이다. 이 논의를 좀 더 따라가 보면, 젠더는 '성적으로 구분된 자연'이나 '자연적 섹스'가 '담론 이전에', 문화에 앞서서, 그 위에서 문화가 행해지는 정치적으로 중립적인 표면으로 생산되고 설정되게 하는 담론적/문화적 수단이기도 하다(Butler, 2008: 97)는 결론에 도달하는 것이다.

기존에 '자연적인 것'으로 간주되었던 섹스는 버틀러에게 있어서 수행적으로 규정된 의미가 된다. 젠더 특성이 재현적인 것이 아니고 수행적인 것이라면, 다시 말해 젠더 특성, 행위 그리고 몸이 그 문화적 의미를 보여주고 생산하는 다양한 방식들이 수행적이라면 행위나 속성을 가늠할 수 있는 정체성이란 존재하지 않게 된다. 버틀러는 자신의 이론이 때로 수행성을 언어적으로 이해할지, 연극적으로 생각될 지 그 사이에서 애매하게 쓰였다고 고백하면서 "이 두 가지가 분명 교차대구 식으로 연결되어 있다고 생각하게 되었으며, 발화행위를 권력의 심급으로 제고하는 것이 연극적, 언어적 차원에서 모두에게 주목을 끌고 있다고 보고 있다(Butler, 2008: 70)"라고 설명하고 있다. 이로써 수행성의 결과는 '가변적으로 구성되는 주체'를 가져오고 따라서 본질적인 의미의 주체의 기원이나 근원이 거부된다. 즉 모든 정체성이란 허구적으로 구성된 것이고 반복적으로 수행되어 몸에 각인되는 행위에 불과하며 행위 속에서 행위자는 가변적으로 구성되며 모든 행위자는 그 행위의 반복된 수행을 통해 구성되므로 주체는 담론적 구성물이라는 것이다.

젠더되기(becoming gender)와 젠더하기(doing gender), 또는 젠더 수행하기(performing gender) 사이에는 정체성(identities)이라는 미세한 논리적 징검다리가 놓여 있다. 보부아르가 '제2의 성'으로 명명한 사실상의 젠더는 '젠더하기(doing gender)'라는 수행성의 이론적인 기원이 되었다. 웨스트와 짐머맨(West & Zimmerman)이 개념화한 '젠더하기(doing gender)', 어빙 고프만(Erving Goffman)의 '젠더 디스플레이(gender display)'(Goffman, 1976: 69-77), 그리고 버틀러의 '젠더 수행성(performance of gender; performing gender)'[19]이 바로 이러한 젠더 이론의 계보를 잇는 주요 개념들이다. 이들을 포함한 페미니스트 이론가들이 이러한 개념들을 통해 젠더를 수행(performance) 또는 수행적 구성(performative construct)이라고 이론화하였다. 이것이 의미하는 바는, 젠더는 고정되고 내재된 정체성이 아니라 세월이 흐름에 따라 남성 또는 여성으로 표식이 붙여진 실제 또는 실천과 특성의 연속적 산물이라는 점이다. 개인들이 영원히 반복하는 이 실천들은 젠더라고 인지되는 것으로 응결되고 이를 단단하게 만든다(Crawley et. al, 2008: 12)는 의미에서 사실상 개인의 정체성으로 형성되어 가는 측면을 보인다.

19. 버틀러는 수행적 주체를 이론화하면서 '젠더하기'의 또 다른 표현으로서 '젠더의 수행성(performance of gender)'를 개념화하였다. 여기에서는 '젠더하기'와 맥락을 함께 하는 의미로 '젠더 수행(performing gender)'으로 표현한다. 이는 버틀러의 다음의 기념비적인 저서에서 처음 개념화되기 시작했다. Butler, Judith. 1990. *Gender Trouble: Feminism and the Subversion of Identity.* New York: Routledge.

젠더하기(doing gender)

젠더는 담론적으로 구성된 개념이기도 하지만 다른 한편으로는 역할과 관계를 나타내는 수행적 주체와 연결된 개념이기도 하다. 역할과 관련된 젠더 개념은 '젠더하기(doing gender)'에서 좀 더 구체적으로 정의되어 왔다. 웨스트와 짐머맨이 '젠더하기(doing gender)' 개념을 처음으로 사용한 논문은 1987년에 학술지 *Gender & Society*에 수록되었고 2010년에 플랜트(Rebecca Plante)와 마우어러(Lis M. Mauerer)가 편집한 책 *Doing Gender Diversity*에 재수록되었다. 그러나 그들의 논문이 1977년 미국사회학회 연례학술대회에서 처음 발표된 것을 보면 '젠더하기(doing gender)' 개념이 학계에 처음 등장한 것은 70년대 후반이 되므로 사실상 이때 이미 섹스와 젠더 개념의 다의적이고 모호한 기준들이 등장하기 시작한 것이라고 할 수 있다.

웨스트와 짐머맨의 개념사적 정리에 의하면(West & Zimmerman, 2010: 3) 섹스는 그것의 개념 규정을 위하여 때때로 모호하고 서로 갈등하는 기준들을 묘사하는 연구의 맥락 안에서 '주어진(given) 것'으로 간주하기 어렵게 만드는 개념이다. 또한 인류학적, 심리학적, 그리고 사회적으로 주어진 강제들 — 성별 노동 분업, 젠더 정체성의 형성, 그리고 남성에 의한 여성의 사회적 종속 — 의 맥락에서 젠더도 훨씬 덜 '획득한 것(achievement)'으로 보였다. 더 나아가 젠더 사회화 이론의 주어진 논리는 젠더가 '획득되는' 것으로 전제된 5세 정도의 인간발달 단계에서 그것이 섹스와 거의 다를 바가 없이 확실하게 정해지고 변화하지 않으며 고정된 것이라는 강력한 메시지를 시사한다. 당시 학계에서 개념을 둘러싼 혼돈은 점차 집중되고 확산되었는데 예를 들어 "생물학적이고 문화적인 과정들 간의 관계는 우리가 가정했던 것보다 훨씬 더 복합적이고 또한 반영적"(Rossi, 1984: 10-14)이라는 인식이 그것이다. 또한 초도로우(Nancy Chodorow)가 어머니되기(mothering) 이론에서 보여주듯이 생물학과 연관된, 엄마의 역할 즉 일과 가족 사이에서 실제로 어떤 능력을 생산하거나 가능하게 하는 특정한 구조적 배치 등을 발견하게 된 것이다.

이 모든 것들 사이에서 젠더에 대한 관념은 개념적으로 볼 때 어느 정도는 생물학적 논리로 회귀하는 '획득'으로 비추어져온 것이 사실이다. 웨스트와 짐머맨은 바로 이러한 개념적 혼돈 속에서 젠더 개념을 좀 더 명확히 하기 위해 사회학적 인식를 바탕으로 하여 '젠더하기(doing gender)'의 이론화를 기획하였다. 이들의 주장에 의하면, 젠더 '하기(doing)'는 사회 구성원으로서 그들의 능력이 그의 생산에 볼모가 되는 여성과 남성에 의해 맡겨지는 것이다. 즉 '젠더하기'는 남성적이고 여성적인 '특성들'의 표현이 갖는 특별한 지향을 배정하는, 사회적으로 이끌려진 지각적이고 상호작용적이며 미세정치적 활동들의 복합체를 수반한다.

이들의 '젠더하기'를 자세히 들여다보면, 젠더가 단순히 '문화적으로 규정된 성별' 이상의 복잡한 개념으로 형성된 것임을 알 수 있다. 웨스트와 짐머맨이 젠더를 하나의 '성취(accomplishment)'로, 하나의 '상황적으로 처해진 수행(conduct)의 획득된 특질'이라고 가정할 때 우리는 내부적인 문제로부터 개인으로 주의(attention)를 옮겨가고, 나아가 상호작용적이고 궁극적으로는 제도적인 장에 초점을 맞추게 된다. 물론 젠더 '하는' 존재는 개인이지만, 그것은 상황적으로 위치지워진 '하기'로서 그것의 결과에 맞춰지는 것으로 추정되는 타인들의 가상적이거나 또는 현실적인 면전에서 수행된다. 이러한 의미에서 젠더는, 개인의 능력으로서 보다는 사회적 상황들의 즉각적인 특징으로 이해되는데 사실상 이 두 가지는 다양한 사회적 배열들의 결과물이자 이론적 해석, 그리고 가장 기본적인 사회 구분의 하나를 합법화하는 수단으로서 이해된다(West & Zimmerman, 2010).

논의를 진전시키기 위하여 웨스트와 짐머맨은 사회학자들이 사용한 젠더 개념의 의미를 비판적으로 검토하고 있다. 여기에는 일상적인 의미에서 역할 규정으로 작용하며 또한 고프만의 '디스플레이' 용어법으로서 젠더 개념의 사용이 포함된다. 이러한 맥락에서 살펴보면 젠더 역할(gender role)과 젠더 디스플레이는 둘 다 생물학적 차이로 서로 대치되는 여성, 또는 남성으로서의 행동적 측면에 초점이 맞추어진다. 여기에서 웨스트와 짐머맨이 실행한 것처럼 그동안 그 구분점을 간과해온 세 가지 개념, 즉 섹스(sex), 섹스 범주(sex category), 그리고 젠더를 좀 더 세밀하게 분류해서 설명하는 방식(West & Zimmerman, 2010: 4)은 분석적 효용성 면에서 매우 유용하다. 이들에 의하면, 섹스는 여성과 남성으로 분류되는 인간에 대한 생물학적 기준에 의거하여 사회적으로 동의되어온 적용을 통해 만들어지는 결정(determination)의 의미를 갖는다.

분류를 위한 기준은 태어날 때의 성기 또는 태어나기 전의 염색체가 될 수 있는데 여기서 그것들은 서로 반드시 일치할 필요가 없다. 논의를 진전시켜서 섹스 범주가 등장하면 섹스와 젠더 사이의 논리적 연결이 좀 더 매끄러워진다. 한편 섹스 범주(sex category)의 배치는 섹스 기준의 적용을 통해 완성된다. 그러나 일상생활에서 범주화는 한 사람이 하나 또는 다른 하나의 범주에 속하는 것을 분명히 나타내는, 사회적으로 요구되는 정체성에 맞춰진 디스플레이에 의해 수립되고 유지된다. 이런 의미에서 한 사람의 섹스 범주는 한 사람의 섹스를 가정하고 많은 상황들 속에서 이것의 위임장 역할을 한다. 그렇지만 섹스와 섹스 범주는 독립적으로 변할 수 있다. 즉 섹스의 구체적인 기준이 모자라는 경우에도 하나의 섹스 범주에 속한다고 선언하는 것이 가능하다는 것이다. 이와 대조적으로, 젠더는 한 사람의 섹스 범주에 적합한 태도와 활동 등의 규범적 구상에 비쳐 운영되는 상황적 행위 수행의 활동이다(West & Zimmerman, 2010: 5).

이상과 같은 세 가지 개념의 분석적 독립성에 대한 인식은 이 요소들과 사회 안의 젠더화된 인간 '존재(being)'에 포함되는 상호작용적 작업 간의 관계를 이해하는 데 필수적이다. 따라서 웨스트와 짐머맨은, 젠더는 특성의 세트가 아니고 변수나 단순한 역할도 아니고 오히려 사회적 '하기(doing)'의 산물이라는 점을 강력하게 주장하고 있다. 그렇다면 사회적인 젠더하기란 무엇인가? 그것은 인간 행동을 통해 젠더의 의미를 지속적으로 창조하는 것(Gerson & Peiss, 1985) 이상이다. 웨스트와 짐머맨은 젠더 그 자체는 상호작용을 통해 형성된다는 점을 주장하고 있다.

여기서 웨스트와 짐머맨이 밝히는 자신들의 젠더 연구의 목적은 상호작용을 통해 어떻게 젠더가 전시되고 묘사될 수 있는가, 그래서 그것이 사회적으로 기획된 성취로서 생산되기는 하지만 마치 '자연적'인 것으로 보여지는 점을 분석하려는 것이다. 그런데 최근의 연구동향을 살펴보면 섹스, 젠더, 섹슈얼리티를 명확히 구분하는 것이 과연 효용성이 있는가, 나아가 논리적으로 가능한가 하는 의구심을 불러일으킨다. 예를 들어 버틀러는 전통적인 구분법에 따라 섹스가 생물학적 몸의 차이이고, 젠더는 문화적이고 사회적인 동일시 양식이며 섹슈얼리티는 성적 실행이 발생되는 근원적 욕망이라고 설명하는 구도에 대해 기본적으로 저항한다. 즉 몸의 '인식성'과 욕망의 '근원성'을 만드는 것도 문화적이고 사회적인 양식이기 때문에 섹스, 젠더, 섹슈얼리티가 모두 젠더라고 주장한다. 따라서 세 개념 모두 사회적 구성물이고 제도 담론의 결과라고 보고 있는 것이다. 동성애나 퀴어이론에서 이러한 경향은 더욱 강력한 논리적 힘을 받는다. 고프만의 젠더 디스플레이는 젠더의 속성 자체를 '본질적 속성(essential nature)' — 즉 '그들에 의해서 주어지거나 표현된 자연적인 기호(signs)를 통해 식별되는 속성'(Goffman, 1976: 75) — 으로 가정하기 때문에 기본적으로 본질론적 속성에 의한 역할 규정이라는 의미에서 고프만 이후의 페미니스트 학자들의 입장과 일정한 거리를 갖고 있다.

젠더 디스플레이(gender display)

상징적 상호작용론을 표방하는 사회학자 고프만에게 있어서 남성성과 여성성은 개별 남성과 여성이 수행하는 젠더 역할이다. 그들은 남성과 여성의 전형적이고 적절하다고 간주되는 실천 속에 꾸준히 관여하는 것으로 그들의 젠더 행동(act)을 수행하는 배우들이다. 예를 들면, 여성은 스커트와 드레스를 입고 다리를 꼬아 앉고 집안일과 양육을 함으로써 여성성을 수행한다. 반면 남성들은 슈트와 바지를 입고, 다리를 벌리고 앉으며 집 밖에서 경력을 쌓음으로써 남성성을 수행한다. 고프만은 이 퍼포먼스를 젠더 디스플레이라고 부르는데 그것은 여성성과 남성성이 문화에 투영된 젠더 이상화의 전통적인 묘사다(Crauley et. al., 2008: 12).

고프만의 개념 정의에 의하면 젠더 디스플레이는 "문화적으로 형성된, 섹스와 연관되어 관례화된 묘사"(Goffman, 1976b: 1)이다. 즉 비언어 행동의 거대한 영역의 한 부분으로서 젠더 디스플레이는 "학습되고 사회적으로 창조된 제3의 성적 특성"(Mayo and Henley, 1981: 3)으로 특징지어지기도 할 만큼 젠더 역할의 외형적 표현으로 많은 요소들을 보여주는 행위의 총체를 지칭한다. 젠더 디스플레이를 상징적 상호작용의 중요한 개념으로 처음 고안하여 사용한 고프만에 의하면, 여성성과 남성성은 "본질적인 표현의 원형으로서, 어떠한 사회적 상황에서도 빨리 시사될 수 있고 개인의 가장 기본적인 특성화를 겨냥하여 드러내는 어떤 것으로 간주된다"(Goffman, 1976a: 75)는 것이다.

그러므로 젠더 디스플레이는 남성과 여성이 서로 다른 방식으로 사회 상황에서 참여하는 하나의 코드로 생각할 수 있고, 그들은 서로 퍼포먼스를 행하는 자와 이의 수용자로서 자연스럽게 받아들이는 것으로 보인다. 이러한 남성성과 여성성의 묘사는 타인과의 관계에서 사회적으로 요구되고, 정형화되고, 사용되며 그리고 이해된다. 고프만이 역설하였듯이 "우리는 젠더 정체성은 없다고 말할 수도 있다. 다만 젠더의 묘사를 위한 계획만이 있을 뿐이다. ……어떤 것이 있다면, 사람들을 sex-class 구성원으로 특징짓는 것은 디스플레이의 적절한 계획을 지속할 그들의 능숙함과 자발성이다"(Goffman, 1976b: 8). 고프만에게 있어서 우리의 젠더화된 행동은 남성성과 여성성 개념만큼이나 우리가 사회에서 주어진 적절한 역할을 행하기 위해 의식적으로나 무의식적으로 배우고 수행하는 환경에 의해 씌어지는 대본으로부터 나오는 공연적 행동이다.

비언어 행동의 측면으로서 젠더 디스플레이는 터치, 얼굴 표현, 시선 주고받음(eye contact), 제스처, 그리고 자세를 포함한다. 젠더 정체성 표현에 있어서 비언어 행동은 매우 중요하다. 왜냐하면 비언어적 요소들은 일반적으로 의식의 지각 밖에 있고 그것들은 흔히 매우 과장되거나 행위규범을 위해하지 않는 한 주목받지 못하기 때문이다. 비언어 행동은 또한 그동안 많은 페미니스트 학자들에 의해서 젠더 권력관계를 코드화하는 것으로 이야기 되어왔다(Bordo 1993; Buthoon & Dillman 1995; Mayo & Henley 1981; Wallis, 2011: 162). 이들의 많은 경험연구들이 손 동작, 남을 터치하는 것, 그리고 응시를 지속하는 것과 권력이 연관되어 있고, 남성들이 그런 행동에 여성들보다 더욱 많이 관여한다는 것을 밝혀낸 바 있다.

일반적으로, 남성적 비언어 행동을 보이는 여성은 주로 남성들에 의하여 공격적인 존재로 추정되어 왔는데, 왜냐하면 그녀는 바로 이러한 행동을 통하여 젠더 권력관계를 위협하기 때문이다. 이는 남성이 여성스럽게 행동하는 것을 단지 기이한 행동으로 여기는 것과는 매우 대조되는 반응이다(Mayo & Henley, 1981). 헨리(Nancy Henley)가 내린 결론에 의하면(Henley, 1995: 75), '여성의 비언어 행동이 복종과 권력 없음의 행동이 병행하여 나타나는 반면, 남성의 비언어 행동은 지배와 권력과 연관된 행동이 병행하는 경향을 보인다는 가정'은 지속적으로 경험적인 지지를 받고 있다. 이러한 현실 세계의 남성과 여성의 비언어 행동은 미디어에서의 젠더 디스플레이와도 매우 깊은 연관성이 있다.

미디어에서의 젠더 디스플레이 연구는, 젠더에 관한 비언어 메시지의 유포에 있어서 시각적 이미지의 힘에 대한 고프만의 연구(1976b)로 거슬러 올라간다. 고프만은 젠더-관련 행동, 또는 '젠더리즘 genderisms'에 대해 거의 400개의 광고를 분석한 연구에서 여성과 남성에 대한 묘사를 다섯 가지 범주로 분류한다(Wallis, 2011: 162). 첫번째 범주는 상대적으로 큰 남성의 몸집이다. 고프만은, 남성이 여성보다 거의 크다는 점에 주목하면서 이 사실을 통해 그들의 우월한 사회적 지위가 재현되는 것으로 해석하고 있다. 두 번째 범주로서 여성스러운 터치(touching)가 있다. 고프만은 섬세하고 연약한 것으로서 여성의 몸의 감각을 묘사하기 위해서 여성들이 그들 자신을 스스로 만지는 것이 촬영되는 여성의 이미지를 발견했다. 세 번째 범주는 기능의 순위 매기기(function ranking)이다. 광고에서 남성들은 여성보다 직업적이고도 능동적인 역할을 수행하는 것으로 묘사된다.

네 번째 범주로서 고프만은 여성이 경의를 표하여 몸을 낮추는 것, 수줍음에 가득 차서 행하는 무릎 굽히기, 그리고 위선적 행동(canting), 또는 굴복을 표하기 위해 머리를 숙이는 것을 포함해서 '종속의 의례화(the ritualization of subordination)'의 공연하기(performing)를 행하는 것으로 본 몇 가지 사례를 발견했다. 다섯 번째 범주는 보장받은 철회(licensed withdrawal)의 행위다. 고프만은, 여성이 남성보다 더 자주 심리학적으로, 그리고 타인의 보호 또는 선의의 필요성에서 제거된(removed) 것으로 묘사되는 것을 관찰했다. 이 범주에 포함되는 것은 비교적 여러 가지 섬세한 동작이나 신체부위의 움직임인데 이를 자세히 살펴보면 다음과 같다. 즉 감정 조절을 잃은 것을 감추기 위해서 입을 덮는 제스처, 공포나 계획을 보이기 위해 입으로 가져가는 손가락, 굴복을 보이기 위해서 누군가의 응시나 머리를 피하는 것, 그리고 사회적으

로 전면에 노출되어 있는 상황으로부터 스스로를 철회하는 것으로 보이는 수많은 포즈들을 포함한다.[20]

고프만은 여성들이 전반적으로 귀중하고 연약한, 수동적이고 굴복하는, 그리고 타인의 보호나 호의를 필요로 하는 존재로 재현되었다고 결론을 맺고 있다. 그러나 고프만의 방법론은 그의 콘텐츠 분석을 지휘하기 위해 무작위 사례를 뽑아내지 않았다는 점, 그의 범주가 상호배타적이지 않았다는 점 등으로 인해 비판받았다(West & Zimmerman, 2010). 또 다른 비판은 젠더 디스플레이가 명확한 개념으로서 정립되어 매일 매일의 상호작용에서 사람들이 젠더 '하기'를 행하는 정도의 깊이까지 도달하지 못했다는 점이었다. 이러한 고프만의 젠더 디스플레이 개념의 한계를 인식하는 한편, 그 개념이 함축하는 의미를 적극적으로 받아들여 실증적 분석을 한 연구들이 주로 미디어연구 분야에서 많이 나오고 있다.

페미니스트 미디어 연구자인 월리스(Wallis, 2011)의 논문을 살펴보면 고프만과의 관점의 차이를 일정 수준에서 발견하게 된다. 이 연구를 통해 월리스는 젠더 디스플레이가 정말로 뮤직비디오의 가장 핵심적인 특성이라는 사실을 결과로 도출하고 있다. 기대한 대로, 리드 공연자가 남성인가 여성인가에 따라서 젠더 디스플레이의 차이가 있었고, 젠더 디스플레이는 의미있게 재강화된 전형적인 남성성과 여성성의 기술(notions)이었다는 점이 드러나고 있다. 고프만은 디스플레이(display)를 대칭 균형의 존재와 부재가 경의 또는 독점을 이룰 수 있는 가운데 진술-답변 형태의 두 부분의 교환으로 구조화된 매우 보수적인 행동으로 보았다. 이 의식은 과제를 수행하거나 담론에 관여하는 것과 같은 좀 더 연관성이 높은 활동들과 절합되어 있는 차이로 보인다.

---

20. 필자는 고프만의 젠더 디스플레이와 관련된 미디어의 이미지에 표현되는 세부적인 동작들의 범주에 더하여 월리스가 좀 더 응용하여 분류한 동작을 참조해서 이 책의 III부에서 걸그룹 공연의 이미지 분석에 적용하였다.

따라서 그는 젠더 디스플레이에 대해, "만일 젠더가 문화적으로 수립된 섹스의 상관물로 개념 정의된다면, 젠더 디스플레이는 이 상관물의 보수화된 초상화을 제공한다"(Goffman, 1976a: 69)라고 규정하고 있다.

이 젠더화된 표현들은 여성과 남성의 잠재적이고 근본적인 차원의 실마리를 드러낼 수도 있지만, 그것들은 고프만의 관점에서 보면 어디까지나 선택적인 수행이다. 남성적인 우대는 제공되거나 제공되지 않거나 할 수 있으며, 만일 제공된다면 거절되거나 되지 않을 수 있다(Goffman, 1976a: 71) 더 나아가, 인간은 그들 자신을 '표현'이라는 용어를 사용하여 그들 자신을 자신들 고유의 표현성의 관념에 맞추기 위해 행동한다(Goffman, 1976a: 75). 젠더 묘사는 관습적인 제스처를 씀으로써 우리가 성적 속성을 따르려는 상호작용적 묘사보다 우리의 "본질적 성적 속성(essential sexual natures)"에 더 적게 연관된다. 우리의 인간 속성은 우리에게 남성적이고 여성적인 젠더 디스플레이를 생산하고 인식할 수 있는 능력을 준다. 즉 "남성과 여성으로서가 아닌 인간으로서 존재하는 미덕에 의해 갖는 능력"(Goffman, 1976a: 76; West & Zimmerman, 2010: 6)인 것이다.

웨스트와 짐머맨은 고프만의 젠더 디스플레이에 대한 논의를 '젠더의 공식화에 관여되는 사회학적 교정물을 제공하는 것'으로 해석하고 있는데 이에 따르자면, 젠더는 여성적이고 남성적인 속성의 문화의 이상화에 대해 사회적으로 각본이 씌어진, 제시적인 관용구 속에서 잘 단련된 관객을 위해 공연되는 드라마화(West & Zimmerman, 2010: 6)이다. 이 은유를 계속한다면, 특정한 위치에서 제시되는 정해진 퍼포먼스가 있고 그들은 연극같이 서막을 구성하거나 좀 더 진지한 활동으로부터 휴식 또는 타임아웃을 구성한다. 웨스트와 짐머맨의 견해에 따르면, 고프만이 상호작용의 진지한 기획으로부터 젠더 디스플레이를 분리함으로써 인간 활동의 광범위한 영역에서 젠더 효과를 흐리게 한다는 점에서 이 관점의 모호함이 드러난다. 젠더는 단지 상호작용의 구석진 곳이나 갈라진 틈에서 일어나는 것이 아니라 여기 저기에 맞추어지고 삶의 진지한 사업을 해치지 않는 것이다.

웨스트와 짐머맨은 고프만의 이론을 바탕으로 하여 젠더 디스플레이에 관한 언급을 넘어 일상의 상호작용에서 지속되는 활동으로서 젠더하기에 관여된 것이 무엇인지 생각해보는 것이 중요하다고 강조한다. 젠더 '하기'는 항상 여성성이나 남성성의 규범적 개념들에 맞게 행동하는 것은 아니고, 그것은 젠더 평가(assessment)의 위험에 처한 행동에 관련되어 있기 때문이다. 또한 젠더 하는 사람이 개인인 반면, 사회적 질서는 기본적으로 성격상 상호작용적이고 제도적인데, 왜냐하면 책임은 사회관계의 형태이고 그것의 관용구는 그들의 관계가 상연되는 제도적인 무대로부터 그려지기 때문이라는 것이다. 결국 한 사회가 여성과 남성의 '본질적' 차이에 의해 나뉘고 섹스 카테고리 안에서 위치가 적절하고 강제적인 한에서 젠더하기는 피할 수 없다는 것이 그들의 견해다.

젠더하기가 뜻하는 것은 소녀와 소년, 여성과 남성 사이의 차이를 만들어내는 것인데, 여기서 차이는 자연적이고, 본질적이거나 생물학적 차이가 아니다. 한번 차이가 구축되면 그것들은 젠더의 '본질적인 것(essentialness)'을 재강화한다(West & Zimmerman, 2010: 6). 이들은 계속해서 '섹스 간의 배열(arrangement between the sexes)'의 유쾌한 기술에서 고프만이 관찰하고 있는 제도화된 문화적 프레임의 다양성과 그것을 통해 우리의 '자연적이고 정상적인 섹스화됨(sexedness)'이 연기될 수 있는가에 대해 기술하고 있다. 고프만은 사회적 세팅의 물리적 형태는 우리의 '본질적인' 차이의 표현을 위한 명백한 자원을 제공한다고 보면서 북미 공중 화장실의 성적 분리를 예로 들어 설명하고 있다. 화장실의 분리는 기본적으로 생물학적, 나아가 쓰레기와 배설의 문제에서와 비슷한 어떤 것의 문제에서 '신사'로부터 '숙녀'를 구분해내고(Goffman, 1977: 315), 이 세팅은 남성 여성 모두 결국 같은 배설행위를 위해 같은 시설을 사용해도 되지만 남성에게는 소변기를, 여성에게는 우아하게 화장할 수 있는 시설을 통해 동종 이형의 설비로 설치된다는 점에 주목한다. 여기에서 성별 차이 기관의 기능이 관여되는데, 그러나 이 생물학적 분리를 위한 배열은 전적으로 문화적 사안이라는 점이 중요하다.

개인은 많은 사회적 정체성을 갖는데 그것들은 상황에 따라, 덧씌어지거나 벗겨지거나 또는 더욱 두드러지도록 강화될 수 있다. 친구, 배우자, 전문가, 시민 등등 한 사람이 다른 시간에 다른 사람이 될 수도 있지만, 인간은 다른 섹스 범주로 이동하지 않는 한 언제나 여성 또는 남성이다. 웨스트와 짐머맨은, 우리의 정체성 디스플레이(identificatory display)가 무한히 다양한 환경의 구성(set) 아래 젠더하기를 위한, 언제나 가용한 자원을 제공한다는 것을 의미한다고 확신하고 있다. 이로써 그들은 섹스 카테고리와 젠더가, 특별한 방식으로 타인들이 우리에게 판단하고 반응할 것이라는 사실을 존중하면서 고안되는 행동의 관리되는 고유성이라는 것을 보여주려고 했다. 한 사람의 젠더가 단지 그 사람이 무엇인지, 즉 존재론적으로 규명되는 양상뿐만이 아니라 더욱 기본적으로, 그것은 한사람이 하는(does) 어떤 것이고, 타인과의 상호적용 안에서 순환적으로 하는(does) 어떤 것이라는 점을 주장해왔다(West & Zimmerman, 2010: 8).

섹스 카테고리가 차별화의 근본적인 기준으로 사용되는 한, 젠더하기는 피할 수 없는 것이라고 가정해왔다는 점을 전제로 하여 웨스트와 짐머맨은 그것은 다름아닌 섹스 카테고리 구성원(membership)의 사회적 연관성 때문에 피할 수 없다고 강조하고 있다. 즉 가족 내 경제적, 그리고 정치적 영역에서만이 아니라 국제관계의 넓은 무대에서의 권력과 자원의 배치에 있어서도 여전히 적용된다는 것이다. 사실상 어떤 상황에서도 한사람의 섹스 카테고리는 상대적일 수 있고, 한 사람의 그 카테고리의 점유자(incumbent)로서의 수행(performance)은 평가에 지배받을 수 있다는 것이 그들의 견해다.

그러나 젠더하기는 또한 정상적이고 자연적인 것으로 치부되는 섹스 카테고리에 기반한 사회적 배열을 연출하기도 한다. 그것은 사회적 삶을 조직하는 합법적인 방법이기도 하다. 이 과정에 의해 만들어진 여성과 남성사이의 차이는 기본적이고 영속하는 배열로 묘사될 수 있다. 이 점에서 한 사회의 제도적 배치는 차이에 대해 대응하는 것으로 보일 수 있다. 이는 다시 말하자면 자연 질서에 단지 적응(accommodation)하는 사회 질서이다. 그러므로 만일, 젠더하기에 남성이 또한 지배를 하고(doing) 그리고 여성이 방어(Goffman 1967: 47-95)를 한다면 결과로서 생기는 사회 질서, 추정컨대 '자연적 차이'를 반영하는 질서는 위계적인 배열의 강력한 강화인자이자 정당화 인자이다(West & Zimmerman, 2010: 9). 이에 대해 웨스트와 짐머맨은 프레이어(Frye)의 다음과 같은 언급을 통해 확인하고 있다:

> 효과적인 종속을 위하여 희망되는 것은, 구조가 인간의 결정이나 관습에 의해 유지되는 문화적 인공물인 것으로 나타나는 것이 아니라 그것이 자연적인(natural) 것으로 나타나고, 인간 조정(manipulation)의 범위 너머에 있는 야만성에 관한 사실의 매우 직접적인 연관성인 것으로 나타난다…… 우리가 여성과 남성으로 매우 다르게 행동하도록, 그리고 여성과 남성을 향하여 그리 다르게 행동하는 것을 훈련받은 것, 그 자체는 아마도 극단적인 동종이형(dimorphism)의 보여짐에 기여할 것이고, 또한 여성과 남성으로 행동하는 방식(ways), 그리고 여성과 남성을 향하여 행동하는 방식(ways) 들이 우리의 육체와 정신이 종속과 지배를 형태잡도록 본을 뜬다. 우리는 우리가 존재를 실천하는 것이 되는 행위를 한다(Frye, 1983: 34; West & Zimmerman, 2010: 9에서 재인용).

이로써 만일 우리가 적절히 젠더하기를 하면 우리는 섹스 카테고리에 기반한 제도적 배열을 유지하고 재생산하고 합법화하는 것이 되지만, 만일 우리가 젠더하기를 적절히 하지 못하면 우리는 제도적 배열이 아닌 개인으로서 우리의 특성, 동기, 그리고 소질 등에 대한 설명을 통해 규정되고 만다는 점을 확인할 수 있다.

섹스 카테고리/젠더 관계는 제도적이고 상호작용적 차원, 즉 섹스 카테고리에 기반한 사회적 배열을 정당화하고, 면대면 상호작용에 있는 그들의 비대칭성을 재생산하는 결합 장치에 연결되어 있다. 젠더하기는 사회 규제의 이미 확립된 기제에 따라 사회 구조의 상호작용적 비계(발판)를 제공한다. 웨스트와 짐머맨은, 여성과 남성 사이의 구별을 유지하는 제도적 힘을 획득하면서, 우리는 그들에게 그들의 '자연적임(naturalness)'과 '옳음(rightness)'의 감각을 부여하는 그들의 구별의 상호작용적 확인의 판단을 잃지 않아야한다는 점을 강조하고 있다. 더 나아가 사회 변화는, 섹스 카테고리의 제도적이고 문화적 차원, 그리고 젠더의 상호작용적 차원에서 모두 이루어져야 한다는 결론에 도달하는데, 이로써 사회질서의 통합적 역동성으로서 젠더를 재개념화하는 것은 젠더 관계의 전체 네트워크에 새로운 시각을 암시하는 것이라고 간주하는 것이다. 웨스트와 짐머맨에 의하면(West & Zimmerman, 2010: 10), 젠더는 섹스 카테고리에 기초를 둔 선택과 한계를 생산하고 재생산하며 정당화하는 강력한 이데올로기적 장치이다. 사회 상황에서 어떻게 젠더가 생산되는지에 대해 이해하는 것은 사회 구조와 그것을 유지하는 것을 처리하는 사회적 규제의 상호작용적 발판의 설명을 제공할 것이다.

젠더 매스커레이드(masquerade)

조앤 리비에르(Joan Riviere)가 1929년 국제 정신분석학 저널에 게재한 논문「매스커레이드로서의 여성성 Womanliness as Masquerade」은 성별 수행이라는 게임과 여성적 초자아가 문화적으로 규정된 허구의, 즉 겉옷같은 가면이 투사된 것에 불과하다는 점을 강조하면서 여성의 가면이 생물학적으로 주어지는 본질주의적 성격을 갖는 것이 아니라는 점을 인식시킨다. 리비에르는 그녀의 논문에서 처음 등장한 매스커레이드 개념을 다음과 같이 설명하고 있다. 즉 어떤 전문가 그룹의 여성들이 그들의 권력이 이제 막 빤히 들여다보이는 속임수라는 무장해제 신호로서 그들의 여성성을 재빨리 과시하는 행동으로 분석하고 있다. 그녀는 가정과 가설에 의해 여성의 본질로 규정된 가면이나 베일을 특히 여성에 적합한 기표로 취급하는 철학을 인용하면서, 이런 것이 마치 존재하는 것인 양 꾸며지도록 후원하는 사회구조와 여성성을 동일한 계략적 은폐로 간주한다. 리비에르는 이렇게 구성된 허구와 은폐 뒤에 절대 고정된 여성성은 없으며, 다만 여성주체로 하여금 뜻도 모르고 모방하고 흉내내게 함으로써 여자가 되도록 유도하는 사회 관습과 규범이 있을 뿐이며, 따라서 여성성이란 존재론적으로 근거가 없는, 쉽게 와해될 수 있는 일련의 코드 혹은 양식에 불과하다고 주장한다(Luce Irigaray, 1980 참조).

이에 대하여 이리가라이는 다음과 같은 해석을 내리고 있다: "그러므로 여성성이란, 마치 도둑이 자신의 호주머니를 뒤집어 보이며 아무 물건도 훔치지 않았다는 사실을 증명하기 위해 조사해 보라고 요구하는 것과 같이, 남성적인 것을 감추기 위해, 그리고 여성이 남성적인 것을 소유하고 있다고 발각되었을 때 받아야하는 처벌을 회피하기 위해, 가면을 쓰고 있는 것으로, 혹은 가면으로 전제될 수 있을 것이다. 독자는 지금 본인이 어떻게 여성성에 정의를 내렸는가를, 아니면 어디에서 진정한 여성성과 '가면'사이의 경계를 긋고 있는가를 물을지도 모르겠다. 그러나 본인은 이 둘은 동일한 것이라고 제의하는 바이다. 파격적이든 피상적이든 둘은 같은 것이다"(Irigaray, 1986: 38; Wright, 1997: 390에서 재인용). 이리가라이는 리비에르의 매스커레이드 개념을 해석하는 과정에서, 결국 팔루스 로고스적 사회에서 여성의 억압적 상황을 극복하기 위해 '거짓 흉내', 일종의 모방(mimicry)을 통해 남성적 질서를 유희적으로 반복한다고 주장함으로써 남성적 억압의 체계를 역설적으로 드러낸다.

리비에르가 매스커레이드 개념을 사용한 이후 라캉(Jacques Lacan), 이리가라이를 비롯한 학자들이 정신분석학적 여성성 논의에 가면과 함께 원용한 것은 물론, 매리 앤 도앤(Mary Ann Doane)이 영화분석에서 여성의 관객성을 논하면서 다시 변장(disquise)과 매스커레이드를 주요 개념으로 등장시키고 있다. 또한 이프랫 칠런(Efrat Tseëlon)은 옥스퍼드 영어사전의 설명을 채용하여 가면쓰기가 '시선으로부터 보호하고 숨기기'의 의미에서 감추기로 되어있고, 위장은 '잘못 재현하기(misrepresenting)', 그리고 매스커레이드는 '거짓 외양을 취하는 것'으로 되어있다고 소개하면서 이를 응용하여 가면과 변장, 그리고 매스커레이드를 다음과 같이 규정하고 있다: "가면(mask)이 재현하는 것이라면 — 그것은 상징적이고, 미니멀하고, 표시가 되고, 공을 들인 것일 수 있다 — 변장은 숨기고 은폐하며 자신이 아닌 어떤 것으로 통한다. 하지만 매스커레이드는 착용자에 관한 하나의 진술이다. 그것은 즐겁고 과도하며 때로는 전복적이다. 가면은 부분적으로 가리며, 변장은 모두 가리고, 매스커레이드는 계획적으로 가린다. 가면은 넌지시 알려주며, 변장은 시야에서 지우고, 매스커레이드는 과장한다. 가면은 하나의 장신구(accessory)이며, 변장은 하나의 초상(portrait)이고, 매스커레이드는 하나의 캐리커처(caricature)이다(Tseëlon, 2001: 2)". 여기에서 등장하는 가면과 변장, 그리고 매스커레이드는 여성성을 표방하는 연극적 행위의 점진적 층위를 은유적으로 표현하기 위한 칠런의 의도를 잘 드러내주고 있다.

칠런에 따르면, 현대 문화적 논쟁에서 정체성에 대한 가면쓰기의 언급과 관련된 가장 두드러진 시도는 젠더 주체성의 맥락에서 정신분석학적이면서 페미니즘적인 매스커레이드의 복잡함으로부터 오며,

이러한 맥락에서 매스커레이드는 여성의 무장해제 전략으로 보인다는 것이다. 이는 리비에르가 애초에 매스커레이드를 개념 정의하는 것과 일맥상통한다. 그러므로 칠런이 보기에 리비에르의 경우 여성성은, 매스커레이드처럼 그 상대편을 통하여 권력에 대한 여성의 욕망으로부터 주의를 빗나가게 하는 것으로 가정되는데 그것은 매우 여성적이고, 아무도 위협하지 않는 — 말하자면 거세당한 여성의 페티시인 그녀 자신의 이미지를 구축하면서 이루어진다(Tseëlon, 2001: 10). 리비에르에게 있어 여성성의 디스플레이는 무의식적 남성성을 숨긴다는 것이다. 그녀의 남성적 성공을 통하여 매스커레이드하는 여성은 팔루스를 소유하고 있는 것으로 나타난다. 상대 남성의 예상되는 남성적 불안을 피하기 위하여[21], 그녀는 적극적 반전, 즉 수용성과 수동성의 디스플레이를 통하여 남성성을 전유하려는 소망을 포기한다. 이로써 그녀의 여성성 가면은 남성 질서에 대한 복종의 재현(Heath, 1989: 48-49)이라는 점이 드러나고 있다.

플레처가 지적한 바와 같이 "리비에르의 여성성에 대한 언급은 라캉의 결핍 개념이나 비-정체성(non-identity)이 아니며, 리비에르의 가면 뒤에는 항상 다른 어떤 것이 있다(Fletcher, 1988: 55). 이와는 다소 다른 맥락에서 라캉에게 있어 여성성 디스플레이는, 다른 욕망의 '대상'처럼, 결핍을 '가면으로서 착용하기'이고, 사실상 그곳에 없는 무엇을 감추기 위해 흉내내는 것이다. 그런데 모들레스키(1989)가 보기에 여성성 매스커레이드의 정신분석적 견해는 제한적이다. 왜냐하면 차이를 부인하는 포괄적인 방법으로 젠더 비판을 위해 전개되기 때문이다. 한편 드 로레티스에게 매스커레이드는 가면쓰기보다 오히려 낫다. 그녀

21. 매스커레이드는 실제로 리비에르가 국제정신분석학회의 쟁쟁한 남성학자들 사이에서 여성 정신분석학자인 자신이 뛰어난 지식과 통찰력을 지닌 것을 드러낼 경우 발생할 수 있는 남성 정신분석학자들의 공격적 방어를 피하기 위해 고안해낸 개념으로 알려져있다.

는 가면을 개인의 정체성 표현을 억제하는 것으로 보고, 그것이 설혹 요구된 것이라 할지라도 매스커레이드가 착용자에게 어떤 즐거움을 주는 것으로 여긴다(Tseëlon, 2001: 11).

라캉은 여성에게 강요되는 것, 즉 팔루스인 것처럼 보이는 것은 필연적으로 가면이라고 주장함으로써 리비에르의 가면과 해석상의 많은 차이를 보이고 있다. 라캉은 서구 형이상학의 관점에서 존재론에 주어진 우선성을 반박하면서 "존재란 무엇인가?/ 무엇을 가지는가?" 라는 질문이 "부권적 경제의 의미화 실천을 통해 어떻게 존재가 제도화되고 배치되는가?"라는 그 이전의 질문에 종속되어 있다고 주장한다(Butler, 2008: 169). 그러므로 팔루스라는 '존재', 즉 성차를 자신의 인식 가능성에 대한 하나의 전제조건으로 받아들이는 법의 의미화를 공인하는 그 존재에 대한 선험적 탐구가 없다면, 존재론 자체에 대한 탐구, 즉 존재에 접근해볼 길이 없다.

팔루스 '임(being)'과 팔루스 '가짐(having)'은 언어 안에서 다양한 성적 위치/위치없음(실은 불가능한 위치)을 의미한다. 팔루스 '임(being)'은 타자의 욕망에 '기표'가 된다는 것이고, 또한 기표로 보인다는 것이다. 다시 말해 그것은 대상, 즉 (이성애화된) 남성적 욕망의 타자가 될 뿐 아니라, 그 욕망을 재현하거나 반영하는 것이 되기도 한다. 이것은 여성적 타자성 안에서의 남성성의 한계가 아니라, 남성적인 자기 이론화의 장소를 구성하는 타자이다. 여성에게 팔루스 '임'은 팔루스의 권력이 반영된다는 것, 그 권력을 표시하는 것, 팔루스를 '체현'하는 것, 팔루스가 스며들 장소를 제공하는 것이다. 또한 그 정체성의 타자, 부재, 결핍, 변증법적 확증이 '되어' 남근을 의미화하는 것이기도 하다. 라캉은 '팔루스를 결여하고 있는 타자가 팔루스'라고 주장하면서, 권력은 그것을 소유하지 못한 여성적 위치가 휘두르게 된다고 주장한다. 또한 팔루스를 '가진' 남성적 주체는 이런 타자를 확인해주고, 타자는 그에 따라 확장된 의미에서 팔루스여야 한다고 주장한다. 상징적인 질서는 팔루스 ‘가짐(남성의 위치)’과 팔루스 ‘임(여성의 위치)’이라는 상호배타적인 위치를 통해서 문화적 인식 가능성을 만든다.

라캉은 가면을 통해 여성이 여성성을 거부하는 이유를 팔루스가 되기 위해서라고 설명하면서 리비에르의 가면의 의미와는 일정한 거리를 두고 있다: “여성이 자신의 여성성에서 본질적인 부분을 거부하고, 특히 가면을 통해 여성성의 모든 속성을 거부하는 이유는 바로 팔루스가 되기 위해서, 즉 타자의 욕망의 기표가 되기 위해서이다. 여성이 사랑하거나 욕망하리라 예상되는 것은 자신이 아닌 어떤 것을 향해 있다. 그러나 여성은 자신이 사랑의 요구를 전달하고 있는 사람의 몸에서 욕망의 기표를 발견한다(Lacan, 1985: 84; Butler, 1998: 178에서 재인용).” 리비에르에 의해서 처음 고안된 젠더 매스커레이드는 라캉에 와서는 적극적으로 팔루스 개념과 연결되면서 리비에르의 기획에 의하면 오히려 여성성을 가지고 있고 그로써 팔루스를 가장하던 것과는 대조적으로 욕망의 기제로 우회시키는 도식으로 대체되고 있다.

몸의 현존

우리에게 몸이란 무엇인가? 몸은 기본적으로 정신과 떨어질 수 없이 하나로 묶여 있으면서 현존하기 때문에 물질성을 가지고 있는 실체이다. 그런데 그냥 실체이기만 한 것이 아니라 사회역사적 토대가 되는 경험이 각인되고 섹슈얼리티를 담지하고 있으며 생존을 위하여 노동을 담당하고 생명을 생산하여 미래와 연결되는 개인적 역사의 구심점으로서의 의미를 가지는 유기체이다. 즉 섹슈얼리티가 하나의 표식으로서만 나타나는 것이 아니라 성 정체성 형성과 주체적 인식의 토대로서 몸을 통해 작동하고 문화적 매개의 역할까지도 몸이 담당하고 있기 때문에 몸이 갖는 원초적인 물질성, 성별적 차이를 지닌 몸의 젠더 수행성과 몸이 그 자체로서 보여주는 상징적 의미를 짚어보는 작업은 몸을 기반으로 한 여성의 주체성 인식에 중요한 부분을 차지한다. 여기에는 여성의 몸이 임신과 출산을 통해 획득하는 생산성에 대한 논의도 포함된다.

흔히 이론적 개념으로서 젠더는, 섹스(sex) 개념이 갖는 생물학적 함의와는 단순한 대척점에 놓이는 이분법적 구도 속에서 사회적 구성물로서 이론의 독점적 위치를 차지하는 핵심 개념으로 이해되어 왔다. 그러나 과연 젠더 개념은 섹스와 뚜렷하게 구분되어 대치되는 개념인가? 이미 버틀러 등의 이론가들에 의해서 섹스와 젠더가 명확히 구분하고 대치될 수 있는 개념이 아니라는 점이 지적되어 왔음을 알고 있다. 젠더와 섹스는 모두 기본적으로 몸을 상정하고 있다. 몸이 갖는 물질성은, 또한 몸을 일차적인 관점에서 '자연(nature)'으로 이해하게 하는 필연적 조건이다. 그러나, 몸은 과연 자연인가?

젠더와 몸은 의미론적 개념 구성에 있어서 매우 유사한 논리적 구조를 갖는다. 후기 근대 문화이론의 치열한 논쟁적 이론 전개를 거치면서 젠더가 더 이상 섹스와 대척점에 있는 사회문화적 구성물로서만 이해될 수 없는 스펙트럼을 가진 개념이 되었듯이, 몸은 인문학의 중심인 철학과 문학에서는 물론이고 사회학과 여성학 등 사회과학적 학문 분야의 이론 구성에서 자연과 대비되는 '문화'로서 자리매김함과 동시에 어쩔 수 없이 '자연'의 요소를 함유하는 개념이 되었다. 이로써 '젠더가 몸을 구성한다'라는 명제가 성립하며 이는 생물학적 잠재성이 문화적 컨텍스트를 구성함을 의미한다. 문화이론의 전개와 더불어 섹스가 생물학적이고 따라서 자연적이며, 젠더가 사회구성적이어서 문화적이라는 이분법적 구분은 점차 희미해져 가는데 그 이유는 몸은 사회적으로 구성되며, 우리는 물리적 몸 안에서 젠더하기(doing gender)를 실천하고 있기 때문이다. 이로써 '젠더로서 몸(gendering body)'이 의미를 획득하게 된다.

섹스/젠더 이분법은 페미니즘이 본격적인 이론적 틀을 갖추고 성차를 이론화하면서 일차적인 논리적 전제로서 역할을 하였다. '섹스'가 남녀의 생물학적, 신체적 차이, 좀 더 자세하게 말한다면 외관으로 보이는 성기관의 모습의 차이를 말한다면, '젠더'는 남성적이고 여성적인 성차가 사회적으로 구성된 구성물이며 이에 따라 부여된 태도와 행동, 역할을 수행한다. 이리가라이는, 생물학적 성기관의 구조가 성차의 문화, 특히 여성성을 구성한다는 점을 정신분석학적 논의를 중심으로 전개함으로써 섹스/젠더 이분법의 경계를 다소 희미하게 만드는 반면 몸의 물질성을 전면에 드러내고 이론적 근거로 삼음으로써 여성문화의 성차적 특성을 분명히 드러낸다. 이로써 이리가라이가 페미니스트들로부터 본질론적 입장을 견지하는 것으로 비판 받는 여지를 보이고 있지만 이는 '젠더로서 몸'의 의미를 가져올 때 얼마든지 해소될 수 있다.

1970년대부터 이론화되기 시작한 페미니즘은 기본적으로 정신과 몸을 이분법적으로 상정했던 데카르트의 코기토 주체를 반박하면서 몸에 대한 근본적인 사유 전환을 이론화의 시발점으로 삼고 있다. 물론 페미니즘의 다양한 경향들은 각기 주목하는 논점이 다르지만 공통적으로 '젠더'라는, 몸을 출발점으로 하는 개념을 중심으로 전개된다는 점이 주목할 만하다. 또한 사회학의 문화적 전환은 이러한 몸 논의의 부상을 설명하는데 적절한 경향이라고 할 수 있을 것이다. 사회학의 주된 관심이 '사회구조'로부터 '일상'과 '문화'로 선회하면서 사회학적 논의의 중심은 사회적 체계에 대한 과학적 논의에서 일상적 삶의 언저리를 구성하는 다양한 상징과 실천적 행위에 대한 담론으로 옮겨지고 이는 문화사회학의 기반을 이루게 되었다.

어느 시대를 막론하고 몸은 인간의 존재를 나타내는 가장 확실한 징표로서 상징적 차원과 실제적 차원 모두에서 중요한 개념이다. 그러나 근대 이전의 인간 역사에서 몸은 동서양을 막론하고 정신의 하부 개념으로, 정신을 담고 있는 껍질로서의 이차적 지위에 머물러 있었다. 포스트모더니즘이 대두되고 정신과 몸의 이분법적 가치부여 체계가 해체되기 시작하면서 비로소 몸은 몸 그 자체로서 사유되기 시작했고 몸 담론은 활발한 논의의 중심에 서기 시작했다. 페미니즘의 이론화에 몸 논의가 중심적 역할을 했다는 점도 빼놓을 수 없는 중요한 배경이다. 몸이 사회적 화두의 중심에 서게 된 또 하나의 사회적 요인은 현대자본주의 사회의 구조변화이다. 산업자본주의 사회에서 근면한 생산과 절제된 소비를 미덕으로 권장했었다면, 후기 자본주의 사회에서 급격히 발달한 소비문화는 넘쳐나는 재화와 정보의 홍수 사이에서 개인이 원하는 것이 무엇인지 성찰하고 내면으로부터 생성되는 욕망에 집중하게 함으로써 자아정체성 구성과 표현의 매개로서의 몸을 주목할 수밖에 없도록 하는 중요한 계기로 작용하고 있다. 사회학적 관점에서 몸이 중요한 근본적인 이유는 몸이 인간 존재의 증명이면서 동시에 행위를 가능하게 하는 주체이며 그로 인해 의사소통과 사회적 관계의 형성이 가능하게 되는 근원적인 계기이기 때문이다.

'사회구성적' 몸 논의

전통적인 사회학이 몸과 정신을 구분해온 자연주의적 관점을 견지해왔다면 몸에 관한 최근 사회학적 연구들은 사회구성적 몸 접근방식을 취해왔다. 몸에 대한 자연주의적 관점은 생물학적 실체와 구조를 가진 몸이 사회 속의 개인을 규정하고 사회적 불평등의 토대가 된다는 점을 주요 논리로 하고 있다. 이는 특히 성차(性差)의 주제와 관련되어 몸의 역사를 설명하는데 적용되어 왔다. 라커에 의하면(Laquer, 1990: 13; Shilling, 2000: 73), 18세기를 거치면서 과학은 남성과 여성의 범주를 구체화하기 시작했고 그 범주의 기초를 생물학적 차이에 두었다. 18세기 후반에는 사람들에게 반대의 성과 뚜렷이 대조되는 자아 정체성을 부여하는, 전적으로 중요한 인간 속성으로서 '섹슈얼리티'라는 개념이 발달했다. 비교적 최근 사회학과 여성학에서는 몸에 대해 사회구성주의적 이해가 이론적 깊이를 더해 왔다. 몸 연구에서 사회구성주의란 용어는 몸이 어느 정도 사회에 의해서 형성되고 구속되며 창출되기까지 한다는 견해를 나타내는 포괄적 용어로 사용되어 왔다. 사회구성주의적 몸 이해는 몸에 부여되는 특성과 의미, 그리고 상이한 집단들의 몸 사이에 존재하는 경계가 사회의 기초가 된다는 자연주의적 입장에 대비되면서 몸 또는 몸에 대한 이해는 사회적 산물이라고 주장하는 입장을 나타낸다.

사회구성주의적 몸 논의 중에서도 푸코의 논의는 가장 급진적이라고 할 수 있으며 포스트모던 페미니스트들에게도 많은 영향력을 미쳤다. 푸코는 몸의 역사에 대한 연구를 통해 몸과 그것에 행사되는 권력의 영향의 관계를 탐구했다. 푸코의 몸 접근방식은 첫째, 몸과 그것을 지배하는 제도들에 대한 관심과, 둘째, 몸을 담론에 의해 생산되고 담론으로 존재하는 것으로 보는 인식론적 견해를 결합하고 있다. 그의 저서『감시와 처벌』은 몸과 이를 지배하는 제도들과의 관계를 잘 보여주고 있다. 특히 병원과 감옥 등 근대의 제도적 장치를 통해 외부에서 가해지는 규율이 육체적 제한을 가함으로써 어떻게 '유순한 몸'을 만들어 가는지 분석하고 있다.

푸코와 유사한 맥락에서 근대 이후 몸에 대한 사회적 강박 내지 배려가 가해지는 과정에 관심을 보인 보드리야르는 근대 이후 육체가 제도적으로 긍정적이고도 부정적인 이중의 배려(double solicitude)의 대상으로 해방되었다고 보면서 그 결과 욕구충족적 배려와 함께 똑같은 규모와 중요성을 지닌 억압적 배려가 표현되고 있다고 강조한다(Baudrillard, 2004: 213). 이에 따라 보드리야르는 위생관념 등 강박적 배려를 제도적인 배려의 예로 들고 있는데 이를 좀 더 유추해보면 오늘날 다이어트로 끊임없이 마른 몸매를 추구하는 여성들에게 자기억압적 배려를 감행하고 있는 상황에 대입할 수 있다. 아름다움을 추구하면서 패션잡지의 야윈 모델들을 기준으로 하여 자신의 육체에 매일 '징벌적 훈련'을 가하면서 육체는 '감시할 필요가 있는 위험한 사물'이 되는 것이다.

푸코의 몸 연구에서 중요한 부분인 몸의 담론화 과정은 육체적인 몸이 정신적인 몸으로 옮겨가면서 발생한다. 푸코에게 있어 몸은 단순히 담론의 초점이 아니라 일상의 관습들과 대규모 권력조직의 연결고리 그 자체이며 몸에 대한 연구는 개인들과 그들의 몸, 몸짓 및 일상행위에 접근함으로써 근대의 제도적 장치 속에서 권력의 미세한 그물망이 어떻게 작동하는가를 검토하는 것도 포함된다. 이 과정에서 생물학적 실체로서의 몸은 사라지고 변화 가능한 사회적 구성물로서의 몸이 등장한다. 몸이 제도적 장치에 의하여 매우 가시적인 처벌의 대상이 됨으로써 '육체로서의 몸'이 '정신적인 몸', 즉 정신을 구속하는 몸의 단계로 나가게 되는데 이는 벤담이 설계한 원형감옥을 통해 잘 설명되고 있다.

몸의 담론화는 섹슈얼리티 연구에서 더욱 분명히 드러난다. 중세의 가톨릭 교회가 고해성사를 통해 수집한 성에 관한 지식을 바탕으로 만들어진 성에 대한 담론과 섹슈얼리티에 대한 통제와 제한은 당시의 노동력 수급을 위한 인구조절 등을 위한 권력 행사에 적절히 적용되었다. 이로써 섹슈얼리티와 물리적인 실체로서의 몸의 연관성은 희미해지고 정신에서 섹슈얼리티가 차지하는 위치가 담론의 매개체인 언어를 통해 탐구된다. 푸코의 연구는 페미니스트 학자들로 하여금 자연적인 몸이 개인의 정체성과 사회적 불평등의 토대라는 기존의 견해를 반박하면서 성 정체성은 분열되고 변화하며 불안정한 것이라는 주장을 펼 수 있는 근거를 제공했다.

섹슈얼리티에 대한 담론이 교회를 거쳐 국가의 인구관리로 연결되면서 담론의 초점은 개인적인 몸에서 사회적인 몸의 재생산으로 옮겨가게 되었으며 개인과 권력체계 사이의 불균형이 생기게 되었다. 개인들은 더욱 더 통제가능한 대상이 되면서 사람들이 개체화되었는데 터너는 이 과정에서 홉스가 제기했던 고전적인 질서의 의미를 몸의 통치에 초점을 맞춘 '몸 질서' 이론에 적용하였다. 특히 성, 권력 및 억압에 관심을 두고 몸의 사회학이 궁극적으로 성적·정서적 노동 분업의 본질을 다룰 것이라는 점을 강조(Turner, 1984: 114)하고 있다. 터너에 의하면 모든 사회체계는 상호연관성을 갖는 네 가지 차원의 몸의 문제를 해결해야 한다. 그 문제란 1) 인구의 재생산, 2) 욕망의 억제, 3) 공간에서의 인구 규제, 4) 사회적 공간에서의 몸의 표현이다.

터너의 몸 질서 이론은 질서, 통제 및 섹슈얼리티와 같은 쟁점들에 대한 관심을 유지하는 한편, 물질적이고 물리적인 몸에 푸코보다 더 많은 관심을 가지고 있으며 물질적 몸이 어떻게 섹슈얼리티의 구조와 사회적으로 용인된 표현양식과 연관되는가를 명쾌하게 설명한다. 그러나 구조를 강조함으로써 개인에게 행위능력을 부여하는 자산으로서의 몸에 대한 이해는 여전히 부족하다. 이후 터너의 몸 연구는 점차 철학적 인간학이 사회학적 몸 연구에 적용되는 사례를 통해 몸이 생물적 유기체이며 사회적 관계 형성에 기여하는 삶의 체험으로 보는 입장과 몸이 하나의 표상체계라는 입장을 결합시키려 시도한다.

부르디외는 현대사회에서 가치를 담지한 몸에 관심을 두면서 몸을 육체자본의 한 형태로 개념화한다. 육체자본은 다양한 자원들을 축적하는 데 필수적인 권력과 지위 및 남과 구별되는 상징을 소유하고 있음을 의미한다. 부르디외의 육체자본에 대한 시각은 근대사회에서 몸이 권력의 행사와 사회적 불평등의 재생산에 복잡한 영향을 미치고 있음을 보여주며 상징가치를 지닌 몸의 유형이 만들어지는 기제를 살펴볼 수 있는 가능성을 열어주고 있다. 최근 국내뿐 아니라 전 세계적으로 소위 '한류'열풍을 일으키고 있는 아이돌 그룹의 경우에 육체자본은 문화적 자본 내지 문화적 자원으로서 그 가치가 부여되고 있다고 평가할 수 있을 것이다. 부르디외가 정의한 문화 자본이 뚜렷한 경계로 구별짓는 세대를 통해 축적되어 그 영향력을 발휘하는 상징적 경계라면 문화산업에서 축적되는 문화자본은 타고난 재질을 뛰어넘어서 오랜 기간 연습을 거쳐서 숙련된 댄스실력, 예능적 감각, 팬덤을 일으키는 감수성 등으로서 문화산업을 통해 경제 자본화하는 무형의 자본을 일컫는다(이수안, 2010a). 여기에서 문화자본으로서 육체자본은 단순히 몸의 외양만으로 구성된다기 보다는 몸을 통해 구현되는 다양한 형태의 감각과 스타일 등을 모두 포괄하는 의미로 해석되어야 할 것이다.

커넬은 성별화된 사회적 관행들이 몸에 영향을 미치고 물리적으로 변화시킴으로써 몸의 의미와 특징을 변화시키고, 그 결과 배타적인 젠더 정체성을 만들어낸다고 보며 성별화된 범주와 관행들은 특정한 여성다움, 즉 '강조된 여성성'과 남성다움, 즉 '헤게모니적 남성성'의 이미지를 재강화하는 방식으로 여성과 남성의 몸을 형성하게 된다고 주장한다. 사회학의 학문적 범주에서 예를 들면 커넬같은 학자들이 분석하고 있는 성별화된 몸은 섹슈얼리티 연구와 함께 젠더문화연구에서 좀 더 적극적으로 주체를 형성하는 토대이자 젠더 정체성을 새롭게 구성하는 데 있어 근본적인 출발점으로 다루어지고 이론화되어 왔다.

젠더하는 몸(gendering body), 젠더화된 몸(gendered body)

인간은 누구나 기본적으로 물질로서의 몸을 통해 현존한다. 그 몸은 또한 생물학적 성별로 구분된다. 몸은 물질성을 가진 존재론적 차원에서 논의를 출발할 수 있으면서 동시에 심리적이고 추상적인 철학적 차원까지도 포함하는 다양한 층위의 논쟁적 개념이다. 또한 몸은 섹슈얼리티 논의를 출발시킬 수 있는 성적 기관을 포함하고 있으며, 노동을 수행하는 직접적인 기관이 속해 있어서 근대적 의미의 주체 형성의 가장 근본적인 터전으로 파악된다. 즉 주체 형성에 있어서 인식론적 기반과 젠더적 경험, 이 경험이 각인되는 육체, 그리고 사회역사적 토대가 논리적인 연관성을 찾아가는 데 있어서 구심점이면서 무대가 되는 것이 바로 몸이다. 섹슈얼리티의 담지자로서, 문화의 매개로서의 몸이 다른 한편으로는 역사성을 갖는 이유는 몸에 대한 인식이 노동과 생산의 의미체계 속에 있기 때문이다. 이는 또한 몸이 갖는 물질성과 사회적 관계의 재현성, 몸의 수행성과 상징적 의미들이 몸을 문화이론적으로 해석하게 하는 이유이기도 하다.

위에서 살펴본 바와 같이 몸과 섹슈얼리티는 젠더관계를 결정하는 데 매우 직접적이고도 근원적인 설명 요소이다. 왜냐하면 불평등한 사회적 젠더관계 형성의 토대를 제공하는 임신, 출산 등과 직결되는 논의가 몸과 섹슈얼리티로부터 출발하기 때문이다. 몸의 생산성에 대한 권리를 여성들이 주체적으로 행사할 수 있게 된 결정적 계기는 피임약의 발명이다. 임신과 출산은 여성들에게 주어진 권리이면서 동시에 여성의 사회적 역할을 양육과 관련하여 고정시켜온 주요 요인이었던 것이다. 피임약의 사용으로 임신과 출산에 대한 여성의 주체적 결정권이 보장되면서 임신으로 인한 육체적 활동의 제약뿐 아니라 출산과 동시에 주어졌던 양육으로 인한 사회적 활동의 제약도 조절이 가능한 상황이 되었다.

이는 몸이 섹슈얼리티와 긴밀하게 연결됨으로써 여성의 주체적 삶의 영위에 얼마나 깊게 영향력을 행사하는지 보여주는 하나의 사례가 될 것이다. 1960년대 말과 70년대 초 독일의 여성운동 시위현장에서 등장했던 시위대의 문구 “Mein Bauch gehört mir(나의 배는 내 것이다)”가 이를 단적으로 표현하고 있다. 즉 임신과 출산 여부는 그 누구도 아닌 내 몸의 소유자인 내가 결정해야 한다는 것이다. 몸이 추상적인 역사의 보관소일 뿐 아니라 구체적인 물질성을 가진 '여기, 이곳'의 생물학적 몸이면서 동시에 섹슈얼리티와 직접적으로 연결되어 있을 뿐 아니라 나아가 그 몸이 출산 가능한 몸이기 때문에 사회적 삶의 방식까지도 결정할 수 있는, 존재론적 중요성을 갖는 실체다.

육체의 물질성을 주요 개념으로 도입하는 페미니스트들은 정신과 이성을 강조하던 근대적 사유로부터 여성의 주체성이 부인되어왔다는 자각 하에 육체 혹은 주체의 육체화를 통해 주체성을 재정의하려 시도해왔다(이수자, 2004). 왜냐하면 근대적 주체의 확고부동한 초월적 자아를 부정하는 것으로부터 출발한 페미니즘의 반동적 사유는 근대주체가 부정했던 육체를 적극적으로 다시 사고하고 인정하는 것으로부터 시작되기 때문이다. 이리가라이의 육체유물론은 몸의 외관상 드러나는 물질적인 측면을 강조하기 때문에 성차를 전면에 내세우는 '차이의 정치학'을 구사하면서 육체화와 성차의 개념들을 결합시킨다. 이때의 육체는 자연적으로 주어진 본질적 실체가 아니라 인종, 성, 계급, 나이 등의 다중적 코드가 각인되는 사유의 바탕이며 언어적 구성물이자 일종의 재현이다. 육체적 유물론이라는 용어가 줄 수 있는 가장 커다란 혼돈은 육체를 즉각적이고 실물적인 물질로 여기게 할 수 있다는 점일 것이다. 사실은 물질이면서 동시에 개념이고 재현인 육체를 통합적으로 사고하게 하는 것이 또한 육체적 유물론의 새로운 인식론이다. 바로 이러한 양가적인 논리가 이리가라이의 입장을 역설적인 것으로 보이게 하는 요소이다.

브라이도티에 의하면 육체를 생물학적이거나 사회학적인 범주가 아니라 육체적인 것과 상징적인 것, 그리고 물질적인 사회적 조건들 간의 중첩지점으로 이해하는 것은 이로써 육체의 주체성을 재정의하고자 하는 페미니즘의 과제라는 것이다. 그러나 이러한 브라이도티의 설명은 사회적 조건들에 대한 설명이 갖는 사회학적 상상력을 간과함으로써 자칫 추상적인 논의로 발전시킬 위험을 안고 있다. 왜냐하면 주체의 육체화되고 성적으로 구별되는 구조를 강조하는 유물론의 새로운 형식이라는 스스로의 개념정의를 고려할 때 사회학적 범주를 협소하게 정의함으로써 주체가 위치하는 사회적/역사적 상황에 존재하고 영향을 주고받는 조건들의 상호작용을 간과할 수 있기 때문이다. 이에 대한 압축적 개념정의로서 브라이도티는 육체적 유물론에서 정의되는 육체를 물질적인 힘들과 상징적인 힘들이 교차하는 경계면이자 문턱이며 또한 장(場)이라고 전제하고 따라서 육체는 인종, 성, 계급, 나이 등의 다중적 코드가 각인되는 언어적 구성물이라는 점을 강조한다.

그로츠는 서구의 전통적인 이분법에 의해 정신보다 항상 부차적인 위치를 차지했던 몸을 재형상화(refiguring)하여 주체성 형성의 두 가지 주요 축인 정신과 육체가 뫼비우스의 띠처럼 서로 교직된 것으로 인식하는 방식을 도입하였다. 몸을 재형상화하는 작업에는 필연적으로 섹슈얼리티가 주체형성에 작용하는 역동성을 추적하는 논의가 포함된다. 그로츠는 다음의 네 가지 다른 의미로 섹슈얼리티 개념을 사용한다(Grosz, 1994). 우선 섹슈얼리티는 주체에서부터 대상으로 향하는 충동, 본능 또는 추동력의 한 형식이다. 둘째, 섹슈얼리티는 육체와 장기와 쾌락을 수반한 일련의 행위와 실천을 포함하지만 반드시 오르가즘을 포함하는 것은 아니다. 셋째, 섹슈얼리티는 정체성의 문제와 분리될 수 없다. 그리고 마지막으로 섹슈얼리티는 욕망과 차이와 주체의 육체가 즐거움을 추구하는 특정한 방식을 포함하는 일련의 성적 경향, 위치, 욕망을 지칭한다.

여기서 섹슈얼리티는 여성의 주체형성에 있어서 핵심적인 개념으로 부각되고 동시에 이러한 섹슈얼리티를 담지하고 있는 몸의 육체적 물질성은 그로츠의 유동적 육체의 주요 구성요소이다. 왜냐하면 섹슈얼리티가 정체성과 떼려야 뗄 수 없는 관계를 맺고 있으면서 동시에 욕망의 핵이 되기 때문이다. 따라서 그로츠에 있어서 육체의 물질성은 이리가라이에 있어서의 성차에 입각한 육체의 물질성과 일정한 차이를 보이면서 한층 더 여성의 성적 주체의 가능성을 지향한다. 그로츠에 의하면 성차가 고정되어 있기보다는 유동적이고 따라서 성차가 역사적으로 각인되어 재현되는 육체 또한 유동적이다. 섹슈얼리티에 대한 정의는 다양한 층위에서 이루어질 수 있겠지만 페미니즘에서 통용되는 정의를 중심으로 보면 다음과 같이 요약될 수 있다(Grosz, 1994: 8). 즉 섹슈얼리티는 욕망(desire)으로, 실제와 행동의 시리즈로서의 행위(act)로, 그리고 정체성의 맥락에서 이해된다.

몸 이미지

몸 이미지에 대한 연구는 여성학, 심리학, 그리고 사회학에서 최근 들어 꾸준히 관심을 끌고 있다. 몸에 대한 사회문화적 관심이 높아지는 경향과 더불어 중요한 학문적 개념으로 등장하고 있는 몸 이미지(body image) 개념은 정신, 육체, 개인과 사회의 특성에 대한 근본적인 인식론적 가정들을 토대로 하고 있다(Blood, 2005: 2). 폴 쉴더에 의해 연구의 영역이 심리학에서 사회학으로 확산된 바 있는 몸 이미지 연구는 점차 개인과 사회가 연동되는 차원으로 심화되고 있다. 쉴더에 의하면 몸 이미지는 인지적 구성만이 아니라 태도의 반영과 타인과의 상호작용(Schilder, 1950: 11; Grogan, 2008: 3에서 재인용)에 의해 형성된다. 이로써 '우리가 우리의 마음 속에 형성하고 있는 우리 자신의 몸의 그림은, 말하자면 몸이 우리 자신에게 보이는 방식'(Grogan, 2008: 3)이라고 개념 정의하고 있다. 이러한 이해를 바탕으로 그로건은 자신의 몸에 대한 한 사람의 인식, 생각, 그리고 느낌이 바로 몸 이미지라고 설명한다.

몸 이미지 연구에는 몸의 외피가 갖는 의미 탐구(Benthien, 1999)도 더해지고 있다. 벤티언(Claudia Benthien)의 표현에 의하면 '피부는 자아와 세계 사이의 상징적 표면이자 문화적 경계'(Benthien, 2002: 1)이다. 근대 의학이 피부를 꿰뚫고 몸의 내부를 드러내왔다는 사실에도 불구하고 몸의 표피는 점진적으로 단단한 경계가 되어왔다는 점에 주목하는 벤티언은 20세기에 들어 피부는 "자아가 결정되는" 장소로서 분리의 중심 메타포가 되었다고 선언한다. 이 경계에서만이 주체들이 서로 대면할 수 있다는 것이다. 그러므로 경계와 접촉표면으로서의 피부는 정체성이 형성되고 지정되는 장소로 규정될 수 있다.

몸 이미지 논의에서 현실적으로 표피적인 시선을 먼저 받아 이미지를 형성하는 일차적인 요소가 '외양(appearance)'이다. 다양한 매체를 통해 보여지는 몸 이미지 중에서도 여성의 풍만한 몸은 기만적인 매력, 다듬어진 아름다움, 환상의 수단에 의해 과장된 매력을 암시하는 것으로 일반적으로 이해되는데 그렇다면 글래머/글래머 처리된 이미지는 매력을 높이거나 이상화시키기 위해 조작되고, 어쩌면 가식화된 이미지이다. 여성의 글래머 이미지는 특히 원초적인 방법으로 관람자의 욕망을 조작한다는 점에서 특별히 위력을 발휘한다. 아름다움이나 섹슈얼리티는 그것이 이상화되고 접근 불가능할 정도만큼만 매력적(Kuhn, 2001: 24)이라는 쿤의 지적은 영상문화에서 왜 그토록 자주 성적인 매력을 표현하는 여성의 육감적인 몸매가 등장하는지 깨닫게 한다. 이에 더 나아가 여성 누드의 단순한 재현에 깔려 있는 교환과 소유의 관계는, 그 이미지가 이상화되는 정도에 따라 더 미묘하고 강력하게 드러난다.

다이어트를 향한 여성의 자기감시적 응시와는 대조적으로, 풍만한 여성의 몸 이미지는 타자적 대상으로서의 몸의 성적 매력을 극대화하여 욕망하는, 지극히 남성중심적 응시로 인해 자본주의적 구조 속에서 더욱 극렬하게 유통된다. 특히 여성의 성적 매력을 강조하여 상품화하는 대부분의 광고와 에로티시즘을 표방하는 영화에서 글래며 여성의 이미지는 언제나 재고 걱정을 할 필요가 없는 상품처럼 지속적으로 생산된다. 대량생산된 〈플레이보이〉나 〈펜트하우스〉 류의 핀업 사진들에는 전통적인 고급 예술에서 누드로 보여지는 풍만한 몸의 여성 이미지보다 훨씬 강력하게 욕망을 자극한다. 이상화되고, 그럼으로써 손에 넣을 수 없는 '글래머 걸'이 불러 일으키는 욕망은 그렇게 재현된 여성 뿐 아니라 글래머 사진이 제공하는 완벽한 이미지 또한 정말 성취 불가능함을 너무나 정확하게 반영하기 때문이다(Kuhn, 2001: 25).

사회문화적으로 구성되어 개인에게 내면화되는 몸 이미지의 내용을 결정하는 요소의 가장 중요한 부분이 젠더 정체성이라는 전제로부터 논의를 정리한다고 할 때 젠더 정체성 또한 주체형성에 있어 중요한 구성요소이므로 몸 이미지와 젠더 정체성은 시각체제를 매개로 하여 주체형성과 밀접하게 연관되어 있음을 알 수 있다. 크리스 위든(Weedon, 1993)에 의하면 언어의 질서인 상징계에는 '법', 특히 '아버지의 법'이 굳건하게 통용되는데 이러한 상징을 매개로 가동되는 상호 주관적 연결망이기 때문에 주체의 시각적 구성 과정에서 작용하는 기표로서의 이미지를 파악하는 데 중요하다. 현대사회에서 대중매체를 매개로 하여 확산되는 이미지는 인간이 스스로를 파악하게 하는 하나의 전형으로 제시되며 이는 우리의 주체성 구성에 깊숙이 관계된다. 왜냐하면 이미지에는 항상 주체가 자신을 바라보는 방식이 투영되어 있기 때문이다. 이러한 이유로 '시각 방식'이라는 틀로 서유럽의 시각 발달사를 연구(W lfflin, 1994: 28-30)한 뵐플린은 그림이나 사진 등 이미지가 포함하고 있는 이미지 이상의 더 근원적인 개념 층을 포괄하는 재현방식에 주목하고 있는 것이다(이수안, 2009a: 80).

주체 형성과 사회적 몸 이미지 전형의 내면화 과정에 있어서 응시는 매우 중요한 기제로 작용한다. 사회적·문화적 시각 양식이 투영되면서 젠더에 따른 주체 형성이 이루어진다고 할 때 정형화된 몸 이미지는 여성 스스로의 응시를 통해 끊임없이 다가가려는 욕망의 대상이 되며 이로써 몸 이미지 전형을 내면화하는 과정으로 유도하는 데 응시가 중요한 매개로 작동한다. 성과 인종의 차이에 따라 응시에 대면하는 방식은 차별화된다. 즉, “재현의 영역 내에서 가시성은 차별적으로 분배된다”(Silvermann, 1996: 146). 남성과 여성을 불문하고 모든 주체는 응시와의 관계에서 결핍이고 보여지는 대상이다. 하지만 담론의 질서에 의해 차별적이고 위계화된 성차의 사회적 논리가 관통함으로써 여성은 스펙터클, 즉 보여지는 수동적인 대상으로서 위치지어지고, 남성은 보다 쉽게 응시와 자신의 눈을 일치시킬 수 있는 위치에 서게 된다(Berger, 1996: 2-3장 참조). 이에 따라 내용적 차원에서도 여성은 성적 대상으로서의 지위에 결부되어 대부분 부정적인 방식으로 묘사되며 이렇게 형성된 몸 이미지는 지속적으로 순환된다(이수안, 2009a: 80-81).

버거의 ‘보는 방식’의 성별화가 여성의 몸 이미지의 내면화에 나타나는 효과는 다음과 같다. 즉 여성은 계속해서 그녀 자신을 주시해야 하며 자신을 그녀 자신의 이미지와 지속적으로 연결시킨다. 즉 여성의 행위성이 응시에 포섭됨으로써 남성적 응시로 자신의 몸을 검열하게 되는 것이다. 몸 이미지 자각에서 자기감시의 메커니즘은 다양하게 나타나는데 가장 대표적인 사례는 날씬하고 아름다운 몸과 몸매에 대한 열망을 실천에 옮기는 과정에서 포착된다. 자기감시의 원천은 팬옵티콘이라고 할 수 있다.

팬옵티콘은 모든 것을 통찰할 수 있는 보편적인 시선의 제도화라는 점은 이미 널리 알려져있는 바와 같이 어디서든(pan) 볼 수(opticon) 있는 근대의 상징적인 감시체계로서 푸코는 이를 근대사회에서 타자를 지배하는 권력으로 설명하고 있다. 이러한 권력의 시선은 개인으로 하여금 스스로의 감시자가 되도록 유도하는데 특히 응시의 대상자가 되는 여성이 남성보다 더 많은 사회적 감시를 받으면서 급기야는 스스로를 통제하는 자기감시(self-surveillance)에 익숙해진다는 점이 지적되고 있다(Blood, 2005: 38). 자신의 몸매와 외양에 대해 끊임없이 자기감시를 수행하고 있는 여성을 바트키(Bartky, 1988)는 '팬옵티콘의 수감자처럼 자기규율 주체로서 자기감시에 관여하는 자아'라고 명명하면서 '이 자기감시는 가부장제에 순응하는 형태이며 또한 그녀가 감시 하에 있다는 사실에 대한 여성 의식의 반영으로 어떤 형태이든 많은 여성들에게 유도되는 어떤 것이며, 푸코의 용어로 말하자면 '의식의 상태와 권력의 자동 기능을 보장하는 영원한 가시성의 상태(Blood, 2005: 38에서 재인용)'라고 강조한다(이수안, 2009a: 86).

이렇게 보자면 '보는 방식'은 시각적 차원에서 이루어지는 의미화 실천(signifying practices)의 중요한 부분을 차지한다는 점이 명확해진다. 의미화 실천으로서 문화는 이념 구조와 행위 구조를 포괄할 것이므로 이 차원은 사회구조의 해명과도 연결되며 또한 의미화의 실천은 그 실천의 담당자로 나타나는 주체의 문제를 상정하기 때문에 커뮤니케이션 연구에서 텍스트의 의미 구성뿐만 아니라 수용자 문제에 초점을 맞추게 한다. 따라서 이미지는 대상의 단순 모방이 아니라 인간의 조작이 개입되었다는 의미에서의 '재현', 즉 단순한 반영(reflection)이 아니라 수행(performance)의 차원, 의미화 실천의 차원을 함축하지 않을 수 없으며 이 점이 바로 젠더 정체성 형성에서 이미지가 갖는 수행적 실천의 차원이라고 할 것이다. 그런데 바로 이미지의 재현에서 성차가 극대화됨을 드 로레티스 같은 여성주의 이미지비평가들은 지적하고 있다. 드 로레티스는 "여성들의 몸은 성차를 드러내는 부정적인 형태, 물신화된 스팩터클 또는 반영적 이미지로 재현된다……여자들은 거울을 든 남자들에게 보여지는 재현의 대상(de Lauretis, 1984: 15)"이라는 점을 들어 미디어 중독사회에서 여성들에 대한 재현은 모순과 딜레마에 가득 차 있다고 주장하고 있다(이수안, 2009a: 85).

기호가치와 몸 이미지

여성의 몸 이미지는 특히 광고를 통해 소비되는 가장 소구력 있는 대상이다. 기 드보르가 묘사한 스펙터클 사회의 '영구적인 아편전쟁'에서 가장 경쟁력있는 도구로서의 아편은 상품화되고 유통되는, 자본주의적 요구에 충실한 이미지이다. 특히 섹스어필한 여성의 몸은 근육질의 몸을 능가하는 가장 강력한 '영구적 아편'이다. 여성의 몸은 산업사회 소비자의 잠재되어 있는 성적 욕망을 나르시스적으로 충족시키게 하는 문화 매개라고 할 수 있다. 유웬은 루카치의 '물화 현상' 설명에서 상업적 이미지의 힘이 지향하는 심미화의 경향이 자본주의 사회에서 가장 격렬한 각축장의 한가운데에 놓여있음을 다음과 같이 해석하고 있다: "루카치에게 물화는 근대적 교환사회의 사회적 관계가 보편적인 진리라는 외연적 지위를 확보함으로써 '인간의 의식 전체에 각인되는' 과정을 의미했다. 인간관계가 점점 더 상품교환의 망 속으로 이끌려 들어가게 됨에 따라, 인간적 욕구의 모든 대상이 상품으로 환원되는 현상은 생존과 열망에 대한 공통의 담론을 형성하면서 '가상적 객관성'을 갖게 되었다"(Lukacs, 1971: 100; Ewen, 1996: 201; 이수안, 2009a: 85). 이 가상적 객관성을 가장 확연하게 드러내주는 것이 성적으로 매혹적인 여성 몸의 이미지이며 최근 들어서는 점차 남성성을 드러내면서도 유연한 몸매를 소구력 있는 광고 소재로 평가하기도 한다.

날씬한 여성의 몸매는 광고뿐 아니라 새로운 제품 디자인에도 직접적으로 영향을 미치기도 했다. 광고의 효과를 극대화하기 위하여 여성의 몸 이미지를 이용하는 사례는 자본주의적 소비문화가 발달해오면서 수없이 많이 발견되고 있는데 그 대표적인 은유적 사례로서는 코카콜라 병 디자인이 유명하다. 유웬은 코카콜라병 디자인을 여성의 이상적 몸매와 성적 매력이 자본주의적 소비문화와 접합된 대표적인 사례로 다음과 같이 설명하고 있다: "세계의 유수 산업디자이너였던

레이몬드 로위는 전 세계적으로 유명한 코카콜라 병의 디자인 개조작업에서도 사람의 모습을 본따는 공식을 사용했다. 1916년에 최초로 도입된 코카콜라의 저 유명한 '허블 스커트(무릎 아래를 좁힌 긴 스커트)형' 병은 풍요로운 빅토리아 시대 여성의 이상형에게 바치는 찬사를 유리로 표현한 것이었다. 잘록한 허리를 기점으로 넓은 엉덩이와 불룩한 가슴이 나누어져 있다. 거의 50년이 지난 다음 로위가 이 익숙한 트레이드 마크를 개조하라는 임무를 받았을 때 그는 다만 변화한 여성다움의 윤곽선에 의거하면 되었다. 액체 유리를 늘여서 병의 살을 뺌으로써 코카콜라 병은 이제 '날씬한 모습'을 갖게 되었다."(Ewen, 1996: 227)

아직도 그 원형이 남아있는 코카콜라 병 디자인은 여성의 잘록한 허리와 풍성한 엉덩이를 강조한 디자인을 차용한 대표적인 예이다. 젊고 패션 감각이 있는 독자층을 겨냥하는 미와 '라이프스타일'에 관한 잡지들은 나이를 분간할 수 없어진 도자기 같은 미인들의 이미지들로 넘쳐난다. '날씬함'에 대한 신화는 근대 자본주의 이후의 부산물이다. 유웬의 표현대로 '추상적 가치의 순수 논리 — 무형의 경제 — 가 인간주체의 내부 영역으로 전송되어 이식되었음'을 반영하여 이상적 신체 역시 더 이상 물질적으로는 존재하지 않고 개인의 추상적 재현으로 환원되는 그런 종류로 변화하였고 이는 몸 이미지로 다시 구체화되고 있다(이수안, 2009a: 86-87).

서비스는 이미 소비재의 고유한 위치를 차지하고 있으니 논외로 친다고 해도 섹슈얼리티는 이미 인류의 오랜 역사 동안 여러 가지 형태로 '소비'되어 왔다. 직접적인 육체적 접촉을 통해서 소비되는 성매매의 형태뿐 아니라 전화나 인터넷 접속을 통해서 감각적 욕망 충족의 형태로 성적 환상을 '판매'하는 방식으로 욕망이나, 환상, 상상력을 주요 소비재로 만들어 소비한다. 섹슈얼리티, 또는 섹슈얼리티와 연결된 욕망, 성적 환상, 성적 이미지 등은 보드리야르의 이론에 의하면 기호가치를 지니는 소비의 대상인 것이다(이수안, 2011: 201).

오늘날 기호와 코드는 의식과 행동을, 소비·복종·미디어·스펙터클에의 매혹 등 미리 결정된 어떤 방향으로 돌려놓는데 그러므로 우리가 기호의 지배라고 부를 수 있는 것은 계급, 성, 인종 등에 있어서의 차이를 명백히 하고 개인을 미리 정해진 사고방식과 행동방식으로 되돌려놓는 것이라고 주장하는 보드리야르는, 따라서 모든 현실은 기호를 산출하는 조작의 장소 또는 구조적인 모사의 장소가 된다고 보고 있다. 이로써 기호, 코드, 모사가 사회의 주요 결정요인이 되면서 의미작용의 양식이 성립하고 있다는 점을 강조한다. 결국 보드리야르는 정신적인 것, 성적인 것, 육체, 이러한 모든 것의 급속한 순환과 유동성과 유출을 강요하는 것은 시장가치를 지배하는 속박을 정확하게 재현하는 것이라고 보면서(Baudrillard, 2002: 54) 자본주의 사회의 육체적 기호가치가 생성되는 과정과 이의 소비에 대해 설명하고 있다(이수안, 2011: 202).

성애적 이미지 스펙터클

시각적 경험 및 보는 방식에 대한 주목은 매체의 발달과도 밀접하게 연관된다. 영화, 텔레비전, 비디오 등 테크놀로지의 발달로 인해 날로 선명한 화면과 음향으로 감각적 경험을 풍부하게 함으로써 영상문화와 소비사회의 교차점에서 시각문화의 새로운 장이 창출되고 있는 것이 그것이다. 소비사회의 발전은 다양한 미디어를 통해 다양한 방식의 소통체계 속에서 넘쳐나는 이미지와 상징, 그리고 기호를 만들어 냄으로써 끊임없이 소비를 유도하고, 또한 촉진시키고 있다. 즉 산업사회에서 최대한 절제되고 제한되어 왔던 다양한 형태의 욕망은 포스트모던 소비사회에 들어서면서 여러 가지 매체를 통하여 폭발적으로 소비로 연결되어 재현되고 있다. 이미지의 상품화는 자본주의 생산구조 속에서 생산되는 영상문화의 지극히 당연한 과정이라고 할 수 있으며 섹슈얼리티와 결합된 몸 이미지는 그중 가장 소구력 있고 또한 그렇기 때문에 가장 빈번하게 상품화되는 기호라고 하겠다. 즉 성별을 막론하고 몸매를 비롯하여 얼굴 등 외피로 드러나는 몸 이미지에 커다란 가치를 부여하고 있다는 점은 포스트모던 소비사회의 가장 커다란 특징의 하나로 평가되고 있다.

젠더문화이론의 관점에서 보자면 일반적으로 광고에서 여전히 여성의 몸을 주체적인 정체성 구현의 터전으로 상정하기보다는 성적 자극을 이끌어내는 외피로서의 몸으로 재현해내고 있다. 성적인 자극과 유혹의 기호로서 여성의 수동적 섹슈얼리티가 극대화되어 이미지로 구축되는 반면 여성의 주체성을 담보하는 터전으로서의 몸이 구현되는 이미지는 거의 형성되지 않고 있다는 비판이 여전히 유효한 점은 바로 이러한 현실이 반영된 결과이다. 후기산업사회이자 고도 소비사회의 시대정신의 첨예한 구현의 장인 광고에 있어서 가장 영향력 있는 문화적 매개는 시선이고 응시(gaze)이다. 상품을 소비하는 대중의 응시를 획득하지 못하는 이미지는 이미 상품으로서의 가치를 잃어버린다. 그렇기 때문에 응시를 획득하기 위한 가장 자극적인 이미지로서 여성 몸의 성적 이미지가 채택되는 것이다.

남성적 응시 이론은 대중매체에서 다양한 방식으로 구현되는데 특히 광고에서 여성의 몸은 자주 파편화되며, 분할된 신체 부분을 가지고 여성을 표현하는데 이때 여성은 단지 몸의 일부분만을 통해 보여지게 된다. 광고에서 여성은 보통 '파편화되어(fragmented)' 재현된다……여성은 입술, 다리, 머리카락, 눈, 손으로 나타나고 이 경우에 그 부분들은 '성적인(sexual)'여성을 환유적으로 나타낸다. 반면 남성들이 '파편화되는' 경우는 훨씬 적다(Winship, 1987: 25; 이수안, 2011: 208). 그런데 여성의 육체를 파편화하여 보여주는 가장 극단적인 예시는 포르노그래피이다. 특히 성적 유혹을 느낄 수 있는 부분들을 잘게 쪼개서 반복적으로 보여주는 방식이다. 이런 의미에서 남성적 응시 이론은 광고에 특히 잘 들어맞는 것으로 간주된다. 이러한 광고를 일상적으로 접하면서 여성은 자기 몸을 남성이 갖고 있는 이상적인 여성상에 끼워 맞춰 꾸미고 고쳐야하는 대상으로 생각하게 되기 쉽다. 왜냐하면 여성 신체가 '나아지거나', '고쳐져야할' 부분으로 파편화될 때 여성은 보통 자기 몸을 혐오하게 되고 만다. 이러한 파편화는 시장이나 소비주의와 밀접하게 연결되면서, 시선의 권력을 갖는 것은 보는 대상을 소유하거나 소비할 권리를 갖는 것과 같게 된다. 파편화는 몸의 각 부분들을 마케팅의 영역으로 집어넣는다. 이전에는 성적으로 보이지 않던 부분들까지도 성애화되고 있다. 일단 성애화되면 그 부분들은 완벽한지 아닌지 면밀하게 점검받게 된다. 감각적이고 성적인 것으로 구성된 이 새로운 영역은 자극과 흥분을 유발할 수 있고 관심을 끌 수 있으며 노동과 생산물을 끊임없이 요구한다(Rosalind, 1985: 81; 이수안, 2011: 208).

청소년들이 대중매체를 통해 아이돌 그룹의 몸 이미지를 소비하는 방식도 광고의 이미지 유통과정과 유사하다. 날씬한 몸, 예쁜 얼굴의 정형을 접하면서 자신을 교정되어야 할 대상으로 간주하고 실제로 성형수술과 다이어트로 이를 실행에 옮기게 되는 것이다. 파편화가 가지고 오는 부정적인 효과는 이로 인해 몸의 부분적 이미지들이 성애화되기 쉽다는 점이다. 지금의 소비사회에서 몸은 사람들의 마음속에 자신의 몸으로부터 분리되지만 깊은 곳에서는 연결되어 있는 표상을 자본, 즉 물신으로 결합된 상태의 몸으로 의미화된다. 그 어떤 경우에도 육체는 부정되거나 배척되기는커녕 오히려 의도적으로 경제적 의미에서 투자되고 동시에 심리적인 의미에서 물신숭배되고 있다는 점(Walters, 1999: 79)이 주목할 만하다.

II

문화의 장場과 이미지

1 영상문화와 시각 이미지

왜 영상문화인가?

영화가 등장하기 이전까지 시각의 역사는 '인간의 눈'을 통해 세계를 보는 시대였으나 영화 시대 세계의 이미지는 인간의 눈을 통한 감각적 이미지가 아니라 카메라의 뷰파인더를 통해 보면서 만들어지며 그 자체가 현실을 구성하는 시뮬라크르로 존재한다. 카메라를 사용한 시선은 신체로부터 해방됨으로써 상대적으로 감정이나 의식적 긴장의 구속으로부터 벗어나게 한다. 그로 인해 현실적 긴장감이 적어지는 듯 하지만, 이는 대상의 실재로부터 멀어지는 것이 아니라 오히려 접근하는 셈이 된다. 카메라 시선의 또 다른 특징은 신체에 부착된 눈과는 달리 습관화된 표상체계, 즉 상징계에서 벗어날 수 있다는 점이다.

크래리에 의하면, 19세기 사진과 영화의 출현은, 일반적으로 서양에서의 장기간에 걸친 테크놀로지적, 그리고 이데올로기적 발전과정의 실현과 관련하여 카메라 옵스큐라로부터 카메라로 진화해간 결과로 인식된다. 또한 카메라 옵스큐라와 영화는 둘 다 수세기에 걸쳐 다듬어져온 어떤 하나의 영속적인 권력 기구에 매여 있는 것으로서, 그러한 권력은 관찰자(observer)의 위치를 규정하고 통제한다는 것이다. 그렇다면 관찰자는 과연 누구인가? 오늘날의 영상문화에서 보는 자와 보이는 대상은 어떠한 젠더적 관계를 제시하는가? 이에 대한 답을 찾기 위해서는 카메라의 응시와 관객성, 그리고 영상 이미지를 매개로 한 주체와 타자의 관계를 살펴보는 것이 유용하다. 또한 영화 분석에 있어서 영화 이미지를 이미지 기호로 보는 입장은 시각성에 입각하여 영화를 분석하는 방법론과 접합점을 가지고 있다. 특히 몸 이미지와 섹슈얼리티와 욕망 구조를 분석하는 데 있어서 이미지가 갖는 기호학적 의미를 이미지 기호로 읽어내는 작업이 유효하다.

정신분석학 이론은 이미지로부터 파생하는 쾌락, 욕망 그리고 시각체계가 주체와 갖는 관계를 매우 긴밀하게 연결시켜 분석하는데 적절한 이론으로 평가받고 있다. 특히 본다는 것의 실재에 접근하는 가장 유용한 방식 중의 하나가 바로 이미지를 바라볼 때 무의식, 욕망, 환상 등의 정신적인 역할을 강조하는 관객성 이론이다. 이 이론에서 '관객'은 개별적인 실제 관찰자나 특정한 이미지를 바라보는 관중이 아닌 '이상적인 주체'이다. 관객이라는 용어는 정신분석학 이론을 통해 실제 관중들이나 특정한 영화적 경험을 지닌 관찰자로부터 개념을 추출한 것인데, 개별적인 정체성으로부터 독립적인 형태를 띠며 영화적 장치(cinematic apparatus)와 주어진 상황 속에서의 이데올로기에 의해 사회적으로 구축된다. 이로써 관객성 이론은 특정한 영화나 미디어 텍스트가 이를 바라보는 관객을 어떻게 구축하는지를 분석하는 데 유용하다(Sturken & Cartwright, 2006: 62).

초기의 관객성 이론에서 특히 바라보기의 실천은 단순한 관찰자가 주체로 발전하는 과정을 다룬 라캉의 이론과 밀접하게 연관되어 있다. 라캉의 '주체' 개념은 개별적인 존재라기보다는 무의식, 언어, 욕망이라는 메커니즘을 통해 구축되는 실재(entity)다. 그는 인간이 서구 자본주의라는 사회적 구조 속에서 어떠한 방식으로 정체성을 찾아가며 그 속에서 주체로서의 자아를 어떻게 인식하는지 탐구했는데, '주체'는 이데올로기, 언어, 표현 체계를 통해 인간이 개체성을 구축하는 함축적인 과정으로 설명할 수 있다(Sturken & Cartwright, 2006: 63). 보드리(Jean-Louis Baudry)와 메츠를 비롯해서 멀비, 도앤, 드 로레티스, 실버만등 페미니스트 영화이론가들이 라캉의 거울단계 개념을 통해 관객들이 영화적 경험에 의해 주체로서의 자아를 인식하는 과정을 탐구하고 있다.

이미지/스크린

라캉의 시각장이론에서 제시된 바 있는 이미지/스크린 개념은 이미지가 사회적이고 역사적인 의미망을 반영하고 있다는 점을 설명하는 데 있어서 매우 효용성이 있는 개념이다.[1] 대상과 주체의 눈, 응시와 재현의 주체를 매개하는 이미지/스크린은 시각장에서 주체와 가시적인 것들의 상상적 관계에 상징계가 개입하는 통로이다. 즉 이미지/스크린은 이데올로기와 담론이 시각의 장에 작용하는 통로이며, 그럼으로써 사회 역사적 가변성이 시각장에 들어오는 도관(Silverman, 1996: 134)이라는 지적은 매우 시사하는 바가 크다. 이미지/스크린은 동일시의 대상이 되는 이미지들과 기표들의 사슬이 수렴되는 장소이다. 에고-이상의 규제를 받는 주체는 자신이 문화적으로 이해될 수 있게 하는 이미지들과의 동일시적 유희를 통해 자신의 에고의 자율성을 오인한다. 이 오인은 응시에 의존한다. 따라서 이미지 자체가 이미 상징계적으로 규정된 '보는 방식'을 체현하고 있다. 그러므로 주체가 시각적 정체성을 얻는 통로인 이미지들은 주체에게 외재하며 문화적으로 구성되어

---

1. 이 부분에 대한 실버만의 논의는 주은우(2003), 앞의 책, pp.108-109를 참조.

있다. 따라서 스크린으로서의 이미지는 문화가 사회적 정체성에 각인되는 성적, 인종적, 계급적 등등의 여러 가지 차이들을 형상화하는 표상들의 목록이자 보고(寶庫)라고(Silverman, 1996: 18-19) 할 수 있다.

다른 한편, 주체에게 응시가 포착되는 방식을 결정하는 매개 장소로서의 이미지/스크린을 이미지들로만 보는 것은 불충분하다. 적어도 르네상스 이래 다양한 광학적 장치(optical device)들이 여기에 결정적인 기여를 해왔기 때문이다(Silverman, 1996: 136). 이 기술적 장치들은 표상으로서의 이미지들이 생산되는 방식을 일정하게 규정해왔을 뿐만 아니라 그것들의 변화는 주체가 세계를 지각하는 방식에 변화를 가져온다. 즉, 시각 테크놀로지들은 가시적 세계 속에서 주체의 위치와 주체가 가시적인 대상들과 관계맺는 방식을 결정하는 구체적인 물질적 실천체이다. 이미지/스크린은 이 두 가지 차원이 결합된 것이며, 이것이 하나의 시각체제 내에서 대상 세계를 바라봄으로써 주체의 위치가 설정되는 방식, 즉 사회적인 시각 양식을 결정한다.

실버만은 라캉이 시각장에 대해 명백하게 정의내린 적은 없지만 몇 개의 제안적 언급을 하기도 했다고 지적하고 있다. 이를테면 '스펙터클로서의 주체'를 존중하는 효과를 명시하면서, 그는 위협, 위장, 그리고 모방의 목적을 위해 스크린을 조작하는 것의 가능성에 대해 언급했으며, 또한 그것이 스크린의 '매개(mediation)'를 통해서, 또는 "남성적인 것과 여성적인 것이 가장 날카롭게, 가장 압축적인 방법으로 만나는"(Lacan, 1979: 107; Silverman, 1996: 135에서 재인용) '가면(mask)'을 통해서라고 이루어진다는 것이다. 그러나 실버만은 이 부분에 대해서 라캉과는 조금 다른 입장에서 젠더관계를 바라보고 있음을 토로하고 있다. 실버만 자신은 라캉이 관심갖지 않았던 사회적 범주의 시리즈에 대해 존중하면서 스크린을 구성적 역할로 본다면서 자신의 책 *Male Subjectivity at the Margins*에서 다음과 같이 강조했음을 밝히고 있다: "주체가 구성될 뿐 아니라 계급, 인종, 섹슈얼리티, 나이, 그리고 국적

과의 관계에서 구별되는, 문화적으로 발생된 이미지 또는 이미지의 레퍼토리로 묘사되는 것에 의해서 스크린의 이데올로기적 지위를 주장하는 것은 내게는 매우 결정적인 것으로 보인다."(Silverman, 1996: 135)

이러한 주장에 근거하여 실버만은 스크린에 대해 "스크린은 그것을 통해서 사회적이고 역사적인 가변성이 '스펙터클로서의 주체'에 대한 응시의 관계에서 뿐 아니라 '시선으로서의 주체'에 대한 응시의 관계로 연결되는 도관"(Silverman, 1996: 135)이라고 정의하고 있다. 따라서 스크린은 응시가 특정한 사회를 위해 정의되는 장소를 대표하고, 또한 결과적으로 그 사회의 거주자들이 응시의 효과를 경험하는 방법과 그 사회의 시각체제의 특수성을 더 많이 보는 것에 대해 모두 책임을 진다고 강조하고 있다.

실버만은 응시와 마찬가지로 카메라가 빛으로 '그리기(graphs)' 때문만이 아니라 또한 응시와 카메라라는 두 개의 용어 간의 연결이 그리도 강력하게 중층결정되기 때문에 라캉이 응시를 논의하는 맥락에서 카메라에 의지하고 있다는 점을 시사하고자 하였다. 이로써 실버만은 '진실하고(true)' '객관적인 시각(objective vision)'의 연관에 의거하여 19세기 초이래 줄곧 서구적 주체가 응시를 이해하는 일차적인 비유로서 카메라가 설치되어 왔다는 점을 강조하려 하였다. 크래리에 의해 강렬하게 기록되었던 바와 같이, 카메라의 이러한 위치로의 승격은 인간 시각의 위기를 촉발시켰고, 카메라 옵스큐라에 의해 숨겨져 있던 시선과 응시의 격차를 전면으로 부각시켰다.

카메라의 눈

실버만은 위에서 언급한 기술에서 더 나아가 라캉의 패러다임에 역사를 가져다주고, 크래리가 부여한 바 있는 카메라의 엄청난 중요성이 어떻게 상정되고 있는지를 설명하려 시도한다. 즉 카메라가 어떤 특정한 결정적 방법으로 현대적인 응시를 정의하는 것뿐 아니라, 응시와의 일관성을 통해 많은 물리적 중요성을 추동한다는 점에 주목하는 것이다. 이에 따르면, 우리가 우리에게 주어지는 사회적 응시를 느낄 때, 우리는 사진적으로 '틀에 고정된다(framed)'고 느낀다는 것이다. 어쨌든 그 역도 사실인데, 실제 카메라가 우리에게 훈련되면 마치 결과적으로 나오는 사진이 어딘가 우리를 '누구'라고 결정할 수 있는 것처럼 우리는 우리자신이 주관적으로 구성된다고 느낀다는 것이다. 실버만은, 카메라가 응시에 대한 일차적인 은유(metaphor)라고 주장하면서 스크린은 우리가 어떻게 보여지는가 만큼이나 우리가 어떻게 응시를 경험하는지 결정하는데 작용해야 한다고 역설하고 있다. 이로써 우리와 응시 사이의 매개로서 스크린을 이론화 하는데 있어서 주요 쟁점은, 응시를 주도하는 카메라는 필연적으로 남성적 눈으로 동일시 되어야한다고 강조하고 있는 견해이다.

실버만의 입장에서 볼 때 카메라는 기계, 또는 기계의 재현이라기보다는 관계의 복합적인 장이다. 같은 맥락에서 크래리는 다음과 같이 카메라 옵스큐라를 정의하고 있으며 이로써 카메라가 담론적 구성으로 존재함을 명시적으로 보여주고 있다: "카메라 옵스큐라를 구성하는 것은 상세하게는 그것의 다중적 정체성, 즉 담론적 질서 안의 인식론적 형상과 문화적 실천의 정렬 안에 있는 대상의 '혼합된(mixed)' 지위다. 카메라 옵스큐라는 ……'동시에 그리고 분리할 수 없게 기계적인 집합체이자 언명(enunciation)의 집합체'이며, 무엇인가가 말해지는 대상물이자 사용되는 대상물이다. 그것은 담론적 구성이 물질적 실천과 교차하는 장소이다."(Crary, 1990: 30-31) 그러므로 실버만이 보기에는 재현적인 시스템으로서, 그리고 물질적 실천의 네트워크로서의 카메라에 대한 분석은 응시를 개념 정의하는 일차적인 스크린에 대한 이해의 전제조건(Silverman, 1996: 137)으로 보일 수 있다. 그것은 또한 스크린의 역사적 개념정의에 있어 필요한 첫걸음을 구성하는 것으로 여겨지는 것이다.

관객성과 동일시

상상계라는 개념은 영화에 관한 정신분석학적 영감을 받은 연구들에 의하여 많이 심화되었는데 대표적인 연구자는 메츠이다. 메츠에 의하면, 영화는 상상적 재현과 기표로 구성되어 있는데 이때 상상적이란 '상용적'과 '기술적'인 두 가지 의미이다. 상상계를 동일시와 연결하는 라캉적 접근을 그대로 이어받아 메츠는 두 단계의 관객 동일시이론을 발전시켰다. 관객으로서의 주체가 자기 자신의 응시에 가하는 '1차적' 동일시와 이미지 요소들에 가하는 '2차적' 동일시가 그것이다. 영상 이미지는 상상계에 막대한 영향을 제공하는데, 왜냐하면 재현적 이미지는 현존과 부재라는 이중적 실재로 작용하며 모든 이미지는 동일시의 그물망을 자극하면서 상상계와 만나기 때문이다. 관객은 무엇인가를 바라보고 있는 관객으로서의 자기 자신을 동일시함을 이용하는데 이때 모든 이미지는 상상계와 만난다.

메츠는 관객과 영화사이의 상상적 관계를 하나의 인식 과정으로 보기 시작한 사람으로서 이 인식은 두 개의 과정으로 나뉜다. 첫 번째 인식은 주체로서 자신을 '순수한 감지행위(pure act of perception)' 그 자체로 인식하는 것이다. 두 번째는 재현된 영상을 인식하는 것이다. 바로 여기서 시선의 개념이 나타난다. 즉 첫 번째 인식은 관객이 시선 자체와 동일시하는 현상을 말하는 것이다. 여기서의 시선은 관객으로 하여금 이미지를 해석할 수 있게 하는 기본적인 구조이다. 관객은 시선을 통해 이미지의 기의와 자신을 동일시한다(이수연, 1999: 303-305). 시선과 관객의 관계가 중요한 이유는 영화, 광고, 뮤직비디오 등 영상물에 있어서 여성관객은 영상에 등장하는 여성들과 자신을 동일시하면서 동시에 남성의 시선을 내면화하여 여성을 시선의 대상으로 삼는 과정이 생겨난다는 점 때문이다.

이를 이해하려면 메츠가 자신의 시각체제 이론을 라캉의 동일시 이론과 연결시킨 방식을 좀 더 자세하게 살펴볼 필요가 있다. 메츠는 '영화의 시각체제'를 이론화하면서 보여지는 대상이 실재하지 않고 다만 스크린에 존재하는 상황에서 직접적으로 눈 앞에서 벌어지는 관음증적 활동과는 구별되는 관음증(voyeurism)으로 관객의 욕망이 쏠린다는 점을 지적하고 있다. 이는 근본적으로 라캉의 시각이론에 의존해 있으며 이를 주은우는 다음과 같은 세 가지 점에서 자세히 풀이하고 있다(주은우, 2003: 102-103 참조).

첫째, 메츠가 말하는 영화의 시각체제는 영화관람에 의한 욕망의 활성화가 영화관의 물질적인 배치 구조와 연관된 것임을 함축한다. 그에 따르면 영화관 내에서 전체 관객은 개인들의 축적일 뿐이라는 점에서 영화의 관음증이 연극보다 더 강력하게 확립되는데 이는, 개별 관객이 고독한 상황에 처해있고, 스크린 상에서 보여지는 배우는 자신의 관객을 근본적으로 모르며, 스크린에 재현되는 공간은 관객석의 공간과 별개라는 점 등의 조건들에 기인한다(Metz, 1982: 64)는 것이다.

둘째, 메츠는 영화의 시각체제가 그것을 둘러싼 사회적 차원과 연관되어 있는 것임을 지적한다. 그는 영화를 제도로 이해하는데, 이 영화제도는 관객과 정신분석학적 의미에서의 '좋은 대상' 관계를 확립하여 영화를 보려는 자생적인 욕망이 생기도록 하는 '정신적 기계'이자 '영화 산업'이라고 보고, 이러한 의미에서 영화는 자본주의와 산업 문명에 특유한 상상계의 테크닉이며 이중적인 기계, 즉 산업이라는 '외적 기계'이자 관객의 심리를 조직해 온 '내적 기계'라고 규정한다. 이렇게 영화와 산업의 연관성을 지적하고 있기 때문에(Metz, 1982: 3-9) 메츠의 이론은 시각체제를 시각의 영역 바깥에 있는 사회적 요소와의 연관성 속에 이해하게 해주며 또한 이 때문에 시각체제 개념은 영화 제도를 넘어 전체 사회로 확대되어 적용될 수 있다.

셋째, 메츠는 라캉의 이론에 의존하여 영화를 관람하는 가운데 관객이 주체로 구성됨을 밝히려 하고 있다. 따라서 메츠의 이론은 라캉의 이론적 자원에 기초하여 시각체제 개념을 구성하려는 시도에 대단히 유용하다. 메츠가 영화를 '상상계의 테크닉'이라 일컬을 때 이는 두 가지 의미를 갖는데 우선, 영화는 허구적 내러티브로서 사진과 녹음 기술에 의한 '상상적 기표'들로 이루어진다는 점, 그리고 다른 하나는 라캉적 의미로서, 상상계는 거울 단계의 각인이라는 것인데, 영화의 스크린은 거울 단계적 동학을 재활성화시키는 또 다른 거울이다(Metz, 1982: 4). 메츠는 어두운 공간 속에서의 고독, 매점에서 판매하는 일률적인 종류의 음식물의 섭취, 극장 자체의 에로틱한 분위기 등과 같은 영화 체험의 전제조건을 열거하면서 영화를 꿈에 유비하는데(Metz, 1982: 101-142), 이것은 거울 단계적인 상황을 강화한다. 따라서 영화를 보면서 관객이 주체로 구성되는 메커니즘은 라캉적 의미에서 거울 단계적인 상상적 동일시(Metz, 1982: 42-57)라고 할 수 있을 것이다.

메츠의 동일시이론에 의하면, 관객을 중심에 놓고 볼 때 관객은 일차적으로 관객 스스로와 동일시하며 이차적으로 자신을 영화 속의 인물(캐릭터)과 동일시한다. 즉 우선적으로 스크린에는 부재하지만 객석에는 현존하는 관객이 순수 지각의 존재로서 자신과 동일시한다고 볼 수 있으며 이렇게 '본다'라는 순수 지각 행위로서의 자신과 동일시한다는 것은 곧 카메라와의 동일시를 뜻하는데 이것이 영화에서의 일차적 동일시이다. 영화 속의 등장인물과의 동일시는 이차적 동일시로서 카메라와의 동일시에 그 원천을 둔다(주은우, 2003: 104). 메츠의 동일시 이론은 결과적으로 스크린과 관객 사이에 영화 속 인물이 등장하면서 시각장에서 보는 바와 같이 스크린 상에 타자와 주체가 겹치면서 상상적 관계를 만들고 이 관계 속에서 영화 속 인물과 관객 사이의 동일시가 일어나게 된다. 영화관이라는 특수한 공간 속에서 영화의 원리가 작용하면서 이루어지는 동일시이지만 여기에 작동하는 시각과 시점이라는 요소로 말미암아 이러한 동일시는 TV광고나 공연장, 기타 동영상 등의 영상 이미지에 폭넓게 적용 가능한 이론이며 시각이 작동하면서 성찰할 수 있는 주체와 타자의 관계를 거울 삼아 다양한 주체와 타자 간의 상호작용으로 해석할 여지를 주는 이론이라고 보아도 무방할 것이다.

젠더화된 응시 - 관음증

영화에 동원되는 응시는 기본적으로 다분히 관음증적 성격을 가지고 있다. 우선 카메라는 독점적으로 시선을 구사하기 때문에 피사체의 모든 부분을 샅샅이 훑어내릴 수 있는 권리를 가진다. 또한 컴컴한 영화관 안에서 개별 관객들은 다른 관객의 시선에 대해 신경쓸 필요없이 영화의 모든 장면을 충분히 들여다볼 권리를 획득하고 있다. 그런데 이러한 응시가 관음증적 시선으로 확정되는 것은 영화 속 주인공이 여성이고, 거기에 성적인 암시가 들어있는 카메라 워크나 성적 이미지로 여성의 몸이 등장하게 될 때라고 할 수 있을 것이다.

알프레드 히치콕 감독의 영화 〈이창 *Rear Window*〉(1958년)은 한쪽 다리에 깁스를 하게 되어 휠체어에서 생활하게 된 사진작가 남성이 망원경으로 맞은 편 아파트에 사는 사람들의 일상을 훔쳐보는 것으로부터 시작되는 영화로 관음증적 응시를 정면으로 다룬 대표적인 영화다. 이때도 관찰자는 남성이고 관찰되는 대상은 여성이다. 이 영화에는 사실상 맞은 편 아파트와 주인공의 아파트 두 장소만 등장하면서 맞은 편 아파트를 관찰하는 주인공과 그 주인공을 다시 응시하는 관객의 이중적인 응시가 주로 논의의 주제로 등장하였다.

영화 〈피핑 탐 *Peeping Tom*〉(1960) 스틸컷

매리 앤 도앤의 매스커레이드 이론에도 등장하는 영화 〈피핑 탐 *Peeping Tom*〉(1960년)은 카메라의 응시를 공포에 휩싸여서 마주 바라보는 사례로 영화이론서에 많이 등장하는 영화다. 이 영화에서 카메라는 관음증적 남성 중심의 응시를 구현하는 전형적인 도구로 등장한다. 영화 속 주인공인 마크에게 있어서 카메라는 여자들을 살해하고 마치 거울에 비춰보듯이 그들의 공포를 목격하는 수단으로 사용된다. 〈피핑 탐〉은 말 그대로 남성적 응시와 새디즘이라는 전형적인 영화적 시각을 담고 있으며, 카메라는 남근(phallic)적 권력의 도구로 여겨졌다. 이 영화의 감독인 마이클 파웰은 이 영화를 통해 삶과 죽음, 그리고 공포조차도 성적으로 분화된 환상으로 묘사하고 있다(Sturken & Cartwright, 2006: 66-67).

앞에서 예로 든 두 영화에서 볼 수 있듯이 영화에서 남성적 응시는 매우 만연되어 있다고 할 수 있을 정도로 자주 발견된다. 남성적 응시에 대해 집중적으로 논의를 주도하기 시작한 드 로레티스는 영화 속의 여성과 남자 주인공, 그리고 관객의 시선의 불평등한 구도를 다음과 같이 설명하고 있다: "여성은 카메라의 시선에 의해 아이콘, 즉 응시의 대상이 된다. 그 이미지는 관객에게 보이도록 만들어지며 관객의 시선은 남자 주인공의 시선으로 이어진다. 남자 주인공은 영화의 사건과 서사를 통제할 뿐 아니라 관객의 시선의 '담지자'이기도 하다." (de Lauretis, 1984: 139)

드 로레티스의 응시의 불평등 구도 속에서 드러나는 남성적 응시 이론을 월터스(Susanna D. Walters)는 보다 세분화하여 영화에서 남성적 응시를 세 가지로 분류하여 설명하고 있다. 그 세 가지는 첫째, 재현 자체 안에 있는 응시로서 영화에서의 남자 주인공이 여자 배우를 바라보는 방식이다. 즉 여자 배우는 남자 주인공의 응시의 대상이 되며 이는 버거의 설명과 맥을 같이 한다. 둘째는 관객의 응시로, 관객은 이러한 남성적 응시를 동일시하고 스크린 위의 여성을 대상화한다. 셋째는 카메라의 응시로 제작의 전 과정에서 작동한다.

월터스는 남성적 응시라는 개념에 대해 드베로(Mary Devereaux)가 구분하고 있는 '직설적' 용법과 '비유적' 용법의 구분을 들어 다음과 같은 설명을 인용하고 있다. "직설적 용법이란 '남성'이 여성을 바라볼 때의 직접적인 응시를 칭하는 것으로 이때의 응시는 '남성적'이다. 남성은 관객이자 배우로서 여성을 본다. 응시가 남성적이라고 말하는 것은 비유적 용법으로, 여성을 대상화하는 시각 양식을 지칭하는 말이다. 넓은 의미로 볼 때 응시가 여성을 향하고 그 여성에게서 쾌락을 얻을 때는 언제나 그 응시는 남성적이라고 할 수 있으며 여기서 여성은 에로틱한 대상으로서의 역할을 한다."(Devereaux, 1990: 337) 이렇게 기본적으로는 버거의 이론을 가져오면서 페미니스트 영화이론가들은 이로부터 더 나아가는 응시의 이론을 발전시키고 있다. 이로써 할리우드 영화에서 여성은 보는 주체가 아니라 보이는 대상이고, 여성은 남성의 시각적 쾌락의 대상으로 전시되고 있다는 점을 주지시킴으로써 버거의 시선에 의한 권력관계 논의와 맥을 같이하는 이론적 논의를 전개하고 있다. 시선과 관객의 관계가 중요한 이유는 영화, 광고, 뮤직비디오 등의 영상물에서 여성관객은 영상에 등장하는 여성들과 자신을 동일시하면서 동시에 남성의 시선을 내면화하여 여성을 시선의 대상으로 삼는 과정이 생겨난다는 점 때문이다.

여성 관객성의 형성

버거가 성별화된 시선의 구축에서 여성의 수동적 입장을 주장하고 있다면, 로라 멀비는 그러한 수동적 입장의 구축 과정에 대한 질문으로 이론적 문제를 제기했다. 멀비는 "재현에서 이러한 능동/수동의 구별과 '남성적 응시'의 지배력을 영속화시키는 것은 무엇인가?(Walters, 1999: 75)"라고 질문한다. 이것은 남성 권력의 문제를 시각이라는 재현 과정의 가장 본질적 측면으로 끌어들인다. 그리고 스테레오 타입이라는 개념을 넘어, 여성의 대상화는 눈길을 끌기 위해 "끼워진" 것이 아니라 이미지 구성 자체에 본질적으로 내재한 것이라고 주장한다. 이와 관련하여 실버만은 응시 개념의 유의미성을 다음과 같이 토로하고 있다: "최근의 주류 서사 영화에서 여성이 응시의 주체라기보다 대상이라는 것은 자명하다. 여성은 언술의 차원에서 뿐 아니라 스토리의 차원에서도, 권위있는 시선을 가질 수 없다. 여성은 남성의 시선을 모으는 스펙터클의 역할을 하는 동시에 상징질서를 구조화하고 남성의 시선을 붙잡아 놓는 결핍으로서 기능한다"(Silvermann, 1988: 131). 이로써 영화에 있어서도 이미지 형성과 관련하여 여성과 남성 사이에 응시를 매개로 한 권력관계에 대한 암시가 들어있음을 보여준다.

멀비는 1975년에 발표한 논문「시각적 쾌락과 내러티브 영화 *Visual Pleasure and Narrative Cinema*」를 통해 영화 이론 논문으로서는 최초로 성차를 전면적 이슈로 부각시키면서 할리우드 주류 영화에서 여성이 재현되는 양식과 여성 이미지가 재현되는 스크린과 관객의 관계에 대해 정신분석학적 욕망이론을 적용함으로써 이후의 페미니스트 영화분석에 커다란 반향을 일으켰다. 멀비의 주장에 따르면, 고전 영화의 쾌락과 동일시가 남성성 대 여성성이라는 젠더 정체성의 차이에 따라 차별적으로 구조화되어 있다. 에로티시즘에 기반을 둔 '보는 방식'과 남성 관객의 동일시, 이미지 구성 방식을 통해 여성은 '보여지는 대상'으로서 남성의 환상과 욕망의 타자적 대상으로서 스크린 위에 재현된다는 것이다.

내러티브 영화에서의 시각적 쾌락이 절시증과 이미지와의 동일시라는 두 개의 측면들로 이루어져 있다고 보는 멀비는 이에 대해 다음과 같이 프로이트의 이론을 원용하여 설명하고 있다. 프로이트가 발전시킨 개념인 절시증(scopophilia)은 호기심어린 응시를 통해 다른 사람을 성적 자극의 대상으로 이용함으로써 쾌감을 느끼는 것이다. 이 분석에 따르면 절시증은 본질적으로 적극적이다. 설혹 다른 요인들에 의해서 본능이 조절된다고 해도 특히 에고의 구성에 있어서 대상으로서의 타인을 보는 즐거움의 에로틱한 기초로서 계속 존재한다. 극단적으로는 적극적으로 조절되는 의미에서 오직 대상화된 타인을 바라보는 것으로부터만 오는 성적 만족을 느끼는 강박적인 관음증적 관찰자(voyeur)와 관음증 남성들(peeping Toms)을 생산하면서 변태로 고정될 수도 있다. 주류 고전 영화에서는 관음증적 환상을 제공하는 가운데 관객석의 어둠과 바뀌는 빛의 패턴으로 인한 광휘와 스크린의 그림자의 극단적 대조는 관음증적 분리의 환상을 도와준다.

멀비에 따르면, 영화가 실제로 보여지고 있지만, 이것을 좀 더 깊이있게 들여다 보면 영화는 스크리닝의 조건과 서사적 형식(narrative convention)이 관중에게 사적 세계에 관해서 '보기'의 환상을 제공한다는 것을 깨닫게 된다. 영화 속 관중의 위치는 그들의 과시행위(exhibitionism)

의 억압과 공연자에 대한 억압된 욕망의 투사라고 할 수 있다. 영화는 쾌락적 보기의 원초적인 원망(wish)을 만족시키며 또한 더 나아가 절시증을 나르시시즘적 국면으로 발전시킨다. 주류 영화의 고전들은 인간의 형태에 초점을 맞춘다. 또한 라캉의 거울 단계 이론에 의하면 중요한 것은 이미지가 상상계의 매트릭스, 인식과 오인, 그리고 동일시, 또한 '나(I)'의 절합을 구성한다는 사실이다. 그러므로 이것은 영화의 표현의 강도와 영화 관객의 기쁜 인식을 발견해온 이미지와 자아 이미지(self-image) 사이의 상호작용의 결과다. 동일시와 나르시시즘이 관객성으로 탄생하는 과정에 대해 멀비는 다음과 같이 정리하고 있다.

> 거울단계는 아이의 육체적 욕망이 자신의 능력을 앞지를 때 발생하며, 아이는 자신의 거울 이미지가 스스로 자신의 몸을 경험하는 것보다 더 완벽하고 훌륭하다고 상상함으로써 결과적으로 자신에 대한 인식을 즐기는 것이다. 그리하여 인식은 오인으로 뒤덮이게 되고, 인식된 이미지는 자신의 반영된 몸이라 여겨지지만 더 우월한 것으로 여겨지는 오인은 이 반영된 몸을 이상적 자아로서 그리고 고립된 주체로서 부각되게 하고, 이것이 이상적 자아로서 자기 안에 재투입되어 미래의 또 다른 정체성을 유발하는 근간이 되는 것이다(Mulvey, 1975: 9-10).

이상과 같은 논의에 따라 나온 시각적 쾌락의 두 가지 상반된 측면이, 첫 번째는, 바라보기를 통해 다른 사람을 성적 자극의 대상으로 사용하는 쾌락에서 오는 절시증적 쾌락이고, 두 번째는, 나르시시즘과 에고 형성에서 발전된 것으로서 스크린에 보인 이미지와의 동일시로부터 오는 쾌락이다. 멀비는 이에 대해 "영화적인 의미에서, 하나는 스크린 위의 대상으로부터 주체의 성애적 정체성의 분리를 암시하고(능동적 절시증), 다른 하나는 자신과 비슷함을 인지한 관객의 매혹을 통해 스크린의 대상과 에고의 동일화를 요구한다. 첫 번째는 성적 본능의 기능을 하고, 두 번째는 에고 리비도(ego libido)의 기능을 한다"(Mulvey, 1975: 2-4)고 설명하고 있다.

이 논문을 통해 멀비는, 성적 불균형에 의하여 시각적 쾌락이 능동적/남성과 수동적/여성으로 분열된다고 주장하고 있다. 즉 결정적인 남성 응시는 그에 맞춰 스타일화하는 여성 형태에 따른 환상을 투사한다. 여성들의 전통적인 전시적 역할 속에서 여성은 동시에 그들이 '보여지기(to-be-looked-at-ness)'로 함축되는 것으로 말해질 수 있는, 그들의 강렬하고 시각적이며 에로틱한 강조점으로 약호화된 외양을 가지고 보여지고 전시된다(Mulvey, 1975: 4). 성적 대상으로 전시되는 여성은 에로틱 스펙터클의 핵심 동기이다. 즉 시선을 붙들고 연기하고 남성적 욕망을 기표화한다.

멀비는 서사 안의 남성의 응시, 그리고 남성 관객의 응시를 통해 여성은 남성의 욕망을 위한 스펙터클로 창조되는데 이때 남성 관객의 응시는 그들의 거세 공포와 그로 인한 여성 신체의 물신화(Walters, 1999: 80)에 의해 지배당한다고 주장한다. 멀비의 응시에 관한 탁월한 논의는 비록 영화에서의 관객성(spectatorship)의 문제를 다루고 있기는 하나 이미지를 생산하고 바라보고 소비하는 광고에 있어서도 시사하는 바가 크다. 멀비에 의하면(Mulvey, 1975: 6-18) 관객성의 문제는 관객과 극중 인물과의 동일시의 문제로 귀착되는데 이는 응시의 작용에 의해 매개된다. 멀비는 「시각적 쾌락과 서사영화」에서 관객의 주체성을 논의하면서 관객과 극중 인물과의 동일시의 문제를 응시(gaze)의 작용에 의해 매개되는 것으로 전제함으로써 여성관객이 주체가 될 수 없는 맥락을 설명하고 있다(Mulvey, 1975: 6).

할리우드 영화에서 여성은 보는 주체가 아니라 보이는 대상이고, 여성은 남성의 시각적 쾌락의 대상으로 전시되고 있다는 점을 주지시킴으로써 버거의 시선에 의한 권력관계 논의와 맥을 같이하는 주장을 전개하고 있다. 그렇지만 주류 영화에서 여성의 주체적 위치가 불가능하다는 멀비의 주장은 남성화된 관객 모델을 제시하고 있다는 한계점을 드러내고 있는데 이를 보완할 목적으로 쓴 논문「시각적 쾌락과 내러티브 영화 후기 *Afterthoughts on Visual Pleasure and Narrative Cinema Inspired by Duel in the Sun*」에서는 여성이 영화의 중심이 되는 멜로 드라마에서 영화를 보는 여성 관객의 위치를 여성성과 연관시켜 살펴봄으로써 복장전도(transvestite)를 통해 이루어지는 성 전환적 동일화를 여성 관객성으로 정비하고 있다. 이는 또한 매스커레이드 이론을 전개하는 매리 앤 도앤의 이론으로 연결된다. 멀비의 이론은 젠더화된 응시를 지적하는 최초의 시도라는 점에서 주목을 받았지만 성차라는 이분법을 벗어나지 못한 채 남성성의 은유를 통해서만 능동적인 여성성이 성취된다는 점에서 완전한 의미의 여성성을 제시한다고 보기 어렵다는 비판을 받고 있다. 그러나 멀비의 의도가 관객을 남성화하는 할리우드 영화와 스크린 위의 여성 이미지의 관계를 고찰하는 것에 주안점을 두었고 영화를 보는 실제 관객의 젠더에 초점을 두지 않았다는 면에서 오히려 여성 이미지가 남성 관객에게 '보여지는' 상황을 부각시켰다는 점을 주목해야할 것이다.

멀비가 사용하는 응시 개념은 버거의 보는(see) 행위와는 구별되며, 오히려 라캉의 거울단계 설명에서 어린 아이가 거울 속의 자신의 이미지를 보는 것을 시선으로 규정하여 빌어오고 있다. 그러나 라캉이 사용한 시선의 개념은 욕망의 원인으로서 인데 멀비는 라캉의 욕망이론에 근거한 개념으로 사용한 것이 아니라는 문제를 가지고 있다(이수연, 1999: 303)고 지적되고 있다. 오히려 보드리, 메츠, 코몰리 등은 영화지 〈스크린〉을 통해서 '스크린=거울론'을 시사하면서 영화의 스크린은 거울로 작용을 하며, 이 거울은 관객의 현실을 반영할 뿐 아니라 관객을 재현(representation)의 주체로 믿게 만든다(이수연, 1999: 304)고 주장한다. 즉 영화라는 재현방식을 통해 이미 사회적으로 형성된 개념을 자기 것으로 재형성하게 된다는 것이다.

매스커레이드 이론의 도입

재현의 이코닉 시스템은 실제(real)로부터, 즉 구체적인 것으로부터 이미지 자체를 해방시키지 못하기 때문에 근본적으로 불충분하다는 전제로부터 출발하는 매리 앤 도앤(Mary Ann Doane)은 매스커레이드(masquerade) 이론을 적극적으로 도입한다. 도앤이 매스커레이드 이론을 도입하는 논리적 근거는 타자성(otherness)을 조사하려는 행위 자체가 여성을 남성 자신의 존재론적 의심을 반영하는 수단에 의한 거울 효과에 의해 사로잡힌 가식이라는 전제로부터 찾는다. 이런 의미에서 특정한 이미지 이론들과 여성성 이론들 간의 합치에 대한 도앤의 강조는 그런 시스템에 대한 여성의 연결이 부정되는 반면, 여성이 영화적 재현의 특별한 위치에 배당되는 인식(episteme)을 상세하게 분석하려는 시도이다(Doane, 1997: 178).

도앤은 영화적 기구(apparatus)가 성적 특수화를 고려하지 않는 이미지 이론을 이어받아왔다고 비판하고 있다. 역사적으로 항상 영화적 이미지와 여성의 재현이 특정하게 겹친 구조로 되어왔으며, 여성이 카메라에 대해 갖는 관계와 시각체제는 남성의 그것과 매우 다르다는 점에 주목한다. 노엘 부치(Noel Burch)가 지적했듯이, 초창기 무성영화는 관음증적 시나리오의 지속적인 등록(inscription)을 통해 스크린의 뒤쪽에서, 스크린으로서의 여성에 대한 관계에서 관객의 위치를 되풀이하는 엿보는 톰(Peeping Tom)[2]의 말로 하자면 관객의 보는 즐거움을 포함한다. 현대 영화 이론에서 관객적 욕망은 일반적으로, 관음증 또는 페티시즘으로, 자세히는 여성 몸과의 관계에서 금지된 것을 보는 즐거움으로 묘사된다. 이로써 이미지는 응시와 제한을, 그리고 그것의 즐길 만한 위반을 편성한다는 것이다. 여성의 미, 그녀의 욕망성은 이미지

---

2. 영화명이기도 하며 남성의 관음증을 은유적으로 표현하는 용어로 사용되기도 한다.

화(imaging) — 프레이밍, 조명, 카메라 움직임, 앵글 — 의 확실한 실천의 기능이 된다. 따라서 여성은 멀비가 지적했듯이, 상상적 깊이보다, 남성이 거주하고 그러므로 조정하는(control) 것이 운명지워진, 그것이 구축된 3차원 공간 보다 더 가깝게 이미지의 표면에 연결되어 있다는 것이 도앤의 설명이다.

도앤에 의하면 프로이트식 성차 인식의 도식에 따라 남성이 성적 정체성에 고정되는 반면 여성은 문화적으로 다른 성으로의 이동이 가능하다고 보며, 그런 이유로 복장전도증만으로는 불충분하며 매스커레이드가 필요하다는 입장이다. 도앤은 단순히 남성의 옷을 입는 복장전도자와는 달리 매스커레이드는 급진적이면서도 비판적인 여성 관객성 이론으로 응용할만 하다는 점을 강조하였다. 왜 여성이 그녀의 여성성을 과시하려고 하고 그녀를 여성성의 과잉으로 생산하려하고, 다른 말로 하자면 매스커레이드를 앞세우는지에 대한 이유를 도앤은 거리두기와 근접성의 관점에서 찾는다. "복장전도자는 이미지로부터 필요한 거리를 취하기 위해 여성이 남성이 되어 다른 성의 섹슈얼리티를 차용하는 것인데 비해 매스커레이드는, 여성성이 쓰거나 벗을 수 있는 마스크라는 점을 들어 이미지로부터 거리를 만들어서 남성이 되는 것이며 이로써 여성성을 재정렬할 수 있으며, 이미지가 여성에 의해 조절되고 생산되며 읽혀짐으로써 이미지 안의 문제점을 드러낼 수 있다"(Doane, 1997: 184)는 것이다.

도앤은 그 근거로, 매스커레이드가 복장전도증만큼이나 회복될 수 없는 것인데 자세하게는 그것은 가면으로서 — 비정체성(nonidentity)을 숨기는 장식적 층(layer)으로서 — 구성되는 것이 여성성 그 자체라는 인식 때문이라는 점을 들고 있다. 그 개념을 처음 이론화한 조안 리비에르에게 있어서 여성성의 매스커레이드는 여성의 교차-섹스(trans-sexual) 정체화, 여성의 복장전도성에 대항하는 일종의 반작용-형성이다. 그것의 대상보다 담론적 주제의 위치를 가정해본 후에 리비에르가 분석한 지적인 여성은, 여성적인 희롱의 제스처를 과장함으로써 남성성을 훔친 것에 대한 보상을 강요당한 것으로 느낀다. 여성다움(womanliness)은, 그러므로 남성성을 가진 것을 숨기고, 또 그녀가 그것을 가진 것이 발견되는 것으로 인해 예상된 보복을 외면하기 위해 하나의 마스크로서 쓴다는 것이다. 리비에르는 급진적이거나 표면상의 어떤 차이도 없다는 점을 들어 그것들은 같은 것(Riviere, 1966: 213)이라는 주장을 펼친다.

도앤의 이론에 따르면 가부장적 위치지움에 대한 매스커레이드의 저항은, 그러므로 가까이 있음(closeness)으로서, 그것 자체의 현존(presence-to-itself)으로서, 정확히는 이미지즘으로서의 여성성의 생산에 대한 부정(denial) 속에 있다. 가장하는 것은 한 사람 자체와 그의 이미지 사이의 확실한 거리의 형태에 있는 결여를 만들어내는 것이다. 따라서 도앤이 매스커레이드를 수용하는 이유는 여성은 그녀 자신의 몸을 위장(disquise)으로서 사용하기 때문이며, 이로써 매스커레이드가 욕망의 원인과 사람 자체 사이의 분리를 초래하기 위해 작동하기 때문이라고 주장한다. 도앤에 의하면(Doane, 1997: 185), 여성은 남성과 달리 그녀의 몸을 특정한 목적을 위해 '사용한다'라고 말할 수 있다는 점이 의미심장하다고 하면서 매스커레이드가 재현을 이중으로 함을 강조한다. 여성의 몸과 함께 여성성의 장비, 즉 복장의 과장된 사용에 의해서 매스커레이드를 구성한다는 것이다. 그 적절한 예로 실비아 보벤쉔(Sylvia Bovenschen)이 마릴렌 디트리히의 공연에 대해, "우리는 여성의 몸의 재현을 시위하는 한 여성을 보고있다"고 언급한 것을 들고 있다. 여성성의 과잉인 이런 타입의 매스커레이드는 팜므파탈과 연합한다고 판단하면서 남성들에 의해 악마의 화신으로 간주되는 이러한 이미지의 불안정성은 여성 도상법의 이화(defamiliarization)를 초래하는 결과를 가져온다고 본다.

여성의 관객성과 시각성에 있어서 도앤의 '안경 쓴 여성'에 대한 강조는 시사하는 바가 크다. '안경 쓴 여성'이 영화의 시각적 클리셰의 가장 집약된 것 중 하나를 구성한다고 강조하면서, 도앤은 안경 쓴 여성 이미지가 다시 억눌려진 섹슈얼리티, 지식, 가시성과 비전, 지성 그리고 욕망과 관련된 모티프의 응축으로 무겁게 표시된다고 해석한다. 동시에 안경 쓴 여성은 지성과 비욕망성으로 기호화된다(Doane, 1997: 186)고 지적하면서, 그러나 그녀가 안경을 벗는 순간, 그녀는 '스팩터클 안으로, 바로 그 욕망의 그림으로 변형된다'는 점을 주목하도록 요구한다. 이제 클리셰는 기호화 의미의 사회적 매듭으로 인식되어야하는데 이는 바로 클리셰가 아직도 매우 강한 묶는 힘을 가져서 이데올로기적 위험이나 위협 – 이 경우에는 여성의 응시의 전유 – 의 정확한 순간을 가리키기 때문이라는 것이다.

안경 쓴 여성으로 은유되는 지적인 여성은 보고 분석하며 응시를 강탈하는 것을 통해 재현의 전체 시스템에 '위협'을 가하는데, 그것은

〈우회적인 응시 *Un Regard oblique*〉(로베르 두이스노 Robert Doisneau, 1948)

마치 여성이 강한 힘을 가지고 반영하는 것(the specular)의 다른 면으로 이동하는 것과 같다고 보는 것이다. 이로써 안경 쓴 여성 이미지의 중층결정은, 그것의 클리셰로서의 지위, 성적 차이를 가진 보는 것(seeing)과 보여지는 것(being seen)의 구조의 영화적 정렬에 있어 결정적 국면을 구성한다.

도앤은 여성 고전적 할리우드 영화에서 여성의 응시가 부인(negation)되는 반면 남성의 응시가 관음적으로 노정되어온 상황을 프랑스의 사진작가인 두이스노(Robert Doisneau)가 1948년에 찍은 사진 〈*Un Regard Oblique*〉를 다음과 같이 은유적으로 해석하고 있다.

이 사진은 얼핏 보면 여성 주인공을 중심에 두기 위한 목적에 대해 논의되는 할리우드 서사들같이 여성의 시선에 확실한 우선권을 주는 것으로 보인다. 사진의 제목과 공간의 조직 두 가지는 모두 절시증적인 힘의 진짜 장소(site)는 이 프레임의 가장자리에 있다는 점을 지시하고 있다. 남성은 중앙에 있지 않으며 사실상 그는 그림의 가장 오른쪽의 매우 협소한 공간을 차지하고 있다. 이로써 사진의 문제점을 결정하는 것은 결코 그의 응시가 아니라는 점을 알 수 있다. 그것은 여성의 그것을 효과적으로 지워버리는 그의 응시다. 정말로, 응시의 주체로서 여성은 골똘히 들여다본다. 그러나 그녀의 시선의 대상이 관객으로부터 숨겨지는 것 뿐 아니라 그녀의 응시는 시야의 남성적 중심선을 정의하는 두 개의 막대에 의해 숨겨진다. 보이지 않는 것 — 관객의 공백 또는 허공 — 에 매혹된 채로, '보는 것(sight)'에 의해 고정되지 않고, 여성 응시는 자유로이 유영하는(free-floating) 것으로, 종속에 취약한 채로 남아 있다. 그녀가 보고 있는 그림의 유일한 프레임이 비춰진, 가게 윈도우안의 희미한 반영은 단지 그녀의 응시의 비어있음과 재현 속에서 그녀의 욕망의 부재를 재분절화하는 데 봉사할 뿐이다. 반면, 남성 응시의 대상은 전적으로 현재적으로, 관객을 위한 그것이다. 시야에 꽉 찬 나체 여성 몸의 물신숭배적 재현은 관객적 위치의 남성화를 보증한다. 여성의 시선은 문자 그대로 남성, 누드, 그리고 관객 사이의 복잡성을 그리는 삼각형 외부에 있다. 사진에서 응시의 여성주체가 중앙에 위치함에도 불구하고 여성의 현존은 그림에 의해 대상으로 간주된다. 그리고 보는 행위에서 이중으로 그녀를 틀에 끼우는 것처럼 그림은 그녀의 여성 형상을 관객의 위치에 놓이게 한다(비록 그녀가 보고 있는 것이 거울안의 자신인지 또는 문이나 창문을 통해 내다보는 것인지 선명하지는 않지만). 이 보는 것의 드라마가 사진의 표면에서 상영되는 사이에 그것의 깊은 공간은 초점이 나간 상태로, 벨트 가게 앞에 있는 몇 명의 어린 소년들에 의해 활성화된다. 초점 밖(out-of-focus)과 초점 안(in-focus)의 대조는 여성의 '비-시야(non-vision)'의 재현에 일치되는, 가정된 선명성을 재강화한다(Doane, 1997: 188-190). 이 사진 설명을 통하여 도앤은 남성중심적 응시의 결과로 나타나는 관객의 즐거움은 결국 여성 응시의 틀지움(framing)/부정(negation)을 통해 생산된다고 보고 있으며 여성은 그곳에서 조크의 엉덩이로 존재한다고 비판한다. 즉 프로이트가 기술했듯이, '더러운 조크(dirty joke)'는 항상 여성의 지불(expense)을 통해 구성되는데 더러운 조크가 프로이트의 기술 속에서 특별함으로 떠오르기 위해서는, 욕망의 대상—여성—은 부재해야하고 제3의 인물(또 다른 남자)은 조크에 대한 위트로서 존재해야한다는 것이다. 또한 더러운 조크의 작동은 프로이트에 의해 절시증과 여성 몸의 노출과 불가분하게 연결된다는 점을 도앤은 지적하고 있다.

> 이 관점에서 사진은 꾸밈없이 바로 그 조크의 기술을, 그것의 성적 노출의 묘사를 통해, 그리고 보는 것(그리고 욕망하는 것)의 은밀한 행동을 통해 고안한다. 프로이트의 조크-작업에 대한 기술은 사진의, 응시의 오케스트라화에 대한 완벽한 분석을 구성하는 것으로 나타난다. 사진적 담론의 "음성 소거(voice-off)"가 있는데, 그것은 남성의 시선 밖에 (out of sight), 그의 물신(누드 그림)에 의해 가려진 채로 존재한다. 관음증의 이 조그만 시

> 나리오의 틀 너머 있는 이미지의 구성요소로 사진의 먼 왼편에, 누드 그림이 잡고 있는 벽 너머 어둠 속에 다르게 영상화된 귀족적 기품을 보이는 여성 그림이 거의 감지할 수 없을 정도로 희미하게 보인다. 바로 영상화(imaging) 속의 거의 보이지 않는 이 대안을 가리키는 것은 또한 재현의 포착을 깰 수도 있는, 보이지 않는(not-seen) 것을 찾으려는 분석자 자신의 끊임없는 욕망을 다시 한번 드러내주는 것일 수도 있다(Doane, 1997: 190).

도앤의 사진 설명에 따르면 보는 것의 성 정치학에 대한 사진의 묘사에 내재한 감각은 거의 기이한 것이라고 할 수 있는데, 그런 인식의 가능성을 거스르기 위하여 예술 비평의 언어는 여성에 대한 이 조크의 자연화를 꾀한다고 한다. 그림의 미술비평적 수용은 사진과 삶 사이의 자연적이면서도 동시에 '상상적인(imaginative)' 관계를 강조한다. 궁극적으로 참조할 만한 근거에 대한 공식적인 어떠한 관계도 종속시키면서 말이다. 그 근거란 "오른 쪽에서 왼쪽으로 움직이는 두이스노의 선들, 남성의 시선에 의해 방향지어지는 여성 응시는 공간의 구멍처럼 에너지의 선을 창조한다……이 삶 그 자체로부터 오는 이 관계의 창조는 사진에서의 이미지네이션이다."(Doane, 1997: 190) 여기에 덧붙여서 도앤은, '삶 그 자체'는 그러므로, 성적 차이의 선을 따라가는 시선의 '예술가적' 저작을 위한 자료를 보여준다는 점을 강조하고 있다.

도앤의 이론에 의거해서 보자면, 사진은 지속적으로 시각 양식에 있어서의 성적 차이의 영화적 기입(inscription)의 구조를 보여준다. 즉 여성 응시의 프레이밍 과정은 영화적 서사를 반복하며 남성적이고 여성적인 시나리오 사이의 차이가 주어진 채로 그 언어들이 성적 차이의 표시로서 확실하게 교섭되는 것으로 보인다. 이미지 이론과 그것의 기구, 즉 영화는 여성 관객의 위치를 생산한다고 할 수 있는데, 이때의 위치란 이미지의 적절한 독해를 위하여 필수불가결한 거리(distance)의 속성을 결여하기 때문에 궁극적으로는 지지할 수 없는 위치이다. 즉 근접성/친밀함(closeness), 가까움(nearness), 그 자체에의 제시로서의 여성성의 전체적인 복합성은 필수적 요소로서의 정의(definition)가 아니라 여성에게 문화적으로 귀속된 장소(place)에 대한 기술이라는 것이다.

한편 도앤은 영화적 상징(sign)에 대한 관계에 있어서 남성적 위치의 단순한 적용을 넘어서 여성 관객에게는 두 가지 옵션이 주어진다고 보는데, 그것은 가장 급진적인 방식의 이미지를 가정할 때, 중층 동일시(overidentification)의 매조키즘, 또는 자기 자신 한 사람만의 욕망의 대상이 되는 것에서 수반되는 나르시시즘이다. 여기에서 도앤의 이론 중에서 가장 핵심적인 매스커레이드의 효과가 도출되는데, 이는 정확히는 이미지로부터의 간격을 만들어 내고, 여성에 의해 조작될 수 있고 생산될 수 있고 그리고 읽혀질 수 있는 이미지 안의 문제틀을 발생시키는 잠재력 안에 존재한다. 앞에 예로 들었던 두이스노의 사진은 여성 관객의 시선에 의해서는 읽혀질 수 없는 것이며 그렇기 때문에 매스커레이드가 작동할 때 비로소 읽혀질 수 있다는 것이 도앤의 견해다.

도앤은 영화의 역사가 관음증, 페티시즘, 그리고 오직 남성적 언어에 포함될 수 있는 에고 이상(ego-ideal)과 함께 하는 동일시 – 관음증, 페티시즘이 남성성으로 귀속되는 반면, 근접성에 연결되어 있는 자기애와 편집증은 여성성에 연결된다는 프로이트적 동일시 – 에 그토록 많이 의존되어있음을 지적한다. 도앤은 바로 이 지점에서 출발하여 매스커레이드가 여성 관객으로 하여금 사회적 구성물인 젠더 시스템을 비판적으로 바라볼 수 있는 거리를 만들고 영화 내러티브에서 여주인공이 가면을 쓰고 남성의 전유물인 억압적 바라보기 시스템에 균열을 낼 수 있다는 점을 강조하고 있다. 도앤은 결국 여성성은 매우 정교하게 권력 관계의 네트워크 안의 위치로서 생산된다는 점에 초점을 맞추면서 여성 관객성 이론이 이렇게 제한적인 여성성의 맥락을 탈구시키기 위해 매스커레이드를 필요로 한다고 역설하고 있다.

쾌락과 즐거움의 관객성

여성의 관객성에 대해 좀 더 확장된 이론을 제시한 테레사 드 로레티스(Teresa de Lauretis)는 영화의 내러티브가 관객으로 하여금 쾌락과 즐거움을 느끼게 하는 중요한 요소임을 강조한다. 내러티브의 작용은 각 텍스트에 차이, 특히 성차를 그리는 데서 볼 수 있다고 보고 남성은 내러티브를 움직이는 자인 반면, 여성은 공간, 물질과 연루돼 있어서 주체성을 상실하고 있다고 설명한다. 즉 "내러티브가 오이디푸스 드라마를 생산하고 있다고 말하는 것은 각각의 관객이 남성, 여성 성차의 두 가지 위치 내에 규정되고 한정되어 있음을 일컫는다. 주체라는 면에서 '남성-주인공-인간'이고, 다른 측면에서 '여성-방해물-경계-공간'(de Lauretis, 1984: 121; 서인숙, 2003: 53)"이라는 것이다. 내러티브가 이렇게 성차를 이분법적으로 적용하고 있는 것에 대응하여 드 로레티스는 여성관객의 위치를 재고하기 위해 동일시 개념을 활용한다. 주체성 형성의 중심적 역할을 담당하는 동일화는 그 자체가 관계의 연속선상에서 하나의 움직임이면서 주체 형성의 과정으로 포함되는 것을 의미한다(de Lauretis, 1984: 141)는 점을 강조한다.

드 로레티스는 프로이트의 여성의 양성성 이론을 이러한 동일화 개념에 적용하여 여성의 관객성 이론을 발전시키고 있다. 즉 여성성이 남성성과 여성성을 모두 내포하고 있다는 관점을 장치 이론에 의한 영화 동일화에 적용한다면, 여성 관객은 카메라의 보기(looking)와 동일시하면서 스크린의 이미지와도 동일시할 수 있다는 것이다. 왜냐하면 여성 관객이 지닌 양성성은 남성적 시선의 주체와 보여지는 대상으로서의 여성으로서의 동일화가 모두 가능하기 때문이라는 것이다. 여기에서 여성성과 남성성이 서로 교환되어 여성 관객의 동일화가 시선과 이미지 사이에서 오락가락 교대로 발생한다는 멀비의 주장과는 차이를 보인다. 드 로레티스는, 관객은 이미지를 보는 것이지 시선 자체를 볼 수 없다는 점을 들고, 따라서 여성은 '보기'와 동일화하면서 동시에 이미지와도 동일화한다는 점을 강조한다(de Lauretis, 1984: 143). 즉, 이미지와 시선은 서로 연동되어 있고 따라서 분리될 수 없다고 보는 것이다.

이는 다시 말해서 영화의 이미지와 움직임에서 여성 관객의 주체성은 두 개의 동일화 관계의 세트로 구성된 두 겹의 동일화 과정에 묶여진다는 점을 확인한 것이다. 두 개의 동일화 관계의 세트는 다음과 같다: "첫 번째 세트는 영화이론에서 잘 알려져 있다시피 남성적, 능동적 시선과의 동일화, 즉 카메라와 남성 인물의 보기, 그리고 이미지와의 수동적·여성적 동일화(신체, 풍경), 두 번째 세트는 그동안 덜 주목 받은 것으로서 신화적 주체인 내러티브 움직임의 인물과의 동일화, 그리고 내러티브 이미지의 내러티브 폐쇄 인물과의 동일화인 이중 동일화로 구성된다. 만일 인물과의 동일화인 두 번째 동일화가 가능하지 않다면 여성 관객은 시선과 이미지의 양분될 수 없는 두 개의 실재물 사이에서 좌초될 것이다."(de Lauretis, 1984: 144) 드 로레티스의 이중 동일화는 두 번째 세트인 내러티브 움직임과 내러티브 이미지에서 동시에 발생함으로써 여성 관객의 주체성을 가능하게 하는 동일화이다. 따라서 드 로레티스의 여성 관객성의 특수성은 내러티브에서의 이중 동일화가 메츠가 말한 시선의 주체와의 일차 동일화보다도 선행되는 중요한 동일화로서 여성 관객의 주체 형성에 핵심적 역할을 한다(서인숙, 2003: 55)는 점에서 시선 이론을 중심으로 한 여성 동일화 논의를 관객성 이론으로 확장시킴으로써 매우 중요한 이론으로 평가받고 있다.

한센(Miriam Hansen)은 남성 스타가 성적인 볼거리로 여성 관객에게 제시될 때 여성 관객의 동일화와 주체성에는 어떤 영향을 미칠 것인가라는 관점에서 여성 관객성을 탐구한다. 한센은 1920년대 여성 팬으로부터 열광적인 인기를 누렸던 남성 스타 루돌프 발렌티노 현상을 분석하면서 남성이 성애의 대상이 되어 여성 관객으로부터 욕망에 찬 시선을 받는 경우를 탐구하였다. 이로써 밝혀내고자 한 것은 관객의 성별의 전도로 인해 시각체제에 미치는 영향과 여성주체성을 위한 시각적 쾌락의 대안적 개념이 가능한가 하는 문제이다. 즉 지금까지 남성은 보는 주체의 역할, 여성은 보여지는 대상으로서의 역할을 하는 것으로 인식해왔던 멀비와 도앤의 논의와는 상반되는 각도에서 시각성과 관객성을 다룸으로써 전통적 가부장적 분위기로부터 변화된 여성의 경험과 욕망을 반영하고 있다. 이러한 시선은 포스트모던 페미니즘에서 적극적인 여성 관객의 시선을 다큐멘터리 형식으로 다룬 〈욕망을 영화화하기〉(마리 망디 감독, 2000년)나 최근 대중문화에서 남성 아이돌 그룹을 소비하는 젊은 여성 또는 중년 여성들의 팬덤 현상에서도 찾아볼 수 있다.

복장전도와 매스커레이드

쿤(Annette Kuhn)은 여성의 섹슈얼리티를 감상하고 그 이미지를 소유하는 것은 그 여성을 소유하는 것으로 간주할 수 있다고 강조하면서, 아무리 대량 생산된다 하더라도 여성의 섹슈얼리티 이미지를 소유한다는 것은 어떤 의미에서는 여성 전체를 소유하는 것이며, 그에 대한 어느 정도의 통제권을 유지하는 것이라고 역설한다(Kuhn, 2001: 24). 쿤의 전제로부터 출발할 때, 이런 상황에서 여성의 이미지를 보는 여성 관람자에게는 최근까지 한 가지 선택권밖에 남지 않았는데 그것은 관람자의 남성과 동일시하여 여성을, 그리고 자신을 욕망의 대상으로 바라보는 것이라는 지적은 여성의 관객성을 복장전도와 매스커레이드로 연결하는 멀비나 도앤의 여성 관객성 이론과 자연스럽게 연결된다. 쿤에 의하면 문화적 의미로서 복장전도는 두 가지 담론을 가로지르는 것으로 간주되는데 첫 번째는 가장, 꾸밈, 실제와 다른 사물이나 사람처럼 보이고 싶은 의도가 포함된 행동이며, 두 번째는 젠더 정체

영화 〈뜨거운 것이 좋아 *Something Like It Hot*〉(1959) 스틸컷

성 구축과 성적 차이의 의미이다.

첫 번째 담론인 연기에서 위장은 가면이며 허구적으로 취한 페르소나와 진짜 자아 사이의 거리를 유지하면서 주체를 구축하는데 그 주체는 역할과 자아의 차이에 의해 고정되면서 '진짜 자아'와 달리 변화하는 자아의 가능성, 주체의 유동성을 제공하기 때문에 역설적이게도 그 주체는 연기 행위 자체를 통해 의문시된다. 두 번째 담론인 젠더 정체성과 성적 차이에 관한 담론은 생물학적 성(sex), 젠더, 성적 동일시, 성적인 대상 선택을 둘러싼 다양한 개념을 한데 묶는다. 이것을 젠더 정체성 개념으로 통합하는 것은 인간 주체의 단일하고 고정되고 당연한 속성으로 설정하는 것으로 남성과 여성으로 구분되는 젠더적 차이에서 인식과 섹슈얼리티에 대한 연속적인 담론이 구성되고 주체의 근원을 형성한다(Kuhn, 2001: 73-74).

복장전도는 기본적으로 의복을 상정하는데 의복은 또한 의미상

문화적으로 젠더와 직결된다. 그런데 의복은 성 정체성의 고정된 기표가 아니라 착용자의 자아를 표현하기도 하지만 한편으로 위장하거나 변형 또는 재구축할 가능성을 가지고 있다. 즉 의복은 가장하는 데 사용되기도 한다. 이로써 퍼포먼스를 구현하고 변화 가능한 페르소나의 수단이 되며 따라서 인간 주체의 이념적 고정성을 전복할 가능성이 있다. 이로써 의복이 전통적으로 의미하던 성 정체성도 바꿀 수 있다.

복장전도에 의한 퍼포먼스라는 면에 있어서 의복은 매우 중요한 역할을 하고 있다고 밝히면서 쿤은 다음과 같이 언급한다: "퍼포먼스라는 면에 있어서 의복은 가시적인 외부적 외양 — 이 경우 의복이 의미하는 젠더 — 과 보이지는 않지만 외양보다 더 '진짜'라고 여겨지는 실체 — 진정한 본성을 의복 밑에 문자적으로나 은유적으로 은폐할 수 있는 사람의 젠더 — 사이의 유희를 설정한다. 이처럼 외양과 실체의 이중성을 표현하는 데 있어서 가장 중요한 것은 육체의 근본주의, 기본적인 진실의 최종적 중재자로서의 육체적 특성에 대한 어필이다.(Kuhn, 2001: 75)" 여기에서 의복은 육체와 의복, '진정한' 자아, 고정된 이념적 젠더와 위장된 페르소나 사이에 거리가 있을 수 있음을 끊임없이 보여주며 그러한 잠재력을 실현하는 것으로서의 복장전도는 이러한 거리를 이용하고, 성적인 위장(sexual disguise)을 성 정체성의 고정성과 유동성에 대한 유희로 구축한다고 해석되고 있다.

쿤은 〈뜨거운 것이 좋아 *Something Like It Hot*〉(빌리 와일더 감독, 1959년)의 조세핀(조: 토니 커티스 분)과 다프네(제리: 잭 레몬 분), 그리고 이들이 여자로 변장하여 잠입하게 된 여성순회합창단의 리드 싱어인 슈가(마릴린 먼로 분) 간의 응시의 관계를 통해서 '보는 행위'와 복장전도를 통해 위장한 응시 행위자의 젠더 정체성에 대해 통찰력 있는 사례 분석을 보여주고 있다.

다리를 내놓은 원피스 차림의 여장을 한 조세핀과 다프네가 처음 등장하는 장면으로부터 시작하여 슈가를 처음 보게 되는 장면까지의 채 2분도 안 되는 시퀀스를, 쿤은 영화 서사에서 중요한 전환점을 이루며 일련의 비유와 차이를 설정하는 복장전도의 담론적 차원으로 간주하면서 다음과 같이 설명한다. 슈가와 조세핀/다프네 쌍의 시각적 처리는 고전 서사 영화가 여성 캐릭터를 관객의 시선의 대상으로 구축하는 몇몇 관행을 상기시키는데 가령 첫 번째 쇼트인 조세핀과 다프네가 걸어가는 뒷모습을 허리 아래 다리까지 찍은 뒷모습은 카메라가 다리와 엉덩이를 관음증적인 시선으로 바라보는 장면으로 문화적 차원에서 시선의 대상이 여성이라는 것을 시사한다. 동시에 이런 식으로 뒷모습을 비추는 것은 다리의 주인의 정체를 의도적으로 숨기지만 이는 오래 가지 않고 바로 조세핀으로 변장한 조와 다프네로 변장한 제리가 그 주인이라는 것이 밝혀진다. 이 장면에서 시선의 주인은 카메라이다. 그런데 곧이어 이들은 처음 마주치게 된 슈가를 본능적으로 훑어보게 된다.

카메라는 이들이 보는 각도에서 슈가의 뒷모습을 허리에서부터 다리까지의 미디엄 클로즈업으로 비추는데 이를 보는 다프네는 “저거 좀 봐! 저 여자 움직이는 것 좀 봐! 스프링 위에 젤로가 얹혀 있는 것 같아. 안에 모터라도 달렸나봐. 확실히 여자라 다르구먼!”이라고 감탄한다. 여기에서는 이들이 처음 등장하는 시점에서 카메라가 응시의 주체인 것과는 대조적으로 조세핀과 다프네가 응시의 주체가 된다는 것을 알 수 있다. 더욱이 다프네의 감탄은 또한 성적 차이를 구축하는 데 있어서 보는 행위가 어떤 역할을 하는지를 상기시켜 준다. 왜냐하면 이 시퀀스에는 영화적 발화와 볼거리를 통해 차이를 구축하는 복잡한 영화적 코드의 상호작용이 교묘하게 압축되어 있기 때문이다. 한편으로 여자로 변장한 조세핀과 다프네는 ‘진짜’ 여자인 슈가와 같은 시각적 취급을 받는 것처럼 보인다. 그러나 동시에 카메라와 조세핀/다프네 사이의 시점의 이동은 이들을 남성적으로 규정한다. 고전 영화에서 영화 속의 시선이 남성 캐릭터로부터 연유하는 경향이 있는 것이 사실이라면, 시점 쇼트에서 카메라와 캐릭터가 동일시되는 것은 남성적 동일시로 읽을 수 있는 것이다(Kuhn, 2001: 94-95참조).

이 영화에서 구사되는 시점의 이동을 통해 쿤이 말하고자 했던 점은, 여성이 '보여지는 대상'으로 구축되는 영화적 관행에 주의를 집중시키면서 진짜 여자와 가짜 여자 사이의 차이를 동시에 확인시키며 관객을 성 정체성의 전통적 기호의 인위성을 아는 관객으로 구축한다는 사실이다. 결론적으로 쿤은, 성적 위장을 다룬 서사에서 영화는 옷 속에 숨겨진 육체가 실제로는 성적 차이의 궁극적인 장소이며, 그 차이는 결국 절대적이라는 것을 단호하게 주장하고 있다.

영상문화 생산자로서의 행위성

이상으로 응시 개념이 역사적으로 '보는 주체'와 '보여지는 대상'의 젠더적 이분법에 기초하여 정의되어 온 과정을 살펴보았다. 버거의 '행동하는 남성과 보여지는 여성'의 공식은 오늘날의 영상문화에서 여전히 주로 통용되고 있지만, 구체적인 문화적 실천에서 이러한 공식은 점차 성별의 경계선을 따라서라기보다는 오히려 시선의 권력에 따라 유동적으로 변화하고 있다. 전통적인 젠더 이분법이 서서히 약화됨에 따라 남성들이 응시의 대상이 되기 시작했다. 특히 광고에서 남성의 몸 이미지는 점차 근육질의 강한 남성의 이미지로서만이 아니라 여성의 시각적 쾌락을 충족하는 '유순한 몸' 이미지로 등장하여 보여지는 대상으로서 기능하기도 한다. 현대 영화에서도 〈델마와 루이스 *Thelma and Louise*〉(1991년)같이 전형적인 응시의 개념을 벗어나는 영화의 출현을 들 수 있다.

1970년대 이후 적극적으로 활동하기 시작한 페미니스트 영화감독들은 응시의 개념을 변화시킨 주역들이다. 아녜스 바르다(Agnes Varda),

제인 캠피온(Jane Campion) 등 여성감독들은 가부장적 사회의 남성중심적 시선에 억눌려온 여성을 스크린의 주역으로 끌어내어 시선의 주체로서의 역할을 부여해왔다. 〈올란도 *Orlando*〉를 만든 샐리 포터(Sally Poter) 감독은 아예 남성이기도 하고 여성이기도 한 주인공을 내세워 시선을 받는 대상의 젠더 정체성을 해체해버리는 효과를 낳았다[3]. 더욱이 이 영화에서 주인공이 혹 관객을 대상으로 직접적인 화법을 구사함으로써 다만 관객의 대상으로서의 스크린 속 주인공이 아니라 상호작용하고 주인공과 관객이 모두 주체가 되는 대화 상대자로 소통하는 새로운 방식의 영화적 구도가 창안되었다. 그 뿐만 아니라 여성의 욕망을 당당하게 표면화하여 여성의 섹슈얼리티를 성적 주체로서의 존재 표현에 적극적으로 활용하는 영화가 1970년대 페미니즘의 영향을 받은 프랑스의 아녜스 바르다(Agnes Varda), 이탈리아의 릴리아나 카바니(Lilliana Cavani) 를 위시한 일련의 여성감독들에 의해 제작되었을 뿐 아니라 90년대 이후 한국에서도 〈밀애〉(변영주 감독, 2002) 등을 위시하여 점차 활발하게 등장하고 있다.

전통적인 응시의 이분법을 벗어나서 최근의 여성 관객성에 대한 페미니스트 비평가의 이론은 정신분석학적 접근으로부터 확장하여 주체의 위치나 보는 행위의 사회적 맥락의 다양성에 대해 인지하면서 다중적 응시의 시각체제를 발전시키고 있다. 이에 따라 '소비되는' 젠더 이미지를 넘어서서 이미지를 '생산하는' 능동적 행위자로서의 역할을 다양한 영상매체를 통해 실험하고 실천한다. 이것은 우리로 하여금 이미지가 고도로 통제된 방식에 의해 일방적인 권력관계에 따라 생산되고 유통되고 소비되는 메커니즘으로부터 벗어나서 유튜브 등 인터넷 매체를 통해 즉각적이고도 자유로운 소통방식에 따라 전지구적으로 확산되면서 생성되는 시각체제가 등장하고 있음을 환기시키고 있다.

---

3. 〈올란도〉에 대해서는 III부 젠더 이미지 재현의 현상학에서 보다 자세히 분석한다.

2 소비문화와 욕망의 이미지

소비사회에서 개인은 끊임없이 생산되는 상품의 홍수 속에서 상품 구매와 소비를 통해 욕구 충족을 최대화하는 존재라는 점은 누구도 부인할 수 없는 사실이다. 오늘날 후기 자본주의 사회의 소비문화는 단순히 소비재의 소비로 인한 욕망 충족의 단계를 넘어서 이미지, 기호, 상징상품을 사용하여 타인이 아니라 자신을 자아도취적으로 즐겁게 하는 환상화, 꿈, 욕망을 불러일으키는 메커니즘 속에 존재한다. 소비에 대한 개인의 욕망은 소비자 개인의 상상력으로부터 시작해서 소비의 패턴을 구성하는 행위양식, 그리고 이를 직접적으로 유도하는 광고나 간접적으로 소비를 둘러싼 주변 상황을 만드는 데 동원되는 유행과 스타일 등 추상적이고 사회심리적인 추동 방식이 매우 복잡한 양태로 드러나는데 이 모든 사회적 소비양식을 구성하는 근본적인 자리에 이미지가 존재한다.

소비문화에서 이미지는 크게 두 가지 범주로 나누어 생각해볼 수 있다. 첫 번째는 소비의 결과로 얻고자 하는 만족과, 누리고 싶어 하는 생활양식에 대한 환상, 그리고 소비를 통해 추구하는 가치나 지위를 향한 열망과 욕망 등으로 요약될 수 있는 추상적인 이상(ideal)과 아이콘(icon)이다. 두 번째는 추상적 개념이 구체적인 소비재로 구현되면서 기호나 상징을 통해 그림, 사진, 동영상 등 물질적으로 형상화된 결과물로서의 이미지이다. 여기에서 주목하고자 하는 것은 욕망의 시각화이다. 소비를 추동하는 욕망이 표상화하여 구체적인 대상 이미지로 구현되고 이는 또다시 광고 등의 자본주의적 궤도 위에서의 이미지로 또다시 욕망으로 연결된다. 따라서 소비문화와 이미지의 관계는 욕망과 긴밀하게 연결된다는 점에 주목하는 것은 피할 수 없는 일이다.

이 두 가지 범주의 이미지는 분리되어 존재한다기보다는 광고 등 소비과정에 깊숙이 관여하는 활동 속에 서로 유기적으로 연동되어 나타난다. 즉 소비를 추동하는 지표로서 특정 소비재를 소비함으로써 보다 안락하고 쾌적하고 고상한 생활로 이끌 것으로 기대되는 지위나 가치, 그리고 이를 모방하여 새로운 형태로 등장하는 유행 등이 아이콘(icon)으로 제시되면서 트리클다운 효과나 과시적 소비 등 근대 이후 이른바 소비혁명을 이끌어온 이론적 근거를 제공해오고 있다. 소비문화는 한편으로는 상품문화라고 할 수 있는데 이는 상품이 문화적 의미의 중심에 있는 문화를 뜻한다.

후기산업사회로 들어서면서 직접적인 물품으로서의 상품만이 소비자의 정체성을 구성하는 것이 아니라 점차 소비자의 환상을 자신에게 투사한 특정 이미지가 상품자아와 동일한 지위를 얻게 되기도 한다. 즉 환상이나 원망(Wunsch)을 향한 열망은 이미지를 재현하게 하는 것이다. 재현은 그러므로 언어나 이미지를 사용해 주변 세계에 의미를 부여하는 행위이다. 모방이나 미메시스가 아니라 우리를 둘러싼 세상을 또 다르게 해석하는 사회구성론적 접근은 특정한 문화적인 맥락에서 물질세계에 의미를 부여하게 만든다. 즉 물질세계는 재현 체계에 의해서 비로소 의미를 지니며 시각적으로도 '보일 수 있는 것(seen)'(Sturken & Cartwright, 2006: 3)이 된다(이수안, 2011: 202).

포스트모더니즘의 두 가지 기본적인 특징을 현실의 이미지로의 전환과 시간의 영속적인 현재로의 정신분열적인 파편화로 정의하는 제임슨(Jameson, 1984b)은 포스트모더니즘 같은 문화변동이 '후기 소비자(late consumer)', '다국적 자본주의 사회'의 심층논리를 표현하는 방식의 문화논리라고 본다. 특히 소비사회에서처럼 이미지와 기호로 침윤되는 사회는 없기 때문에 문화는 소비사회 요소 그 자체라고 보는 그의 견해는 포스트모던 문화가 전체 사회영역에서 문화의 엄청난 확장으로 인해 우리 생활 모든 것이 '문화적인 것'이 되었다고 강조하고 있다. '기호, 메시지, 이미지로 침윤된 소비사회'에 대한 제임슨의 견해는 이미지의 확산과 시뮬레이션 사회의 성장, 그리고 상품형식 논리를 연구한 보드리야르와 기본적인 선에서 맥락을 같이하고 있다.

보드리야르는 『기호의 정치경제학 비판 *The Critique of Political Economy of Sign*』 등의 저작에서 자본주의 상품은 소쉬르적인 의미로 기호의 의미가 기표의 자기준거적 체계 내의 위치에 따라 자의적으로 결정되는 기호화 방식을 이론화하였다(Featherstone, 1999: 90). 한편 제임슨은 초기 논문인 「대중문화에서 물화와 유토피아 *Reification and Utopia in Mass Culture*」에서 소비문화와 텔레비전 등 문화산업이 시뮬레이션 세계를 야기하는 이미지와 기호의 범람을 확산하고 이러한 문화를 매개하여 현실과 이미지의 구분에 영향을 미친다는 주장을 펼쳤다(Jameson, 1979; 1999). 보드리야르는 계급이나 규범 등 모든 사회적 결정요소를 능가하여 소비사회의 상품생산 논리가 문화의 결정적 요소가 되었다는 현대사회의 상황 파악을 통해, 이미지와 기호, 상징을 통해 환상과 현실과의 경계를 모호하게 만들고 이로써 문화에 의해 모든 것이 매개되는 사회를 부각시킨 제임슨의 포스트모던 사회의 물상화 이론과 맥을 같이하고 있다. 이는 결국 일상생활의 미학화와 연결되면서 벤야민이 『파사젠베르크』에서 묘사한 '환상적 세계'가 포스트모던 소비사회에서 광고, 백화점, 인터넷 쇼핑몰 등을 통해 이미지와 기호로 화려하게 부활하고 있다.

소비를 추동하는 욕망 기제로서 이미지

베블런의 '과시적 소비(conspicuous consumption)' 개념(Veblen, 1912)이나 짐멜(Simmel, 1904)의 '트리클다운(trickle-down)' 개념은 매켄드릭과 그의 동료들(1982)의 논문에서 18세기에 영국의 산업혁명 이후 등장하는 '소비 붐'을 설명하는 주요 개념으로 도입되었다. '트리클다운 효과'와 '과시적 소비' 개념이 이미지에 중요한 이유는 소비문화를 가히 소비혁명의 수준에서 이끌어온 추동력을 '가지고 싶고 누리고 싶은 가치'와 결부시켜 이미지화하여 대중들에게 영향력을 끼쳐왔기 때문이다. 소비가 신분이나 지위를 나타내는 상징적 지표로서 의미를 지녀온 것은 이미 18세기 이전부터의 일이고, 오늘날의 소비행위에 있어서도 여전히 설명력을 행사하고 있다는 점에서 이 개념은 유용하다. 예를 들어 베블런이 과시적 소비에서도 원용한 개념인 고색(古色 patina: 고색창연한 빛)은 맥크레켄에 의해서 퍼스의 아이콘 개념과 결합되어 지위 메시지의 대표적인 이미지이자 상징장치로서 해석되었다(McCracken, 1996). 이는 소비문화에서 추상적 이상과 아이콘으로서의 이미지가 구체적인 물질적 속성으로 구현되는 과정을 예리하게 짚어낸 통찰이라고 할 수 있다.

소비문화에서의 이미지를 형태별로 분류해보는 데 있어서 페더스톤(Mike Featherstone)의 소비문화 이론은 하나의 분류체계를 제공해준다. 페더스톤은 소비문화에 관한 세 가지 주요 관점을 다음과 같이 설명함으로써 모던 사회로부터 포스트모던 사회로 이행되면서 변화하는 소비에 관한 대중의 인식과 태도에 대해 비교적 명쾌한 설명을 제공하고 있다(Featherstone, 1999: 31). 첫 번째 관점은 소비문화가 자본주의 상품생산의 팽창에 따라 구매와 소비를 위한 소비상품과 소비장소의 형태로 막대한 물질문화의 축적을 야기했다고 보는 관점이다. 두 번째 관점은 보다 엄격한 사회학적 견해로 인플레이션 상황에서 상품에서 파생한 만족은 차이의 연출과 유지에 따라 지위와 만족이 달라지는 '제로섬 게임(zero sum game)'이라는 사회적으로 구조화된 접근과 연관되며 여기서의 초점은 사회적 연대나 차이를 창출하기 위해 사람들이 상품을 사용하는 상이한 방식에 있다는 것이다. 세 번째 관점은 소비에 따른 정서적 즐거움의 문제, 즉 소비문화의 환상과 욕구, 직접적인 신체적 흥분과 심미적인 즐거움을 다양하게 일반화하는 특정한 소비 국면과 관련된다.

이미지와 관련하여 특히 주목할 관점은 두 번째와 세 번째 관점이다. 사회적 연대나 차이를 창출하기 위한 소비의 이면에는 소비로 인해 발생할 수 있는 차이, 즉 부르디외 식으로 표현하자면 '구별짓기(distinction)'가 자신이 속한 집단보다 상층에 있다고 상상하는 집단이나 계급에 대한 상상과 환상을 스스로 이미지화하여 이를 자신에게 귀속시키고자 하는 행위가 존재하며, 이는 근본적인 맥락에서는 짐멜과 베블런의 이론과 밀접하게 연결되어 있다. 세 번째 관점은 포스트모던 사회의 범람하는 광고 이미지로 구체화하여 유추할 수 있는데 여기에서도 여전히 소비로 인해 성취될 것으로 상상되는 환상과, 이를 이루기 위해 상품을 선택하는 취향, 그리고 이를 구성하는 스타일과 유행 등의 요소가 추상과 구상으로 구분될 수 있다. 즉 한쪽에 상상과 환상을 출발점으로 하는 심리적 열망과 갈망이 아이콘의 형상으로 놓여있다면 다른 한쪽에는 사진이나 동영상 등 물질적으로 구체화된 이미지가 존재하면서 이들이 뚜렷하게 구분되어 있다기보다는 소비를 중심으로 끊임없이 혼합되면서 소비문화의 이미지 형성에 대한 주요 설명 구도를 만들어낸다.

근대적인 소비를 역사적인 산물로 보는 역사인류학적 관점은 서양의 '대변형(great transformation)'이 산업혁명만이 아니라 소비혁명도 포함한다는 것을 보여주고 있다. 소비혁명이 단지 취향, 선호, 구매습관에서의 변화가 아니라 근대 초기 및 근대 세계의 문화에서 근본적인 변화를 나타낸다는 것이다. 이제는 소비혁명이 서양의 시간, 공간, 사회, 개인, 가족, 국가 등의 개념들을 바꾼 것(McCracken, 1996: 29)으로 보는 관점이 보편적임을 드러내고 있으며, 이로써 소비와 문화의 매우 복잡한 연결 상태와 상호작용의 결과에 대해 학문적 관심이 환기되고 있다. 사회학계의 거장들인 뒤르켐(Emile Durkeim), 베버(Max Weber), 마르크스(Karl Marx), 짐멜 등은 모두 보다 큰 범주로서의 사회변형을 법, 경제, 산업 등 제도적·구조적 차원에서 주로 연구했는데, 이는 사회과학적이고 역사학적 탐구가 뒷받침됨으로써 가능한 연구였다. 그런데 최근 들어 포스트모더니즘의 영향을 받음에 따라 거대 경제이론과 사회구조적 접근으로부터 벗어나서 서서히 소비가 문화를 형성하는 중요한 계기가 된다는 점에 주목하는 연구들이 활발하게 진행됨으로써 소비혁명은 사회를 변형시키는 주요 범주 중 하나로 부상하고 있다. 이 중 보드리야르는 소비사회에서 인간의 소비를 둘러싼 욕망이 사용가치를 뛰어넘어 기호가치로 등장함으로써 근대사회의 소비를 통해 사회적 지위를 과시하던 '과시적 소비'의 핵심적 심리기제와 연관시킬 수 있는 논의를 전개하였다. 또한 부르디외는 보드리야르의 기호가치에 필적할 만한 개념, 즉 사회 계급에 따라 구별짓기의 기제가 작동하며 취향과 문화적 행동양식이 다르게 형성되는 계기로서 문화자본, 상징자본, 그리고 육체자본의 개념을 제시하였다. 이 두 가지 개념 범주, 즉 보드리야르의 기호가치와 부르디외의 문화자본은 소비사회의 물질적 교환체계 속에서 인간의 열망과 취향 같은 추상적 심리 역동이 어떻게 이미지화하는지 추적하는 데 있어서 매우 중요한 시사점을 제공하고 있다.

환상의 스펙터클 이미지

‘환상(fantasy)’은 이미지의 유형 중에서도 가장 정신적 이미지에 가까운 원형적 이미지이다. 생산주의적 관점에서 ‘소비’의 개념이 ‘파괴’, ‘소모’, ‘낭비’, ‘고갈’(Williams, 1976: 68)이었다면, 현대사회에 들어서서 ‘소비는 미덕’이 되고 소비자의 욕구와 즐거움의 충족은 오히려 생산을 고무하고 사회구성원들에게 강력한 동기부여를 함과 동시에 문화적 이미지 생성의 동기를 부여하는 것으로 평가되고 있다. 소비, 여가, 서비스를 목표로 하는 상징상품, 이미지, 정보상품이 폭발적으로 증가하는 사회에서 자본주의는 과잉쾌락을 부여하는 소비 국면과 이미지를 생산한다(Featherstone, 1999: 43). 페더스톤은 소비국면과 이미지가 예술과 일상생활 간의 경계를 와해시켰다고 보면서 소비문화에서 특히 주의 깊게 고찰해야할 부분을 다음과 같이 네 가지로 제시하고 있다. 첫째, 소비문화 내에 지속되는 전(前)산업적 카니발의 전통적 요소. 둘째, 축제의 전통요소들을 매개하는 이미지, 디자인, 광고, 록 비디오, 영화로의 변형과 대체. 셋째, 휴일 리조트, 스포츠 경기장, 테마공원, 백화점과 쇼핑센터와 같은 특정 소비 국면에서 이루어지는 카니발적 요소의 지속과 변형. 넷째, 축제요소들이 광범위하게 대중에 대한 위세적 스펙터클 형태나 특권적인 상층지위 형태를 띠면서 국가나 기업에 의해 과시적 소비로 이동하고 통합하는 경향 등이다.

박람회와 테마공원 등 도시의 경험은 바로 이러한 환상적 분위기를 제공해주는 대표적인 사례다. 박람회와 도시의 경험은 스펙터클한 이미지와 화려한 병렬, 경계의 혼란, 이상한 소리, 움직임, 이미지, 사람들, 연출, 상상적인 것, 이국적 위치의 시뮬레이션과 호화로운 스펙터클로 카니발 전통을 포진하고 있다. 백화점이 19세기 중반 파리에 처음 생긴 이후 지금까지, 특히 벤야민 같은 경우에 있어서 백화점과 아케이드는 강력한 ‘환상의 세계’로 대변되고 있다. 새로움을 향한 자본주의적·모더니즘적 충동으로 끊임없이 새롭게 전시되는 상품의 거대한 광경은 공동체와 잊혀지지 않았던 환영을 불러일으키는 환상적 이미지의 보고였다(Featherstone, 1999: 45). 벤야민은 이를 알레고리(allegories)라 불렀는데 이는 전통적 알레고리로 이중적으로 코드화된 메시지의 통합성이나 일관성을 지적하기 위해서가 아니라 위계적으로 질서지워진 고정적 의미가 용해되는 방식, 알레고리가 비추는 어떤 일관성있는 개념에 저항하는, 만화경적인 분절을 지적하고자 알레고리 용어를 사용한다(Wolin, 1982; Spencer, 1985; Featherstone, 1999: 45).

페더스톤에 의하면, 이렇게 미학화된 상품세계에서 백화점, 아케이드, 전철, 기차, 거리, 빌딩숲과 전시된 상품은 공간을 배회하는 사람들에게 배회자의 호기심과 과거가 대상과의 고유한 맥락에서 떨어져 나와 사물 표면에서 읽히는 환상적인 관계를 맺기 쉬운, 항상 변하는 정경으로 대체됨에 따라 망각되었던 꿈을 회상시킨다. 사진 이미지와 다양한 대중매체의 발달은 벤야민이 언급한 이러한 경향을 더욱 촉진시키고 있다. 페더스톤의 판단에 따르면(Featherstone, 1999: 45), 벤야민 이론의 예기치 못한 영향은 보드리야르와 제임슨의 포스트모더니즘에 대한 이론화에서 나타난다. 여기에서 초점은 예술과 실재가 '실재(the real)의 미학적 환영화'로 대체된 포스트모던의 '깊이 없음', 소비문화의 직접성, 강렬성, 지나친 감각주의, 방향감각 상실, 기표의 해방과 표류, 코드의 혼합, 이미지와 기호의 혼용 및 융해, 규칙혼합 등이다.

소비문화에서 특히 희소상품, 즉 오늘날의 한정판 맞춤식 의상이나 주문생산 가구, 또는 한정판으로 극히 소수의 생산품만 만들어내는 명품 백 등은 상품소유자의 지위를 나타내면서 동시에 이미지, 기호, 상징상품을 사용하여 타인이 아니라 자신을 자아도취적으로 즐겁게 하는 낭만적 진실과 환상화, 꿈, 욕망을 불러일으킨다. 상품을 소유하도록 추동하는 것은 다름아닌 희소가치에 투영된 현대인의 환상이며, 이는 또다시 상품을 둘러싼 이미지로 구체화 된다. 지위증거로서의 환상이 물리적 속성과 결합하여 이미지가 만들어지고 이것이 또다시 소비되는 연쇄작용을 잘 보여주는 상징적 사례로는 고색을 들 수 있다. 고색 사례는 귀족사회에서 대중사회로 넘어오면서 지위증거로서 고색이 어떻게 사회적 지위를 향한 '환상'이라는 이미지를 만들고, 이것이 '유행'에 자리를 내줄 때까지 얼마나 깊숙하게 소비문화의 핵심적인 요소로 작용하는지를 매우 잘 보여주고 있다. 맥크레켄에 의해 포착된 고색의 상징은 당연히 귀족층과 그들의 생활양식, 그리고 그에 동반되는 지위이다.

18세기 이전에 부자들이, 말하자면 귀족층이 좋아했던 고색은, 오랜 기간 이루어진 산화작용과 사용의 결과로서 그들의 소유물에 누적된 멋진 표면은 그들이 오래 전부터 높은 지위를 갖고 있었음을 보여주는 증거다. 즉 고색은 갑자기 만들어지는 것이 결코 아니기 때문에 오랜 기간 지위를 유지해온 귀족만이 가질 수 있는 '지위의 문지기(status gatekeeper)'이다. 즉 부와 함께 하는 신분, 명예, 그리고 이를 오랫동안 누려온 지배계급의 넘볼 수 없는 지위와 품위는 갑자기 돈만 많이 벌어서 된 벼락부자가 결코 가질 수 없는 지위표시인 것이다. 산업혁명 이후 부르주아 계급이 생성되면서 새로운 유행체계가 등장하는 과정에서 이 고색이 빛을 잃어가기는 했으나 지위 상징체계의 내용은 그에 상응하는 새로운 아이콘으로 대체되어 갔다.

고색의 본래적 정의를 설명하고 있는 맥크레켄(McCracken, 1996: 85)에 의하면, 물질문화의 물리적 속성으로서 고색은 '사물의 표면 위에 누적되어 있는 햇수의 작은 기호들'이며 가구, 금 은제의 식기류, 포크와 나이프류, 건물, 초상화, 보석류, 의복, 그 밖의 사람이 만든 물품이 그 최초의 청결한 상태에서 점차적인 변화를 겪으면서 고색을 띠기 시작하는 과정은, '사물이 매우 의미있는 상징적 속성을 획득하는 과정'이다. 따라서 맥크레켄은, 고색이 일종의 시각적인 지위증거(visual proof of status) 역할을 해왔다고 주장하면서 다음과 같은 논지로 이 주장을 뒷받침하고 있다. "사물에 누적되는 표면은 지극히 중요하며 색다른 지위 메시지를 기호화하는 데 이용되어 왔었다. 이 메시지를 색다른 것으로 만드는 것은 그것이 엄밀하게 말해서 지위의 주장과 관계없다는 것이다. 이처럼 비교적 단순하며 심지어는 진부하기조차 한 메시지는 지위 상징체계의 다른 — 보다 세속적인 — 측면들에 맡겨져 있다. 고색은 훨씬 더 중요한 상징의 짐, 즉 현재의 지위주장이 정당하다는 것을 시사하는 짐을 갖고 있다. 그것의 기능은 지위를 주장하는 것이 아니라 지위가 진짜임을 입증하는 것이다."(McCracken, 1996: 85)

한때 한국에서도 이와 유사한 소비행동이 포착되었으며 이러한 행동양식에서 '고색'과 유사한 지위표지가 숭상되었음을 알 수 있다. 70년대 강남개발과 급격한 산업화의 여파로 인해 생겨난 이른바 '배움이 짧은 졸부'들이 서점에 가서 가장 고급스러운 장정의 전집류를 미터 단위로 사서 서재를 장식하던 행위의 깊숙한 심리적 동기에는, 짧은 기간에 부자가 된 사람들이 자신의 열등의식 중 가장 중심에 있는 '못배운 티'를 숨기고 싶었던 심리가 잠재해 있었다. 교양있고 품위있는 지식인 행세를 하기 위해서는 그 무엇보다도 중요한 소품이 — 당시의 기준으로는 — '책'이었으며, 이왕이면 고급스러운 금박 무늬가 중후하게 들어가 있는 책표지를 가진 전집류가 선호되었던 것이다. 지금의 감각으로 보면 금박무늬가 오히려 자칫 천박해 보일 수도 있으나 그 기원은 맥크레켄이 서양 지위증거의 예시로 삼는 고색과 통한다.

서양의 고서적과 매우 유사한 문양의 금박무늬가 한국의 6,70년대 전집류에 그대로 재현되어 있었던 것은 아마도 우연이 아니었을 것이다. 그러나 이렇게 미터 단위로 구입하는 책은 당연하게도 오랜 시간 손때 묻혀가며 구독하고 쌓아둔 책이 보여주는 상징적 지위를 결코 소유자에게 담보해줄 수 없다. 이는 고색과 유사하여, 학식이나 교양은 사물 그 자체가 아니라 사물이 작용한 시간의 흔적 위에 축적되는 것이기 때문이다. 이른바 졸부가 비싼 스포츠카나 넓은 평수의 주상복합 아파트로 부를 과시할 수는 있을지 모르지만 근대 서양에서 고색이 지녔던 상징적 속성과 같은 비중으로 오래 간직한 서적이 상징하는 학식 증거를 가질 수는 없는 것이다. 이러한 지위증거는 현대에 와서는 좀 더 직접적인 경제적 상징으로 여전히 이미지화하고 있다.

지위표지의 차용과 과시적 소비

근대 이후 소위 소비혁명이 일어나면서 소비문화는 좀 더 노골적으로 물질적 부를 과시하는 방식으로 전개되고, 이는 귀족계급 사이에서 오래도록 지속되었던 부와 명예에의 귀속을 상징하던 '고색'이 더 이상 지위의 상징증거로서 역할을 유지하지 못하게 되는 시대가 되어가고 있음을 증명하고 있었다. 모방과 유행이 고색을 밀어내고 지위가 낮은 하층 계급의 사람들이 지위가 높은 사람들의 지위표지를 차용하면서 상층 계급의 사람들은 새로운 지위지표로 이동하는 트리클다운 효과가 나타나기 시작하였던 것이다. 그런데 맥크레켄은 다음과 같은 이유로 매켄드릭의 논조에 대해 비판하고 있다. 새로운 것이나 고상한 것(novelty)에 대한 새로운 애호가 유행 수용의 기초라면 이 애호가 어디에서 비롯되었는가, 즉 색다른 것이 우리에게 있어서 '못 견디게 매혹적인 마약(irresistible drug)'이 되었다고 말할 때, 이러한 정신상태의 근본적인 변화가 어떻게 일어났는지, 새로운 지출 중 많은 것이 경쟁적이며 지기 싫어하는 것에서 비롯되었다고 말할 때, 소비자들이 자신들보다 더 나은 사람들을 맹목적으로 모방하는 것인지, 그리고 그들이 지위전쟁에서 동료들과 경쟁하는 것인지 아니면 단지 자기 자신들과 자신들을 모방하는 열등한 자들 사이에 사회적인 거리만을 두는 것인지(McCracken, 1996: 36)에 대한 사회적 맥락을 명쾌하게 설명하지 못한다는 것이다. 그러면서 오히려 이러한 심리적이고도 사회적인 소비의 맥락을 윌리엄스(Rosalind Williams)가 잘 설명하고 있다고 소개하고 있다.

윌리엄스는 자신의 저서 『꿈의 세계: 19세기 말 프랑스에서의 대중소비 *Dream Worlds: Mass Consumption in Late Nineteenth-Century France*』에서, 19세기말 파리의 세계박람회와 백화점의 출현은 '대중소비의 꿈의 세계'로 소비자들을 이끌었고 이로써 새로운 소비상품과 소비습관이 거대한 사회변화를 유도하고 있으며 부르주아, 대중, 엘리트주의, 민주주의적인 네 가지 라이프스타일이 상호영향을 통해 소비에 있어 준거 집단의 확산을 가져왔다고 보고 있다. 또한 소비가 사회의 대변형에 어떻게 기여하였는가를 설명하는데 있어서는 찬드라 무르케지(Chandra Mukerji)가 주목한 바 "모든 사물의 상징적 및 의사소통적인 성격(symbolic and communicative character of all objects)"(Mukerji, 1983: 12)에 유의하는 것이 의미있다. 이로써 산업혁명의 필수적 동반 현상으로서 '소비혁명'이 일어나고 소비재가 지위와 부를 상징하는 이미지로서 고색창연한 사물의 자리를 이어받기 시작하였다.

짐멜의 트리클다운 이론은 유행의 변화와 그에 따른 소비행위에 있어서 사회계급적 집단의 모방과 차별화라는 두 개의 상충된 원리의 역학관계를 잘 설명하고 있다. 기본적으로 모방의 원리를 따르는 하위의 사회 집단은 상위의 사회 집단의 의복을 착용함으로써 새로운 지위를 주장하려 하는 반면, 상위의 사회 집단은 하위 집단과의 끊임없는 차별화의 원리에 따라 기존의 패션을 버리고 새로운 패션을 채용함으로써 옛 지위표지(status marker)를 하위집단의 요구에 넘기면서 폐기하고 새로운 것을 선택한다는 것이다. 이렇게 하여 상위 집단은 그 자신에게 독특한 지위표지는 새로운 표지로 대체하여 계속 지님으로써 그 지위표지가 의미하는 지위의 차이를 유지한다(McCracken, 1996: 201).

베블런의 과시적 소비이론은 호르크하이머(Max Horkheimer)와 아도르노(Theodor Adorno)의 문화산업론과 맞물리면서 좀 더 설득력을 갖게 되었다. 호르크하이머와 아도르노는『계몽의 변증법 *Dialektik der Aufklärung*』에서 역설한 바와 같이, 완전히 다른 타자 — 베블런에게 있어서는 유한 계급 — 에 대한 대중의 열망이 대량생산 시장논리 속에서 무조건적인 교환가치 추구로 나타나게 되는데 대중으로 하여금 이러한 무비판적 상태로 들어가게 하는 것이 근대 자본주의의 문화산업이라고 지적하고 있다. 아도르노는 일단 교환가치의 지배가 본래 상품의 사용가치에 대한 기억을 지우고, 상품이 어떻게 자유롭게 이차적이고 대체된(ersatz) 사용가치를 갖게 되는가를 설명하고 있다(Rose, 1978:25; Featherstone, 1999: 33). 로즈에 의하면 상품은 광범위한 문화적 결합체와 환상과 자유롭게 결합한다. 특히 광고는 비누·세탁기·자동차와 알콜음료같은 일반 소비상품에 로맨스·이국적 이미지·욕망·미·충족감·일체성·과학적 진보와 좋은 생활의 이미지를 부여한다(Featherstone, 1999: 33).

이러한 상품논리는 보드리야르의 기호가치론과 연결된다. 이에 따르면 기호는 상품과 결합하여 '상품-기호'로 생산되며 특히 매체와 광고에서 기호의 조작을 통한 기표의 자율성은 기호가 대상물로부터 자유롭게 움직일 수 있고, 결합관계의 복수적 사용이 가능함을 암시한다. 이러한 보드리야르의 기호학적 상품논리의 발전에 대하여 마르크스 이론의 관념주의적 왜곡과 유물론적 강조로부터 문화에 대한 강조로 필연적으로 이동하는 논리적 사례로 보는 견해(Preteceille and Terrail, 1985)도 있다. 이 견해는 보드리야르의『시뮬라시옹 *Simulation*』에서 보다 구체적인 이미지 이론으로 증명되고 있다. 페더스톤은 문화의 강조라는 점에 동조하면서 이러한 흐름이 제임슨(Frederic Jameson)에 이르러서 포스트모던 문화를 '깊이없는 문화'로 개념 정의하게 되는 단초가 된다고 진단한다(Featherstone, 1999: 34).

여기에서 강조되고 있는 점은 생산에서 이미지와 실재와의 차이를 부식시키는 매체를 통한 기호, 이미지, 시뮬레이션의 끊임없는 반복재생산에 있으며 이로써 소비사회는 사회생활이 비규제적이고, 사회관계가 보다 가변적이며 안정된 규범으로 구조화되지 못함에 따라 본질적으로 문화적이 된다는 점이다. 결국 기호의 과잉생산과 이미지, 시뮬레이션의 재생산은 안정적인 의미의 소멸과, 끊임없는 기묘한 병렬의 흐름으로 대중을 현혹하고 보는 사람을 안정된 감각너머로 유도하는 실재의 미학화를 야기한다는 점을 보드리야르의 시뮬레이션 이론은 보여주고 있다. 소비사회에서 문화는 '사회생활에서 모든 양상이 문화적으로 된다'고 말할 정도로 기호와 이미지의 침투를 통해 새로운 중요성이 부여된다(Jameson, 1984: 87). 여기서 소비문화에서의 이미지에 대한 결정적인 개념인 '기호와 이미지의 용해'가 대두되며 이는 후기산업사회에서 고급문화와 저급문화의 구분이 사라지고 '진지한' 고급문화와 환락적인 대중문화가 동등하고 자연스럽게 서로를 수용하게 된다는 제임슨의 견해를 이끌어내고 있다.

소비문화와 이미지 구성

소비라는 단어가 처음 등장했을 때 그 의미는 앞에서도 언급했듯이 '파괴', '소모', '낭비', '고갈' 등 매우 부정적인 것이었다. 그러나 후기산업사회로 접어들면서 소비재가 실용성과 상업적인 가치를 넘어서는 문화적인 의미를 가지고 있다는 점 또한 부인할 수 없다. 이 의미를 만들어내고 소비하는 과정에서 이미지 생산은, 광고나 새로운 스타일과 취향의 창출과 유행, 그리고 시대적 요구에 맞는 생활양식의 창조 등의 결과를 만들어낸다. 결국 문화가 이미지를 매개로 한 소비재를 통하여 사회구성원 개개인에게로 의미를 전달하게 되면서 소비문화가 소비자의 의식을 점진적으로 변화하게 만들고 이로써 생활양식의 변화를 가져오게 되는 것이다. 맥크레켄은 소비문화에서 의미의 이동을 다음과 같은 그림으로 설명하고 있다.

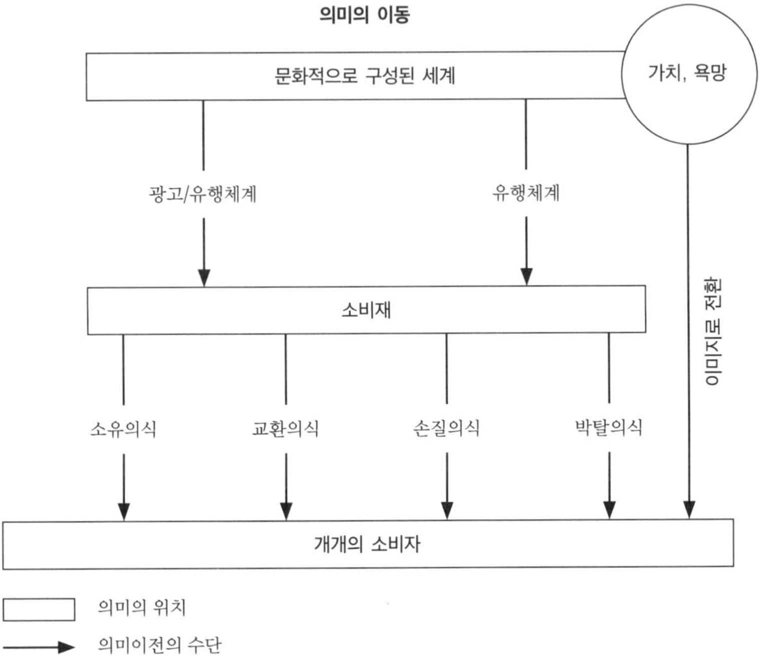

〈소비문화에서의 문화적 의미 생산과 욕망의 이미지화〉
(McCracken. 1996. p.163 도해에 첨가, 보완함)

맥크레켄은 지금까지의 문화적 의미에 대한 연구에서 발전된 이론에서는 이 의미가 끊임없이 이동한다는 것을 보지 못하고 있다고 지적하고 있다. 여기에서 의미는 디자이너, 생산자, 광고주, 소비자 등의 집단적 및 개인적 노력에 도움을 받아, 사회라는 세계에서의 몇몇 위치로 끊임없이 흘러가고 있으며 또 거기서 흘러나오고 있는데 이 의미의 이동에는 그림에서와 같은 전통적인 궤도가 있다는 것이다. 따라서 의미가 위치하는 곳은 세 군데, 즉 문화적으로 구성된 세계, 소비재, 그리고 개개의 소비자이다(McCracken, 1996: 162-163). 이러한 이론적 시각에서 본다면 의미 이동의 수단으로서 광고, 유행의 세계, 소비의식과 같은 활동들과 더불어 욕망, 가치 등의 심리적 역동 또한 포함될 수 있다. 따라서 소비문화 구조에서 이동하는 의미가 표상화되는 과정은 문화적으로 구성된 세계가 추구하는 가치를 광고나 대중매체를 통해 이미지화하고 이를 문화적 의미 이동의 다양한 경로를 통해 소비자에게 전달하여 새로운 가치로 내면화하게 하는 회로를 구성하게 된다. 이러한 논리에 따르면 이 그림에서 이미지 생산의 체계를 표시하자면 다음과 같이 추가될 수 있을 것이다. 즉 문화적으로 구성된 세계에서 구체적인 인간의 심리적 기제가 표출된다고 한다면 그것은 개인의 욕망이나 가치가 될 것이다.

문화적으로 구성된 세계는 재화가 머물러 있는 의미의 최초의 위치가 되는데 이것은 일상적인 경험의 세계다. 맥크레켄에 의하면 문화는 그것을 통해서 모든 현상을 보는 '렌즈(lens)'로서 이 현상들이 어떻게 파악되고 융합되는가를 결정하며, 또한 문화는 인간활동의 '청사진(blueprint)'이다. 이를 풀어서 설명하자면 렌즈로서의 문화는 세계가 어떻게 보이는가를 결정하고, 청사진으로서의 문화는 세계가 인간의 노력에 의해서 어떻게 형성될 것인가를 결정한다(McCracken, 1996: 165). 문화적으로 구성된 세계에 내재해있던 의미는 소비재로 이동하면서 광고와 유행체계를 거치게 되는데 바로 여기에서 이미지가 생산되고 유통되기 때문에 이미지는 문화적으로 구성된 세계의 가치나 규범, 때로는 욕망 등 추상적인 인간 의식이 구체적인 소비재로 물화(物化)되는 과정에서 필연적으로 등장하여 추상과 구체적 재화 사이를 매개하게 된다. 의미 이전의 체계 중에서 광고는 이미지 생산과 관련하여 직접적인 경로로 인식되는 반면, 유행은 좀 더 복잡하면서 단지 의미를 이전하기만 하는 것이 아니라 새로운 문화적 의미를 조심스럽게 만들어내기도 한다.

광고 - 소비재의 본질과 소비자의 욕망을 결합한 이미지

맥크레켄에 의하면, 광고는 소비재와 문화적으로 구성된 세계의 표현을 특정한 틀 속에서 결합시킴으로써 의미 이전의 잠재적인 방법으로 사용된다. 즉 소비재와 문화적으로 구성된 세계 간의 본질적인 유사성을 시청자 또는 독자가 알아 볼 수 있게끔 결합시키려하고 이 과정에서 상징적인 등가성이 성공적으로 확립하느냐, 그렇지 못하냐는 결국 두 의미가 제대로 결합되는지에 따라 결정된다. 광고회사의 크리에이티브 디렉터는 상징적인 속성을 소비자에게 배달하게 되는데 이 과정에서 매개가 되는 것이 바로 이미지이다. 그것은 예를 들면 자동차나 냉장고, TV 등의 소비재 광고에서처럼 구체적으로 물건의 속성과 매력을 가장 잘 드러내주는 속성을 표현하는 요소들로 구성되기도 하고, 아파트 광고에서처럼 그것이 가져다줄 새로운 생활양식의 안락함을 상상하게 하여 욕망을 불러일으키도록 추동하기도 하며, 때로는 기업광고처럼 기존에 가지고 있던 믿음을 브랜드 이미지를 통해 더욱 공고히 하기도 한다.

여기서 문화적으로 구성된 세계와 사물 간의 본질적인 등가성을 언뜻 볼 기회가 주어질 수 있도록 사진과 시각적인 자료들이 이용되어 생산되는 광고 이미지가 만들어진다. 이 이미지를 통해 잠재적인 소비자로 하여금 세계와 사물 간의 본질적인 등가성이 똑같다고 생각하게 만들면 바로 의미의 이전 과정이 진행된 것이라고 할 수 있다는 것이다. 이로써 이 소비재는 이제 그것이 전에는 몰랐던 문화적 의미를 '나타낸다'라고 평가되는 것이다. 시각적인 이미지와 언어 재료는 이 의미의 이전 과정에서 매우 특별한 관계를 취하는 것으로 보인다. 이를 근거로 앞의 그림 오른쪽 회로에서 의미 이전의 과정을 이미지 생산의 과정으로 전화하여 설명할 수가 있다. 이 과정에서 시각적인 이미지는 언어요소보다 훨씬 더 즉각적인 의미 이전을 하며, 언어

요소는 시각적 이미지가 미처 전달하지 못하는 부분을 보충적으로 설명해주는 역할을 한다. 이미지를 해독하는 궁극적인 역할은 시청자 또는 독자인데 이들은 의미있는 속성의 이전을 완수하는 과정에서 필수적인 참가자로서 광고 제작자의 작업을 사실상 완결하는 역할을 맡게 된다.

유행체계는 의미 이전에 있어서 훨씬 복잡한 과정을 거치게 되는데, 왜냐하면 이는 광고처럼 일사불란하게 전략적인 기획을 거쳐 만들어지는 것이 아니고 사회 구성원들이 소비재를 중심으로 자발적인 움직임을 첨가하는, 사회적이고도 문화적인 수행성이 요구되어 그 결과로서 나타나는 현상이기 때문이다. 유행체계는 의복이나 가재도구의 새로운 스타일을 취하여 문화적으로 구성된 세계에서 소비재로 이동하는데 이 과정에서 실제로 새로운 문화적 의미를 형성하게 된다. 이는 짐멜의 트리클다운 효과와도 연관되면서 지위가 높거나, 부자이거나 전통적인 사회 엘리트 집단이 여론을 이끄는 사람들로서의 역할을 하면서 소비와 라이프스타일, 습관의 새로운 전형을 만들고 이를 유포시킨다. 지배적인 문화좌표축에 의해서 형성되는 일종의 의미를 만들어내고 이를 실어 나르는데, 최근에는 사회적 지위와 더불어 아름다움이나 재능 때문에 여론을 이끄는 집단으로서 대중문화 스타들이 새롭게 부상하고 있다.

유행체계는 앞에서 지적한 것처럼 사회적 의미에 있어서 문화적 의미를 이전하고 또한 새로 만들어낼 뿐만 아니라 좀 더 급진적인 개혁에도 관계하는데 이로써 문화적 의미가 근본적으로 변화를 겪게 되기도 한다. 이를 주도하는 집단은 보통 사회의 주변에 있는 집단, 즉 히피, 펑크, 또는 게이 집단(Blumberg 1974; Field 1970; Meyersohn & Katz 1957; McCracken, 1996: 181)으로 이들 집단은 문화적 의미를 확산시키는 엘리트 집단보다도 훨씬 혁신적인 종류의 의미를 만들어내고 유포시킨다. 연령, 지위, 또는 젠더의 문화범주를 침범한다는 과정만으로도 새로운 문화적 의미를 발생시키고, 이때 발생한 의미는 기존질서의 전복을 유도하거나 최소한도 주류에 쉽게 흡수되지 않는, 새로운 '의미의 공급'이 되는 것이다.

의미의 확산 연쇄(diffusion chain)(Rogers, 1983)에 있는 사람들은 제품 디자이너 그룹과 패션 저널리스트, 그리고 다양한 층위의 사회관찰자들인데 이들은 사람들의 취향을 단념시키거나 고취시키는 데 일조하며 결국은 '사물 코드'에 의미가 주어지고 이를 확산시키는 데 중요한 역할을 한다. 지금처럼 인터넷이 발달한 상황에서는 사회관찰자 그룹에 온라인 블로거나 SNS사용자들이 포함될 수 있을 것이다. 여기에서 '사물 코드'에 의미를 부여하는 행위는 이미지 생산으로 구현되고 이는 구체적으로는 광고의 사진 이미지나, CF, 기타 동영상들의 형태로 나타나며 유행에 있어서는 소비자들의 뇌리에 심어지는, 스타일과 감각의 보다 추상화된 심상 이미지로 만들어지게 된다.

유행 - 차별화와 모방을 통한 이상적 이미지 추구

모방은 이미지의 근원적인 출발이기 때문에, 소비사회의 모방과 유행을 이론화하면서 대두되는 소비사회의 이미지 형성과정 연구에 중요한 시사점을 제공한다. 이 모방과 차별화의 지속적인 과정은 특히 19세기같이 위계적인 사회적 관계가 남아있는 사회에서 지위의 차별적인 분포가 지속되도록 하는 데 있어서 소비행위가 하나의 중요한 매개가 되고 있으며 상위 집단으로 하여금 지속적으로 새로운 지위 표지를 만들도록 자극하고 있음을 보여준다. 짐멜은 인류의 역사에서 본질적 삶의 형식들이 지속 및 끈기에 대한 관심과 변화 및 교체에 대한 관심을 조화시키는 가운데 사회 전체에 대한 헌신과 개체성의 관철을 타협시키고자 하는 시도 속에서 형성되어 왔음을 역설함으로써

(Simmel, 2005) 모방의 심리를 설명할 토대를 마련하고 있다.

짐멜의 트리클다운 이론에 있어서 중요한 개념을 계급적·사회적 차이가 현존하는 사회에서의 차이화와 모방이라고 한다면, 모방은 기본적으로 사람들을 심리적으로 안정시킨다는 의미에서 차이를 극복할 수 있는 계기가 된다. 짐멜은 모방을 "집단이 개인에게 행위 양식을 전수해주고 선택의 고통과 선택에 대한 개인적 책임감에서 해방시켜 주면서 그 집단 내부에 개인의 존립을 가능하게 해주는 현상"(Simmel, 2005: 56)이라고 정의한다. 또한 모방은 유행과 긴밀한 관계를 맺는다. 왜냐하면 유행을 따르는, 즉 모방하는 행위는 사회에 대한 개인의 의존 욕구를 충족시키기 때문이다. 여기에서 짐멜은 다음과 같은 논리로 유행이 계층적 산물이며, 유행을 만들어내고 이것이 유통, 확산되는 회로는 결국 상층에서 하층으로, 즉 계층적 위계로 연결된다는 점을 들어 트리클다운 이론의 근거로 제시하고 있다.

> 다른 한편 유행은 차별화 욕구를 만족시킨다. 다시 말해 구분하고 변화하고 부각시키려는 경향을 만족시킨다. 이는 유행의 내용이 변화되면서 현재의 유행은 언제나 내일의 유행과 다른 개별적 특징을 갖게 된다는 사실 뿐 아니라, 유행이 언제나 계층적으로 분화한다는 사실에도 입각한다. 상류층의 유행은 그보다 신분이 낮은 계층의 유행과 구분되고 낮은 신분의 계층에 의해 동화되는 순간 소멸된다는 사실도 이를 입증해준다. 유행이란 사회적 균등화 경향과 개인적 차별화 경향 사이에 타협을 이루려고 시도하는 삶의 형식들 중에서 특별한 것이다(Simmel, 2005: 57).

위에 인용한 짐멜의 발언에 대한 채니(David Chaney)의 해석같이 (Chaney, 2004: 76), 유행에서 내용과 형식은 사회적 정체성을 확증하는 포섭(inclusion)과 편입(incorporation)의 의미를 제공하는 동시에 개인들을 다른 사람들과 구별시켜준다. 보드리야르는 유행에 있어서 의미는 사회적으로 소외되면서 특정한 논리 없이 자유롭게 대체되면서 순환된다(Baudrillard, 1993: 87)는 견해를 피력한 바 있다. 여기서 의미가 없다는 것은 정말 아무 의미가 없다는 뜻이라기보다는 사람들이 의지를 가지고 선택할 상태를 지난, 일종의 환각 상태인 '매혹', 즉 무조건적으로 유혹당한 상태인 것이다. 이에 따르면 유행은 비합리적이기 때문에, 즉 실재의 미학적 환각을 주는 자기충족적 기호, 스펙터클한 기호이기 때문에 사람들은 이에 매혹당하고 연극적 사회성(Baudrillard, 1993: 94)을 구사하게 되는 것이다.

유행을 선도하는 것은 언제나 한 집단의 일부, 또는 특정인이며 집단 전체가 그를 뒤따를 때 비로소 유행이 성립된다. 그런데 이렇게 유행이 완결된 이후에는 더 이상 유행으로서의 의미가 없어진다는 점이 모순적이다. 즉 차별화의 매력이 없어지는 순간 유행은 유행으로서의 존재 의미를 상실하게 되는 것이다. 이로써 짐멜은 유행의 사회학적 의미를, 평준화 충동과 개체화 충동 그리고 모방하는 매력과 돋보이게 만드는 매력을 모두 똑같이 강조해서 표현하는 데 있다고 강조한다. 그런데 짐멜의 트리클다운 이론 중에서 주목할 점은 계층적 위계에 의해 유행이 상층에서 하층으로만 수직 이동 확산된다는 점이다. 이는 짐멜의 이론이 근대적 사회 배경 하에 통용된다는 한계점을 인식하게 하는 문제로서 보다 다변화한 현대사회에서는 유행의 발생이 반드시 상층에 국한되는 것이라고 하기 어렵다는 점을 확인시켜준다. 그럼에도 불구하고 분명한 점은 유행의 발생 회로가 사람들 마음속의 자화상, 즉 자신의 이상적 환상을 구현하기 위한 심리적 계기에 의해서 소비로 이어진다는 점이다.

물론 짐멜 자신도 사회 계층 간의 보수성과 유동성 경향의 차이를 분명하게 인지하고 있기 때문에 하층과 최상층의 비교적 보수적인 고정적 특성에 비해 중간계층, 근대에 들어서서는 부르주아 계급과 현대의 중산층이 소비와 유행의 핵심적 역할을 하면서 상층에서 하층으로 전달되고 확산되는 유행을 매개하는 유동적 중간층으로 존재한다는 점을 인정하고 있다. 짐멜의 트리클다운 이론은 유행에 대한 사회학적 함의에 대한 연구에 유용하게 적용되어 왔지만 미디어의 발달로 스타일의 수용에 있어서 사회적 집단의 계급적 지위 차이가 더 이상 가장 결정적인 역할을 하지 못하는 단계에 이르러서는 후대의 학자들에 의하여 다양한 이론적 변형이 이루어졌다. 소비행태를 바탕으로 소비자의 취향과 지식, 문화자본이 연관되는 방식에 대해서 연구한 부르디외(1984)와 더글러스와 이숴우드(Douglas and Isherwood, 1980)의 이론은 짐멜의 트리클다운 이론과 매우 밀접한 연관성을 보인다. 부르디외는, 취향이 생활양식을 결정짓는 방식과 이 취향이 또한 어떻게 문화자본으로서 계급과 연관되는지를 보여주고 있으며 더글러스와 이숴우드는 소비사회에서 사회관계를 나타내기 위해 상품이 사용되는 방식을 강조하고 있다.

스타일

유웬은 저서 『이미지는 모든 것을 삼킨다 *All Consuming Images*』(1988)에서 미국의 가장 패셔너블한 백화점 중 하나인 나이만 마커스 광고를 예로 들면서, 광고는 허버트 마르쿠제가 '대립물의 통합'이라고 기술했던 바를 구성할 수 있는 능력을 가졌다고 설명하고 있다. 어느 신문 지면에 난 한 여성의류 광고에서 두 가지 타입의 여성 모델을 보여주면서 독자들에게 '애티튜드(attitude)'[4]와 '래티튜드(latitude)[5]'라는 두 개

4. '태도' 또는 '자세'로 번역되는 애티튜드(attitude)는 나이만 마커스 광고에서는 격조 있는 태도나 품격을 의미하는 이미지로 표상화되었다.

5. '선택이나 행동방식의 자유'로 풀이되는 래티튜드(latitude)는 이 광고에서 애티튜드와 대조되는 의미로 서민 풍의 상대적 자유로움과 급진성, 그리고 자기중심적인 독립성 등을 표방한다.

의 상반된 스타일을 제시한다. 첫 번째 사진은 '애티튜드'를 표방한 이미지로서 챙이 넓은 모자를 쓰고 고급의상 티가 나는 코트를 입고 있는 균형잡힌 파리의 상류계층 여성 이미지를 나타낸다. 귀족적인 취미를 차갑고 자신만만하게 표현한 것으로 이때 글자꼴은 우아하고 보수적이다. 모델의 섬세한 손은 모자 가장자리를 만지작거리고 있으며 피부는 우유빛이고, 눈은 수동적이고 공허하다. 이 이미지가 재현하는 태도는 '사람이나 사물과 관련된 성향', '적절한 시간에 적절한 의상을 입는 것', '바르게 앉고', '일정한 방식과 기준', '누군가를 기쁘게 하기 위해 입는 것', '평가', '거리를 산책하는 것'으로서의 결론은 나이만 마커스라는 것이다.

같은 페이지의 날카로운 톱니선 맞은 편에는 상반된다고 말할 수 있는 또 다른 스타일 '래티튜드(latitude)'의 이미지가 제시되고 있다. 귀족들의 '교양 있는 세련미'와는 거리가 먼 이것은, 규칙을 깨고 금기를 위반하는 것과 관련되어 있다. 나른하게 생각에 잠겨있는 셈족 여성이 팔레스타인 머리수건을 쓰고 헐렁한 사막 케프탄을 입고 있으며 검은 눈은 은밀한 욕망의 방향을 응시하는 듯 옆을 비껴 바라보고 있다. 여기서 글자꼴은 굵은 낙서 스타일(graffiti)로 다음과 같은 내용의 광고문구가 휘갈겨져 있다: "래티튜드는 '행동의 자유를 허락하는, '좁은 규제로부터 자유로움이며', '기분이 날 때 장식구조를 변화시키고', '무엇이든 편하게 느끼는 것', '자신을 기쁘게 하기 위해 옷 입으며', '거리의 삶을 사랑하는 것'으로 규정되면서 이 또한 나이만 마커스로 귀결된다"(Ewen, 2004: 31-32).

여기서 광고는 다만 서로 상반되는 스타일을 제시할 뿐이다. 이미지를 제안받은 소비자는 자신의 취향과 욕망에 따라 선택하기만 하면 되는 것이다. 둘 중 하나이든 둘 다이든, 복종이든 자기결정이든, 보수적이든 급진적이든, 귀족계급이든 자유분방한 천민이든, 초자아(super ego)이든 이드(id)이든 스타일의 세계에서는 이 대립항 중 어떤 것이나 또는 동시에 구입할 수 있다는 점을 유웬은 강조하고 있다.

트리클다운 효과와 의복 소비의 젠더 차별화

맥크레켄은 짐멜의 트리클다운 이론을 좀 더 유용하게 수정하기 위하여 미국에서의 전문직 여성의 의생활 행동에 대해 연구함으로써 상위 하위의 사회집단 대신 젠더, 연령, 인종 등의 차원에 의해 상징이나 지위를 위해 모방하는 것이 아니라 선택적 차용이 이루어진다는 점을 지적하고 있다. 이를 좀 더 정교화하기 위하여 맥크레켄은 유행 상징체계에 따른 의복의 표현코드에 유의하였다. 의복이 지위, 연령, 젠더, 계급, 직업, 종교, 정치, 인종 등 상이한 범주들을 표현하는 능력을 통해 커뮤니케이션적이며 문화적인 기능을 행한다는 점을 지적하면서 의복은 '물질적 차이의 체계(system of material difference)'를 형성하며 따라서 '개념적 차이의 체계(system of conceptual difference)'를 전달한다는 이론을 도입한다.

의복의 기호가 단지 하나의 문화범주를 또 다른 문화범주와 구별하는 것만은 아니라고 주장되고 있다고 설명하면서 그는 "의복의 기호는 또한 그 두 범주가 서로 어떻게 다른가도 상징적인 방식으로 증명한다. 요컨대, 의복은 범주들 간의 차이를 나타낼 뿐만 아니라, 그 범주들 간에 존재하는 차이의 성질도 구체적으로 말해준다"(McCracken, 1996, 213)는 점을 역설한다. 맥크레켄은 트리클다운 이론을 수정하는 과정에서 남성과 여성의 의복 소비양식을 비교하면서 남성성과 여성성을 의복에 투영된 이미지로 설명하고 있다. 맥크레켄이 범주화한 남성과 여성이라는 문화범주 구별의 개념적 차이의 체계는 전통적인 젠더 정체성의 차이를 구체화하여 보여주고 있다.

> 이 진부한(이제는 당연히 반박되고 있는) 관점에서는, 남자는 보다 단순하고 직선적인 의복, 즉 거칠고 무거운 직물, 어둡고 보다 단색적인 색채, 예각적인 선, 그리고 마지막으로는 덜 정교한 스타일을 입어야하는 것이 적절한 것으로 간주되고 있다. 왜냐하면 그것이 문화적으로 주어진 남자의 성격을 가장 적절하게 나타낸다고 생각되는 의복의 성질이기 때문이다. 남자는 특히 일하고 있을 때에는 규율적이고, 냉정하고, 착실하며 진지한 것으로 생각되고 있다. 따라서 이 의상의 객관적인 특징은 북미 남성의 특징이라고 생각되는 것을 코드화하고 있다. 그리고 이처럼 똑같이 진부한 겉치레의 관점에서는, 여성은 덜 단순하고 덜 직선적인 의복, 즉 가벼운 직물, 밝고 다양한 색깔, 곡선, 그리고 훨씬 더 정교한 것을 입는 것이 적절한 것으로 여겨지고 있다. 의복의 이러한 물질적이며 객관적인 특징은 여성의 내적 성징이라고 생각되는 것을 가장 적절하게 나타내고 있다. 여성은 특히 일하고 있을 때에는 규율이 없고, 착실하지 못하고, 예민하고, 변덕스럽고, 수다스럽고 변하기 쉽다고 생각되고 있다. 요컨대 의복은 그것이 구별하는 문화범주의 상징적인 표현을 준다. 직장에서는 남성과 여성의 의복의 상징적인 성격이 특별한 의의를 지닌다. 하위집단으로서의 여성은 직장에 적극적이며 평등하게 참가할 자격이 없다는 성질을 표현하는 의상이 자신들에게 할당되어 있다고 생각한다. 그들의 의복은 능력, 자격, 신뢰감 등의 결여를 나타내고 있다. 이와는 대조적으로 상위집단으로서의 남성은 직장에서 우월한 지위를 주장하고 정당화하는 의상을 갖고 있다. 그들의 의복은 그들의 직업역할에 가장 유효한 성질인 능력, 규율 및 신뢰성을 표현하고 있다(McCracken, 1996: 214-215).

여기서 1970년대에 직장생활을 하는 남성과 여성의 젠더 관계가 의복에 투영됨으로써 사회계급이라는 엄격한 위계구조는 아니지만 당시의 사회적 상황을 반영하는 남성과 여성의 젠더 이미지가 그대로 드러남을 알 수 있다. 또한 전문직에 진출한 남성과 여성의 동등하지 못한 지위가 결국 하위집단으로 위치지워진 여성들로 하여금 남성 의복이 보여주는 능력, 규율, 신뢰성을 획득하기 위하여 남성들의 의복을 전유하게 된다는 것이다. 즉 상징적인 보완물로서 의복을 선택하여 모방하게 되는데, 짐멜의 트리클다운 이론에 충실하자면 이 단계에서 남성집단의 차별화 행동이 나타나야 한다. 즉 기존의 문화적 범주를 넘어서는 새로운 패션을 찾아야 하는 것이다.

맥크레켄은 차별화과정을 남성패션전문지 『에스콰이어』에 나타난 새로운 패션경향인 '영웅적인 우아함으로의 복귀(return to heroic elegance)'의 출현으로부터 찾는다. 즉 사치스러운 직물, 독특한 디테일, 셔츠의 꺾어 접는 커프스, 정교한 커프스 단추, 조끼, 여러 가지 종류의 매우 인상적인 액세서리 등을 사용하여 '오소리티 룩(authority look)'을 완성함으로써 옷을 입는 사람의 영웅주의(heroism)를 표현하는 것이며 이는 명백한 정치적 의의를 갖도록 디자인된 권력의 성명이라는 것이다. 이러한 사례를 들면서 맥크레켄은 짐멜의 트리클다운 이론이 상징이론과 유행변화의 문화적 맥락에 대한 새로운 주목으로 보완되어 유용성을 확인받는다고 주장한다. 짐멜의 트리클다운 효과 이론은 또한 부르디외의 취향과 생활양식의 연관성 논의에서 새롭게 접목된다.

이미지화한 기호가치의 소비

오늘날 사람들은 사용가치만을 보고 물건을 사는 것이 아니라 똑같은 사용가치를 가졌더라도 각자의 취향과 기준에 따라 다른 가격의 물건을 구매한다. 가령 얼굴에 바를 로션이 필요하여 구입하려 했을 때 화장품회사들이 제품화하여 시장에 내놓은 천차만별 가격대의 로션들이 있을 것이고 소비자들은 각자 자신의 판단에 따라 로션을 구입한다. 대체로는 구매능력이 닿는 한 보다 고급스러워 보이고 미용에 있어서 보다 효능이 있다고 알려져 있는 브랜드의 로션을 구매할 것이다. 이는 자동차나 아파트같은 덩치가 큰 소비재에서 더욱 두드러지게 나타나는 현상이다. 사람이 타고 이동하는 수단으로서의 자동차가 갖는 사용가치는 일정하지만 크기나 외양, 그리고 무엇보다도 가격의 차이는 엄청나게 다양하다.

이렇게 볼 때 자본주의의 발달에 따라 오늘날 사람들이 사용가치로만 소비하는 것이 아니라 그 상품이 가지는 기호적 가치를 소비하게 된다는 사실은 사뭇 자명하다. 즉 어떠한 상품을 소비하느냐에 따라 그 소비자의 신분과 지위, 취향과 귀속된 공동체의 상징이 표출되는 것이 매우 자연스러운 일인 것처럼 되었다. 자본주의가 급속도로 발전하던 1920년대에 포드주의적 대량생산이 본격적으로 궤도에 오르면서 상품이 엄청난 양으로 시장에 유입되는 시기에 이미 상품은 사용가치를 넘어서 특별한 기준에 의해 소비자로부터 선택되어야 하는 상황을 맞이하게 되었다.

소비사회는, 그러므로 보드리야르가 정의한대로 지위이동이 가능한 유동적인 사회이다. 지위이동은 그에 합당한 문화적 요구를 수반한다. 즉 "폭넓은 층의 사람들이 사회계급을 한 단계 올라가면 그와 동시에 문화적 요구를 지니게 되는데 그것은 그 지위를 기호로 표시하고 싶은 욕구에 다름아닌 것이다. 사회의 어느 수준에서도 '위의 계층에 올라간' 세대는 자신들에게 어울리는 사물의 파노플리를 원한다."(Baudrilliard, 2004: 155)고 말할 수 있다. 이런 맥락에서 살펴보자면 짐멜의 트리클다운 이론이나 베블렌의 '과시로서의 소비' 개념은 상품이 갖는 사용가치보다는 상징적 의미, 즉 기호적 가치가 상품의 소비에 있어서 주요 기준이 된다는 것을 말해준다. 즉 상품이 갖는 이미지가 내포하고 있는 사회적 지위, 젠더의 표상적 의미 등 그 사회가 위계화해온 가치체계가 선택을 결정하고 소비행동을 이끌어간다고 할 수 있다. 보드리야르는, 상품은 이제 사용가치가 아니라 의미를 낳는 기호적 가치를 가진다고 보면서 따라서 상품을 기호로 다루는 기호의 정체경제학이 필요하다고 역설한다. 기호적 가치는 상품의 사용가치를 훨씬 뛰어넘어서 물질적 가치이면서 동시에 심리적 욕망 충족의 기능을 가진 이미지로 전화한다. 다음의 인용문에서 이러한 성찰이 잘 드러나고 있다.

> 상대로서 조합되는 다른 사물과 완전히 무관하게 그 자체만으로 제공되는 사물은 오늘날에는 별로 없다. 이 때문에 사물에 대한 소비자의 관계가 변해버렸다. 소비자는 그 특수한 유용성에서 이러저러한 사물과 관계하는 것이 아니라 그 전체적인 의미 속에서 사물의 세트와 관계하는 것이 된다. 세탁기, 냉장고, 식기세척기 등은 도구로서의 각각의 의미와는 다른 의미를 가진다. 쇼 윈도, 광고, 기업 그리고 특히 여기에서 주역을 행하는 상표는 하나의 사슬처럼 거의 떼놓을 수 없는 하나의 전체로서 일관된 집합적인 모습을 부여한다. 이때 그것들은 일련의 단순한 사물들이 아니다. 소비자를 보다 복잡한 일련의 동기로 유도하면서 서로에게는 보다 복잡한 초(超) 사물(super-objet)임을 뜻하고 있는 한에 있어서는 사물은 일련의 의미하는 것(signifiants)이다(Baudrilliard, 2004: 15).

보드리야르는 이 글에서 특수한 유용성에 의거하여 사물을 소비하는 것이 아니라 소비의 관계망 속에서 상품이 '보다 복잡한 초(超) 사물로서의 사물이 의미하는 것, 즉 기표(signifiants)'가 된다는 점을 지적하고 있다. 다시 말하자면 이 글을 통해 상품이 소비자에게 일련의 상표로서, 즉 이미지로서 기능하게 되는 과정을 표현했음을 유추할 수 있다. 이로써 기호조작의 질서인 소비질서가 생산질서와 얽히고 있는 현대의 소비사회가 기호에 의해서 존재함으로써 많은 기본적인 면이 의미작용의 논리와 기호 및 상징체계의 분석영역에 속하고 있음을 보여준다. 그리하여 "어떤 의미에서는 이미지 및 사실 그리고 정보에 의해 일반화된 소비도 현실을 현실의 기호 속으로, 역사를 변화의 기호 속으로 쫓아버리는 것을 목적으로 한다고 말할 수 있다”(Baudrilliard, 2004: 25)라고 보면서 이미지 속에 표현되고 소비되는 것을 우리의 ‘환상’이라고 명명하고 있다. 이런 맥락에서 본다면 소비사회에서 소비되는 것은 사실상 실물로서의 상품이라기보다는 그것을 가지고 싶어하는 욕망이 빚어내는 환상, 어쩌면 그 욕망의 근원을 이루는 환상일 것이다.

시뮬라크르의 전형 - 유행과 상품 브랜드

보드리야르의 논리대로 한다면 상품은 효용성이라는 사용가치를 넘어서 이미 소비의 질서 속에 기호로서 존재하면서 물질적 실체 너머의 소비를 규정하고 유도하여 이미지화하고 이는 브랜드라는 시뮬라크르로 발전하면서 소비자의 욕망을 충족시켜 나간다. 오늘날 긴급하게 공급되는 생필품 외의 모든 상품이 고유의 브랜드를 가지고 라이프스타일에 따라 차별화된 욕망 충족을 목표로 생산되고 유통되며 이 과정에서 광고를 통해서 끊임없이 만들어지는 이미지가 중요한 매개의 역할을 한다.

『시뮬라시옹』에서 보드리야르는 자본주의 사회가 진행되면서 이미지가 사실성을 감추고 본질을 더 이상 상기할 수 없게 하는 시뮬라크르로 변화하는 끊임없는 복제 과정에 대해 설명하면서, 지속적으로 벌어지는 표상과 본질 사이의 간격에 대해 우려의 시선을 보낸 바 있다. 이것은 사실상 현대의 소비사회에서 우리가 필연적으로 당면하는 문제로서 그것의 일차적인 시뮬라시옹 과정이 상품 소비에서의 차별화된 상품과 그 브랜드의 출현으로 집약적으로 표출되고 있다. 이는 또한 상품광고에서 주도면밀하게 이루어지는 차별화의 내러티브가 주효한 결과이기도 하다.

보드리야르에 의하면 소비과정은 다음과 같은 두 가지 근본적인 측면에서 분석될 수 있다(Baudrilliard, 2004: 72). 첫째, 소비활동이 포함되고 의미를 갖게 되는 코드(code)에 기초한 의미작용 및 커뮤니케이션의 과정으로서의 측면으로 이 경우 소비는 교환체계이며 또 언어활동과 같다. 둘째, 분류 및 사회적 차이화의 과정으로서의 측면으로 이 경우 기호로서의 사물은 코드에서의 의미상의 차이 뿐만 아니라 서열에서의 지위상의 가치로서도 정리된다. 여기에서는 소비가 전략적 분석의 대상이 될 수 있는데 그러한 분석은 지식, 권력, 교양 등의 사회적 의미를 가지는 것들과 관련해서 지위를 나타내는 가치들의 배분 속에서 소비의 특정한 비중을 측정한다.

사람들이 사물 자체를 사용가치에 준하여 소비하지 않으면서 자신을 타인과 구별짓는 기호로서 사물을 항상 조작한다는 것이 분석의 전제가 된다. 이 과정에서 사람들이 자기집단에의 소속감을 표출하기 위해서이든 또는 보다 높은 지위의 집단을 준거로 삼아 자신의 집단과는 구분하기 위해서이든 차별화의 기호로 사물을 소비한다는 점은 변하지 않는다. 이점에 있어서는 짐멜의 트리클다운 이론과도 일맥상통하는 점이 있다. 짐멜의 트리클다운 이론이 사회계층적 집단과 성별 집단의 위계구조 등 상하 의식이 적용되는 집단 간의 유행의 확산과 차별화를 야기한다고 한다면 보드리야르가 지적하는 차별화는 타인과 자기를 구별짓기 위한, 본질적으로 개인을 초월해있는 코드로서 둘 간에는 개념적인 차이가 있다.

즉, 타인과 자기를 구별짓는 것은 동시에 항상 차이의 질서 전체를 만드는 것이 되는데, 이 질서야말로 처음부터 사회 전체가 해야 할 일이며, 좋든 싫든 개인을 초월해버리는 것이다. 각 개인은 차이의 질서 속에서 점수를 얻어 질서 그 자체를 재생산하며, 따라서 이 질서 속에서는 어쩔 수 없이 항상 상대적으로만 기록된다. 그러므로 "각 개인은 차이에 의한 자신의 사회적 득점을 절대적인 득점으로 체험하지만, 질서 내의 위치는 교환되도록 하면서도 차이의 질서 자체는 그대로 남게 하는 구조상의 제약은 체험하지 못한다”(Baudrilliard, 2004: 73)는 점을 분명히 함으로써 차이화의 강제라는 점에 있어서 개인이 미처 생각하지 못하고 있는 상황에 대해 설명한다. 이 상대성의 강제만이 소비의 기본적 성격, 즉 ‘한계가 없다’라는 성격을 해명할 수 있다는 것이다.

사람들의 욕구가 상품을 선택하게 하고 또한 차별화된 욕망은 소비자들 개개인에게 원하는 상품의 이미지를 만들어내도록 추동하는데 이때의 이미지는 심상, 즉 마음에 떠올리는 그림으로서의 이미지이다. 이는 원하는 바를 형상화한 것인데 이러한 욕구에 대해 경제학자, 심리학자, 사회학자들이 각기 다른 정의를 가지고 있다고 보는 보드리야르의 설명을 요약하자면 다음과 같다. 경제학자에게서 욕구란 ‘효용’이다. 즉 경제학자의 입장에서는 소비를 목적으로 한, 재화의 효용을 소멸시키는 것을 목적으로 한 특정 재화에 대한 욕구가 가장 중요하며 결국 지불능력이 있는 수요를 지칭한다.

심리학자들에게 있어서 욕구란 ‘사물지향적’이기보다는 ‘본능지향적’이면서 생득적이고 불명확한 일종의 필연적인 성격을 지닌 ‘동기’다. 이에 반해서 사회학자들과 사회심리학자들에게 있어서 욕구는 ‘사회문화적’ 성격을 가지고 있다. 사회학적 관점에서 개인은 욕구를 가지고 태어났으며 본성에 따라서 그 욕구를 충족하려는 존재라고 하는 인간학적 가설과, 소비자는 자유롭고 의식적이며 자기가 무엇을 원하고 있는지를 알고 있는 존재라고 하는 견해를 의심하지 않고, 이러한 관념론적 가정을 기초로 해서 욕구의 ‘사회적 역학(social dynamic)’이 있다는 것을 인정한다는 것이다(Baudrilliard, 2004: 85-87). 그리고는 집단 내의 관계에서 끌어낸 순응 및 경쟁의 모델과 사회 전체나 역사와 관련되어 있는 큰 ‘문화모델’을 등장시킨다는 것이 보드리야르의, 소비에 있어서의 사회학적 관점에서 정의하는 욕구에 대한 견해다.

근대적 의미에서의 생산이 사용가치를 갖는 소비재를 만들어내는 것이었다고 한다면 후기 근대의 소비사회는 모든 것을 소비의 대상으로 삼게 되었다. 보드리야르는 마르크스가 보여준 시장의 발달과정과 시장의 특징인 교환가치의 세 단계 발달과정을 수정하여 세 번째 단계인 소비사회 또는 포스트모던 시대에는 경제적 생산영역과 문화 및 이데올로기 영역의 구분이 더 이상 가능하지 않다고 말하고 있다(Baudrilliard, 1992a). 이는 문화적 생산물, 이미지, 표상형식 더 나아가서 감정이나 심리구조까지도 경제영역의 일부로 자리잡기 때문이다. 보드리야르는 현대사회를 소비사회라고 전제하면서 소비자본주의의 문화적 논리를 일상생활의 기호학으로 풀이한(Lash & Urry, 1987; 남은영, 2007: 15) 그의 초기 저작 『기호의 정치경제학 비판』에서 '우리는 사물이 아니라 단지 기호를 소비하고 있다'는 논지를 펼쳤다. 이로써 소비사회에서 소비의 핵심에는 의미체계와 기호학적으로 연결되어 있는 '기호가치'가 자리잡게 된다(이수안, 2011: 200).

오늘날의 소비사회는 문화상품이 쏟아져 나오고 사회적 이미지나 기호가 상품으로 여겨지는 시대이다. 이러한 포스트모던 소비사회는 '기호의 정치경제'를 만들어내고, 기호의 법칙과 약호(code)의 법칙에 의해서 움직이는 사회이다. 그러므로 보드리야르는 마르크스의 중요한 개념인 생산양식이 포스트모던 소비사회에 와서는 기호/의미화작용양식(mode of signification)으로 바뀌었다고 주장한다. 즉 보드리야르에 따르면 상품은 사용가치와 교환가치뿐 아니라 기호가치를 지니며 나아가 상품의 소비는 사용가치(유용성)에 의해서가 아니라 기호가치(상징적 의미)에 의해 규정된다. 이에 따르면 사용가치는 소비의 전제조건에 불과하며 기호가치가 현대사회에서 소비의 진정한 의미라고 할 수 있다(이수안, 2011: 200).

현대사회에서 소비는 물질에 관한 행위라기 보다는 기호를 조작하는 행위로 전화되고 있다. 보드리야드의 분석에서 상품의 소비는 행복, 안녕, 풍요로움, 성공, 위광, 에로티시즘, 모더니티 등을 의미한다. 그는 그러한 소비자의 심성을, 소비를 통치하고 있는 일종의 '마술적인 사고(magical thought)'로서 기술하고 있다. 이는 팬들에게 일종의 우상적 지위를 갖는 대중문화 스타를 둘러싼 무조건적 숭배의 심리적 자세로부터 유추해볼 수 있다. 기호가치의 소비는 다음과 같은 점에서 사회적 측면을 띠게 된다. 첫째, 사물의 사용가치는 소비자 혼자서 즐길 수 있지만 그 기호가치는 항상 다른 사람 및 다른 사물과 관련되어 있기에 소비자는 결코 혼자서 소비하지 않는다. 둘째, 기호로서 사물은 사회적 서열에서 차이가치를 갖기 때문에 기호가치의 소비는 타인과 구별짓는 행위가 된다(Baudrilliard, 1992b).

보드리야르의 소비의 사회, 포스트모던 기호학은 현대 소비사회의 현실을 정확하게 볼 수 있는 틀을 제시하고 있으며 소비사회, 기호의 소비, 시뮬레이션 등의 분석을 찾아낼 수 있게 한다. 보드리야르는 이러한 영역들을 지배하는 것이 교환가치나 시장이 아니라 바로 기호가치의 코드일 경우에 자본주의적 시장관계에 의해 예술, 미디어, 성, 자연 등의 타락을 비판하는 것은 시대에 뒤떨어지고 낭만적인 것이라고 간주하면서 '코드의 지배'와 기호가치의 증식이 노동의 지배와 생산의 영역보다 더 중요하다고 강조(배영달, 1998)하는 것이다(이수안, 2011: 201).

욕망의 이미지 기호화와 소비적 자아

광고는 흔히 '자본주의의 꽃'이라고 불린다. 소비사회에서 집적된 욕망을 구체적 소비로 이끄는 광고는 소비재 또는 소비되는 생활양식을 반드시 욕망하게 만들기 위해 가장 이상적인 상태로 보이도록 만드는 상상과 환상의 구체적 표상이다. 소비사회에서 욕망과 광고의 관계는 매우 정교한 인과관계를 가지고 있다. 그런 의미에서 갤브레이스가 광고와 상품 판매의 기능에 대해 “욕망을 창조해서 이전에 존재하지 않았던 결핍들을 존재 속으로 가져오도록 하는 것”(Galbraith, 1977: 145)이라고 규정한 것은 매우 명확하며 그러므로 설득력이 있다. 결국 ‘모든 욕망은 광고의 산물’이라는 명제가 소비자본주의 사회를 설명하는 가장 단순한 도식이다. 그 욕망이 소비사회를 살아가는 사람들의 마음 속 그림, 즉 이미지가 되는 것이다. 채니가 지적하듯이 “근대의 시각적 이미지의 혼란과 복잡성을 가장 명백히 보여주는 것은, 그리고 어찌할 수 없이 찰나적인 형태는, 광고의 거대한 범람”(Chaney, 2004: 141)이라고 하는 것이 타당성을 얻는 맥락이다. 광고가 구현되는 형태는 잡지나 거리의 포스터 등에서 보는 인쇄 이미지와, TV나 인터넷 등에서 방영되는 동영상 이미지로 대별된다. 최근에는 TV드라마나 공연 등에 소비재를 끼워넣는 간접광고(PPL: Product Placement)까지 만연하여 소비재 자체만이 아니라 그 소비재를 소비하는 생활양식까지 함께 광고하는 방식으로 발전하고 있다.

광고가 생산물로 하여금 이를 소비하는 개인 또는 집단 사이에서 이미지로서 의사소통을 매개하도록 연결한다는 견해를 밝히고 있는 라이스 등은 생산물이 20세기 동안 개인 또는 집단 사이에서 발전해온 네 단계의 구성을 우상숭배(idolatry), 도상주의(iconology), 나르시시즘(narcissism), 그리고 토테미즘(totemism)으로 명명하고 있다. 우상숭배 단계에서 생산물은 순수한 사용가치로 존재한다(Leiss et al. 1986: 278). 도상주의 단계에서는 생산물에게 상징적 속성이 주어진다. 나르시시즘 단계에서는 생산물이 개인화되며 개인 간에 상호 평가된다. 마지막으로 토테미즘 단계에서 생산물은 그 모습과 행위에 의해 규정되는 집단성을 위한 기호 혹은 지표로서 나타나게 된다. 마지막 구성인 토테미즘 단계에서 이미지를 통한 의사소통을 전제로 한 현재의 소비양식이 지배적으로 된다. 이로써 라이스 등에 의해 다음과 같이 역설하는 근거

가 주어진 것이다: "소비는 스펙터클, 공적 사업을 의미하게 된다. 생산과 관련된 이미지는……주로 생활양식과의 연관에 의해 사회적 집단성을 위한 표상이 된다"(Leiss et al. 1986: 295; Chaney, 2004: 143).

'환상 속의 생활양식'을 소비하도록 만들기 위하여 광고는 일차적으로 소비자를 현혹시켜야 한다. 그러려면 이성적이고 합리적인 사고를 마비시켜야 하는데 이는 반복과 작위성을 통해 소비자를 매혹시키는 언술을 구사함으로써 달성된다. 이로써 골드만과 팝슨이 해석한 바 대로 새로운 화술혁신은 '과잉실재적 암호(hyperreal encoding), 성찰성(reflexivity), 과잉기표(hypersignifier)(Goldman and Papson, 1994: 24)'의 전략을 쓰게 된다. 이것은 광고에서 이미지가 구사되는 전형적인 방식이다. 채니에 의하면(Chaney, 2004: 144), 모든 것을 자기의식적으로 암호화시키는 기제로서 표상의 외양이 더 중요해지며, 표상의 기제에 대한 강조 속에서 마치 상품미학의 암호인 메타언어의 기능성을 부정하는 것처럼 나타난다. 즉 전통적으로 사용되던 연속성의 화술형태를 분열시키는 편집 기술의 사용, 통상 기록물 제작이나 여타 비상업적 진정성에 대한 주장을 나타내던 카메라 통제 및 기술적 도구의 무용화, 그리고 분열되고 파편화된 담론 등, 현재의 광고는 임의성과 궁극적인 비관련성 및 불가피성을 주장한다는 것이다. 광고에서 상품의 본질적 속성인 사용가치는 점차 지워지고 복제된 이미지가 상품의 외양으로 포장되면서 점차 시뮬라크르가 마치 처음부터 그 자리에 있던 원본처럼 여겨지면서 궁극적으로는 상품과의 관련성을 잃게 되는 상황까지도 만들어내는 현재 광고의 모습을 보여주는 논의다.

상품광고에서 '매혹'은 매우 중요한 요소이다. 광고는 물건의 매혹적인 외양으로서의 이미지를 동원하여 소비자를 매혹시킴으로써 대중들을 통제할 수 없는 외양 속에 사로잡히게 만드는 일종의 환상 제공의 기제다. 이러한 환상 세계의 극단적 사례들은 디즈니랜드에서 대표적으로 찾아볼 수 있고, 보다 직접적 소비와 관련된 매혹의 환상체계는 쇼핑센터나 패스트푸드 점들로 대표된다. 채니는 이러한 사례들에서 고객들은 생활양식 실천의 기호가 구별을 가장하도록 기술적으로 조작된 외양과 마주하게 된다고 역설한다. 이러한 방식의 이미지 구성은 정치인이나 연예인, 기타 대중에게 알려진 사람들이 대중으로부터 인기와 지지를 끌어내기 위해 이미지를 만들고 심한 경우 조작하는 것으로 확인된다. 광고에서 가장 심혈을 기울이는 부분은 어떻게 해야 상품의 소비를 통해 소비자가 행복해지는지에 대한 상상력을 극대화하는 것이다. 따라서 가장 매혹적인 이상(ideal)을 상정하고 소비자를 유혹할 수 있는 이미지를 만들어내게 된다. 산업화가 진행되면서 사람들의 머릿속에 상상하고 있는 이상적인 생활양식을 구체적으로 눈앞에 펼쳐질 수 있도록 '물건과 소비자의 의식 또는 무의식 사이에 부서지지 않는 상상의 연결통로'(Ewen, 1997: 67)를 놓는 역할이 광고를 제작하는 광고회사에 부여되었다.

영화산업의 발달과 더불어 극장의 대형 스크린을 통한 광고는 욕구에 가득 찬 소비자들에게 언제라도 도달 가능한 가까운 거리에 상품이 넘쳐나고 있음을 시각적으로 인지시키고 있었다. 단순히 소비하는 행위만으로는 '소비적 자아'를 구성할 수 없고 자신만의 독특한 취향과 욕망이 충족되는 소비여야 비로소 '소비로 인해 이루어지는 개성있는 자아'가 구축된다. 이는 보드리야르의 논의에서 명백한 논리적 흐름을 보여주고 있으므로 여기에서는 기호가치로서의 이미지에 대한 보드리야르의 논의를 인용하면서 논제를 발전시켜보도록 한다. 보드리야르가 인용한 자동차와 염색약 광고 문안은 바로 욕망을 충족하되 일차적인 사용가치의 욕망이 아니라 기호가치로서의 이미지를 개인화하여 소비적 자아를 형성하게 하는 과정을 추정하게 한다.

"제 아무리 요구가 많은 여성이라도 메르세데스-벤츠로 개성적인 취향과 욕망이 만족되지 않는 여성은 없다! 시트와 차체의 색부터 바퀴 그리고 표준적인 또는 선택할 수 있는 수많은 편리한 장치에 이르기까지의 부속품 일체가 그녀를 만족시킬 것입니다. 남성도, 차의 기술적 특성 및 성능을 특히 염두에 둔다 하여도, 역시 기꺼이 아내의 소원을 들어주는 것이 될 것입니다. 벤츠를 선택한 당신의 훌륭한 취향에 아내가 넋을 잃는 것을 보고 당신은 자랑스럽게 생각할 것입니다. 당신이 원하시는 바에 따라 76가지의 색과 697가지 종류의 내장의 벤츠 중에서 당신의 벤츠를 선택할 수 있습니다……."(〈메르세데스 300SL〉 광고 문안; Baudrilliard, 2004: 114-115에서 재인용)

"자신의 개성을 발견하여 그것을 발휘하는 것, 그것은 진실로 자기 자신이 되는 즐거움을 발견하는 것이다. 이를 위해서 종종 대수롭지 않은 것으로도 충분하다. 나는 이것을 오랫동안 찾았는데, 머리카락에 조금 밝은 색을 주는 것으로도 나의 얼굴 및 눈빛과 완전히 조화를 이룬다는 것을 깨달았다. 이 블론드 컬러로 나는 레시탈의 머리염색제 시리즈에서 찾았다……이처럼 자연스러운 이 레시탈의 블론드 컬러로, 나는 변하지 않았다: 나는 지금까지보다 훨씬 더 나 자신이 된 것이다."(〈레시탈 머리염색제〉 광고 문안; Baudrilliard, 2004: 114-115에서 재인용)

보드리야르는 이 두 문안을 〈르 몽드〉지와 어느 여성주간지에서 인용하여 광고에서 차이화와 개성화라고 하는 사회적 강제가 공통적으로 작용하고 있음을 보여주고 있다. 이 광고문안을 자세히 읽어보면 타깃은 여성들이고 이들이 특히 개성적인 취향과 욕망을 가지고 있으며 이 개성을 완성하는 순간에 '나를 완전히 버리는 것이 아니라 훨씬 더 나 자신에 다가가는' 소비적 자아를 구축하게 된다는 점을 알 수 있다. 이와 유사한 점은 한국의 광고 문안에서도 쉽게 발견할 수 있다. '당신이 사는 곳이 당신을 말해줍니다'라는 광고 문안이 대표적이다. 그런데 소비자는 무작정 차이화와 개성화에만 집중하지는 않는다.

‘나만의 개성’을 찾는 가운데에서도 막연한 범주화는 항상 존재한다.

메르세데스 벤츠를 구입하면서 일단 이러한 구매력이 있는 사회적 집단에 스스로를 범주화하는 일차적인 단계를 거치게 된다. 다시 말하자면 고급 자동차를 구매할 수 있는 사회적 집단에 속하면서도 동시에 비슷한 가격의 다른 차가 아닌 메르체데스 벤츠를 구매하려는 것은 그 자동차가 이미 사회에서 구축해온 이미지, 즉 가장 최고위층 사회지도자로서의 재력과 품위를 동시에 구현해온 오랜 기간 동안의 벤츠의 이미지를 차용하여 자신의 지위를 그에 상응하는 지위로 등치시키는 것이다. 그러면서도 동시에 겉모양이 같은 차라도 내부의 인테리어, 세부 옵션이나 장치들에 조금씩 차이를 두는 것으로 개성 있는 ‘나만의’ 자동차로 만드는 행위로 차이화를 추구한다. 그 과정에서 이 광고 문안은 남성에게 자동차가 갖는 의미 또한 충족시켜야 하는데 바로 이 자동차 소비에 있어서 가장 먼저 고려하여 상품을 보여줄 대상, 즉 함께 사용할 아내 또는 연인의 취향과 욕망을 반영하는 것이 가장 효과적인 개성화의 방법이라는 점 또한 암시하고 있다.

소비는 나르시시즘적 기호 이미지의 교환

보드리야르는 또한 개성화, 즉 지위 및 명성의 추구는 기호에 기반을 두고 있다는 것, 달리 말하면 사물 및 재화 그 자체가 아니라 ‘차이’에 기반을 두고 있다는 점을 이해하는 것이 중요하다고 역설한다. 이 사실만이 ‘과소소비(under consumption)’나 ‘비과시적 소비(inconspicuous consumption)’의 역설을, 달리 말하면 위세의 초(超) 차이화(la surdiffé renciation de prestige)라고 하는 역설을 설명할 수 있다. 그것은 더 이상 베블렌에 따르면 ‘과시적인 뽐냄’에 의해서가 아니라 남의 눈에 띄지 않는 태도와 검소함, 겸손함으로 자신을 나타내는 것인데 이러한 행동들은 결국은 그 반대로 바뀌는 한층 더한 사치, 과시의 증가이며 따라서 보다 교묘한 차이이다. 차이화는 이 경우에는 사물거부, 소비거부의 형태를 취할 수 있는데 그것은 또한 소비 중에서도 최고의 소비이다(Baudrilliard, 2004: 121).

보드리야르는 또한 다음과 같이 리스먼의 정의를 인용하면서 차별적인 것으로서의, 그리고 기호로서의 사물의 개발이 그 사물들의 사용가치의 추방 위에서 성립한다는 것을 이해하지 않으면 안된다고 역설한다. "소비에 있어서 기호라고 하는 것은 개인과 이러저러한 문화적 대상물 사이에 의식적인 관계를 세우는 이러한 인간능력의 개발이 아니다. 기호라고 하는 것은 타인과 접촉할 때 유리하게 시작할 수 있는 방법을 나타낸다. 요컨대 문화적 대상물은 모든 인간적 의미를 상실했다: 그 소유자는 그 문화적 대상물들을, 말하자면 어떤 한 태도를 유지할 수 있게 해주는 물신으로 만들고 있다."(Baudrilliard, 2004: 123) 보드리야르는 소비라는 것은 실제로는 먼저 차이화의 구조적 논리가 있으며, 이 논리가 개인들을 '개성화된' 것으로, 즉 서로 다른 것으로 만들어 내는데 이 행위에서 조차도 개개인이 순응하는 일반적인 모델과 하나의 코드에 따라서 이루어진다고 본다. 즉 근본적인 논리는 코드에 지배된 차이화/개성화의 도식의 논리라는 것이다. 여기서 순응이라고 하는 것은 지위의 평등화 및 집단의 의식적 균질화가 아니라 동일한 코드를 공유하고 어떤 사람들을 다른 집단의 사람들과 구별하게 하는 바로 그 기호들을 나누어 갖는 것이다. 어떤 집단의 성원들의 동질성을 만들어내는 것은 다른 집단과의 차이이다.

순응효과란 그 결과로서 생기는 것에 불과하지만 이것은 매우 중요하다. 왜냐하면 이 사실이 사회학의 소비에 대한 분석을 권위, 모방, 의식적인 사회역학의 표면적 영역에 대한 현상적인 연구로부터 코드, 구조적 관계, 기호 및 차이표시 용구의 체계에 대한 분석으로, 즉 사회적 논리의 무의식적 영역의 이론으로 이행시키는 것이 되기 때문이다

(Baudrilliard, 2004: 124-125). 이상과 같은 논리에 의해 소비는 다음과 같이 정의된다: 1) 소비는 더 이상 사물의 기능적 사용 및 소유 등이 아니다. 2) 소비는 더 이상 개인이나 집단의 단순한 위세과시의 기능이 아니다. 3) 소비는 커뮤니케이션 및 교환의 체계로서, 끊임없이 보내고 받아들이고 재생되는 기호의 코드로서, 즉 언어활동으로서 정의된다. 이러한 정의에 의하면 현대에서의 차이, 복장, 이데올로기 및 성의 차이조차도 소비의 거대한 연합체 속에서 서로 교환되는데 그것이 바로 기호들의 사회화된 교환이다.

보드리야르는 소비사회에서 개인이 발견하게 되는 나르시시즘이 사실은 개성화된 독자성의 향유가 아니라 '집단적 특성의 굴절된 모습', 즉 유형화된 모델에 의하여 반영된 기호로서의 이미지에 의해서 주입된 독자성을 수용한 결과라고 설명함으로써 광고에서 이미지의 사회심리적 효과를 암시적으로 보여준다. 보드리야르는 소비행위의 일차적인 판단기준이 되는 자기만족과 자기 유혹의 시도에 있어서 그 준거틀은 타인이고, 이러한 외부적 권유는 특히 여성들에게 잘 이루어지는데 이는 자기만족의 집단적 문화모델로서의 여성의 신화가 현실의 여성들에게 영향을 미치기 때문이라고 설명하면서 에블린 쉴르로의 지적을 인용하여 논거를 제시하고 있다: "모델로서의 여성을 여성에게 판다……자신의 몸에 치장을 하고 향수를 뿌리고 옷을 입히고, 즉 자기 자신을 '창조한다'고 생각하면서 여성은 자기 자신을 소비한다."(Baudrilliard, 2004: 129)

소비는 이 자발적인 관계가 기호체계에 의해, 매개되는 관계로 대체되는 것에 의해 항상 규정되는 것이며 그때 여성이 자기 자신을 소비하는 것은 그녀의 자기 자신에 대한 관계가 기호에 의해 객관화되고 유지되고 있기 때문이라는 것이다. 이때 그 기호라고 하는 것은 소비의 진정한 대상인 여성적 모델을 구성하는 기호이다. 자신을 '개성화'하면서 여성들로 하여금 소비하도록 부추기는 것은 바로 이 모델이다. 여기서 문제되는 것은 기능적 여자다움(functional femininity)이다. 여기서는 아름다움, 매력, 육감 등의 자연적 가치 모두가 사라지고, 그 대신에 (일부러 꾸민) 자연스러움, 에로티시즘, 육체의 선(body line), 요염함 등의 지수적 가치가 영향력을 행사한다. 현대 광고의 이미지가 바로 이러한 지수적 가치를 최대화하여 여성성을 이미지화하여 상품화하는 것을 보면 이 논리가 타당성을 갖는다는 것이 분명하다. 더 나아가 자연적인 가치를 표방하기 위하여 지수적 가치를 최대한 감추는 방식의 광고 이미지 또한 개발되고 있다.

유혹과 자기도취는 대중매체에 의해 산업적으로 생산되고 눈에 띄는 기호로 만들어진 모델에 의해 미리 주어지고 있다. 그리고 이렇게 주어진 모델들을 실현하는 데 있어서 자기 자신의 개성을 찾고자 노력하게 된다. 가장 대표적인 사례가 화장품 광고와 다이어트 관련 상품 광고이다. 최근에는 특히 자연미인을 강조하면서 특정 화장품을 사용하면 저절로 자연적인 힘으로 미인이 되는 것 같은 메시지를 주는 광고가 있는가 하면, 초여름이 되기만 하면 수영복 차림의 몸매를 상기시키면서 다이어트를 부추기는 간편식품 광고들이 생겨난다. 소비자의 입장에서 모델의 매끄러운 얼굴피부나 잘록한 허리의 몸 이미지에 유혹되고, 이에 근접하기 위해 제품의 사용을 통한 모방의 과정을 거쳐, 블로그 등을 통해 자신만의 새로운 화장법 개발 공개, 비키니 수영복 차림의 셀카 공개 등 모델을 뛰어넘는 개성창조의 과정 등 체계의 순차적 논리를 따라 개성화가 진행된다. 이 과정에서 이미지는 모델의 이미지로부터 제시되는 여성성의 가치(순수, 매력, 섹시함 등등)의 추상적 이미지 단계로부터 구체적인 모델의 사진이나 동영상 광고 등의 영상 이미지를 거쳐 자신에게 투여한 결과로서의 객관화된 물질적 이미지, 즉 다이어트에 성공한 날씬한 몸매 사진 제시 등 다양한 차원의 이미지로 체현된다.

몸 이미지와 섹슈얼리티의 광고 상품화

매스미디어의 발달로 인해 단순히 광고의 이미지만을 통하여 소비효과가 발생하는 것이 아니라 각종 사건과 스펙터클, 뉴스와 다큐멘터리 등을 통하여 메시지를 조직적으로 송신함으로써 상상할 수 있는 모든 스펙터클이 극대화되어 시각적으로 경험된다. 이때 이미지는 단순한 현장의 사진이나 그림으로서가 아니라 고도로 계산된 광고 이미지로, 그리고 사건 보도 속에 은폐된 상태로 교묘하게 본질과 혼합된 이미지로 제공됨으로써 시청자가 무의식중에 수용함으로써 소비하게 하는 효과를 가진다. 즉 보드리야르 식으로 말하자면 '역사와 3면 기사(사건기사), 사건과 스펙터클, 뉴스와 광고의 기호수준에서의 등가성'을 강요하는 메시지가 조직적으로 만들어지고 소비된다. 이 과정에서 정보의 구체적인 내용은 소리와 이미지로 구성되어 메시지가 됨으로써 상품화되고 소비된다.

불평등한 시선이 자본주의와 만나면서 이미지를 만들어내고, 이러한 이미지가 유사한 이미지를 재생산하는 과정에서 가장 전형적인 매개가 되는 것이 광고다. 버거에 의하면 '광고는, 변신하여 만인이 부러워할 정도가 된 사람들을 등장시켜서 일반인들로 하여금 변신의 꿈을 갖게 하는 것'이며 '타인을 부러워하게 만드는 상태, 다시 표현하자면 매력을 느끼게 하는 것, 즉 매력을 만들어내는 과정이 바로 광고(Berger, 1996: 202)'라고 강조한다. 이로써 광고는 언제나 미래의 구매자에 대한 것이며 구매자에게 그 제품이나 기회를 얻어서 매력적으로 된 그들 자신의 이미지를 제시하여 이미지를 재현하도록 하는 역할을 한다는 것이다(이수안, 2009a: 84-85).

보드리야르가 지적한 대로 현대의 광고와 에로티시즘 모두는 의미에 의해서가 아니라 기호에 의해 만들어진다. 광고 중의 에로틱한 내용이나 육감적인 여성의 몸 이미지, 또는 매혹적인 근육을 통해 성적인 환상을 불러일으키는 남성의 몸 이미지들 모두는 유일한 진짜 메시지인 상표라고 하는 초기호(super-sign)에서 절정에 이르는 병렬된 신호들이며 이 신호들은 이미지로서 바로 소비된다(Baudrilliard, 2004: 223). 스터르큰과 카트라이트의 다음과 같은 통찰도 광고 이미지를 초기호로 파악하고 이것이 또한 이데올로기적 통념으로 형성됨을 보여준다: "우리는 광고 이미지를 바라볼 때 이들이 이데올로기적인 텍스트로 작용한다는 사실을 종종 인식하지 못할 수도 있지만, 이미지들은 권력을 지닌 채 우리의 자아에 영향을 미친다. 예를 들어 앵글로색슨 족의 가치관에 따라 마르고 야윈 몸매를 미학적 기준으로 제시하는 광고는, 관찰자로 하여금 응시를 통해 사회적으로 기준화된 통념을 형성하게 만드는 셈이다."(Sturken & Cartwright, 2006: 85)

환상을 불러일으키는 글래머 여성 이미지는 그 여성들 자체에 대한 욕망보다는 그들이 암시하는 제품에 대한 욕망으로 대치된다. 쿤의 논리에 따르면(Kuhn, 2001: 25), 완벽한 여성의 미로 추앙받는 그레타 가르보 같은 여성처럼 되고 싶은 바람이 전혀 불가능한 것임을 너무나 절실하게 깨닫게 됨으로써 그 욕망은 그들이 광고하거나 암시하는 제품이 지시하는 초기호로 이양되면서 그 제품에 대한 욕망으로 대치된다. 이것이 영화 산업에서는 영화의 소비자들을 지속적인 욕망의 위치에 놓음으로써 그들을 계속 영화로 끌어들여 성취 불가능한 환상의 삶을 추구하게 만드는 전략이 된다는 것이다. 이렇게 이상화된 여성 이미지에 기반을 둔 스타 시스템은 교환 관계와 증가된 이윤을 계속 창출할 수 있는 상품으로 그 이미지를 구축하는데 이때 여성의 몸과 섹슈얼리티는 지속적으로 판매 가능한 상품이 되는 것이다.

광고에서 차용하는 이미지에 남성성과 여성성이 구분되어 반영되는 것은 소비 패턴에 있어서 젠더관계가 반영된 것이라고 할 수 있다. 보드리야르는 이를 남성적 모델과 여성적 모델로 나누어, 일종의 소비질서를 나타내는 구별되는 유형화로 설명하고 있다. 먼저 남성적 모델이 표방하는 특성은 까다로움과 엄밀함, 또는 엄격한 세밀함이라는 표현이 적용됨으로써 비타협성, 결단력, 용기 등의 미덕을 내세우는 경쟁적 또는 선택적 미덕으로 대표된다. 이에 반해 여성적 모델은 여성에게 자기 자신을 기쁘게 할 것을 훨씬 더 많이 명령함으로써 자기만족과 자기도취적 배려가 앞서는 여성성이 강조된다.

이를 구체적으로 해석해보면 다음과 같은 이분법적 모델이 된다(Baudrilliard, 2004: 132). 남성적 선택은 '투기적'이며 결투와 비슷한, 특히 '고귀한' 행위이다. 문제되는 것은 명예 또는 '용기를 발휘하는 것'이다. 이것은 금욕적이고 귀족적인 미덕이다. 반대로, 여성적 모델에서 영속되는 것은 파생적, 대리적 가치 — 베블런에 의하면 대리적 지위(vicarious status), 대리적 소비(vicarious consumption) — 이다. 그런데 유의해야할 점은 이러한 소비의 모델에 투영된 젠더관계가 시대적 변화에 따라 함께 변화한다는 점이다. 즉 보드리야르가 언급한 남성적 모델과 여성적 모델은 70년대의 전통적 젠더관계가 아직도 상당부분 적용된 결과로서 커넬이 규정한 '지배적인 남성성(hegemonic masculinity)'과 '강조된 여성성(emphasized femininity)'으로 대조되는 전형적인 젠더 정체성의 이분법적 모델과 상통하는 유형으로 이미지가 제시되었다. 이는 포스트모던 사회로 넘어가면서 좀 더 복잡한 교차적 젠더 정체성을 보여주면서 남성성에 있어서도 훨씬 나르시시즘에 다가가고 보다 '자기만족적인' 여성적 모델로 수렴되는 현상을 보이게 된다.

3 대중문화와 기호가치 이미지

대중문화에서는 문화양식과 문화산업 영역, 그리고 대중매체의 다양한 형식에 따라서 이미지의 스펙터클이 현란하게 등장한다. 영화는 시선과 응시의 관객성이 고도의 기획에 의해 유도되고 심도 있게 분석되어 결과에 대한 예측을 바탕으로 하여 이미지가 제작되는 방식다. 이에 반해 공연 등의 대중문화에 등장하는 이미지들은 사전 기획의 부분도 있지만 오히려 공연 현장에서 관객들로 하여금 시선의 감각적 감응을 불러일으키고 이를 매혹시키는 방식으로 만들어진다. 그 배경에는 대중문화의 문화산업적 요소가 매우 유동적으로 작동하고 있다고 볼 수 있다. 대중문화에서 젠더 이미지가 중요한 이유는 젠더가 생산되고 소비되는 과정과 그 결과의 피드백에서 젠더 정체성이 구축, 확산되는 경향이 있고 이 과정에 대중문화의 문화산업적 역할이 매우 긴밀하게 상호작용하기 때문이다.

이는 결국 세 가지 과정에 대한 고찰을 요구하는데 우선 대중문화의 생산과정, 특히 대중매체를 통해 젠더 이미지가 생산되는 과정에 대한 고찰, 두 번째는 재현과정에서 대중문화의 생산품들의 의미가 재현되는 시각문화적인 과정에 대한 고찰로, 여기에서는 재현의 텍스트, 즉 이미지의 상징과 기호, 그리고 재현과정에서 나타나는 젠더하기(doing gender)와 젠더 디스플레이의 사회적인 맥락의 반영을 주의깊게 보아야할 것이다. 마지막으로 소비의 과정에 대한 고찰인데 대중문화에서 젠더 이미지의 소비는 결국 일상생활 속에서 남성성과 여성성을 수행하는 것, 즉 젠더 수행(gender performing)에 직결된다는 점에 초점이 맞추어진다. 이러한 구체적인 분석을 위한 이론적 틀을 구축하기 위해 이 장에서는 현대의 대표적인 문화풍경으로서 대중문화와 문화산업, 그리고 그중 특정한 영역에서 재현되는 젠더 이미지에 대해 살펴보기로 한다.

고급문화와 대중문화의 경계

포스트모더니즘의 등장과 거의 때를 같이하여 고급문화와 대중문화는 그동안 경계가 뚜렷하게 구분되던 경향으로부터 점차 그 경계가 와해되거나 서로 용해되는 단계를 거쳐 이제는 거의 확연한 구분이 어려워진 상황이 되었다. 제임슨이 지적한 바와 같이(Jameson, 1999) 다수의 관객을 위한 문화(mass audience culture), 상업문화(commercial culture), 대중문화(popular culture), 문화산업(culture industry) 등의 용어로 다양하게 알려져 있는 대중문화에 대한 이론은 항상 그 대상을 소위 고급문화에 반대되는 것으로 설정하는 경향이 있다.

제임슨은 대중문화에 대한 고찰에서 고급문화에 대응하는 입장이란 과연 무엇인지에 대한 객관적 고찰은 결여되어 있다고 보면서 대중문화를 다루는 분야의 입장들은 대개 근본적으로 가치의 문제를 염두에 두고 연출된 두 가지의 거울 이미지로 축소될 수 있다고 보고 있다. 즉 우리에게 잘 알려진 엘리트주의란 말을 사용하여 고급문화를 공격하는 입장은 그 문화에 노출된 사람들의 단순한 머릿수에 근거해서 대중문화의 우선권을 주장한다(Jameson, 1999: 13). 이들 입장은 미국적 대중주의(American populism)에 대한 뿌리 깊은 신념을 뚜렷하게 반영하고 있다고 할 수 있다. 반면, 프랑크푸르트 학파에 의해 연구되었던 문화이론은 문화산업의 산물들을 혐오하는 쪽으로 전개되었다고 보는 제임슨은, 프랑크푸르트 학파가 이러한 문화산업의 산물들을 엄격히 분석하기 위한 실천적 방법론을 제시했다는 점을 중시한다. 제임슨은 상품의 물화(reification)에 대한 마르크스의 이론을 대중문화의 대상들에게 연장시켜 적용시키는 이들의 물화 이론이, 자본주의 아래서 인간 행위의 전통적 형태가 효율성의 다양한 모델을 따라서 도구적으로 재정비되고 '테일러화'되며 분석적으로 파편화되고, 재구축되거나 수단과 목적의 구별에 따라서 재조직되는 방식을 설명해준다고 역설하고 있다.

그 개념과 범주 설정에 있어서 매우 논쟁적인 쟁점을 가지고 있는 대중문화를 정의하려면 우선 '문화'에 대한 개념 정의부터 시작하는 것이 좋을 것이다. 문화연구에서 가장 일반적으로 통용되는 윌리엄스(Raymond Williams, 1983: 87)의 '문화' 개념은 크게 세 가지로 정의된다. 첫째, 지적·정신적·심미적 능력을 계발하는 과정, 둘째, 한 인간이나 한 시대 혹은 한 집단의 특별한 삶의 방식, 셋째, 의미를 생산하는 텍스트와 실천으로 지적 산물이나 지적 행위, 특히 예술활동을 일컫는다. 이 중 대중문화에 대해서 설명할 때는 대체로 두 번째와 세 번째 의미를 동기화하여 사용한다. 현대 문화에서 대부분의 의미는 언어와 이미지를 통해 생산되는데 대부분의 문화적 실천들이 생활방식의 부분이라는 점에서 일상적이며, 특정한 의미를 나타낸다는 점에서 상징적이어서 이 두 측면은 매우 밀접하게 연결되어 있다.

대중문화(popular culture)에 대한 가장 일반적인 정의는 '많은 사람들에 의해서 널리 선호되는 문화'(John Storey, 2006: 4)이다. 여기에서 더 나아가 스토리는 좀 더 논쟁적인 방식으로 대중문화에 대한 개념정의 방법을 제시한다. 일종의 고급문화와의 경계짓기의 결과로 드러나는 개념인데, 대중문화란 '우리가 고급문화(high culture)라고 칭하는 것을 결정하고 난 후 남는 문화'로 파악할 수 있다고 하면서 이때 대중문화는 잔여 범주로 간주되며 고급문화로서 평가하기 위해 요구되는 기준에 도달하지 못하는 텍스트나 현실에 적용되는 것으로서 이에 따르면 대중문화는 열등한 문화라고 개념 정의될 수 밖에 없다(Storey, 2006: 5; 이수안, 2010: 213)는 것이다. 윌리엄스 또한 대중문화에 대해서 '많은 사람들이 좋아하는 것', '열등한 작품들', '사람들의 선호에 일부러 맞춘 작품들', '사람들이 사실상 자신들을 위해 만들어낸 문화'(Williams, 1983 : 237) 등의 정의를 내림으로써 '대중'이 갖는 복잡한 의미와 '문화'가 갖는 다의적 의미가 합쳐진 만큼 복잡한 조합이 되므로 논쟁적이 될 수 없음을 암시하고 있다.

고급문화와 대중문화의 구별이 희미해지고 있다는 사실을 프랑크푸르트 학파의 대중문화 비판과 맥을 같이하면서 윌리엄스는 대중문화를 '상업문화이면서 속물주의와 키치, 텔레비전 연속극과 〈리더스 다이제스트〉 문화에 둘러싸인 환경'으로 표현하여 전체적으로 '타락한' 문화로 간주하였다. 프랑크푸르트 학파의 비판적 태도를 이어받은 제임슨은, 포스트모더니즘이 서구 자본주의 사회의 지배문화라는 전제하에 포스트모더니즘이 혼성모방(pastiche)[6]의 문화라고 정의하면서 포스트모더니즘의 문화적 생산물들은 다른 문화, 말하자면 고급문화로부터 인용하는데 그치지 않고 양자를 갈라놓았던 현격한 차이의

6. 스토리는 혼성모방을 제임슨이 제시하고 있는 포스트모더니즘의 본질적인 특징으로 들고 다음과 같이 풀이하고 있다: "혼성모방은 흔히 패러디와 혼동되는데 이는 둘 다 모방과 흉내의 성격을 가지고 있기 때문이다. 그러나 패러디는 어떤 기준이나 관습으로부터 일탈을 흉내내거나 조롱하는 것으로 '배후 동기'를 가지고 있지만 혼성모방은 일탈할 기준이나 관습이 존재할 여지조차 없는 '텅빈 패러디'이거나 '공허한 복제'이다."(Storey, 2004: 224-225)

흔적조차 사라질 지경이 될 정도로 그것들을 능동적으로 합병시킨다고 주장한다.

따라서 혼성모방의 세계는 '양식상의 혁신이 더 이상 불가능하며, 죽은 양식을 모방하거나, 상상의 박물관에나 있음직한 가면을 쓰고 그 스타일에 맞는 목소리로 말하는 것만이 남은, 그런 세계'(Jameson, 1985: 115)라고 비판하는 것이다. 제임슨은 더 나아가 포스트모던 문화는 순수한 창의성의 문화라기보다는 '인용'의 문화이자 '상호텍스트성'의 문화라고 단언하면서, 그러므로 포스트모던 문화를 '얇고 깊이가 없는, 새로 나타난, 문자 그대로 경박한'(Jameson, 1985: 60)문화로 규정한다. 또 잠재적 가능성이 없는 표면과 이미지의 문화이기 때문에 그 해석의 에너지를 다른 이미지, 다른 표면, 상호텍스트성의 교류에서 빌려올 수밖에 없고 그 결과 감동의 소진을 초래한다는 것이다.

제임슨이 포스트모던 사회의 대중문화를 비판적으로 정의하면서 특히 그 특성 중에서 '이미지와 표면의 경박한 문화'라고 규정하는 것은 후기근대의 자본주의와 극심한 상업주의 속에서 발전해온 소비문화의 연장선에서 대량문화 내지 대중문화를 '깊이 없는' 문화로 비판적으로 보는 입장에 따른 것이다. 여기에서 이미지란 보드리야르가 개념화한 시뮬라크르와 같은 맥락에서 본질과 점차 멀어져간, 원본은 사라지고 혼성모방으로 남는 표면을 의미한다. 혼성모방은 오늘날 시각적 이미지만이 넘쳐나는 상품자본주의적 시장에서 이를테면 인터넷 배너 광고 등으로 끊임없이 복제를 거듭하는 가운데 원본이 없어지면서 원래의 의미가 상실되는 상황에 대한 통렬한 경고로 이해될 수 있다. 이것은 이를테면 몸 이미지에 있어서도 '날씬하고 섹시한 몸'에 대한 맹목적 추종의 결과 자신의 고유한 체질이나 타고난 체형 등과 상관없이 목표로 설정하는 보디 라인을 향해 다이어트와 성형 등 온갖 가능한 소비 상품을 지속적으로 소비하는 과정에서 발생하는 행위의 설명에 적용 가능하다.

페더스톤은 벤야민의 저작에서 호르크하이머와 아도르노의 엘리트주의와 대립되는 강력한 대중주의적 경향을 발견하고 있다. 즉 벤야민은 대량생산된 소비상품의 유토피아적 긍정적 요소를 강조했다고 보면서 대중문화의 미학적 잠재력과 거대도시의 공간을 산책하는 사람들의 미학적 인지에 대한 찬사가 포스트모더니즘의 잠재력을 보여주고 있다고 평가하고 있다(Featherstone, 1999: 46). 또한 벤야민과 보드리야르가 서구의 현대도시에서 문화의 역할증대를 일상적 소비 뿐 아니라 문화산업에 의해 생산된 보다 광범위한 경험과 상징상품에서 찾고 있음을 지적하면서 '포스트모던 도시'(Harvey, 1988)에서 고층빌딩으로 구축된 환경과 도시의 그물망 속에 기호확장으로 뒤덮인 복잡한 기호유희(sign play)에 참여한다는 점에 유의한다. 이는 챔버스(Chambers, 1986)가 압축적으로 표현한 바 있듯이, 현대도시의 방랑자, 산책자는 도시의 유행과 대중문화에 있는 이상적인 가치와 환상의 융합산물인 인위성(artificiality), 무작위성(randomness), 표피성(superficiality)과 유희하며 이를 고양한다는 것을 의미한다. 따라서 감정이입의 강조와 새로운 '미학적 패러다임'을 대변하며 일시적으로 대중이 유연한 '포스트모던 종족(postmodern tribes)'이 되는 경향을 말한다(Maffesoli, 1988; Featherstone, 46에서 재인용). 고급문화와 대중문화의 경계가 흐려지는 결과는 이른바 일상생활의 미학화로 연결된다.

일상생활의 미학화와 팝아트

주킨은 이러한 경향을 일상생활의 미학화 경향으로 파악하고 그 과정에서 예술가의 역할이 중요해지고 있다는 점을 주시하였다. 일상생활의 미학화는 고급문화와 대중문화 간의 구별과 관계되는데 이는 예술과 일상생활 간의 경계와해, 예술지위의 침식을 나타낸다. 우선 예술이 산업디자인, 광고, 상징과 이미지상품과 연관된 대중적 문화산업으로 이동하는 것이 괄목할 만한 현상이다. 또한 팝아트와 포스트모더니즘은 일상적인 대상을 예술화하고 소비문화의 아이러니컬한 역할을 강조하여 공연예술과 신체예술의 대중으로의 확산이 일상화되었다. 예술시장의 확장, 거대도시의 중심부에서 일하는 예술가와 관련 직업이 증가하면서 예술가의 역할이 광범위해지고 중요해진 것이다(Zukin, 1982). 대다수 예술가들은 고급문화와 아방가르드 정신에 공감하지 않고, 점차 소비문화에 개방적인 태도를 취했고, 더욱 적극적으로 다른 문화매개자들, 이미지 생산자, 수용자, 대중과 교류하려는 자발성을 보였다. 이는 특히 1960년대 이후 미국의 팝아트가 등장하면서 활발해졌는데 이는 필연적으로 고급문화와 대중문화의 구별을 약화시키는 문화적 탈분화과정으로, 다양한 취향으로 변형되는 다원주의적 입장을 야기하는 계기가 되었다.

보드리야르의 팝아트 탐구는 주킨의 예술사회학적 연구보다 더욱 깊숙이 내용적인 분석으로 들어가면서 이미지로서 팝아트가 소비사회와 연결되는 맥락을 통해 예술과 대중문화간의 경계와해를 분석적으로 제시하고 있다. 그는 팝아트에 대해서 '우리가 말하는 기호와 소비의 논리에 근거한 현대예술의 한 형식인가, 아니면 단순히 유행의 산물에 불과한 것이어서 그것 자체가 순수한 소비대상인가?'라는 질문을 던짐으로써 이미지와 예술로서의 본질, 그리고 이 관계가 소비사회에서 가지는 위상에 대해 생각해보도록 유도한다. 즉 소비의 논리는 예술표현에 전통적으로 주어지고 있는 최고의 지위를 인정하지 않고 그것을 없애버리려 하는 속성이 있다는 점을 들어서 엄밀한 의미에서 사물의 본질이나 사물의 의미작용이 더 이상 이미지보다 특별히 우월하지 않다고 역설한다.

양자 중의 어느 하나가 다른 쪽의 진리가 된다고 할 수 없으며 이로써 사물도, 이미지도 서로 팽창하고 또 동일한 논리적 공간 속에 공존하는 것이 된다는 점을 강조한다. 따라서 사물도 이미지도 이 논리에 근거해서 함께 기호로서의 역할을, 차이 표시적, 가역적, 조합적 관계를 지니면서 '행한다'고 보는 것이다. 고급문화와 대중문화의 경계가 뚜렷했던 시절에는 팝 이전의 모든 예술은 '심층적인' 세계상이라는 것에 근거한 데 반해, 팝은 기호의 내재적 질서에 동화하려고 한다는 점을 들어 팝 아트는 기호의 산업적 대량생산, 환경 전체의 인위적 인공적 성격, 사물의 새로운 질서의 팽창해버린 포화상태, 아울러 그 교양화된 추상작용에 동화하려 한다고 보는 것이다(Baudrillard, 2004: 165).

보드리야르에 의하면 팝 아티스트들은 실제로 눈에 비친 그대로 사물을 그린다. 왜냐하면 사물은 '공장의 조립라인에서 막 나온 기성의 기호로서, 신화적으로 기능하는 것이기 때문이다'. 그러므로 그들은 이 사물들이 전달하는 대문자에 의한 약자(singles), 마크, 선전 문구를 선호하면서 그리며, 극단적으로 말하면 그것밖에는 그리지 못한다. 그것은 놀이도 리얼리즘도 아니며 소비사회의 명백한 현실을 인정하는 것, 즉 사물과 제품의 진짜 모습은 그것들의 마크(marque)라는 것이다(Baudrillard, 2004: 167). 보드리야르가 '상표가 부착된' 사물 및 식료품의 무한한 형상화를 통해서 '서명'이 '소비되는' 사물로서의 예술이라고 칭한 작품은 말할 것도 없이 앤디 워홀의 작품들이다.

대표적인 예가 실제 일반 서민들이 일상적으로 소비하는 깡통 수프(〈캠벨 수프 *Campbell's soup*〉(1962)과 코카콜라(〈코카콜라 *Coca-cola*〉(1962)를 대량으로 실크 프린트하여 판화로 만듦으로써 세상에 유일하게 존재하는 하나의 작품이라는, 그동안의 고급예술로서의 유화의 지위와 명백하게 대조되는 '공장화된' 생산품으로서의 작품을 대량으로 만들었다. 워홀의 팝아트가 고급예술의 숭고함을 거부하고 평범함과 일상성을 표방하였으나 결과적으로 예술이라는 범주로부터 완전히 벗어나지 못하고 오히려 오늘날에 와서는 엄청난 고가로 판매됨으로써[7] 보드리야르가 단언했듯이 팝아트는 더 이상 대중예술이 아닌(Baudrillard, 2004: 174) 또 다른 하나의 장르가 되었을 뿐이다.

팝아트와 유사하게 소비사회에서 대중문화적 영역을 차지하고 있는 예술분야로서 키치(kitsch)를 들 수 있다. 보드리야르는 키치를 문화의 한 범주로 보는데 그 이유는 기호의 뚜렷한 이유없는 과잉과 시장에서의 그 출현사이에 밀접한 관련이 있다고 보기 때문이다. 그는 키치를 의사사물(pseudo-objet), 즉 시뮬레이션, 복사품, 모조품, 스테레오타입으로, 또는 현실의 의미작용의 빈곤, 기호와 우의적 지시로 뒤죽박죽인 함축작용(connotation)의 과잉, 세부적인 것에 대한 예찬이 포화상태에 도달한 단계로서 정의한다(Baudrillaard, 2004: 155). 그에 의하면, 키치의 범람은 모든 영역, 즉 과거, 네오, 이국취향, 민속품, 초근대적인 디자인 등에서 차용한 차이 표시기호의 산업적 생산에 의한 다양화와 사물의 통속적인 대중화에서 생기는데 이 현상은 대중문화와 마찬가지로 소비사회의 사회학적 현실을 기반으로 하고 있다.

일반적으로 고급문화에서 지향해왔던 아름다움과 독창성의 미학에 대항해서 키치는 시뮬레이션의 미학을 만든다고 보는 보드리야르는, 키치가 계급적 원망(Wunsch), 계급상승에의 예감, 상층계급문화－그 형식, 습속, 차이 표시기호－에의 주술적 동화를 표현하기 때문에 시뮬레이션의 미학이 키치의 사회적 기능과 깊이 관련되어 있다고 역설하고 있다. 현대 한국사회의 대중문화에서 대표적인 키치는 TV프로그램을 휩쓸고 있는 예능 프로그램이다. 이 맥락에서는 대중을 가장 먼저 웃길 수 있는 사람이, 가장 비논리적으로 웃음선을 건드릴 수 있는 프로그램이 가장 유능한 연예인이고 스타 제작자가 된다.

---

7. “앤디 워홀 코카콜라 그림이 395억 원?” 〈한국경제〉. 2010년 11월 11일자. http://media.daum.net/culture/art/view.html?cateid=1021&newsid=20101110183103509&p=ked

문화산업과 대중매체

문화산업 개념을 최초로 사용한 아도르노와 호르크하이머는 문화산업의 수용자, 즉 관객의 이성적 판단을 방해하는 요소가 문화산업화 과정에 있다는 지적을 하면서 다음과 같이 비판하고 있다: "문화상품의 속성은 관객으로 하여금 – 재빨리 스쳐 지나가는 사실들을 놓치지 않기 위해 – 적극적으로 사유하는 것을 불가능하도록 만든다는데 있다."(Horkheimer & Adorno, 2001: 192; 이수안, 2011: 206) 이들은 특히 TV 등 대중매체를 통한 소비 자본주의적 메시지 확산은 '규격화, 상투성, 보수성, 허위, 조작된 소비상품' 등의 특징을 지닌 문화를 생산함으로써 군중을 현재의 상황 안에서만 생각하도록 조장하여 결국 '일차원적 인간 der eindimensionale Mensch'(Marcuse, 1967)으로 만든다는 것이다. 특히 대중매체로 대표되는 문화산업이 일방적인 생산과 소비의 방향을 주도하고 있는 오늘날의 후기산업사회 풍경 안에서 보자면 고도의 자본주의적 계산과 기획 하에 놓여있는 문화산업을 통해 자본이 대중을 사로잡고 가고자하는 방향으로 무의식적으로 끌어가는 상황에 대해 가했던 프랑크푸르트 학파의 비판은 여전히 유효하다.

프랑크푸르트 학파의 대표적인 이론가면서도 주류에서 벗어나 조금 다른 입장을 보였던 벤야민은 특히 대중문화에 대해서 아도르노나 마르쿠제와 비교할만한 견해를 가졌다. 「기술복제 시대의 예술작품 *Das Kunstwerk im Zeitalter seiner technischen Reproduzierbarkeit*」에서 벤야민은 대중문화라는 주제와 관련하여 예술과 복제시대의 예술에 대해 미래 사회의 미디어 산업까지도 아우르는 통찰력 있는 논의를 전개하였다. 벤야민은 예술작품 원작이 '일회적인 현존재'(Benjamin, 2007: 103)로서 갖는 '진품성', 즉 유일무이한 현존성을 아우라(Aura)로 개념화하였다. 벤야민은, "어떤 사물의 진품성이란, 그 사물의 물질적 지속성과 함께 그 사물의 역사적인 증언 가치까지 포함하여 그 사물에서 원천으로부터 전승될 수 있는 모든 것의 총괄 개념”(Benjamin, 2007: 105)이라고 정의함으로써 원작의 아우라가 갖는 근본적인 토대가 쉽게 복제될 수 없음을 언급하였다. 전통적 예술이 주술적이고 신비적인 성격, 즉 아우라를 가질 수 있었던 것은 복제불가능성 때문인 것이다.

이 글에서 고급문화와 대중문화의 대비를 통해 아우라를 가진 전통적 예술에 비해 기술복제시대의 예술작품에서 아우라가 상실된 점을 들어 대중문화를 비판적으로 보는 벤야민의 입장도 엿보이지만, 그것보다도 그는 현대예술에 대해 대중이 작품과 일정한 거리를 두는 비판적 태도를 지닐 수 있게 된 점을 중시하였다. 여기에서 ‘기술’은 예술가가 사용하는 단순한 도구가 아니라 예술생산과 수용의 선험적 조건이다. 구체적으로는 카메라의 등장, 고속촬영 등 실질적인 기술발달을 일컫는 것이지만 그 결과로서 대중에게 미치는 영향을 포괄적으로 의미한다.

이런 점으로 미루어보아 벤야민이 대중문화산업에서 기술적 복제를 통해 자연적 시각으로 포착할 수 없는 이미지를 고정시킬 수 있다는 점과 원작에서는 도달 불가능한 상황에 원작의 모상을 옮겨놓을 수 있다는 점을 토대로 하여, 비록 아우라의 상실이 예상되더라도 대중적 문화수용이 가능하다는 점 때문에 기술복제와 대중문화 확산을 긍정적으로 판단하였을 것으로 보인다. 최성만은 발터 벤야민 선집의 해제(최성만, 2007: 26)를 통해 벤야민이 이 에세이에서 전개하는 매체미학적 성찰들이 종종 기술결정론이나 기술낙관주의로 오해되어 왔음을 들고 이에 대한 정확한 이해를 촉구하고 있다. 벤야민은 영화가 지니는 혁명적 기능들이 제대로 성취되기 위해서는 영화에 있어 스타 숭배의 사이비 아우라를 확산시킴으로써 역기능을 조장하는 ‘영화 자본’이 몰수되어야한다는 전제를 분명히 하고 있음을 상기할 필요가 있다고 역설하는 것이다. 이러한 맥락에서 볼 때 벤야민의 대중문화에 대한 견해가 결과적으로는 아도르노와 호르크하이머의 입장과 근본에 있어서 대립되지 않고 있다는 점은 확인이 된다. 다만 오늘날 영화이론을 비롯한 매체미학적 논의에서 벤야민의 기술복제에 대한 긍정적 태도가 중요한 논제를 제공해주고, 대중이 문화의 주역이 되는 예술미학의 근거를 제공하고 있다는 점에서 문화 수용의 문화정치학을 전개하면서 비판이론적 입장을 분명히 하고 있음에 주목할 만하다.

후기 근대의 특징 중 하나는 대중문화가 매체의 영향으로 문화변동을 근본적인 차원에서 주도하고 있다는 점이다. 특히 아파두라이가 전망했듯이, 새로운 정보기술의 출현으로 인한 인터넷 매체와 월드와이드웹(www) 중심의 글로벌라이제이션은 스마트폰의 진화로 명실상부한 글로벌 미디어스케이프를 창출하고 있다. 아파두라이가 개념화해낸 문화풍경, 즉 인터넷 등 디지털문화로 인해 인종적·민족문화적인 요소들의 혼융합으로 이루어지는 혼종적 문화에 덧붙여서 지구화 과정이 물질 재화, 자본, 메시지, 이주자들의 세계시장을 만들면서 근대적 상호문화성이 강조되는 상황이 형성되어 이전보다 소비 스타일에서 더 생산적이고 소통적인 혼종화 형식을 진작해왔다.

혼종문화의 이미지 연구에서 중요한 개념은 '문화적 지구화'를 통해 형성되는 문화혼종성이다. 혼종성이 '문화적 대상, 상징, 기호, 시간성들의 공존과 겹침으로 인해 근대사회가 가지고 있는 복합성'의 속성을 가지고 있다고 한다면, 혼종문화를 연구하는 것은 거시적 문화변동의 과정과 미시적 현상학적 문화의 흐름에 대한 이해를 의미한다. 이 층위에서는 예를 들면, 문화적 지구화의 첨단 매체로 일컬어지는 인터넷을 통한 〈유튜브〉 동영상, 〈테드〉 등 구체적인 문화생산물에서 문화생산의 행위자가 어떠한 내용을 가지고 어떠한 이미지와 라이프스타일을 만들어내는지를 연구함으로써 문화변동의 흐름을 탐구할 수 있다.

문화산업이 이성적 판단을 흐리게 할 뿐더러 나아가 소비자들을 거대한 경제 메커니즘 속에 편입시킨다는 점에 대한 아도르노와 호르크하이머의 지적은 지금 한국의 대중매체, 특히 공중파에 이은 케이블 채널 방송과 상업 영화 등 대중매체에서 유흥을 가장 1차적인 요소로 삼고 진행되는 인기 높은 예능프로그램이나 버라이어티 쇼 등에서 그 증거를 찾을 수 있다. 거의 무의식적으로 반복하여 보는 드라마나 버라이어티 쇼, 나아가 현란한 대중가요 음악 순위프로그램은 드보르의 '영구적 아편전쟁'의 수준에서 관객에게 자아를 잃어버리게 하는 중독성을 발휘하고 있다. 또한 그 이면에는 매우 정교하게 이루어진 자본주의적 계산 하에 진행되는 기획사의 연예기획이 함께 작용하고 있다는 점도 유의해야 할 것이다.

아도르노와 호르크하이머가 행한, '대중문화가 대중의 삶을 전적으로 관리하여 일차원의 사회로 만들었다'라는 비판과 같은 맥락에서 이루어진 드보르의 비유에 의하면 스펙터클은 상품이 사회적 삶의 완전한 점령을 달성한 계기라고 명명되고 있다. 글로벌 미디어스케이프를 배경으로 한 스펙터클 사회의 '영구적인 아편전쟁'에서 가장 경쟁력 있는 도구로서의 아편은 문화산업에서 상품화되고 유통되는 이미지이다. 특히 섹스어필한 여성의 몸은 근육질의 몸을 능가하는 가장 강력한 '영구적 아편'이라는 해석(이수안, 2011: 206) 또한 오늘날의 TV광고나 인터넷 배너 광고, 그리고 아이돌 걸그룹의 공연 등에서 흔히 확인되고 있다. 지나칠 정도의 팬덤 현상, 예를 들면 일명 '사생팬'[8] 같은

8. 아이돌 그룹 등 연예인에 대한 극성맞은 팬 활동으로, 특정 연예인의 일거수일투족을 따라다니면서 24시간 스토커에 가까운 행동을 하는 극성팬을 일컫는 신조어다. 공연장은 말할 것도 없거니와 연예인의 숙소나 집 등 주거지와 연습실 주변에서 기다리면서 연예인들의 사생활 모습을 촬영하고, 인터넷 팬카페에 올리거나 SNS로 알리는 등의 활동을 한다. 연예인들이 어디로든 이동하면 택시를 대절하여 뒤쫓아가는데 이러한 택시를 일명 '사생택시'라고 한다. '사생팬'들은 자신들이 주로 사용하는 택시를 대기시키기도 하며 택시기사들도 매우 적극적으로 이들의 스토킹을 돕기 때문에 사생활 침해는 물론 교통방해 등의 후유증도 있어 이에 대한 논란이 많이 일고 있다. 최근에는 한류 열풍으로 해외팬들이 국내로 장기간 체류하면서 사생팬이 되기도 한다. 일부 사생팬들은 이 활동 자금을 마련하기 위해 성매매까지도 한다는 언론

현상은 대중문화에서의 '아편 중독' 같은 상태에서 나오는 행동이라고 밖에 이해되지 않는 현상이다.

대중문화와 페미니스트 이미지 분석

텔레비전을 비롯한 오늘날의 미디어가 치밀한 기술을 통해 전달하는 것은, 보드리야르의 지적대로(Beaudrilliard, 2004: 179), 임의로 시각화되고 편집된, 이미지로 읽을 수 있는 세계의 관념이다. 이미지가 소위 세계의 기억, 즉 보편적 독해의 세포와 같은 것이라고 할 때, 이미지/기호는 세계의 철저한 허구화, 말하자면 현실의 세계를 전면적으로 이미지화하는 것이라 할 수 있다. 이렇게 만들어진 대중매체의 영상은 실제로 존재하지 않는 세계의 메타언어활동으로서 '이미지 소비'의 배후에서는 독해체계의 제국주의를 엿보게 한다는 것이다. 따라서 혼란, 분쟁 및 모순으로 가득 찬 세계에 각종 미디어는 보다 추상적이면서 보다 일관성 있는 자신의 논리를 강요하며, 맥루언의 표현에 따르면 미디어 자신을 메시지로 인정하게 한다. 이렇게 전달되는 메시지는 주로 이미지를 통해 우리에게 제공되는데 이 과정에서 우리가 소비하는 것은 미디어에 의해서 조직된 기의이다. 이로써 미디어가 주는 메시지는 이미지로 변하고 이 이미지는 소비자인 우리의 무의식에서 재생산되어 현실에 반영된다.

현대사회에서 대중매체를 매개로 하여 확산되는 이미지는 인간이 스스로를 파악하게 하는 하나의 전형으로 제시되며 이는 우리의 주체성 구성에 깊숙이 관계된다. 왜냐하면 이미지에는 항상 주체가 자신을 바라보는 방식이 투영되어 있기 때문이다. 이런 맥락에서 벨플

보도가 있어서 연예인의 심리적 압박감과 함께 심각한 사회문제로 거론되고 있다.

린의 연구(Wölfflin, 1994: 28-30)에서와 같이 그림이나 사진 등 이미지가 포함하고 있는 이미지 이상의 더 근원적인 개념 층을 포괄하는 재현방식에 주목하는 것은 의미가 있다. 포스트모던 사회의 또 하나의 특징으로 짚어지고 있는, 매체의 발달로 인하여 이미지가 실재를 지배함으로써 이미지의 영향력이 그 어느 때보다도 극대화되고 있다는 사실은 이러한 맥락에서 다시금 매우 현실적인 쟁점으로 확인된다.

연원을 따지자면 프랑크푸르트 학파로부터 시작된 대중문화 논쟁은 1960년대 이후 대중문화에 반대하는 엘리트주의자, 보수주의자, 급진주의자 및 마르크스주의적 주장과 그와 대비되는 입장으로 자유주의자와 급진주의자들의 주장이 대두되면서 대중사회, 계급사회 및 다원화 사회의 구조를 전제로 논쟁이 진행되어 왔다. 그러나 논쟁의 핵심에 참여한 학자들 가운데 여성은 한나 아렌트(Hannah Arendt)와 리비스(Q. D. Leavis)가 있었으나 이들의 입장이 페미니스트적이라고 하기에는 관점이나 입장에 있어서 그리 적극적인 편은 아니었다. 이 점에 대해 현재의 관점에서 비판하기 보다는 이들이 처했던 당시의 학문적 상황이 이들을 비롯한 여성 학자들을 배제해왔던 점에 대해 숙고해야 한다는 의견이 지배적이다. 래코우(Lana F. Rakow, 1986)의 관점에 의하면, 대중문화에 대한 페미니스트적 접근 방법의 역사는, 그러므로 여전히 복구되어야 하고 또한 새로이 구축되어야 하는 채로 남아 있다.

래코우는 페미니스트 문화이론가들이 대중문화에 대해 접근하는데 두 가지 가정 위에 서 있다고 지적하고 있다. 첫째, 여성은 대중문화에 대하여 남성과는 다른 특수한 관계에 놓여 있는데, 그것은 특정 대중문화의 산물에 대해서 여성이 주된 소비자의 역할을 수행한다는 것과 여성이 남성·여성 모두를 위한 대중문화의 중심적인 주제라는 것, 그리고 특정 시기에는 여성이 대중문화의 탁월한 창조자였으며 그 생산자였다는 사실이다. 둘째, 여성들이 자신의 정체성에 대한 통제력을 갖고 사회관계를 변화시키고자 한다면 대중문화가 어떻게 기능해야 하는가를 이해해야 한다는 점이다. 이러한 인식 하에 래코우는 대중문화에서의 여성의 이미지 분석 작업에 대해 네 가지 접근 방법으로 범주화하여 분류하고 있는데 그것은, 이미지와 표상의 접근 방법, 복구와 재평가의 접근 방법, 수용과 경험의 접근 방법 및 문화이론적 접근 방법이다. 이미지와 표상의 접근 방법에서 중요한 것은 어떤 종류의 이미지가 있으며, 그 이미지는 문화에 대한 여성의 입장에 대하여 무엇을 드러내고 있는가, 그것은 누구의 이미지이며 누구를 위하여 봉사하고 있는가, 그러한 이미지의 결과는 무엇인가? 그러한 이미지는 어떻게 해서 의미를 갖게 되는가 등의 질문이다.

복구와 재평가 접근 방법에서 관심을 갖는 문제는 남성 지배적인 문화에서 여성이 스스로를 어떻게 표현할 수 있었는가, 왜 여성의 창조성은 간과되거나 평가 절하되거나 무시되어 왔는가, 남성의 창조성과 여성의 창조성은 어떻게 다른가, 무엇이 여성의 이야기이고 신화인가 등이다. 이 접근 방법에서 연구한 범주는 고급 예술, 저급 예술, 그리고 대중문화에 대한 전통적인 관념에 직접적으로 관련되어 있다. 수용과 경험의 접근 방법에서는 문화 산물을 향유하는 향수자의 경험과 인식을 중요시하고 있으며 여성의 문화적 형식에 대한 경험이라는 견지에서 대중문화에 접근하는 것은 페미니스트들에게 응집력을 제공한다는 평가를 받고 있다. 마지막으로 문화이론의 접근 방법은 대중문화의 내용이나 이용을 관찰하기 보다는 오히려 보다 큰 틀에서 문화를 생산하는, 사회적이고 경제적인 제도를 성찰적으로 들여다보는 방식을 택한다.

엔젤라 맥러비(Angela McRobbie)의 청소년 문화와 하위문화의 사회학적 분석[9] 같은 예에서 래코우는, 소년과 소녀들의 하위문화가 저항

9. McRobbie, Angela. 1982. "Settling accounts with subcultures: A feminist Critique." *Screen Education*. 34. pp. 37-49. 이 연구는 하위문화를 파괴적이고 지배적인 문화에 대립적인 것으로 보는 급진적인 기존 하위문화 분석에 도전하는 입장을 취한다.

과 반란 등에만 기초한 것으로 보는 기존의 하위문화에 대한 관점이 수정될 필요가 있다는 연구결과를 찾아내고 있다. 또한 래코우는 '어떻게 여성들이 사회의 커뮤니케이션 작업으로부터 배제되어 왔는가'에 대해 논의한 대표적인 예로 도로시 스미스(Dorothy E. Smith, 1978)의 연구를 인용하여 여성의 표현 주체로서의 위치 설정의 중요성을 다음과 같이 제시하고 있다: "여성들은 ……이미지와 상징을 생산하는 작업으로부터 배제되어 왔다. 거기에는 순환적인 효과(circle effect)가 있다. …… 남성들은 서로서로 말했던 것을 들었고 듣는다."(Smith, 1978: 282; Rakow, 1986: 38에서 재인용) 스미스는 이 연구를 통해 어떤 주제를 다루는데 있어서 문화적 표현과 생산 수단에 접근하는 젠더적 제한에 관련해서 그 동안 불균형이 있었다는 점과 그 불균형 중에는 이미지 생산과 소비 모두에 참여하는 이들의 젠더적 편향이 큰 몫을 차지하여왔음을 지적하고 있다. 이러한 종류의 연구들은 최근의 문화이론의 전개에 있어서 중요한 단초를 제공하고 있다는 평가를 받고 있다.

포스트페미니스트 정체성의 이미지화

영화, 광고, TV프로그램 등을 중심으로 대중문화의 다양한 부문에서 성별화된 섹시한 몸 이미지는 시대의 감각을 반영하면서 새로운 자극과 유혹으로 상품화되고 유통되고 있다. 이러한 유통과정에서 세속적 성공을 지향하는 청소년 세대의 욕망은 끊임없이 새롭고 자극적인 섹시함과 외설적 몸짓을 만들고 기획해 냄으로써 거대한 자본주의적 문화산업의 내용을 구성하고 있으며(이수안, 2011: 203) 이는 끊임없는 문화소비를 유도해내는 중요한 축으로 작용하고 있다.

대중문화 속의 여성 이미지는 상업영화가 시작된 이래, 할리우드 클래식으로부터 TV 의 라이프스타일 프로그램까지 외모개조의 서사

(the makeover narrative)는 끝없이 되풀이 되고, 맹렬히 소비되는 대중문화의 상품이다. 길리건(Sarah Gilligan)에 의하면(Gilligan, 2011: 167), 대중매체에서 여성이 이미지를 통해 표현하는 이미지 전형은 다음과 같은 세 가지 구성요소, 외모의 개선(makeover), 촌티나는 외모로 만드는 것(make-under), 그리고 촌티나는 역할 이전의 원래 모습(make-up)으로 이루어진다. 이 중에서 외모개조의 서사(the makeover narrative)는 소비와 여성화(feminization)의 과정을 통해 여성 주인공이 사회적/계급적 이동, 유행, 그리고 이성애적 로맨스의 '상(prize)'을 획득할 것이라는 점을 암시한다. 맥러비는 최근의 외모개선 프로그램들을 분석하면서(McRobbie, 2009: 128), 창피주기와 협박의 전략을 통해 공격적으로 강화된 취향과 외양의 계급에 기초한 이상(ideals)을 영속화하는 제작 의도를 여성에 대한 '상징적 폭력'의 한 형태로 해석하고 있다.

흥미로운 현상으로 부각되는 것은 최근의 포스트페미니스트 전략으로서 오히려 이를 전복적으로 이용하는 방식이 고안되고 있다는 점이다. 이러한 종류의 프로그램들을 통해 젠더의 수행적 접근, 예를 들면 복장, 외양, 제스처, 그리고 언사 등 젠더화된 정체성의 구성과 변형(transformation)의 핵심을 이루는 요소들에 대한 신뢰를 부여하면서 외모개조의 서사(the makeover narrative)를 더 전복적인 용어로 보는 것 또한 가능하다고 보는 것이다. 버틀러가 『젠더 트러블』에서 설명하듯이 무엇보다도, 젠더는 섹스화된 몸의 생물학적 형상에 어떤 직접적인 의미 속에 매이지 않고, 오히려 단지 그것의 수행에 속박되어있다. 이를 바탕으로 브러지(Stella Bruzzi)가 관찰하고 있듯이, 버틀러의 접근은 "단순히 수행의 순간의 정체성의 유동성과 그 정체성의 형성"(Bruzzi, 1997: 167)을 강조한다.

길리건에 의하면 〈프리티 우먼 *Pretty Woman*〉 같은 포스트페미니스트 변형(transformation) 서사에서 여주인공은 그녀의 여성성의 함정에 빠지지도, 그렇다고 거부하지도 않는다. 그 대신, 여성성을 그녀 자신의 삶의 장악력을 얻기 위해 사용한다. 그러므로 캐릭터의 몸의 법규 시리즈로서 의상과 엑세서리는 여성의 행위성(agency)을 강화하고 여성적 정체성의 다른 버전들 사이의 유동성을 용이하게 하는데 작용할 수 있다(Bruzzi, 1997: 167)고 보는 것이다. 포스트페미니스트들은 여성성을 강조한 이미지에 대해 피해자적 감성으로 접근하기보다는 오히려 전복적인 이미지 창조의 계기로 삼는다. 예를 들면 핼버스탬(Judith/Jack Halberstam)이 '가가 페미니즘'[10]이라고 명명하면서 분석한 미국의 가수 레이디 가가(Lady Gaga)의 경우라든가, 마돈나같은 경우가 여기에 해당한다. 이들이 표현하는 몸 이미지는 착용하는 복장이나 장신구로 말미암아 여성성을 두드러지게 드러내는 것 같으나 실제로 이들이 비키니 차림을 하고 몸매만 고스란히 관음증의 대상으로 전시하는 것이 아니라 폭발적인 움직임을 통해 선정성을 무화시키는 의미가 있다. 더욱이 마돈나 같은 경우에는 뾰족한 금속성 브레지어를 착용함으로써 여성의 가슴이 가지고 있는 전통적인 이미지, 즉 부드럽고 풍만하고 촉감이 좋은, 그래서 성감대로서의 의미를 가지고 있는 이미지로부터 이탈한다. 이러한 사례는 이론적인 점검을 목표로 하는 일종의 시도로 만들어진 브라이도티의 〈걸 시리즈 girrrls series〉에서도 찾아볼 수 있다.

대중문화의 생산품, 즉 이미지 재현은 그것 자체로 의미를 실어나르기 때문에 상징적이다. 이 의미는 언어적이고 시각적인 재현을 통해 생산된다. 즉 대중매체를 통해 이미지가 생산되고 재현되며 소비되는 과정에서 이미지가 담론으로서 지식과 이론 형성에 직접 연결되는 핵심적 과정은 바로 재현이다. 더욱이 재현은 의미를 창조하는 역동적인 과정이면서 동시에 재현된 이미지가 소비를 통해 담론을 형성

10. 핼버스탬은 본인의 이름마저도 주디스(Judith)와 잭(Jack) 두 가지를 함께 사용함으로써 젠더를 교란시키는 효과를 꾀한다. '가가 페미니즘'은 핼버스탬이 2012년 여름에 한국의 학술대회에서 행한 플리너리 강연의 논문에 제목으로 사용한 개념이다.

하고 지식을 만들어가기 때문에 중요하다(Milestone & Meyer, 2012: 7). 새로운 미디어의 시대에 있어서 일방적인 차원에서 관객이 수동적이기만 했던 것과 다르게 의미와 이미지의 생산자와 소비자의 경계가 희미지면서 더 이상 소비자이면서 수동적인 관객이 아닌 '사용자(user)'가 등장했다. 사용자가 등장하는 새로운 커뮤니케이션 상황에서 이미지는 더 이상 어느 일방이 만들어내고 다른 일방이 소비하기만 하지 않게 되면서 재현의 문제는 매우 복잡해졌다. 의미는 다른 문화적 지점들을 가로질러서 재현을 통해 생산되는데 후기 근대에서는 미디어가 특히 중요하면서 예술, 관습 그리고 습관 등을 포함했다(Hall, 1997). 그러나 시간이 지나면서 예술과는 대조적으로 대중매체는 그들이 실제로 시청자들에게 보여주고 말함으로써 현실을 재현한다(Webb, 2009). 이러한 맥락에서 젠더는 대중매체에서 생산되는 의미에 있어서 핵심적인 주제이면서 동시에 이미지 생산의 중요한 요소로 등장하였다. 왜냐하면 젠더는 일상생활과 밀접하기도 하면서 동시에 재현을 통한 이데올로기적 사회의식 확산을 촉발하는 민감한 요소이기 때문이다.

오늘날 무수히 많은 종류의 미디어, 예를 들면 인터넷을 기반으로 한 스마트TV나 스마트폰 등은 수많은 시각적 이미지들을 사진이나 동영상의 형태로 실시간으로 전 세계에 실어 나른다. 이러한 문화변동의 격랑 속에서 매스미디어는 한 방향의 일방적 송신자의 위치에 있지 않고 실시간 송신 수신을 동시에 하는 방식의 커뮤니케이션을 상연하는 무대이자 장(場)이 되었다. 이제 그 무대에서 여성이 얼마나 긍정적인 이미지를 만들어내는 문화생산자로서, 행위자(agent)로서 젠더역학을 구축할 수 있을지 또한 시험대에 오르고 있다.

III

젠더 이미지 재현의 현상학

1 스크린에 투영된 섹슈얼리티와 욕망

영상문화의 시대에 있어서 핵심적인 이미지 재현은 영화와 광고에서 이루어진다. 시각성과 그에 따른 관객성이 그 어느 매체보다도 활발하게 구현됨으로 해서 젠더 이미지 형성에 가장 영향력이 큰 매체이기도 하고 그런 만큼 주체적인 이미지 형성의 가능성도 영화와 광고, 인터넷 동영상 등에서 활발하게 개진되고 있다. 여기에서는 영화에서 젠더, 몸, 섹슈얼리티, 욕망 등이 어떠한 이미지들로 재현되고 있으며 이미지 재현의 방향은 어떻게 변화하고 있는지 살펴본다.

시각체제를 염두에 두고 영화를 분석할 때 〈나쁜 남자〉는 분석할 요소를 매우 풍부하게 제공하는 영화이다. 영화 전반에 걸쳐서 피학적이고 관음증적인 '보는 양식'과 여기에서 비롯되는 관객성의 절시증적 '보기'가 이루어지는 영화의 대표적인 사례라고 할 수 있다. 단지 '훔쳐보기'만 이루어지는 것이 아니라 발랄하고 무구한 여대생을 폭력적인 방법으로 성매매 여성으로 만들어 놓고 '훔쳐보는' 상황을 만드는 설정 자체에 대해 논란이 많았던 것도 애초에 영화에 대해 비판적으로 보는 관점을 영화 자체가 제공하고 있다. 김기덕 감독의 다른 영화들도 그렇지만 이 영화는 특히 일부 비평가들로부터는 탁월한 은유법을 구사하면서 만든 작품성있는 '작가주의' 영화라는 평가를 받는 반면, 여성관객과 여성비평가에게는 매우 폭력적인 영화로 평가받음으로써 상영 당시 일종의 '젠더적 대립 전선'을 형성한 바 있다.[1]

김기덕 감독의 영화가 담고 있는 세계관이나 인간관이 지닌 양면성 내지는 양극화를 긍정적으로 바라보는 시각에서 출발한 평가는, "쓰레기 같은 진창과 거기서 피어나는 진심, 경멸과 사랑이 교집합 만들기를 반복하는, 폭력적이면서도 평온한 세계는 아름다움과 추함에 관한 범주까지 무너뜨린다(이지훈, 2002; 주유신, 2003: 69에서 재인용)"라는 표현으로 우리 삶 속에 엄연하게 존재하는 상호 대립되는 두 가지 면들을 아우르거나 충돌시키면서 깊이있고 비극적인 톤으로 그려낸다는 점을 강조하고 있다.

이러한 평론들에 의해 김기덕 감독의 영화가 예술영화의 지위를 부여받는 과정에서 그의 영화가 갖는 이미지성은 '파괴적이고 잔혹하지만 아름다운 것'으로, 그의 작가적 재능은 시각적 영역에 이어 스토리텔러로서의 역량까지 갖춘 '진화와 성숙의 과정에 놓여진 것'으로 평가받는 한편, 인생이 보여주는 공격성은 '중산계급적 허위의식과 일상의 진부함을 뒤흔드는 것'이라며 그 거침과 비천함은 '인간의 추한 본능을 생생한 에너지로 묘파하는 것'이라고 찬사받는다는 것이다.

따라서 이런 방향의 비평들에 의해서 그의 영화가 드러내는 "증오와 가학으로 점철된 세계, 남녀관계에 대한 왜곡된 묘사, 병적이고 극단적인 섹스와 폭력, 이미지의 강렬함에 못 미치는 빈약하고 치졸한

1. 이 영화에 대한 비평의 젠더적 대립 전선은 당시의 시사 영화평론을 중심으로 형성되었으며 이후 학문적인 논문에서 좀 더 깊이 있게 다루어지면서 다양한 시각에서 접근하는 방식으로 제시되어 갔다. 대립적인 평론의 양쪽 입장에서 주장하는 바에 대해서는 다음의 논문에서 비교적 자세하게 다루어지고 있다. 주유신. 2003. "한국영화의 성적 재현에 대한 연구 – 세기 전환기의 텍스트를 중심으로." 중앙대학교 영상예술학과 박사학위 청구논문(미간행). pp. 68-71.

내러티브, 도식적인 상징과 메타포를 문제삼는 것은 변죽만 울리거나 투정에 불과한 것"이 되면서 아무 무리없이 국내 '작가주의 감독들'과 동일한 위상을 차지하게 된다는 비판(주유신, 2003: 70) 또한 받고 있다. 여성 비평가의 시각에서 볼 때 이런 평가는 허구성과 맹점을 그대로 드러내는 것으로서 그 이유를 주유신은 다음과 같이 피력하고 있다.

> 여성을 대상으로 한 "남자의 '나쁜 상상'을 곧바로 퍼포먼스로 현실화"(이성욱, 2002)하는 그의 영화가 한편으로는 무매개성과 즉자성, 즉 인간의 감정과 행위에 대한 일차원적인 상상력과 형상화를 보여주고 있으며, 다른 한편으로는 그 대상이 되는 여성에 대하여 오로지 비성찰적인 혐오증을 드러낼 뿐이라는 사실에 대하여 구태여 눈을 감는 일면적이거나 편향된 시각에 불과하기 때문이다. ……김기덕의 영화들은 여성의 육체를 '성기'로 환원시키고, 여성성의 본질은 '매춘부적 속성'에 있는 것으로 정의하며, 그 결과 여성에 대한 비하와 여성 육체에 대한 폭력 그리고 강간을 비롯하여 여성의 섹슈얼리티에 대한 침해를 거듭해서 정당화하고 있다는 점에서 가부장제 사회가 얼마나 여성에 대한 근본적인 불안감에 시달리고 이를 잠재우기 위해서 어떤 기제와 기법들을 통해서 여성에 대한 억압과 규제를 시도하게 되는지를 전형적으로 보여준다. ……따라서 〈나쁜 남자〉가 '나쁜 영화'인 이유는 단순히 여성에 대한 폭력이 등장한다는 사실 때문만은 아니다. 중요한 것은 그 폭력이 어떤 맥락에 자리 잡고 있고, 어떤 방식으로 의미작용하며, 결국은 어떤 정치적 효과를 갖는가의 문제이다.

이 입장에 의하면, 영화의 남자주인공이자 사창가의 포주 역할을 하는 깡패인 한기가 여자주인공 선화의 고통을 들여다보는 행위를 '김기덕 감독의, 고통에 의한, 고통으로부터의 구원을 구하는 종교적 메타포'(김호영, 2002: 265-286)로 읽는 독해 방식은, 무구한 여성을 성매매의 나락으로 끌어내리고 이 여성의 고통을 통해 초월을 꿈꾸는 남성 중심적 존재론적 시각을 정당화하는 것에 다름아니다. 주유신이 언급한 대로 남성다움을 전면화하는 폭력성의 표현은 남자주인공의 욕망와 시선, 그리고 그의 육체화된 자아를 중심으로 한 구조화로 나아가게 만들면서, 남성성과 남자다움 자체에 대한 김기덕 감독 특유의 시각을 끈질기게 정당화하고 설득하는 결과를 낳는다.

남성 주체의 행동과 이의 기반이 되는 심리에 대해서는 과잉 동일화라고 할 수 있을 정도의 스토리 정보와 시각적 정보를 제공하는 반면, 여성의 그것에 대해서는 고의적인 누락이나 근본적인 침묵으로 일관함으로써, 캐릭터 묘사에 있어서 체계적인 젠더 위계화와 불균등성을 특징으로 삼게 된다(주유신, 2003: 75)는 것이다. 따라서 이 영화는 여성의 입장에 대한 주체적 언설은 전혀 등장하지 않고, 철저하게 한기의 플롯에 따라 매춘여성의 나락으로 떨어지고 후반부에 가서는 어설프게 사랑이라는 코드로 합일된 자아처럼 보이도록 만듦으로써 결국 여자주인공인 선화는 육체적으로, 심리적으로 철저하게 타자화된 타자로서 등장하게 된다. 이러한 타자성을 극대화하는 방식이 바로 이 영화의 중심에 자리하고 있는 '보는 방식'이다.

비가시적 응시의 매개체 - 매직 미러

이 영화에서 '보기'가 실현되는 방식은 철저히 버거의 보기 이론에 부합하는 방식이다. 즉 여성은 '보여지는' 대상이고, 남성은 '보는 주체'이다. 물론 감독이 의도한 바와 유사하게 영화에서 보여짐(seen)과 봄(seeing)이 대상과 주체가 아닌, 고통이 투사된 일체화된 자아라고 해석하는 비평도 있을 수 있다. 그러나 주인공 선화뿐 아니라 다른 성매매 여성까지 모두 함께 놓고 볼 때 영화에서 여성은, 명확하게 '보여지는'

대상이다.

우선 도입부에서 남자주인공 한기가 선화를 '발견'하는 장면을 보면, 백화점 앞 벤치에서 종아리가 나오는 치마를 입고 무릎을 모은 상태에서 무릎위에 놓인 '서양미술사' 책을 가볍게 잡고 얌전하게 앉아 남자친구를 기다리고 있다. 카메라는 선화를 머리끝에서 발끝까지 서서히 위쪽에서 아래로 이동하며 훑어 내려간다. 여기서 카메라의 시선은 곧 한기의 시선이다. 얼굴에서 멈춘 카메라는 곧이어 끈질긴 시선을 보내는 한기를 보고 섬뜩해하면서 옷매무새를 고치고 다시 방어적 자세로 들어가는 선화를 그대로 비춘다. 이때 이미 선화는 한기에게 한눈에 매혹당한 존재이고, 그럼으로 해서 시선과 동시에 마음 속에 '포획' 당한다. 불편한 한기의 시선에 신경이 쓰이던 차에 때마침 기다리던 남자친구에게 보란 듯이 친근감을 나타내는 선화의 행동은 한기로 하여금 반사적인 행동을 불러일으킨다. 선화에게 기습적으로 달려들어 키스를 함으로써 한기의 선택은 분명해진 것이다. 한번 겨냥한 사냥감을 절대 놓치지 않는 맹수처럼, 한기는 여러 가지 방법을 동원하여 마침내 선화를 자신이 관할하는 사창가로 끌어와서 자신의 시각장 안에 넣는다.

이 영화에는 시각성을 성찰해볼 수 있는 다양한 장치들이 포진해 있다. 우선 다양한 거울, 즉 자기 자신을 직접 비춰볼 수 있는 거울이 있고, 한쪽 면에서는 자신을 비추는 거울이지만 반대쪽 면에서는 유리창과 같이 상대편 대상을 볼 수 있는, 일명 매직 미러(magic mirror)가 있다. 또한 사창가 골목을 관망할 수 있는 위치에 설치된 2층 높이의, 난간이 있는 컨테이너 사무실 겸 감시탑도 이 장치에 속한다. 사창가 가게의 유리창 또한 밖에서 안을 훤히 들여다 볼 수 있게 되어 있어서 성매매 여성들이 마치 진열된 상품처럼 그 유리창 바로 안에 온갖 치장을 하고 선택되기를 기다린다.

한기에 이어 두 번째 사냥꾼으로서의 응시는 사창가 골목에서 진열되어 있는 성매매 여성을 고르는 성매수 남성들의 시선이다. 이는 마치 근대 도시에서 매혹적인 도시 풍경 속 아케이드 골목을 거닐면서 칸칸이 들어선 상점 안의 상품들을 관찰하는 산보자의 시선을 연상케 한다. 근대 초기 자본주의의 등장으로 수많은 상품들을 소비하고자 하는 욕망과 견주어 음미하는 산보자의 관찰자적 시선은 다분히 관조하는 자세를 보인 점에서는 구별되지만 사창가에서 성을 소비하려는 남성들이 자신의 욕망을 충족시킬 수 있는 상대를 고르는 시선과 '욕망의 충족'이라는 근원적 목표에 있어서는 일맥상통하는 바를 보인다. 이처럼 시각성을 담보하는 다양한 장치 및 시설물들은 영화 〈나쁜 남자〉가 응시의 다양한 발현 방식을 드러내는 데 있어서 필수적인 요소들이다.

영화 속에 등장하는 거울은 라캉이 이미지/스크린의 시각장에서 설정한 바와 같이 주체의 이미지를 비추는 매체이다. 〈나쁜 남자〉의 포스터에서 등장하는 거울이나 영화의 내용에서 핵심적인 위치를 차지하는 매직 미러는 바로 한기와 선화의 사이의 거리를 나타내면서 존재하는 매체지만 이를 통해 바라보는 한기와 보여지는 선화가 미러에 맺히면서 양쪽에 마주선 채 선화는 자신의 모습을 거울처럼 비춰보고 한기는 선화를 유리창처럼 바라보면서, 각기 다른 내용에 대해 다른 크기로 고통받는 자아가 된다. 들뢰즈의 논의[2]를 대입하여 이 둘이 결국 하나의 고통받는 자아로 합일된다는 비평을 수용한다면, 거울은 주인공이 자신의 내면적 자아나 잠재된 욕망을 바라볼 때 사용

2. 들뢰즈에 의하면, 일반적으로 영화 속의 '거울'은 등장인물의 잠재적 이미지와 현동적 이미지를 동시에 표현하기 위해 사용된다. 즉, 거울 속의 이미지는 등장인물과의 관계에서는 잠재적이나 거울 안에서는 현동적인 것이 되며, 만일 카메라의 시선이 거울 속 이미지에 집중하게 되면 등장인물이 오히려 하나의 잠재이미지가 되어 화면 밖으로 밀려나게 된다. 이에 관한 설명으로는 Deleuze Gilles. 1985. Cinéma 2. L'image-temps. Paris: Edition de Minuit. pp. 94-98; 김호영. 2002. "김기덕의 「나쁜 남자」와 '이미지-텍스트'로서의 영화." 『역사와 사회』 3(29). p. 276 참조.

된다는 점으로 미루어보아 한기가 거울 속에서 선화를 바라보는 것은 선화가 바로 한기의 또 다른 자아이자, 잠재된 욕망을 투영하고 있기 때문이라는 설명을 잠정적으로 수용해볼 수 있을 것이다.

한기가 선화를 통해, 혹은 매직 미러를 통해 선화의 고통을 느끼는 것을 은유적으로 자신의 삶의 필연적 조건인 고통의 수용이라고 보는 비평적 시각에서 일컫는 '고통'은 '자신이 하고자 하는 대로 되지 않는 것' 혹은 '뜻대로 되지 않는 것이 말하는 삶이 가져다주는 모든 고통'(김호영, 2003: 154-156)이다. 즉 여기서의 고통은 순간적인 육체적 고통이나 정신적 고통이 아니라 살아 있는 존재가 갖는 고통이라는 것이다. 그렇지만 강제된 성매매를 하고 있는 선화의 고통스러운 몸짓을 통해 표현되는 고통과, 그 선화의 알몸과 성매매 현장을 바라보는 한기의 고통스러운 감정을 동일한 것으로 볼 수 있는가? 한기가 과연 고통만을 느끼고 있을 것인가? 등의 의문은 여전히 남게 된다. 감독의 시각에서 본다면 한기에게 있어 현실을 이루고 있는 수많은 모순과 나를 압박하는 전혀 알지 못하는 타자와의 관계 안에서 자신의 의지가 투영되지 않고, 오직 사창가 골목 안에서만 인정받는 사회적 존재인 점은 끝없는 고통 그 자체였는지 모른다.

그 고통을 선화가 대리하여 겪고 있고 그 고통을 겪는 선화의 모습에서 한기는 자신의 모습을 보고 있기 때문에 오히려 그녀가 자신의 성을 파는 삶을 인정하게 될 때 한기의 내면과 선화는 완벽한 정체성의 동질감이 완성되고 고통으로부터 구원받게 된다는 설정은 사실상 완벽하게 남성중심적 시각에서만 성립한다. 감독은 일종의 종교적 구원의 상징적 구도를 생각했다고 밝힌 바 있고 그런 의미에서 마지막에 트럭이 떠날 때 엔딩을 장식하는 타이틀 곡을 성가곡으로 채택한 것으로 보인다. 이 노래의 가사는 삶이 가져다주는 슬픔과 두려움으로 인한 고통으로부터 벗어나는 방법에 대한 것으로 결국 감독의 의도를 드러내는 부분일 것이다. 그렇다면 인간의 존재론적 고통으로부터 종교적인 구원을 이끌어내려는 과정에서 등장하는 관음증적 응시와 섹슈얼리티와 폭력으로 대변되는 몸을 참담하게 이미지화하는 방식은 과연 이러한 종교적 구원을 더욱 은유적으로 잘 보여주는 장치인가에 대한 의문은 여전히 남아있게 된다.

이 영화가 상영되었을 때 극심한 논란거리를 제공한 이유는, 우선 선화가 사창가로 끌려 들어오게 되는 과정이 도저히 납득할 수 없는 범죄적 과정의 연속으로 이루어졌다는 점, 그리고 본인의 의지와는 상반되게 순수한 여대생에서 '창녀'의 나락으로 떨어지게 되는 과정이 관객으로서, 특히 여성 관객으로서 납득하거나 받아들이기 힘들다는 점 등이다. 또한 성폭력에 가까운 적나라한 성매매 장면이라든가, 후반부에서 이 모든 삶을 받아들이는 선화에 대해 납득하지 못하고 관객적 동일시가 이루어지지 못하는 데서 오는 불편함 등이 특히 페미니스트 시각의 비평가와 관객들 사이에서 격렬한 논쟁을 불러일으켰다.

김기덕 감독의 영화 중에서 섹슈얼리티와 관련하여 논란이 되는 다수의 영화에서 관음증적 시선이나 카메라의 대상에로의 과도한 집중은 응시의 젠더적 관계를 매우 뚜렷하게 보여주고 있다. 자아를 대입시켜서 선화의 고통을 자신의 고통으로 온전히 느끼는 것만으로 설명하기에는 보여지는 방식이 너무 잔혹하다. 혹자는 매직 미러 자체가 일방적인 사랑을 상징한다고 하지만 설혹 한기가 선화의 고통을 자신에게 대입시키는 과정이 매직 미러를 통해 훔쳐보는 행위라고 하더라도 이는 관음증을 통한 사디즘이라고밖에 설명할 방법이 없다. 이를 보는 관객의 시선은 절시증적 효과를 내포하고 있기 때문이다. 이것은 또한 영화 이미지가 갖는 사회적이고 문화적인 효과를 고려할 때 이 영화가 보여주는 잔혹하고 폭력적이며 여과없이 여성의 육체를 유린하는 방식은 주유신이 비판한 대로 파시즘적 사회심리적 파장을 낳는 것일 수밖에 없다.

이 영화에서 특히 관객성이 절시증적 효과에 기대는 이유는 영화의 소통 방식 자체가 남성들끼리는 살인으로까지 이어지는 폭력으로, 그리고 여성과 남성 사이에서는 강제적 성매매로 거의 일관된 코드를 가지고 있기 때문이다. 선화로 대표되는 성매매 여성이 사창가에서 겪게 되는 과정에 대해 여성의 몸을 적나라하게 보여주는 방식으로 다룬 카메라워크는 그 자체가 절시증적 방식이다. 첫 성매수 남성을 맞을 때 선화의 고통스러워하는 얼굴표정과 무방비상태의 나체로 관객 앞에 드러난 몸은 매직 미러 뒤에서 훔쳐보는 한기와 관객을 하나로 묶어준다. 그런데 여기에서 여성 관객은 선화와의 동일시로 인해 피해자적 입장에서 보여지는 대상으로서의 고통과 절망스러움을 맛보게 되고, 남성 관객은 한기와 동일시하면서 한편으로는 안쓰러워하지만, 다른 한편으로는 성매수 남성의 성관계 장면을 절시증적 쾌락으로 향유하게 되는 것이다. 따라서 이 장면에서의 이원화된 젠더적 동일시가 결국 이원화된 젠더적 관객성으로 나타나게 된다.

팬옵티콘의 은유와 사진을 통한 원망(Wunsch)의 기호

시각성을 논의할 수 있는 주요 장치 중 하나가 바로 컨테이너 박스로 된 한기의 사무실이다. 이 사무실은 사창가 골목을 모두 내려다 볼 수 있는 곳에 있는 데다 가게 건물들과 비교했을 때 월등히 높은 위치에 있다. 그 이유는 바로 이 사무실이 가지고 있는 역할 때문이다. 무엇보다도 성매매 여성들의 영업행위를 한눈에 보면서 골목에서 시비가 붙었을 때 언제라도 내려가서 이들을 제압할 수 있는 위치이고, 혹시라도 성매매 여성이 몰래 도망가는 상황에 대해서도 항상 주시함으로써 감시하여 방지할 수 있어야 하기 때문이다. 즉 항상 감시의 응시가 가능한 위치여야 하는 것이다. 이 응시의 팬옵티콘 아래서 여성들은 '유순한 몸', '순응하는 존재'가 될 수밖에 없다. 여기에서 남자주인공 한기는 '보이지 않는 비가시적 주체'로서 〈시녀들〉 그림의 국왕부부처럼 비가시적 위치에 있지만 이미 막강한 권력을 행사하는 위치에 존재하는데 그 상징적 위치가 바로 팬옵티콘의 중앙감시탑처럼 높은 곳에서 조망하고 있는 감시탑 사무실이 된다.

이 컨테이너 박스의 위치와 그 아래 사창가 가게에 '전시되어 있는' 존재로서의 성매매 여성들, 특히 선화와의 관계는 권력의 측면에서 보았을 때 철저하게 위와 아래의 관계이다. 선화를 맨처음 만났을 때 이들의 관계는 '순수한 여대생'과 사창가의 건달 폭력배로서 사회적 통념상 심한 불균형 상태의 관계다. 비가시적인 시각체제는 영화의 중반부까지 지속적으로 작동되는데 비가시성은 한기가 선화에게 가할 수 있는 절대적인 시선의 권력이 행사되는 한에서 힘을 갖는다.

한기가 감옥에서 출감하여 다시 매직 미러 뒤에서 라이터 불을 켜서 마침내 자신이 그 뒤에서 응시하고 있었음을 드러내고 선화가 매직 미러 뒤의 한기의 존재를 발견하게 되면서 시선의 팬옵티콘적 수직적 권력관계는 종식되며 그때 비로소 서로에게 달려가 포옹함으로써 서로에게 의지하는 동반자적 관계로 들어가는 것으로 설정된다. 이 장면 역시 여성 관람객에게는 동일시의 감정을 느끼기 힘든 장면이지만 선화의 감정 상태를 일종의 스톡홀름 신드롬으로 이해한다면, 즉 더 이상 탈출할 수도 없다는 것을 깨닫고 자신을 의탁할 수 있는 유일한 대상으로서 한기에게 갖는 신뢰의 발로가 사랑으로 변하고 있다고 한다면 어느 정도는 이해가 가능한 장면이다.

매직 미러와 컨테이너 사무실의 팬옵티콘적 설정 외에도 이 영화에서는 성매매 여성의 방에 설치한 몰래카메라에서 또다시 훔쳐보기(peeping tom)의 전형이 발현된다. 사창가를 관리하는 한기의 부하들 중 한명이 아버지의 병원비를 충당하기 위해 동영상을 촬영하여 판매할 목적으로 설치한 몰래카메라는 곧 발견되어 철수된다. 이때 훔쳐보기의 주체는 사실상 불특정한 동영상 구매자이기 때문에 이 경우 비가시적 시선의 권력자가 직접적인 '보기'를 행하는 것과 동격에 놓일 수는 없다. 그렇지만 오히려 불특정 다수가 될 수 있고 한기의 '몰래 훔쳐보기'와는 또 다른 형태의 훔쳐보기로서 절시증을 최대한도로 추구하는 포르노그래피의 보기가 된다.

이 영화의 초반부에 선화가 한기의 계략에 말려들어가게 되는 계기로 서점에서의 미술관련 서적의 한 페이지를 몰래 찢어서 보관하는 장면이 나온다. 이때 찢은 그림은 훗날 사창가로 들어온 선화의 소지품속에 한기에 의해서 몰래 돌려 넣어지는데 이 그림과 바닷가의 '새장여인숙' 근처 모래사장에 묻혀있다 선화에 의해 발견되는 남녀의 사진은 한기의 마음 속 깊이 새겨진 두 사람 관계에 대한 원형적 원망(Wunsch)이라고 할 수 있다. 미술책에서 찢어낸 그림은 에곤 실레의 〈포옹 *Embrace*〉으로 남녀의 에로틱한 포옹 자세를 그린 그림이다. 실제 영화 전체에서 한기는 한 번도 선화와 직접적인 성관계를 맺지 않지만 선화에 대한 욕망은 그림이나 사진에 상징적인 표상으로 나타난다.

가학 속에 숨어있는 욕망의 구조

라캉에 의하면 욕망의 구조 속에서 남자와 여자가 관계를 맺는 것은 그의 결핍을 채워줄 남근(phallus)적 표식을 가지고 있다고 가정되는 그녀를 그의 환상의 시나리오 속으로 들여오는 한에서만 가능하다(김소연, 2010: 140). 라캉에 있어서 남근은 전(前)오이디푸스기에 엄마가 욕망하는 것이라고 상상되는 대상이며 아이는 남근 혹은 남근적 어머니와 동일시하려는 경향을 보인다. 그러나 오이디푸스 컴플렉스를 거치면서 아버지가 개입하여 남근에 대한 아이의 상상적 동일시를 불가능하게 만들고 이로써 아이는 거세의 과정을 거치게 된다. 따라서 현실적인 의미의 페니스와도 구분되며 더 이상 아이의 상상적 대상도 아닌

'상징적 남근'은 대타자 내의 기표의 결핍의 장소 속에 나타나는 것, 즉 욕망 자체의 현전이 된다(Evans, 1996: 140-143; 김소연, 2010: 각주2 참조).

즉 여자를 남자의 환상의 지지물이자 욕망의 대상 원인인 대상 a로 환원시키지 않고는 남자가 여자를 욕망할 길이란 없다. 이것이 바로 라캉이 "난 너를 사랑하지만, 불가해하게도 내가 사랑하는 것은 네 안에 있는 너 이상의 것-대상 A-이기 때문에, 나는 너를 잘라낸다(mutilate)" (Lacan, 2008: 397)고 말했을 때의 의미이다. 남자에게 욕망으로서의 사랑은 이렇듯 사랑 대상인 여자의 존재를 잘라내어 사실은 그녀가 갖고 있지 않은 어떤 것(남근)으로 환원하고 그것을 그녀에게서 훔쳐낸다는, 남근을 '갖고자'하는 환영에 입각해 있다. 그리고 이러한 환영은 전외디푸스기에 형성된 '남근을 가진 어머니'와의 무의식적 동일시의 흔적과 연관된 것이다.(김소연, 2010: 141)

라캉은 *Écrits*에서 "우리는, 여자는 남근이 되기 위해서, 즉 대타자의 욕망의 기표가 되기 위해서 여성성의 본질적 부분을, 특히 자신의 모든 속성을 가면무도회장으로 던져버린다고 말하고자 한다. 여자는 '역설적으로' 자기 자신이 아닌 것을 위해서 사랑받고 동시에 욕망받기를 원한다"(홍준기, 2005: 297에서 재인용)고 기술하고 있다. 이처럼 자신을 내어줌으로써 사랑의 요구에 응한다는 환영을 여자가 유지하는 이유는 타자의 욕망과 사랑을 불러일으키는 대상이 되어야만 거세된 주체로서의 존재 결여를 메우고 '존재하기'가 가능해지기 때문이다. 김소연에 의하면, 이 영화에서 애초에 남자의 사랑 대상으로서 여자가 남자를 위해 주는 것은 그녀가 갖고 있지 않은 것이다. 또 여자는 타자의 결여를 메우는 대상으로서 자신을 제시하기 위해 '여성성'을 가장하는 매스커레이드를 능동적으로 수행하기까지 했던 것이다(김소연, 2010: 142). 이 이론적 등식에 〈나쁜 남자〉를 김소연의 해석(김소연, 2010: 155)과 같이 대입해 보자면, 영화의 초반부에 백화점 앞의 벤치에서 한기로부터 진득한 응시를 받은 선화가 기분 나쁜 기색을 하고 마침 도착한 남자친구에게 더욱 친근함과 애교를 보이자 한기가 선화에게 기습 키스를 하고, 이에 한기의 얼굴에 침을 뱉으며 사과를 요구하는 선화의 거친 대응은 한기가 '잘라내어 갖고' 싶었던 선화의 존재의 중핵이자 남근의 표식이라고 할 수 있을 것이다.

김기덕의 영화에서 대부분의 남성들은 사회의 주변부로 떠밀려간 취약한 존재로서 극도의 심리적인 불안정성을 지니고 있어서 어떤 의미에서는 이미 거세된 남성일 뿐 아니라 '남근'의 상징적 권위와 힘을 지니고 있지 못하다는 점에서 결국 가장 단순하고 과격한 방식으로 여성에 대해 폭력적이고 때로는 위악적으로 남성다움을 과시한다. 이것을 라캉 식으로 해석하자면 나에게는 없는 '남근'을 여성으로부터 취하여 남근이 '되고자' 하는 행위라고 볼 수 있다. 또한 여성은 그 요구에 응하는 존재로서 그려진다는 것이다. 김기덕의 영화 속 남성 주체들이 자신들을 둘러싸고 있는 남루한 현실을 초월하여 승화하고자 하는 욕구를 남근중심적으로 보여주고 있다고 한다면 결과적으로 그것을 이루게 하는 토대는 여성의 몸과 섹슈얼리티라는 것이 〈나쁜 남자〉를 통해 증명되고 있다.

결핍으로서 욕망

욕망은 권력이나 섹슈얼리티와 연결되는 문제에서뿐 아니라 인간 존재의 심연을 건드리는 모든 작품의 영원한 주제이다. 영화 〈롤리타 *Lolita*〉도 어쩌면 단순히 표면에 드러나는 섹슈얼리티와 연관된 말초적 욕구를 다룬 것이라기보다는 인간의 보다 깊은 내면의 욕망을 다룬 영화일지도 모른다. 〈롤리타〉는 1955년에 발표된 블라디미르 나보코프의 소설로서 선정적 소아성애를 다뤘다는 이유로 발표되자마자 판매금지 판결을 받았던 작품이다. 당시의 평가에 의하면 롤리타는 '소아성애자의 판타지를 소설화한 포르노그래피'였다. 그 후 판결이 뒤집히고 1958년에 뉴욕에서 출판이 되면서 엄청난 베스트셀러가 되어 제2차 세계대전 이후 가장 중요한 영어 소설 중의 하나가 되었다.[3] 후에 미성숙한 소녀에 대해 정서적 동경이나 성적 집착을 가지는 현상을 롤리타 신드롬[4]으로 부르게 되어 결과적으로 이 신드롬의 기원이 되기도 하였지만 정작 원작자는 이러한 표현에 롤리타가 사용되는 것에 대해 몹시 못마땅해 했다고 한다. 1962년에 스탠리 큐브릭 감독에 의해 처음 영화화된 후 1997년에 애드리안 레인 감독이 다시 만들었다.

> "롤리타. 내 인생의 빛, 내 가슴의 불꽃, 나의 죄악, 나의 영혼. 로-리-타. 혀끝이 입천장을 세 단계로 톡톡 치며 내려오면서 세 번째에는 이빨에 가닿는 여정. 로(Lo) 리(Li) 타(Ta)……. 신발을 신지 않고 잰 키가 4피트 10인치였던 아침의 그녀는, 로, 그냥 로였다. 바지를 입었을 때는 롤라였고, 학교에서는 돌리였으며, 서류상의 이름은 돌로레스였다. 그러나 내 품속에서는 언제나 롤리타였다."

영화의 도입부에 집으로 돌아오는 자동차 안에서 한없이 불안한 감정을 감추지 못하면서 피묻은 손으로 실핀(롤리타의 머리핀)을 꼭 쥐고 이리저리 갈지자로 운전을 하는 험버트의 독백이 나온다. 뒷좌석에서는 피묻은 권총이 이리저리 흔들리는 차의 움직임에 따라 이쪽 구석에서 맞은 편 구석으로 미끄러져 다닌다. 자신의 영원한 뮤즈였던 롤리타가 자신을 떠나 찾아갔었던 퀼티를 방금 살해하고 돌아오는 길이

3. [세계문학의 고전] 블라디미르 나보코프 〈롤리타〉 (네이버캐스트) http://navercast.naver.com/contents.nhn?contents_id=3778
4. 엄격하게 구분하자면 '소아성애'는 페도필리아(paedophilia)로 좀 더 성도착적인 면이 두드러지는 병적인 증상을 일컫는 것이므로 롤리타 신드롬과는 일정 정도 구분된다.

다. 외견상 '근친상간' 관계였던 롤리타는 이 관계를 끝내려하다가 결국 퀼티를 거쳐 전기 배관공인 남편과 결혼해 아이를 임신한 상황이다. 이 작품은 험버트가 재판과정에서 배심원들에게 사건의 전말을 이야기하는 독백 형식의 내용이 내레이션으로 처리되고 이를 감방에서 험버트가 소설로 만드는 방식으로 구성되어 있는데 험버트는 결국 형을 언도받기 전에 병으로 죽고, 롤리타도 아이를 낳다가 죽는 것으로 되어 있다.

이 영화는 험버트가 어린 시절 첫사랑이었던 애나벨이 죽고 난 후 그 결핍이 지속적으로 만들어낸 욕망의 자리에 우연히 들어온 롤리타를 끝없이 갈구하는 과정에 대한 일종의 심리보고서라고 할 수 있다. 단순히 낭만적이고 정신적인 사랑이 아니고 성적으로 충족되고 지속되기를 바라는 심리의 상징적 기호로서 등장하는 롤리타의 머리핀과, 험버트가 열두 살 이후 중년이 될 때까지 버리지 못하고 다이어리 갈피에 간직하고 있는 첫사랑 애나벨의 속바지 레이스끈이 험버트의 욕망을 설명해주는 페티시즘을 여실히 보여주고 있다. 비슷한 유형의 성적 상징은 롤리타가 씹고 있던 껌을 험버트의 다이어리에 붙이는 장면과 입안에서 소리를 내어 계속 굴리면서 먹는 알사탕이 있다.

〈롤리타〉에서 상징적인 이미지는 바로 위에서 든 몇 가지 페티시에 덧씌워져 있다. 특히 껌의 경우는 롤리타에게 있어서 매우 직접적인 성적 상징이 된다. 험버트가 롤리타 집에 하숙하면서 살기 시작했을 때 롤리타가 험버트의 서재에서 험버트의 무릎에 앉아 있다가 엄마가 2층으로 올라오는 바람에 놀라 일어나면서 씹고있던 껌을 험버트의 다이어리에 붙여놓는 장면이 나오는데, 그때 공교롭게도 애나벨의 속바지 레이스끈이 그 다이어리가 펼쳐진 페이지 갈피에 꽂혀있었고 이로써 결과적으로 두 개의 페티시가 동시에 한 곳에 놓이게 되면서 앞으로 일어날 일에 대한 예고 같은 장면이 펼쳐진다. 그로부터 얼마 후 롤리타가 캠프로 떠나던 날 험버트는 롤리타의 방에서 머리핀 하나를 가지고 나오는데 이로부터 사실상 애나벨의 속바지 레이스끈은 롤리타의 머리핀으로 대체되며 그때까지의 결핍의 대상도 애나벨로부터 롤리타로 전이된다.

40대 중년남성으로 12세의 롤리타를 처음 만나는 장면이 바로 훗날 롤리타 신드롬이라는 용어가 탄생하게 되는 장면이다. 정원 잔디밭에 엎드려 잡지를 보고 있는 롤리타의 온몸을 감싼 짧은 원피스가 스프링클러에서 나와 흩뿌려지는 물에 의해 몸에 찰싹 달라붙은 것을 보면서 '아름답다'라는 감탄사를 저절로 낸 험버트가 한눈에 롤리타에 매혹된 것은 확실해 보인다. 시각적 이미지로서 이 두 사람의 관계를 암시하는 상징적인 이미지 하나는 험버트가 롤리타의 집 정원에서 물에 젖은 채 잡지를 보고 있는 롤리타를 처음 봤을 때 그녀가 보고 있던 잡지의 사진이다. 잔디밭에 엎드려 물에 젖은 원피스 밑으로 긴 다리를 흔들고 있는 롤리타와, 그 롤리타가 들여다보고 있는 잡지 속 댄디한 남성 사진, 그리고 그러한 롤리타를 다리로부터 시작해서 온 몸을 훑어가는 카메라의 시선, 이를 따라가는 험버트의 시선이 빚어내는 시각장은 보는 주체와 보여지는 대상, 그리고 이들이 앞으로 맺을 관계의 내용까지 매우 압축적인 암시로 나타나고 있다.

여기에서 서로 엇갈려서 비껴가는 시선을 유심히 볼 필요가 있다. 서로를 주시하는 시선이 아니라 롤리타는 잡지 속 중년 남성을 바라보고, 험버트는 롤리타를 주시한다. 그런데 잡지 속 중년 남성은 험버트가 아닌 또 다른 중년 남성이다. 나중에 롤리타가 갑자기 사라진 이유가 퀼티라는 것을 알게 되고 롤리타로부터 '자신이 지금까지 진정으로 사랑한 단 한사람이 퀼티'라고 하는 말을 듣고 험버트는 자신의 영원한 결핍을 유발한 자가 퀼티라고 생각하게 되면서 결국 퀼티를 죽이게 된다. 롤리타가 사랑한 다른 사람, 즉 시선은 계속 엇나가고 이렇게 만들어진 관계는 바로 정원에서의 시선의 엇갈림 속에서 암시적으로 제시된다.

퀼티는 사실상 성불구자로서 소년·소녀들을 대상으로 성적인 필름을 찍는데, 이를 위해 롤리타를 끌어들여 여기에 이용하게 된다. 따라서 관음증적 소아성애자라고 할 만한 등장 인물은 오히려 험버트가 아니라 퀼티라고 할 수 있다. 이러한 맥락에서 이 영화 또는 원작 소설의 분석에서 퀼티를 험버트의 분열된 자아로 보는 일단의 비평적 시각도 설득력이 있다. 〈롤리타〉 전편에 흐르는 험버트의, 롤리타를 향한 끊임없는 갈구는 욕망과 결핍이 연결되는 라캉의 욕망이론을 커다란 축으로 해서 분석 가능하다. 인간의 욕망이 현실 속에서 완전히 충족되지 못하며, 다만 끊임없이 지연될 뿐이라는 라캉의 정신분석학적 분석은 문학비평에서도 다루어진 바 있다. 이 글에서는 언어화된 문학작품이 기초가 되어 영상화한 영화에서 영상 이미지로 재현되는 욕망의 구조를 어떻게 읽어낼 것인지에 초점을 맞추어보기로 한다.

영화에는 나오지 않았지만 소설 내용에 의하면, 험버트는 3세에 어머니가 죽고 이모의 손에서 자란다. 그런데 그 이모마저도 험버트가 16세 되었을 때 죽으면서 이모로부터 대리 충족되던 어머니에 대한 욕망은 또다시 유예된다. 기억에도 없는 어머니의 부재는 상상계에서 일차적으로 충족되어야할 욕망의 원천적 결여가 된다. 라캉의 이론에 따르면 대략 생후 18개월 이후에 유아가 언어를 습득하게 되면서 나와 타자 사이의 구분을 할 줄 알게 되고 그 가운데 상상계에서의 충만했던 세계가 이제는 돌아갈 수 없는 세계이며 부재와 결핍의 상태임을 경험하게 된다.

험버트도 역시 어머니를 잃은 이후 어머니의 남근이 되고자하는 상상계적 소망을 포기하지 않을 수 없게 된다. 이제 상징계의 질서, 언어의 체계 속에서 과거 상상적 세계 속의 남근은 잃어버린 기표로서의 남근이 되어 무의식으로 남게 된다. 험버트는 이 잃어버린 기표로서의 남근을 회복하려 하지만 그것은 항상 또 다른 기표의 대체물을

찾을 뿐 불가능한 일이 되고 만다.[5]

열세 번째 생일을 맞기 전에 사귀던 애나벨과 성적 유희를 거쳐 성적으로 완전한 결합을 경험하기 전에 애나벨이 발진티푸스에 걸려 죽게 되면서 험버트의 성적인 욕망의 근원적 결핍은 더욱 깊어진다. 영화에서 애나벨에 대한 회상은 뿌연 화면에 밝은 빛이 번지는 스크린 상의 순수한 소녀를 비추는 방식으로 이루어져서 마치 천상의 천사나 요정같이 아련한 분위기 속 존재로 묘사된다. 이러한 이미지적 기법은 소유하거나 성적으로 충족되는 일이란 영원히 있을 수 없는 요정 같은 존재로서 애나벨을 묘사하고 있는데 이 이미지는 롤리타에게로 그대로 이어진다.

원작 소설에서 작가 나보코프는 님펫(nymphet)이라는 단어를 설명하면서 '구체적으로 아홉 살부터 열네 살까지의 소녀는, 때로 두 배 이상의 나이많은 방랑자에게 인간이라기 보다는 님프의 속성으로 보인다. 이런 종류의 소녀를 님펫이라고 부른다'고 서술한다. '꺼질 듯한 우아함, 잡을 수 없고 속임수에 가득 차서 영혼을 조각내는 마력은 그 나이 또래 중에서도 님펫만이 갖는 매혹'이라고 표현함으로써 그 나이의 모든 소녀들이 님펫은 아니라는 점을 명확히 하고 있다. 험버트에게 있어서 애나벨은 최초의 님펫이었고 그런 애나벨의 죽음으로 험버트의 욕망에는 분열과 틈새가 생기면서 분열된 주체가 된다. 소설에서는 애나벨의 죽음 이후 성인이 된 험버트가 애나벨과의 기억으로 인하여 몇몇 소녀에게 님펫으로서의 매혹을 느껴 자신의 취향을 만족시킨다.

애나벨에게서 충족되지 못한 욕망은 죽을 당시의 애나벨과 비슷

---

5. 정진만. 1993. "쟈끄 라깡의 욕망이론 –「롤리타」분석을 중심으로 –." 경희대학교 영문학과 석사학위 청구논문(미간행). 이 논문은 라캉의 욕망이론을 탐구하면서 소설 〈롤리타〉를 분석한 것으로 영화 〈롤리타〉의 욕망의 발현 기제 분석에 참조할 이론적 논의를 제공하고 있다.

한 나이이면서 여러모로 비슷한 느낌을 가진 롤리타를 만남으로써 애나벨에게 고착되었던 성적 욕망이 롤리타에게로 투사된다. 롤리타는 어린애같이 순진무구한 것 같으면서도 매우 유혹적인 몸짓도 서슴지 않는데 마치 무심코 그러는 것처럼 맨발로 험버트의 발등을 밟는다든가, 험버트의 무릎 위에 앉아서 함께 책상을 향해 앉는다든가 하는 행위를 통해 롤리타의 이미지는 아버지 앞에서 재롱떠는 소녀 같은 인상과, 동시에 유혹하는 존재로서 양가적인 느낌을 준다.

롤리타의 엄마로부터 구애를 받게 되자 롤리타 곁에 머물게 되는 계기로 삼아 청혼을 받아들인 험버트는, 정작 성적 욕망을 새 부인과의 사이에서 충족하지 않고 여전히 롤리타를 탐하다가 결국 롤리타의 엄마가 사고로 죽게 되자 본격적으로 롤리타와 전국 여행을 다니면서 성적 관계에 들어간다. 물론 외견상 아버지와 딸 관계에 놓이면서 명백한 '근친상간'의 관계로 들어서게 되는 단계에서 고려하게 되는 상징계적 회의도 롤리타에 대한 욕망의 환상을 이기기에는 역부족이다. 엄마가 죽은 것을 뒤늦게 알게 된 롤리타는 이제 경제적으로도 완전히 험버트에 의존하게 되면서 두 사람간의 관계는 돈을 매개로 한 성적 관계와 유사하게 변질된다. 극작가인 퀼티에게로 도망가서 소아성애적 포르노그래피 제작에 이용된 후 버려지면서 롤리타는 근 3년 동안 험버트로부터 완전히 격리된 채 살아간다.

라캉에 따르면 어린 아이가 어머니의 남근이 되고픈 욕망과 어머니와의 결합의 욕망은 '아버지의 이름(name of the father)', 상징계의 법 때문에 이룰 수 없게 된다. 그러므로 어린아이는 아버지의 이름, 언어 질서, 상징계의 법을 받아들인 이후에 자신의 욕구를 언어를 통해 발화하게 된다. 이 과정에서 항상 불만족스럽게 남는 요구의 부분이 있다. 이것이 요구와 욕구 사이에서 생기는 '틈새', '분열', '차이'이다. 요구에서 충족되지 않는 부분은 욕망으로 남는다. 여기에서 어머니와 결합하고픈 소망은 소외되며, 이 잃어버린 대상에 대한 더 정확한 대체물을 끊임없이 추구하는 환유적 과정을 보인다(정진만, 1993: 106-107). 상징계의 체계는 과거 상상계의 충만했던 세계를 복원하려 하지만 환유적인 기표들의 연쇄고리 속에서 분열과 틈새가 언제나 남게 된다.

여기에서 험버트는 결여의 존재, 분열된 주체, 빗금쳐진 주체이고 롤리타는 험버트의 잃어버린 욕망의 기표인 남근이 아니라 그 남근을 대체하는 또 다른 기표로서의 대상 a이다(정진만, 1993: 109). 험버트의 롤리타를 향한 갈구를 집착이라고 이해한다면 다음과 같이 김소연의 글(김소연, 2010: 144) 속에 험버트를 대입할 수 있을 것이다. 누군가에게 집착한다는 것은 결국 험버트에게 있어서는 그녀에게 도달하여 그녀를 전유하는 것이 아니라 그녀를 향해 가는 운동 자체에서, '우리가 타자 안에서 보는 숭고함'과 '속된 대상으로서의 타자' 간의 간극에서 주어지기 때문에 집착을 문자 그대로 실현한다면 '욕망'의 수준에서 이루어지던 사랑은 '충동'의 수준으로 넘어가버리고 사랑은 대상과의 환유적 관계에 근거하는 '반복 너머에' 자신을 위치시키게 된다는 것이다.

롤리타와 함께 미국 전역을 돌아다니면서 여행을 하는 가운데 정체불명의 차가 계속 추적해옴에 따라 험버트는 극도의 불안한 심리상태를 보이는데 그 끝에 결국 롤리타가 사라져버린다. 퀼티가 롤리타를 데려간 사실은 나중에서야 알게 되지만 누군가, 어떤 남자가 그녀를 데려갔다고 생각하는 험버트에게 그 남자는 '또 다른 험버트(another Humbert)'인 퀼티다. 퀼티는 험버트의 욕망을 대신 구현한 남근으로서의 타자(the Other)가 된다. 롤리타는 험버트와 있을 때와는 달리 퀼티를 '처음이자 마지막으로 사랑한 유일한 남자'라는 말과 같이 사랑을 쏟는다. 이로써 험버트의 입장에서 퀼티는 롤리타가 욕망하는 대상이며 남근으로서의 타자(정진만, 1993: 115)임이 증명되고 있다.

서로가 서로의 비슷한 이미지이며 서로에게 거울을 통해 동일시되는 타자인 것이다. 두 주체 사이의 경계는 모호해지면서 동일시된다. 소설 속에서는 이 모호한 경계 속의 세 남자들, 험버트, 퀼티, 그리고 작가인 나보코프 자신이 결국 험버트라는 하나의 인물로 수렴되는 듯 보인다. 롤리타를 영원히 잊지 못하고 사랑하는 험버트, 그의 롤리타를 향한 욕망은 결국 끝까지 채워지지 못하고 비극적 결말을 맞는다. 험버트가 롤리타를 실체, 진실이라고 여겨왔지만 그것이 결국 환상인 것은, 욕망의 기표로서의 남근은 언제나 베일에 가리워져 있어 그것을 잡으려 하면 사라지고 만다는 점과 등치되면서 확인된다. 이로써 욕망은 영원한 결핍으로 남을 수밖에 없다는 욕망이론의 핵심이 다시 한번 드러나며 그 욕망 갈구의 과정에서 롤리타는 영원한 타자로 존재한다.

주체적 시선으로 여성 이미지 만들기

1970년대 페미니즘이 급속하게 확산되기 시작할 때 페미니스트 영화감독들이 서서히 등장하기 시작했다. 2000년에 마리 망디(Marie Mandy) 감독에 의해 ARTE 방송국 주관으로 제작한 페미니스트 영화감독에 관한 다큐멘터리 〈욕망을 영화화하기 *Filmer le Désir — Voyage travers le Cinéma des Femmes*〉는 여성의 시각에서 만드는 여성 이미지를 다루고 있다. 이 영화에서는 그동안 남성 감독에 의해서 남성 관객을 겨냥하여 만든 작품에서 다루어진 여성의 몸과 섹슈얼리티, 그리고 욕망을 페미니스트 여성 감독들이 어떻게 다르게 시각화하는지 보여주고 있다.

여기에서는 대표적인 페미니스트 여성 영화감독 1세대라 할 수 있는 아녜스 바르다(Agnes Varda), 릴리아나 카바니(Lilliana Cavani), 잔느 라브륀(Jeanne Labrune), 카뜨린느 브레이야(Catherine Breillat), 폴 바이야르종(Paule Baillargeon) 등을 중심으로 다루고 이들의 뒤를 이어 지금까지 활동하고 있는 여성 영화감독들의 영화관을 보여주고 있다. 자세하게 나열하자면, 제인 캠피온(Jane Campion), 샐리 포터(Sally Potter), 도리스 도리(Doris Dorrie), 프란체스카 코만치니(Francesca Comencini), 레아 풀(Léa Pool) 등 유럽 영화 감독들과 제3세계 출신으로 무피다 트라틀리(Moufida Tratli) 튀니지 출신 영화감독, 세네갈 출신 사피 파이(Safi Faye), 인도 출신으로서 캐나다로 망명한 디파 메타(Deepa Meta) 감독이 그들이다.

"여자라면 누구나 자신의 이미지나 자기 세계를 자신의 눈으로 바라보고 싶지 않을까?"라는 독백으로부터 시작되는 이 영화는 '여성 감독들이 말하는 섹슈얼리티'를 부제로 하여 여성의 은밀한 성과 욕망을 여성만큼 잘 보여줄 감독은 없다는 확신을 가진 감독들의 경험을 그들이 만든 영화를 소개하면서 보여주고 있다. 프랑스의 아녜스 바르다 감독은 기존의 남성 감독들이 여성의 몸을 잘게 나누어 성욕을 자극하는 부분 중심으로, 즉 엉덩이, 가슴, 성기까지를 자주 비춘다는 점을 지적하면서 자신은 여성의 몸 전체를 보여주려 노력했다는 점을 강조하고 있다. 특히 러브신을 찍을 때 남성 감독들이 여성의 몸을 관음의 대상으로 삼고 몸을 즉각 사용하는 방식을 주로 채용한다는 점을 비판적으로 지적하면서 자신의 경험을 서술한다. 바르다는 자신의 영화 〈도큐멘트 *Documenteur*〉(1981년)에서 남녀의 사랑 후의 이야기를 이미지화할 때 여성은 여성대로 나체이지만 거울을 통해 자신의 몸을 직접 들여다보는 장면을 넣고, 남성 역시 다른 장소에서 벗은 몸으로 성기와 손이 함께 몸 위에 놓여있지만 거세의 이미지가 아니라 '완전한 몸' 그 자체로 이미지화하여 보여줌으로써 몸의 이미지를 생각과 기억, 후회와 고통들을 담아내는 매개로 사용했다고 설명한다. 이와 같은 바르다의 완전한 몸, 전체로서의 몸 이미지에 대한 이해는 감독으로서 작품을 하기 시작한 초창기 작품에서부터 비롯되었다. 〈오페라 무페 *L'Opéra Mouffe*〉(1958년), 〈행복 *Le Bonheur*〉(1964년)에서는 사랑을 몸 이미지로 표현할 때 몸의 감각 기관 여러 개를 겹치는 화면 구성을 만들어 모든 감각에 관심을 갖고, 행위로서의 성 뿐 아니라 이에 수반되는 다른 감각들, 예를 들면 눈과 귀, 입과 귀, 눈과 손 등 시각, 미각, 후각, 청각 등의 감각기관을 통해 느끼는 전체적인 감각을 드러내고자 시도하였다.

"여성의 몸을 착취하지 않으려 노력한다"라는 언설은 여러 여성 감독으로부터 하나의 정언 명령처럼 지켜지고 있다. 아녜스 바르다가 전체로서의 몸을 통해 관음의 대상이 되지 않도록 하는 노력을 비롯하여 인도 감독인 디파 메타, 캐린 아들러, 샐리 포터 등이 이러한 노력을 경주하여 영화를 만들고 있다. 인도 감독인 디파 메타는 종교적 갈등 관계에 있는 남녀의 러브신을 찍었다는 이유로 촬영장이 화재로 소실당하는 등 테러 위협을 받는 바람에 캐나다로 망명하여 항상 6명의 보디가드를 대동하면서 작품활동을 하고 있다.

디파 메타 감독은 욕망에는 사랑이 전제된다고 믿으면서 욕망의 표현은 아주 절실한 문제이지만 여배우의 나체를 전면에 내세우지 않는 이유는 '여성의 몸을 착취하지 않으려는' 소신 때문이고 표현이 필요하다면 남자배우가 옷을 벗는 방식으로 촬영을 진행한다는 점을 밝히고 있다. 폴 바이야르종 감독은 넓은 후원인 야외에 9개의 욕조를 놓고 그 안에 여성들이 각 한명씩 나체로 들어있는 장면을 담고 있는 영화 〈붉은 부엌 *La cusine rouge*〉(1970년)로 일찌감치 여성의 몸에 대해 자연 개념을 적용하고 자유로운 몸을 향해 스스로 제약을 두지 않는 영화를 만들었다.

캐린 아들러(Carine Adler) 감독의 경우에는 〈언더 더 스킨 *Under the Skin*〉(1997년)을 찍을 때 제작자를 구하기도 힘들 정도로 자의식 강한 영화를 만들어왔다. 여자주인공이 자위하는 모습에 이어 엄마의 장례식 화장하는 장면에서 성관계가 겹쳐 나오는데 이러한 파격적인 장면으로 인해 제작자를 구하기 힘들었다고 한다. 자위 장면은 오히려 엄마와 자궁을 연결시키면서 엄마를 회상하는 방식이었다고 술회하고 있으며, 또 다른 장면에서 화면에 등장하는 것은 엄마의 장례식이고 거기에 독백을 통해 상상을 불러일으키면서 섹스신으로 연결되는 독특한 방식의 영상을 만들어냈다고 한다. 여기에서 독백을 넣은 이유는 '나체를 넣고 싶지 않아서'라는 것이다. 독백을 통해 듣는 것을 바로 보는 느낌이 들도록 유도했다고 설명하는데 이는 청각적 이미지와 시각 이미지를 독백으로 연결하려한 신선한 시도로 풀이된다.

욕망에 대해 여성의 목소리를 낸다는 것은 페미니즘 운동이 시작되던 당시만 해도 매우 어려운 일이었다. 페미니스트 감독들은 영상 이미지로 여성의 주체적인 목소리를 내기 시작했는데 잔느 라브륀 감독은 〈내가 너를 사랑한다면, 주의해 *Si je t'aime, prends garde toi*〉(1993년)을 만들면서 여성이 자신의 욕망과 섹슈얼리티를 알 권리가 있고 또한 알고 싶어한다는 점이 중요하다고 생각하였으며 이를 바탕으로, 독립적으로 자신의 성에 대해 당당한 권리를 주장할 줄 아는 여성을 그렸다. 카트린느 브레이야 감독은 이제까지 섹슈얼리티에 대해 발언하는 것이 색욕을 나타내는 것으로 오해받아온 것은 수정되어야 한다는 입장을 밝히고 있다. 이로써 브레이야 감독은 욕망의 본질에 흥미를 느끼면서 〈로맨스 *Romance*〉(1998년)에서 욕망의 대상으로서 지금까지 남성 감독에 의해서 남성을 유혹하는 팜므파탈(femme fatale)을 등장시킨 것에 대비되는 옴므 파탈(homme fatal)을 등장시키기도 하였다.

이슬람 사회에서 여성의 성적 욕망을 드러낸다는 것은 매우 어려운 일이다. 무피다 트라틀리 감독은 튀니지 출신으로 영화 〈남자의 계절 *La saison des hommes*〉(2000년)에서 외지에 일하러 나갔던 남편이 일년에 한달 휴가받아 돌아오는 동안의 성적인 관계를 매트리스로 표현하였다. 이른바 남편의 매트리스는 남편이 휴가 끝나서 다시 일하러 떠나고 나면 혼자서는 더 이상 사용하지 못하고 벽에 세워두는 장치인데 매트리스가 벽에 세워져있는 열한 달 동안은 점점 '몸이 건조해지는' 느낌을 받는다. 이러한 갈증을 같은 처지의 이웃 여성들과 바다에서 물놀이를 하면서 이야기함으로써 위로받는다. 한편 세네갈의 사피 파이 감독은 〈모산〉이라는 영화에서 세네갈 젊은 여성들의 건강하고 아름다운 몸을 깨끗하게 그리고 싶었다고 피력한다. 목욕신에서 10대 여성들의 탄탄한 몸을 그대로 보여주는데도 전혀 외설적인 느낌이 들지 않는 것은 말 그대로 자연적인 몸을 여성들이 서로 평소에 보는 방식대로 보여주고 있기 때문일 것이다.

이 다큐멘터리 영화에서 각 여성 감독들이 여성의 몸 이미지와 욕망에 대해 접근하는 태도를 요약하자면 여성의 몸과 욕망에 대해서 가장 잘 알고 있는 여성들의 시각화 방식을 통해 기존의 남성 관객의 요구에 부응하는 남성 영화감독의 시각과는 다른 이미지를 만들어내려 노력하고 있다는 것이다. 기존의 남성적 관객성이 만든 규범을 여성 관객에게 강요하는 것은 폭력적인 것이라는 전제하에 여성 감독들은 다른 시각을 제시하면서 시점, 주제, 경험들을 새롭게 이미지화하려 노력한다. '우리만의 존재방식을 찾아야할 것이다. 왜 모두 젊은 미국 백인 남성이 되어야 하는가? 라는 질문을 던져야 한다. 다시 말하자면 세상을 보는 다른 시각을 제시하고자 한다'라는 내레이션과 함께 이 다큐멘터리 영화는 샐리 포터 감독의 〈올란도 *Orlando*〉(1993년)에서 올란도가 긴 잠에서 깨어나 남성에서 여성으로 변하는 순간의 장면과 독백을 상징적으로 맨 끝 장면으로 잡는다. "똑같은 사람이다. 다른 것이 없어. 다만 성별만 다를 뿐."

〈올란도〉와 〈007 옥터퍼시〉- 몸에 대한 대조적 응시

영화 〈올란도〉는 버지니아 울프의 동명 소설을 영화감독 샐리 포터가 1993년에 연출 각색 음악을 모두 담당하면서 영화화했다. 이 영화는 생애 400년 중 200년은 남성으로, 200년은 여성으로 산 한 인간, 올란도를 통해 젠더 정체성이 역사의 흐름과 사회의 변화에 따라 어떻게 달라지는지 보여준다. or와 and의 합성어로 이루어진, 의미심장한 이름을 가진 주인공은 남자일 수도 있고 여자일 수도 있으며, 또한 동시에 남자이면서 여자이기도 하다. 주인공 역할을 맡은 틸다 스윈톤은 실제로 중성적인 외모를 가지고 있어서 의상이 바뀌지 않는 한 남성인지, 여성인지 구분이 잘 되지 않는다. 이점이 바로 이 영화가 주장하는 '다른 성별, 같은 인간'을 구현하는데 있어 스윈톤의 캐스팅이 적합한 이유다. 여왕의 총애를 받으며 〈영원히 죽지도, 늙지도 말라〉라는 명을 받고 부와 권력을 모두 가진 올란도는 200년 동안 남성으로 살아간다. 전체의 시퀀스는 〈죽음 *death*〉, 〈사랑 *love*〉, 〈시 *poetry*〉, 〈정치 *politics*〉, 〈사교 *society*〉, 〈성 *sex*〉, 〈탄생 *birth*〉으로 나뉘며, 죽음으로 시작해서 탄생으로 끝나는 것은 결국 남성적 가치와 여성적 가치를 다르게 설정하는 것으로 해석할 수 있다.

이 영화에서 가장 시각 이미지가 두드러지는 장면들은 올란도가 남성에서 여성으로 변화하는 순간과, 여성으로 변한 이후 중세에서 근대까지로 이행하는 장면, 그리고 근대의 자유를 상징하는 한 남성 자유주의자인 쉘머딘과의 러브신 다음 장면으로 올란도의 벗은 몸을 마치 풍경처럼 카메라가 묘사하는 장면이다. 먼저 전쟁에서 돌아온 올란도가 잠든 후 7일 간의 긴 잠을 자고 깨면서 남성에서 여성으로 바뀌는 장면은 이 영화의 정점이라고 할 수 있다. 여기에서 올란도는 아무 것도 입지 않은 몸으로 방 안의 세면대에서 세수를 하고 난 후 전신 거울을 보고 나서 관객을 향해 똑바로 서서 "같은 사람이다. 다만 성별(sex)만 다를 뿐"이라고 독백한다. 그렇지만 이 독백 이후에 여성 귀족으로 드레스를 입은 올란도를 대하는 남성 귀족들의 태도는 이전의 올란도 경에게 존경을 표하면서 그 권위에 복종하던 태도로부터 단지 귀족 여성에 대한 예만 갖추는 형식적인 태도로 변함으로써 중세의 여성관을 그대로 보여준다.

두 번째 시각성이 두드러지는 장면은 중세에서 근대로 넘어가는 과정이다. 여기서 올란도가 귀족 남성의 결혼제의를 뿌리치고 정원으로 뛰어 들어가서 미로(labirynth)를 거치면서 화려한 드레스 복장에서부터 시작하여 수수한 옷차림으로 점점 바뀌는 과정은 중세의 속박으로부터 근대의 자유로움으로 전이되어 가는 과정이 옷차림에 그대로 반영되어 이미지로 만들어졌다. 세 번째로 이 영화가 심혈을 기울인 장면 중 하나로서 올란도와 셸머딘의 러브신 이후 침대에 누워있는 올란도의 벗은 몸을 카메라가 발끝에서 어깨까지 훑듯이 비추는 장면이다. 이 장면은 페미니스트 영화감독들 사이에서도 영화 사상 몸을 묘사한 명장면 중 으뜸으로 꼽힐 정도로 유명한 장면인데 마치 풍경처럼 여성의 벗은 몸을 비춤으로써 여성의 몸을 '착취'하지 않으려한 감독의 의지가 이미지를 통해 표명된 장면이다. 이 장면은 또한 똑같이 여성의 벗은 몸을 비추는 수많은 다른 영화와 대조되는데, 예를 들면 〈007 옥터퍼시 *Octopussy*〉의 타이틀 같은 경우가 극명하게 대조되는 이미지이다.

〈007〉 시리즈[6]에서는 기본적으로 제임스 본드 역할의 남성 첩보원이 주인공이고 여성들은 그를 보조하는 첩보원이거나 정보원의 역할을 하면서 연인 관계를 맺는 캐릭터를 수행한다. 영화마다 소위 '본드걸'이 바뀌는데 이들은 하나같이 글래머이다. 20편이 넘게 제작되면서 매번 바뀌는 본드걸이 화제가 되기는 하지만 영화의 중심이 되지 못하고 주변적인 역할만 하고 상황과 배경이 달라지면 다른 여배

6. 〈007〉시리즈는 영국의 작가 이안 플레밍(Ian Fleming)이 소설『카지노 로열』에서 제임스 본드라는 인물을 등장시키면서 소설이 호평을 받자 이후 영화화되어 1962년 첫 번째 영화인 〈007 살인번호〉가 만들어진 이래 40년 동안 20편의 시리즈를 낳으면서 영화 역사상 가장 성공적인 시리즈가 되었다. '007'이라는 숫자는 첩보원의 코드 번호이다. 영화의 총 누적 관람객 수가 20억 명을 넘는 것으로 기록되어 있다. 주인공 제임스 본드 역은 1대 숀 코네리(Sean Connery)부터 시작해서 조지 라젠비(George Lazenby), 로저 무어(Roger Moore), 티모시 달튼(Timothy Dalton), 피어스 브로스넌(Pierce Brosnan)으로 이어졌다. 출처: 두산백과(doopedia).

우로 교체되는 상황에서 단지 에로티시즘을 극대화시키는 파트너로서의 역할만이 강조될 뿐이다. 〈007 옥터퍼시〉의 타이틀 영상은 상징과 기호가 매우 단단한 클리셰로 제작되어 이미지 분석에 있어서 흥미로운 해석의 실마리를 많이 제공하고 있다. 첩보영화에 기본적으로 등장하는 권총은 사실상 대포와 함께 대표적인 남성 성기의 표현이며 동시에 남성적 권력의 상징으로 해석되고 있다. 이 타이틀 영상에는 남자주인공 첩보원인 제임스 본드가 검정 정장차림에 권총을 든 상태로 나오고, 여자 주인공은 나체로 나오면서 실루엣처리가 된다. 특별히 고정된 주인공이 아니라는 점은 한 영화의 타이틀에조차도 여러 명의 여성들이 등장하는데도 불구하고 이들은 사실 누구여도 괜찮기 때문에 실루엣으로, 즉 익명의 표상으로 처리되는 것이다.

〈007 옥터퍼시〉의 타이틀 영상은 첫 장면에서부터 여성의 벗은 몸을 다루는 방식에 있어서 〈올란도〉와 비교할 때 누워있는 몸을 백라이트를 사용하여 보디 라인만 보이도록 해서 전체적으로 매우 유사성이 있으면서도 다루는 방식에 있어서는 분명한 차이점이 존재하여 흥미롭다. 이 두 영화에서 여성의 벗은 몸이 누워있는 모습이나 각도, 카메라가 응시하는 방향 등은 놀랍게도 유사하다. 그런데 〈올란도〉의 벗은 몸을 비추는 카메라의 응시는 다리에서부터 엉덩이, 그리고 팔과 어깨에 이르기까지 선을 타고 이동하여 비록 벗은 몸을 비추지만 선만을 비추기 때문에 여성 몸의 성적인 이미지가 전혀 느껴지지 않는다. 오히려 이 카메라 워크는 여성이 몸과 섹슈얼리티를 통해 주체로서의 위치를 확고하게 갖게 되는 과정을 관객과 함께 느낄 수 있도록 하는 힘이 있다.

반면 〈007 옥터퍼시〉 타이틀에는 전체적으로 검푸른 조명 속에 오직 보석목걸이 하나만 착용한 나체의 여성이 가슴 부분은 위쪽으로 향하지만 허벅지와 엉덩이의 곡선은 그대로 드러나도록 누워있는 장면의 발끝부터 잡는 장면이 등장한다. 여기에 붉은 색 네온 불빛으로 선만으로 그려진 남성이 손에 권총을 두 손으로 잡은 채 계속 돌면서 탐색하거나 방어하는 자세로 등장하면서 그 단순화된 남성의 모습이 발끝을 지나 여성의 허벅지 정도에 도착하면서 남성 모습의 붉은 형상은 권총의 단순화한 그림으로 바뀐다. 이 붉은 색 테두리만 있는 권총 형상은 여성의 엉덩이 곡선을 따라 계속 올라가고 가슴을 관통하여 여성의 어깨쯤에 도달하면서 옥터퍼시로 변화한다. 이것이 여성의 머리로 들어 간 후 장면이 전환되어 주인공 제임스 본드 역의 로저 무어가 역시 나체인 한 여성의 한쪽 다리와 한쪽 팔을 잡고 빙빙 돌리면서 등장하는 장면이 슬로우 모션으로 나온다.

나중에는 양 다리를 잡고 돌리다가 장면은 전환되어 다른 여성이 역시 나체로 등장하면서 권총을 자기 다리 쪽으로 발사하는데 그 권총에서 나온 붉은 불빛은 가슴을 지나 복부 쪽에 도달할 즈음에 007이 그려진 권총으로 변하면서 하복부를 지나 다시 허벅지를 타고 내려간다. 장면이 전환되면서 남성 한 명이 옷을 입은 채로 유영하듯이 먼저 프레임 속으로 들어오고 그 뒤로 여성들이 모두 나체로 차례로 유영하여 등장했다가 사라진다. 모두 그림자로 처리되고 슬로모션으로 나온다. 마지막에 로저 무어가 한 여성을 서로 마주본 자세에서 여성만 몸을 한껏 뒤로 젖히고 남성의 다리 사이로 여성의 다리가 함께 잡혀있는 채로 계속 돌린다. 이 자세는 매우 선정적이면서도 여성의 자세 자체가 굴욕적일 뿐더러 전혀 힘을 쓸 수 없는 자세여서 성적인 폭력의 인상마저 준다. 마지막에 여성의 얼굴에서 눈 윗부분이 클로즈업 되면서 미간 사이로 로저 무어가 권총을 위로 겨눈 채 어깨 옆으로 올린 자세로 밑에서부터 올라온 다음 등 뒤에서 여성의 손이 여러 개 나와 로저 무어의 몸을 감싼 채 다음 장면으로 전환된다.

여기에서는 왼쪽 프레임에서 나온 남성의 손에 쥐어진 권총에서 탄환이 나오고 그 탄환은 보석 목걸이 같은 줄이 양쪽 유두만 살짝 덮은 상태의 여성의 벗은 상체 앞에서 남성 첩보원의 붉은 색 선으로 된 형상으로 변한 다음 다시 노출된 가슴 위를 지나간다. 오른쪽 프레임에서 이번에는 여성의 손에 잡힌 권총에서 총알이 나오는데 여기에서 나오는 총알은 여성의 벗은 몸을 한 형상으로, 이 몸들은 곡예하듯이 총구로부터 밖으로 튕겨져 나와 계속 허공에서 돌게 된다. 총 8명의 여성 그림자가 총알이 되어 발사된다. 이 장면 이후에는 다시 남성 첩보원이 나체 여성의 몸을 한쪽 손과 발목을 잡은 채 돌린다. 그 뒤로 여성이 나체로 뒤돌아 앉아있는 뒷모습이 나오고 다시 보석만 착용한 여성의 상체가 나오면서 권총 하나가 얼굴로 다가가서 제작진 이름을 발사하고 모두 끝난 후 여성이 권총을 쥔 주인공을 바라보며 웃는 얼굴로 끝이 난다.

〈007〉 시리즈 자체가 20여년 동안 제작되면서 페미니스트 비평가로부터 여러 측면에서 비난을 받아왔지만 〈옥터퍼시〉 타이틀처럼 총길이 3분이 채 되지 않는 영상에서 그 비난의 쟁점을 집약해서 보여주는 것도 없을 것이다. 여기에서 특이한 사항은 남성은 검정 정장을 하고 여성은 하나같이 나체로 나온다는 점이다. 그러면서도 더욱 에로티시즘을 발동시키는 요소는 그 여성들의 몸에 보석이 반짝이는 목걸이 등 장신구를 착용한다는 점이다. 또한 권총에서 발사되는 여성의 발가벗은 몸은 권총이 암시하는 젠더 상징과 더불어 에로티시즘이 극대화되는 연상을 불러일으킨다. 붉은 권총 형상이 여성의 나체를 훑어 올라가는 것은 〈올란도〉와는 달리 철저하게 젠더화된 남성중심적 시선으로 움직이는 카메라의 응시라는 점을 명백하게 드러낸다.

관객에게 말을 걸고 눈을 맞추다

〈올란도〉에서는 매우 독특한 기법으로 주인공의 시선이 등장하는 것을 발견하게 되는데 이는 바로 올란도의 독백 장면이다. 주인공이 때

때로 카메라를 향하여 똑바로 응시하면서 마치 관객과 대화하듯이 독백하는 장면이 나오는데 이는 영화에서의 세 가지 시선 중 주인공과 관객과의 시선의 교차를 의미함과 동시에 관객성을 상기시키는 장면이다. 끊임없이 관객과 의도적으로 시선을 맞추고 말을 건넴으로써 영화와 관객 사이의 거리를 없애고, 이렇게 하여 일정하게 취해진 거리의 공백 속에서 관객이 영화의 주인공과의 동일시를 통해 주인공이 갖는 생각에 동의하게 되는 효과를 가져온다.

마지막으로 올란도가 초반부에서 소년 올란도가 기대 앉았던 나무에 그대로 기대 앉아서 자기 아이(영화의 주인공 올란도처럼 이 아이도 정확히 아들인지 딸인지 묘사되지 않는다)가 카메라로 자기를 계속 찍는 장면이 나온다. 여기에서 카메라가 가지는 상징적 의미는 선험적인 초월적 주체의 시각이 아닌, 아이의 손에 쥐어져서 자유롭게 이리 저리 찍히는 올란도가 더 이상 권위적인 시선 아래 놓여진 타자적 존재가 아님을 암시한다. 그 나무 위로 날고 있는 천사가 부르는 노래가 이러한 올란도의 자유를 묘사한다. 여기에서 천사는 남성도 여성도 아닌 존재라는 점에 주목할 필요가 있다. 이 천사는 올란도가 남성이었을 때 중세의 카운터 테너 합창단이었던 남성의 목소리 그대로여서 노래 내용의 '여자도 남자도 아닌 내가 여기 있으니'라는 구절을 그대로 이미지화한 것이라 할 수 있다.

내가 가노라 내가 가노라
경계를 뛰어넘어 그대에게로
결합의 이 순간에 환희를 느끼며
현재에 있기 위해서
마침내 나는 자유롭다
마침내 과거와, 나를 유혹하는 미래로부터 자유롭기 위해

내가 가노라 내가 가노라
여자도 남자도 아닌 내가 여기 있으니
우리는 하나로 합쳐있네 인간의 얼굴로
나는 지구 위에 있고 우주에도 있네
나는 태어나고 죽는다네

2 몸 담론과 영상 재현

섹슈얼리티와 여성주체

영상 이미지의 주요 구성요소이자 재현의 중심에는 주인공으로 대표되는 인간의 육체가 자리 잡고 있다. 자연 다큐멘터리가 아닌 이상 인간이 영상적 재현의 주요 모티브인 것은 자명하다. 내러티브가 있는 영화의 경우 여성과 남성으로 대별되는 젠더 관계가 어떠한 형태로든 설정이 되고 멜로물인 경우에는 예외 없이 섹슈얼리티와 관련된 젠더 관계가 등장한다. 이로써 영상적 재현의 구체적인 존재로서 몸이 전면에 드러나고 감독이 재현하고자하는 섹슈얼리티의 유형이 몸을 매개로 하여 재현된다. 재현의 과정에서 형상화되는 여성주체는 초점이 어디에 맞추어지느냐에 따라 여성주체, 여성주의적 주체, 그리고 성적 주체로 세분화된다. 중요한 것은 그 중심에 항상 몸이 자리하고 있다는 점이다.

여성주체라고 했을 때는 여성을 남성 집단과 대비하여 이분법적으로 분류한 성별체계에 따라 상정하고 지칭하는 의미가 강하다. 따라서 여성을 하나의 사회적 집단으로 설정하고 이 집단 내의 개별적인 차이에 집중하기보다는 집단이 갖는 대표적 특성, 개연적 가능성을 염두에 두는 개념이다. 다시 말하면 여성이라고 했을 때 기존의 성별체계 속에서의 성 정체성을 갖는 존재로서 이 존재가 사회 안에서 살아가는 데 있어서 영향을 받는 모든 체제, 법, 제도적 장치의 역사적 구성에 의해 규정될 수 있는 존재다. 즉 그 사회 속에서 규정한 여성이라는 범주로 이해하는 개념이다. 따라서 여성주체라고 했을 때는 성별체계 내에서의 여성을 집단적으로 보는 시각을 무시할 수 없는데 이런 의미에서 여성주체는 역사적/사회적 주체의 의미가 강하다.[7]

1975년 엄혹했던 당시의 시대적 상황 속에서 소위 '호스티스' 영화의 하나로 만들어진 〈영자의 전성시대〉에서 영자는 바로 이러한 의미에서 여성이라는 사회적 범주에 속하는 인간으로서 처음에는 저항할 틈도 없이 산업화의 물결 속에 '타자'로 끼어 있다가 서서히 여성주체로 정체성을 부여받는 존재이다. 그러나 이 과정에서 영자가 적극적인 주체로 자신을 인식한다기보다는 당시의 사회적 인식에 비추어 보았을 때, 보다 인간적인 면모를 갖추면서 드러나지 않는 내면 속에 자신을 긍정적인 사회의 일원으로 정체화한다고 볼 수 있을 것이다. 왜냐하면 여성을 보편적인 하나의 집단으로 칭한다고 하더라도 지금까지의 절대적 주체의 개념이 아니라 사회적/역사적 실천을 전제로 하는 주체로 규정되는 것이 바람직하기 때문이다.

성적 주체는 앞에서 언급한 여성주체와 여성주의적 주체의 개념 사이에서 성을 매개로 하여 정의되는 개념이라고 할 수 있다. 역사 이래 오랫동안 동양은 물론이고 서양에서도 여성의 섹슈얼리티는 성욕

---

7. 필자는 2010년에 발표한 논문(2010b)에서 몸 담론의 논의구조를 설명하고 〈영자의 전성시대〉와 〈처녀들의 저녁식사〉의 주인공들이 시대적 상황과 현실 속 위치에 따라 형성하는 여성주체의 세 가지 유형에 대한 분석을 자세히 다루고 있다. 여기에서는 이 논문의 일부를 요약해서 소개한다.

이 없는 것으로 간주되어 왔고 여성의 성적 욕망은 결혼과 가족 범주 내에서 해결 하도록 권장되어 왔으며 성적 쾌락에 대해 말하는 것은 금기시되어 왔고, 따라서 여성의 섹슈얼리티는 재생산과 직결되었고 순결함이라는 윤리적 기준이 적용되어왔다. 이렇게 여성의 성적 주체성과 본질적 특성이 가려지고 금기시되어오면서 여성의 섹슈얼리티는 제약받고 비가시화되며 소극적이고 수동적인 것으로 규정되어왔다. 반면에 남성의 섹슈얼리티는 타고난 것이고 통제불가능하며 여성에 의해 쉽게 야기되는 것으로(Vance, 1984: 1-2) 설명되어 왔다.

〈처녀들의 저녁식사〉(1998년)에서 육체화된 자아의 사례를 보여준 순이의 경우처럼 몸에 대한 자기규율이 강하면서도 섹슈얼리티로 인하여 몸의 새로운 국면, 즉 임신을 했을 때도 철저하게 자율적 결정을 해나갈 수 있다는 점은 드 로레티스의 자신의 육체적 경험과 협상하는 과정으로서의 재현을 보여준다고 할 것이다. 드 로레티스에 의하면 젠더와 섹슈얼리티 모두가 기본적으로 재현이며 나아가 자기재현인데 이때의 재현이란 언어나 담론체계를 통해서 생산되는데 여기서 섹슈얼리티처럼 젠더는 속성이나 인간에게 원래부터 존재하는 본질적인 어떤 것이 아니라 '육체들, 행위들, 그리고 사회적 관계들에서 생산되는 효과들의 묶음'(de Lauretis, 1984: 3)이다. 따라서 드 로레티스는 여성의 육체 자체가 담론의 효과일 뿐 아니라 구성이라는 점에서 여성주체가 재현을 통해서 자신의 육체적 경험과 협상하는 과정을 강조한다. 이러한 논의에 따라서 "여성주의 이론은 여성이 아니라 여성들에게 말을 걸어야하며 정확하게 여성다움을 여성주체의 경험으로 구성하는 섹슈얼리티와의 특정한 관계를 질문해야 한다"(de Lauretis, 1984: 184)고 주장한다. 이러한 논리에 따라 여성주의적 주체의 중요한 토대가 몸이라는 점은 분명하다고 하겠다.

영상으로 재현된 성적 환상과 욕망은 배우를 통하여 여성관객들에게 감성적 전이를 일으키고 또한 사고와 행동양식에 은연 중 효과를 미침으로써 여성 관객들의 구체적이고 개별적인 경험과 가치평가를 끌어들이게 된다. 이미지의 수용은 때로 가장 효과적으로 섹슈얼리티에 대해 관객의 사고를 변화시킬 수 있기 때문에 한 시대의 섹슈얼리티에 대한 공감대를 만들어내기도 한다. 더욱이 섹슈얼리티에 대한 문화적 태도가 시대에 따라 급속하게 변화하고 있는 한국적 상황에서는 때로는 성적 실천이 이론적 논의를 반드시 뒤따라간다고 볼 수만은 없다. 더욱이 이 글에서 다룬 두 영화 모두 남성감독에 의하여 만들어졌기 때문에 오히려 여성에 대한 사회적 시선을 비교적 객관적으로 담아내고 있으면서 바로 그렇기 때문에 어떤 면에서 최근의 여성감독의 영화와 비교할 때 입장론(standpoint theory)적 측면에서는 여성 주체의 본질적 논의에서 조금 비껴 있다고 볼 수 있다. 다시 말하자면 객관적 카메라의 시선을 통해 평균적인 당대의 사회적 기준을 그대로 보여줄 수 있었던 반면 여성의 섬세한 성적 행동양식의 근저를 재현해내는 데 있어서 일정한 한계를 보임으로써 이미지 비평에 있어서 논란의 여지가 있다는 점도 생각해볼 문제다.

트랜스젠더링(transgendering)

인간은 무엇으로 태어나는가? 태생부터 인간을 규정하는 여러 가지 요소가 있겠지만 그중 성별과 인종은 태어나는 당사자가 절대적으로 결정할 수 없는 요소다. 그중 성별은 지극히 자연적인 속성으로 간주되면서 동시에 절대적으로 주어진 속성 그대로 받아들여지게끔 사회적으로 구속력이 강한 요소이다. 왜냐하면 성별은 인종적 특성과 마찬가지로 몸에 각인되어 체현되는 표식이 뚜렷하기 때문이다. 이 두 가지 요소는 모두 정체성을 구성하는 데 있어서 또한 절대적인데 그나마 인종으로 인한 문화적 정체성은 혼종적 정체성의 가능성을 항상 가지고 있으면서 유동적인 반면, 성별로 인한 젠더 정체성은 말 그대로 절대적이고도 자연적인 몸의 표식에 따라 이분법적으로 구분되어 인식되고 집단적으로 구성되어온 방식이 그대로 통용되는 정체성이다. 따라서 몸과 젠더 정체성은 항상 '일치'하는 것이 '자연스러운' 것으로 간주되어 왔다.

젠더 정체성과 몸이 일치하는 것을 '자연스러운' 현상으로 간주하는 관념은 몸과 섹슈얼리티를 본질론적으로 이해하는 입장으로부터 비롯되었다. 이는 또한 사회구성적 몸 이해 이전에 오랜 세월 동안 헤게모니적 위치를 차지해왔던, 몸에 대한 자연주의적 이해와 긴밀하게 연결되어 있다. 몸에 대한 자연주의적 관점은 생물학적 실체와 구조를 가진 몸이 사회 속의 개인을 규정함과 동시에 사회적 불평등의 토대로 작용하고 있다는 점을 주요 논리로 삼고 있다. 이는 특히 성차의 주제와 관련되어 몸의 역사를 설명하는데 적용되어 왔다. 몸에 대한 자연주의적 이해는 몸의 생물학적 구조의 차이와 그로 인한 섹슈얼리티의 차이가 인간의 정체성과 사회적 구분, 사회적 역할의 차이를 결정하는 토대가 된다는 인식을 널리 확산시켰다. 이에 반해 몸에 대한 사회구성적 논의는 몸에 부여되는 특성과 의미, 그리고 상이한 집단들의 몸 사이에 존재하는 경계가 사회의 기초가 된다는 자연주의적 입장에 대비되면서 몸 또는 몸에 대한 이해 자체가 사회적 산물이라고 주장하는 입장을 보여주고 있다.

영화 〈나의 장밋빛 인생 *Ma vie en rose*〉(1997년)을 보면 몸과 성 정체성, 그리고 섹슈얼리티의 관계가 어떻게 서로 긴밀히 연관되는지 알 수 있다. 7살짜리 남자아이인 루도빅은 새로 이사 간 동네의 입주파티에서 누나의 원피스를 입고 귀걸이와 립스틱으로 치장하고 등장함으로써 가족은 물론 이웃 주민들을 놀라게 한다. 루도빅은, 하나님이 갓 태어난 아기 루도빅에게 던져준 여성 염색체 X가 굴뚝에 걸리더니 때굴때굴 굴러 쓰레기통에 빠져버렸고 그래서 자신이 원래는 여자(XX)

였으나 하나님의 실수로 남자(XY)로 태어났다고 믿는다. 결과적으로는 자신의 몸이 지시하는 성별을 받아들이지 않고 심지어 이를 부정하려 듦으로써 여성의 섹슈얼리티를 가질 수 있다고 생각하는 것이다. 누나가 생리를 시작하자 어떻게 해야 자기에게도 '달이 뜨는지?'를 물어보면서 여성의 몸과 섹슈얼리티를 갖고 싶어 한다. 영화 전반에 걸쳐 루도빅은 몸의 외양을 근거로 하여 성별을 구분하고 이를 바탕으로 자신의 성 정체성이 몸이 표상하는 섹슈얼리티에 걸맞게 되기를 열망한다. 이를 달성하기 위해 행하는 여러 가지 행동은 결과적으로, 몸이 그 자체로서 물질성을 가지고 현존함으로써 섹슈얼리티와 직결되는 정체성 형성에 직접적인 연관을 갖고 있다는 것을 반증하는 것으로 풀이될 수 있다.

젠더 정체성과 생물학적 성의 불일치를 육체적으로 일치시키고자 하는 노력이 물리적으로 완결되는 단계는 아마도 호르몬 요법을 거쳐서 진행되는 성전환 수술이 될 것이다. 수술을 통해 완전히 다른 성별의 몸으로 변형하는 트랜스젠더의 성전환 행위는, 그렇다면 퀴어를 거부하고 완전한 이성애적 존재로서의 젠더를 획득하고자 하는 행위라고 규정할 수 있을 것인가? 이들의 경험이 선언적으로 보여주는 트랜스젠더링은 과연 어떻게 이해될 것인가? 더욱이 한국처럼 타고난 몸을 유지하는 것을 미덕으로 여기고, 젠더 이분법적 사회인식이 뚜렷하며 중고교에서 남녀가 분리되는 학교가 많으며 징병제도 등 사회제도가 엄격한 성별분리를 기조로 하고 있는 사회에서 당사자들에게 트랜스젠더하기(transgendering)의 의미와 사회적 압박은 여러 가지 실질적인 문제에 봉착하게 한다. 그런 의미에서 〈3×FTM〉은 트랜스젠더링에 대해 현실 속의 인물이 고민하는 지점을 짚어볼 수 있도록 한다.

〈3×FTM〉은 타고난 여성의 몸에 깃들어있는 남성으로서의 젠더 정체성을 완성하고자 호르몬 주사와 가슴절제 수술 등을 실행하는 과정에 있는 3명의 여성에서 남성으로 전환되는(FTM: Female toward Male) 트랜스젠더링을 밀착 인터뷰하여 만든 다큐멘터리 영화이다. 이 다큐멘터리의 세 주인공들이 어렸을 때부터 겪은 젠더 정체성과 육체의 불일치 경험과 이로 인한 고통, 이를 극복하고자 하는 심리적, 육체적 노력이 구성하고 있는 텍스트와 콘텍스트를 몸과 젠더 정체성, 한국의 문화적 환경이 형성하고 있는 담론에 비추어 분석해보는 작업은 이들을 이해하는데 있어서 긴급히 요청되는 일이다. 이 분석의 과정에서 커넬의 성 정체성 이론과 버틀러의 젠더수행성, 고프만의 젠더 디스플레이 개념들이 어떻게 구체적으로 적용되고 설명될 수 있을지 점검해 볼 수 있을 것이며, 또한 이를 통해 섹스와 젠더의 관계를 몸의 문화적 맥락에서 재의미화해 보고자 한다.

성/젠더(sexual/gender) 정체성과 성별화된 몸

섹슈얼리티에 대한 본질론적 입장은 성별화된 몸에 주목하면서 여성의 성기관을 가지고 태어난 여성이 자연스럽게 여성성을 지니게 되며 또한 남성으로 태어난 사람이 남성성을 갖게 되는 것을 자연스럽게 여긴다. 여기에 더해 생물학적 조건, 즉 호르몬의 생성과 분비를 통해 근육질의 남성과 부드러운 몸매의 여성으로 대별되는 성별화된 몸을 형성하면서 사회적 관행이 몸에 배게 되어 서로 배타적인 젠더 정체성이 형성된다고 본다. 성별획득에 관한 프로이트의 이론은 성 분화된 주체성이 개인 정체성의 핵심을 이룬다는 이론을 중심으로 하고 있다. 프로이트에 의하면, 여성성이란 남근을 '결여한 성'이고 따라서 '완전한 것으로부터 결여된 성'으로 개념화된 부정적 정체성이다. 이에 따르면 여성이 된다는 것은 자신이 남성이 아니라는 것을, 완전한 성이 영원히 될 수 없다는 것을 받아들이는 것이며, 따라서 이것은 매우 힘겨운 인식과정이라는 것이다.

한편 젠더 정체성에 대해 이론화하고 있는 커넬(Connell)은, 젠더를 이해하는 것이 담론 그 자체뿐 아니라 생산과 소비, 제도, 그리고 사회적 투쟁을 바라보는 것을 요구하는 것이라고 주장한다. 남성성은 그것이 아닌 것과의 관계, 특히 여성성과의 관계 속에서 구성된다는 것이다. 이로써 남성성에 대하여 논의하는 것은 그것의 대응점에 있는 '남성적이지 않은 것'을 염두에 두고 있음을 알 수 있다. 즉 '남성적인(masculine)'이 의미하는 것은 '남성적이지 않은(not masculine)'으로 생각하는 것에 대조시킴으로써 이해할 수 있다(Holmes, 2007: 56). 커넬의 논거에 의하면 남성성은 현대 서구사회의 '젠더 위계(gender hierarchy)'에 있어서 여성성보다 상대적으로 높은 위치를 차지한다. 그에 따르면 젠더 위계의 가장 꼭대기에 '헤게모니적 남성성(hegemonic masculinity)'이 있는데, 이는 권위, 육체적 단단함과 강함, 이성애와 임금 노동으로 둘러싸여 문화적으로 지배적인 남성성의 이상(ideal)이다. 한편 커넬은 최근 연구에서 남성성이 비단 생물학적 남성과 같은 것이 아님을 강조한다. 다시 말하자면, '남성적인' 몸과 행동 또는 태도는 한편으로는 '여성적'으로 정의되는 사람들의 사회적 현실이 될 수 있다. 따라서 커넬에게 있어서 남성성은 바로 사람들 집단이 아니고 젠더 현실의 형태를 명명하는 개념이다(Connell, 2000: 17; Pilcher & Whelehan, 2004: 85). 커넬은 실행적인(practicing) 남성성의, 전환적이고 일탈적인 방식 안에서 의미와 구조가 형성되는 부분에 대한 분석을 제공하고 있다. 남성들에게 희생자로서 재현되는 것을 허용할 수 있는 반면(Beasley, 2005: 229) 일반적으로 질서 잡힌 관계의 세트로서의 젠더에 관한 그의 강조는, 다른 남성성들이 항상 다른 젠더 범주, 특히 여성성 범주와의 관계 속에서 이해된다는 것을 의미한다.

젠더하기, 젠더 수행하기, 그리고 젠더 디스플레이

젠더하기(doing gender)란 젠더에 부여된 사회적 역할을 수행하는 것을 말한다. 즉 젠더하기는 남성적이고 여성적인 특성들의 표현이 갖는 특별한 지향을 배정하는, 사회적으로 이끌려진 지각적이고 상호작용적이며 미세정치적 활동들의 복합체를 수반한다(West & Zimmerman, 2010: 4). 젠더가 고정되고 내재된 정체성이 아니라 세월이 흐름에 따라 남성 또는 여성으로 표식이 붙여진 실제 또는 실천과 특성의 연속적 산물이라는 점을 강조하는 젠더하기의 이론은 젠더 수행성으로 연결된다. 모든 정체성은 문화와 사회가 반복적으로 주입한 허구적 구성물이라고 주장하면서 버틀러는, 엄밀한 의미에서 섹스, 젠더, 섹슈얼리티는 구분되지 않으며 젠더마저도 명사로 고정되지 않으며 언제나 진행 중인 동사라고 보고 있다. '수행성'에 대해 심사숙고해 이론화해 온 버틀러는 '한 번의 행위가 아니라 반복적이고 의례적인 행위'로 정의하면서 따라서 젠더의 수행성은 젠더화된 본질에 대한 기대가 젠더 자신을 자기 외부에 가져다놓게 된다는 메타렙시스 주변을 맴돈다고 설명한다(Butler, 2008: 55). 즉 젠더가 수행적이라는 관점은 우리가 젠더의 내적 본질이라고 여기는 것이 일련의 지속적인 행동을 통해 만들어지며, 젠더화된 몸의 양식화를 통해 그 위치가 정해진다는 것을 보여준다는 것이다.

고프만에게 있어서 남성성과 여성성은 개별 남성과 여성이 수행하는 젠더 역할(gender role)이다. 남성이 슈트와 바지를 입고 전형적 남성 역할을 수행하는 반면, 여성이 스커트와 드레스를 입고 전형적인 여성 역할을 수행하는 퍼포먼스를 고프만은 젠더 디스플레이라고 명명하였음을 이 책의 앞부분에서 논의한 바 있다. 고프만의 개념정의를 상기해본다면 젠더 디스플레이는 "문화적으로 형성된, 섹스와 연관되어 관례화된 묘사(Goffman, 1976b: 1)"다. 고프만에 의하면, 여성성과 남성성은 어떠한 사회적 상황에서도 순식간에 전달될 수 있는 어떤 것이며 개인의 가장 기본적인 특성화를 겨냥하는 어떤 것, 즉 본질적인 표현의 원형으로 간주된다(Goffman, 1976a: 75). 고프만의 논리는 기본적으로 젠더 정체성과 몸의 외양이 섹스 범주에 있어서 동일한 상태를 전제로 한다. 그렇기 때문에 이는 또한 트랜스젠더에게 있어서 때로는 강박적이라고 할 수 있을 정도로 강조되어 수행되기도 한다. 사례 〈3×FTM〉에서 마치 습관적으로 보일 정도로 자주 턱밑을 손으로 쓸어내리는, 마치 턱수염을 쓰다듬는 손짓같은 제스처를 하는 G씨의 경우가 젠더 디스플레이를 강조하는 경우다.

젠더 정체성을 몸과 연결시켜서 성찰하는 작업은 결국 '자연'으로서의 섹스와 '사회적 구성체'로 간주되는 젠더가 몸을 통해 어떻게 이해되고 개인에게 받아들여지는가를 살펴보는 작업이다. 『젠더하는 몸 *Gendering Bodies*』에서 공저자인 사라 크롤리(Sara Crawley), 라라 폴리(Lara Foley)와 콘스탄스 셰한(Constance Shehan)은 젠더가 몸을 구성하고, 생물학적 잠재성은 문화적 맥락에 의해 형태잡힌다는 점을 강조하였다. 그들은 우리가 어떻게 여성과 남성이 되는지, 우리가 우리의 정체성과 몸을 어떻게 배우고 내면화하고 받아들이고 거부하고 재형상화하는지에 대해 피력하고 있다. 이 중에서 특히 정체성과 몸의 연계(conjunction)를 거부하고 이분법적으로 대척점에 있는 정체성과 그에 적합하게 성별화된 몸, 예를 들면 여성이 남성 성 정체성과 남성으로 규정된 몸을 취하고자 하는 사례가 이 글에서 주목하고자 하는 사례이다.

몸과 젠더 정체성의 불일치와 육체적 상징 지우기

다큐멘터리 〈3×FTM〉은 성적소수문화환경을 위한 모임 '연분홍치마'에서 2007년에 제작한 다큐멘터리이고 일반 극장에서 개봉하여 상영한 후 원하는 집단이 있을 때 순회하며 상영회를 지속하고 있다. 이 영화는 2007년 제9회 서울국제여성영화제에서 옥랑문화상을 수상하였다. 여기서 다루는 사례는 여성의 몸으로 태어나서 현재는 남성의 외양을 하고 있는 세 명의 FTM(Female toward Male)이다.

이들은 모두 자신을 남성으로 정체화하고 있다. 그런데 세 사람은 성 정체성과 몸, 그리고 여성적인 육체적 특성에 대해서도 조금씩 다른 감정을 느끼고 있다. '언제부터 자신을 남성으로 생각했느냐' 내지 '남성이 되고 싶었느냐'라는 질문에 대해 고종우 씨(이하 고씨)는 "어머니 뱃속에서부터 남자였다고 생각합니다" 라고 대답함으로써 아주 어렸을 때부터 자신이 남성으로서의 성 정체성을 갖고 있었음을 분명히 하고 있다. 한무지 씨(이하 한씨) 또한 남성으로서의 성 정체성을 일관되게 보여준다. 이에 반해 김명진 씨(이하 김씨)는 약간 다른 경로로 남성이 되기로 결정했음을 밝히고 있다. "남자가 되어야했으니까요"라고 대답하면서 동성애 대상자와 합법적인 결혼을 하기 위하여 남성이 되기로 결정한 사실을 털어놓는다.

영화 촬영 당시 고씨는 호르몬 주사를 맞기 시작한 지 8년째 되어가는데 무엇보다도 자신의 성 정체성과 몸이 일치되어 간다는 느낌으로 인해 안정감을 갖게 되었다고 말한다. 반면 김씨는 일치감보다는 기대감이 더 크다는 표현과 함께 '나한테 맞는 호르몬이 들어왔다'라는 느낌을 갖지는 못했다는 점을 토로하여 고종우씨와는 대조되는 반응을 보인다. 호적상 성별 정정신고 할 시기에 아직 가슴절제 수술을 하지 않은 상태였고 호르몬 주사를 2~3회 치료한 후여서 그때의 몸에 대해서 말하자면 '약간의 남성호르몬이 가미된 여성의 몸'이었다고 할 수 있다. 김씨는 호적정정을 받은 이후 가슴절제 수술을 받았다. 한씨는 호르몬 치료보다도 가슴 절제 수술을 받음으로써 정신적/심리적으로 굉장히 큰 도움을 받았다고 기술하고 있다.

이들에게는 어렸을 때보다도 2차 성징이 나타나기 시작한 이후의 여성으로서의 몸을 자각하게 되면서 엄청난 고통이 시작되었다. 자신을 남성이라고 생각하고 학교 친구들 사이에서도 남성스러운 행동을 자연스럽게 구사해오던 고씨가 하필 학교에서 단체기합을 받다가 맨 앞자리에서 흰 바지에 묻어서 터져서 번지는 장면을 친구들에게 고스란히 보여주게 되었다. "그동안 잘 숨겨온 '여자였다는 사실'이 들통난 것 같아서 몹시 당황스러웠으며 그 사건 이후 활달했던 성격이 주눅이 들면서 얌전한 성격으로 변화하게 되고, 생리라는 단어를 떠올리기가 싫을 정도로 극도의 혐오감을 갖게 되었다. 벼락을 맞아서 내 머릿속에서 '생리'라는 단어가 통째로 없어졌으면 좋겠다는 생각까지도 하게 되었다"라고 토로함으로써 여성적 성기관이 내재해있음을 표상하는 생리를 여성다움의 가장 궁극적인 상징으로 보고 있다. 가슴이 몸의 외피로서 타인에 의해 감지되는 여성성이라고 한다면, 생리현상은 자기 스스로에게 끊임없이 여성임을 일깨워주는, 피할 수 없는 '자연'현상인 것이다.

한씨는 가슴절제 수술을 이미 시행하였고 고씨와 김씨는 촬영이 시작되는 단계에서는 아직 수술을 받지 않은 상태다. 한씨는 22살 때까지는 불을 밝게 켠 상태에서 샤워를 하지 못할 정도로 나체 상태에서 자신의 눈에 들어오는 자신의 가슴이 '끔찍했다'고 고백한다. 티셔츠 한 장만 입고 돌아다닐 수 있게 되기를 너무도 고대했다고 한다. 한씨는 가슴절제 수술을 받은 이후 2007년 퀴어문화 축제에서 윗통을 벗고 환호하면서 행진을 함으로써 스스로에게, 그리고 축제에 참가했던 사람들에게 자신이 '남성'임을 과시하면서 이중의 확인과정을 거쳤다. 이를 통해 한씨는 비로소 진정한 FTM으로서 정체성을 갖게 되었다고 한다.

가슴 절제 수술을 하지 않은 상태에서 압박셔츠를 입고 다른 사람들에게 들키지 않으려 노력하던 경험은 이들에게는 극도의 긴장을 불러일으킨 경험이었다. 한씨는 남자들이 대부분인 IT관련 직업학교에서의 경험을 다음과 같이 기술하고 있다: “압박셔츠를 입지 못한 어느 날 한 남성 동료가 ‘그 MP3 예쁜데’라고 하면서 목에 걸린 줄의 끝 가슴부분에 있던 MP3를 만지는데 손등이 가슴을 쓸어내리듯이 스친 거예요. 눈치챘을까봐 너무도 많은 생각이 스쳐지나가더라고요. 혹시 눈치챈 것은 아닐까 하는 생각이 들면서 한순간에 너무도 많은 생각이 머릿속 가득 차더군요.” 김씨도 이와 비슷한 경험을 토로하였는데 가슴절제 수술 이전까지는 함께 직업훈련을 받던 남성 동료로부터 은연중에 ‘여성이 아닌가’하는 의심의 눈초리를 받기도 하였다고 한다. 그러면서 특히 가슴 수술 이전에는 명백하게 물질적으로 드러나는 여성스러움의 상징인 가슴으로 인해 귀가하여 완전히 혼자인 상황 외에는 ‘한시도 아슬아슬하지 않은 순간이 없었다’고 고백한다.

남성성 표출과 성별 인증의 사회제도

이들은 호르몬 치료를 받으면서 목소리가 굵어지고 근육이 좀 더 생기고 수염이 많이 나기 시작하고, 무엇보다도 생리가 끊기면서 점차 남성으로 전환 되어간다는 안도감과 자신감이 생겨나기 시작했다는 공통적인 생각을 토로하였다. 한씨의 경우 초등학교 때 엄마와 함께 마을버스에 탑승하였을 때 동네 아줌마가 엄마에게 한씨를 가리키면서 “무슨 남자애가 이렇게 예뻐?”라고 말한 사실, 그리고 지금까지 둘도 없는 친구로 지내는 남자인 친구로부터 무의식 중에 “무지야! 사우나 가자”라는 말을 들었을 때 역설적으로 무척 기뻤다고 말한다.

앞의 경우는 자신을 자연스럽게 남자애로 알고 있는 동네 지인의 말을 통해 외면으로 나타나는 남성으로서의 자기 존재를 확인했기 때문이고, 뒤의 경우는 자신이 타고난 여성인 것을 알고 있는 친구가 무의식 중에 남성친구로 간주하고 있다는 사실을 감지했기 때문이다.

즉 친구가 자연스럽게 동성으로서 함께 사우나하러 가자는 말을 꺼낸 후 '아차, 너 함께 못가지?'하면서 뒤늦게 인식하는 과정에서 자신을 남성으로 받아들인 점을 확인하면서 오히려 자신의 남성적 존재감을 확인받았다는 것이다.

한씨는 아직 본격적인 성전환 시술을 받기 이전에도 '어떻게 하면 남자같이 보일까'를 생각하면서 가장 남자같은 외양은 다름아닌 '아저씨 패션'이었다고 판단하여 실천에 옮겼다고 한다. 즉 면바지에 체크무늬 남방셔츠를 입고 머리는 올백으로 넘기는 '촌스러운' 아저씨 패션을 하고 약간 '껄렁껄렁한 걸음걸이'와 원래 잘 되지도 않는데 열심히 연습하여 '한쪽 눈썹을 올리면서 말하는' 불량기가 있는 남자의 모습을 연출했다는 것이다. 실제로 한씨는 몸매가 동글동글하여 불량한 남성으로 보기에는 무리가 있는 외양을 가졌으나 본인은 남성적으로 보이기를 간절히 원하여 그런 복장을 하고 다녔던 것이다. 이러한 태도는 다분히 공연적 상황으로서 고프만의 젠더 디스플레이를 적용하여 이해할 수 있는 태도이다.

고씨의 경우에 있어서도 스스로 남성성이 아주 강하다고 평가하면서 다큐멘터리에서 약간 높은 울타리를 한 번에 넘지 못하는 자신을 '쪽 팔려'하는 태도를 보임으로써 되도록 남성적인 외양을 갖추려 노력한다. 이들은 모두 담배를 피우는데 담배는 한국에서 남성들만이 공공장소에서 드러내고 피울 수 있는 대표적인 공연적 장치의 하나다. 여성들이 은연중에 시선의 압박을 못 견뎌 공공장소에서 담배 피우기를 되도록 하지 않는 것과는 대조적이며, 따라서 이는 사회적으로 남성임을 공인받는 장치이기도 하다.

한국사회에서 성전환자가 아닌 일반 사람들에게는 전혀 문제가 되지 않고 평소에 자각할 일도 없는 것들이 성전환자들에게는 지속적으로 심리적 압박을 받게 하는 것으로 제도적인 장치나 절차들이 있다. 남녀 분리적 학교제도로 인한 '여자 학교' 명칭이 사용되는 것과 주민등록번호가 그 예이다. 즉 남녀공학은 'OO고'로 되어있으나 여자고등학교만 유독 'OO여고'로 되어 있는 것과, 주민등록번호 뒷자리 첫 글자의 '2'(2000년대 이후 출생자들은 남성 '3', 여성 '4')로 성별을 명시하는 것, 징병제도에 의한 징병검사와 취업 시의 성별 표시 등이다. 미국의 경우 취업 시 성별 표시를 하지 않도록 되어 있으나 한국의 경우 성별표시를 하도록 되어 있기도 하거니와 웬만한 공적 절차에서는 반드시 기재하게 되어 있는 주민등록번호와 제반 제출서류에서 이미 성별은 명시적으로 표시되고 있다.

이 영화의 세 주인공 모두는 고등학교 졸업의 학력을 가져서 직업적으로 안정적이지 않다. 공업고등학교를 졸업한 김씨와 직업학교를 거쳐서 IT분야의 기술직을 가진 한씨는 그나마 고정적인 직장에 다니고 있지만 고씨는 여러 가지 비정규직에 속하는 일을 하고 있다. 김씨와 한씨 둘다 취업과 관련하여 매우 힘든 경험을 거쳤다. 이들의 성별 불확실성이 매우 불리한 취업 조건들을 만들어낸 것이다. 한씨는 현재 재직하고 있는 컴퓨터 설치와 관련된 직장에 취업할 때 자기소개서에 '간성(intersex)'이라고 소개했다고 한다. 태어날 때 간성으로 태어났는데 부모님들이 남성으로 키워서 지금의 자기가 되었다고 소개함으로써 취업이 되었고 현재는 같은 팀의 팀원들만 이 사실을 알고 있다고 한다.

직장 일을 하면서 팀원 이외의 사람들과 만날 때나 일을 처리할 때 주민등록번호를 제시해야하는 경우에는 두 번째 앞자리가 '2'인 점이 또다시 '남장 여자'라는 신분이 탄로날까봐 조마조마하다고 한다. 한씨는 호르몬 주사를 맞기 시작하면서 '잡 코리아(Job Korea)'라는 구직 사이트에서 구직활동을 하면서, 등록시 자동으로 기입하게 된 주민등록번호 때문에 사이트에 자동으로 성별이 '여성'으로 뜨는데 그것을 보고 연락하는 인사담당자들에게 '여성'으로 패싱(passing)할 수밖에 없었다고 고백한다. 면접에서도 '남성다운' 면모, 즉 절제 수술하여 납작한 가슴, 수염이나 목소리로 '남자가 아닌가'하는 의심의 눈초리에 대해 자신이 '남자 같은 여성'으로 포장하느라 애쓴 경험을 '연봉 2,700만 원에 나를 팔았다'라고 표현하였다. 여전히 호적정정하지 않은 FTM들은 이런 문제에 수시로 봉착하게 된다는 것이다.

반면 김씨는 성별 난에 '남성'으로 적어서 취업이 되었다가 몇 달 후 회사로부터 문서위조로 고발되어 조사를 받게 되었다고 한다. 제출서류에 있었던 고등학교 졸업증서가 문제가 되었는데 한국의 특수한 환경이기도 한 남녀 분리형 고등학교여서 졸업증서에 '○○여자공업고등학교'라고 명시되어 있었으나 '여자'라는 글자를 지워서 제출하였기에 문서위조에 해당된다는 것이었다. 조사과정에서 충분히 설명함으로써 처벌은 면하였지만 결국 그 직장을 그만두게 되었다. 이보다 더욱 인간적으로 모욕적인 일을 당한 것은 징병검사 때였다. FTM 성전환자에 대한 제도적 뒷받침이 아직 이루어지지 않았던 시기여서 여러 가지 문제점이 도출되었다.

김씨는 2006년에 복수여권을 신청하려다보니 군대문제를 해결해야 해서 알아보니 당시로서는 군면제가 되기 위해서는 징병검사를 거쳐야하는데 성전환자들이 서류상으로만 검사를 마칠 수 없으며 진단서류와 함께 전신 나체사진을 제출하고 최종적으로는 육안으로 확인해야한다는 것이었다. 결국 김씨는 군면제를 받기 위하여 남성 군의관 2명 앞에서 성전환된 몸을 확인받기 위하여 하의를 벗어 확인시켜줄 수밖에 없었다. 어찌되었건 비록 성전환 수술을 하기는 했지만 한때는 여성이었던 몸의 성적인 기관을 남성들 앞에서 보여줄 수밖에 없는 치욕적인 순간이었던 것이다. 이에 성전환자들이 국가인권위원회에 진정하여 2008년에 징병검사 시 호적정정 법원결정문과 병원 진단서 등 서류만으로 신체검사를 대신하는 개정안을 권고하여 그 후에는 더 이상 그런 문제가 발생하지는 않게 되었다.

존재론적 불안 - 젠더 트러블

버틀러는 『젠더트러블』 개정판 서문에서 "게일 루빈의 「*The Traffic of Women: The Political Economy of Sex*」를 읽으면서 규범적 섹슈얼리티가 규범적 젠더를 강화한다는 주장을 확립하고자 한 계기를 발견했고 이것이 『젠더트러블』의 첫 번째 공식이 되었다(Butler, 2008: 50)"고 토로하고 있다. 이 논의는 또다시 이성애와 동성애 논의, 복장도착(drag) 등의 문제와 연결되는데 〈3×FTM〉에서 버틀러의 젠더 트러블 개념과 연결되는 사례는 김씨의 경우다. 김씨는 동성연애 대상자인 여자친구와의 관계를 사회적 편견없이 지속하기 위해서 성전환을 함으로써 사실상 엄밀한 의미의 동성애를 벗어난 셈이 되었다. 즉 생물학적 남성이 되는 것은 자신이 꼭 희망한 것은 아니겠으나 결국 이성애를 지향하는 모양새가 되므로 여자친구가 동성연애를 한다는 '멍에'를 벗을 수 있을 것이라고 판단한 것이지만 이는 결과적으로 매우 복잡한 양상의 관계로 진화한 것이다.

성전환을 하겠다는 의사표시를 하니까 여자친구가 '나때문이라면 아무 상관없으니 이대로 지내자'고 했으나 끝내 수술하고 나서 결국 그 여자친구와는 결별을 했으며 이 영화를 찍고 난 후 다른 여성과 결혼을 했다고 한다. 김씨는 여자친구를 사랑해서 그녀가 사회적으로 비난받지 않도록 하기 위하여 자신의 성별을 바꾸기로 결정하여 실행하였으나 결과적으로 그 여자친구는 성전환을 계기로 자신을 떠나게 되어 "내가 너무 엄청난 일을 했구나"하며 후회도 했다고 한다. 이를 통해 보면 고씨와 한씨와 김씨의 경우는 명백하게 차이가 있으나 이들이 여성과 사귀고 결혼을 하는 단계에서 이성애인가, 동성애인가를 가늠하는 기준은 매우 명확하지 않을 수 있다. 왜냐하면 본인들이 자신의 성 정체성과 섹슈얼리티를 어디에 위치시키는가 하는 점이 몸과 정체성의 연관성 속에서 여전히 유동적이기 때문이다. 이는 이들이 다른 FTM에 대해 여전히 동병상련의 감정을 가지고 대하는 것을 보아도 알 수 있다.

한편 한국 사회에서 남성으로 사는 것이 여성으로 사는 것보다 50배는 더 낫다고 말하는 김씨의 경우와, '남성으로서의 기득권을 누리기 위해서 성전환을 하는 것은 아니지만 어느 정도는 남성으로 사는 것이 수월하다고 생각한다'라는 고씨의 언급을 살펴보면 버틀러의 부치다움과 연결되어 해석될 여지가 있다. 물론 고씨의 경우에는 특별히 동성애적 관계에 대한 언급이 없기는 하지만 남성으로 산다는 것의 수월성을 언급하고 있는 것을 보면 김씨의 명백한 동성애적 남성역할이 섹슈얼리티와 밀접하게 연관되는 것보다는 정도가 약하지만 남성으로서의 젠더가 갖는 선망의 지위가 어느정도 작용하고 있다고 할 수 있다. 이들에게 있어서 성 정체성과 한 사회 내 남성으로서의 젠더 정체성이 일관되게 남성으로만 고정되어 성전환을 진행하게 하는 추동력으로 작용했다기 보다는 성 정체성에 한국사회에서 남성 위치가 환기하는 사회문화적 구성 인식으로서의 젠더적 요소가 가미되면서 성전환을 향한 결심을 강화시켰을 것이라는 추측도 가능하다.

가족들로부터의 지지 여부도 결국 사회적 편견의 반영이라는 점에서 사회적인 인식에 좌우된다. 성전환 결심을 가족에게 전했을 때 한씨의 경우는 가족들로부터 처음에는 반대가 있었지만 시간이 지나면서 비교적 암묵적 허용을 받고, 여동생이 공개좌담회에서 가족으로서의 입장을 공식적으로 전달하고 인정하는 발언을 해줌으로써 적어도 가족으로부터의 인정을 이끌어낸 경우다. 여기에서도 한국사회의 가족 내 호칭이 성전환자에게 곤란한 상황을 야기하는 점이 드러나는데 한씨의 여동생이 한씨를 향한 호칭의 변화, 즉 '언니'에서 '오빠'로 바꾸는 것에 자기 자신도 적응하기 힘들었지만 이것을 곁에서 듣는 가족들도 이에 익숙하지 못하는 것에 더해 그 장면이 한씨의 성전환 사실을 자꾸 상기시키게 된다는 점이 더욱 힘들었다고 한다. 그러나 김씨의 경우 성전환했다는 사실 때문에 어머니가 아직도 김씨를 향해 '미친 년', '더럽다'라는 표현을 씀으로써 전혀 인정하지 않을뿐더러 호모포비아의 감정을 숨기지 않고 전달하고 있는 상황이다.

한국사회에서 성전환자로 산다는 것, 특히 여성에서 남성으로 전환하여 산다는 것은 정체성을 좇아 몸을 바꾸고 사회적 신분을 전환하면서 젠더 트러블로부터 해방되고자 했으나 또 다른 불안정성과 직면하면서 여전히 편견에 둘러싼 상태의 또 다른 젠더 트러블의 상태로 들어가는 것은 아닌가 의구심을 갖게 된다. 고씨는 자신의 '존재'를 찾기 위해서 성전환을 했으나 결국은 자신의 몸은 자연적이지 않은 '인위적인 남성'의 몸으로서 영원히 불안정한 상황이라는 점을 자각하고 있음을 토로하고 있다. 어찌보면 영원히 어느 젠더에도 귀속되지 (belong) 못하는 정체성의 유동적 상태를 인정하고 있다고 할 수 있다.

이는 결국 어려서부터 추구했던, 몸과 정체성이 일치된 확실한 '존재'를 찾는 일이 무척 지난한 일이라는 사실에서 오는 불안이 지속적으로 유지되는 상태가 되는 것이다. 이는 성별이분법이 뚜렷하고 이성애 중심의 전통을 깨기 쉽지 않은 문화적 분위기와 함께 사회적 관습이 항상 성별을 의식하게 하고, 이를 표식으로 남기는 제도적 장치들이 다양하게 작용하면서 만들어내는 결과이다. 하리수 같은 트랜스젠더들의 사례가 이슈가 되면서 서서히 인식이 바뀌고 있기는 하지만 여전히 무의식적으로 행해지는 관행적 행동이 당사자들에게는 불안정한 존재감을 지속하게 하는 요인이 되고 있다. 이들에게 안정적인 성별 귀속성을 부여하는 일은 결국 성전환자 개인의 노력에 부응하는 사회의 몫이다.*

---

* 이 책의 마무리 교정 작업을 하던 중에 한무지씨의 부고를 접했다. '성전환자인권연대 지렁이'활동을 하면서 트랜스젠더로서 당당한 삶을 꿈꾸던 그가 거의 막바지 단계의 수술을 받기 하루 전날인 2012년 11월 1일에 스스로 생을 마감했다는 소식이었다. 영원한 안식을 기원하면서 삼가 고인의 명복을 빈다.

3 광고와 자기감시의 시각체제

영상문화가 지배하는 오늘날 광고에서 이미지는 철저하게 경제자본이 요구하는 상품에 가장 적합한 이미지로 형성된다. 그 이미지는 광고하는 상품을 구매하는 소비자의 기호에 맞아야할 뿐 아니라 이들의 욕망을 최대한 반영해야 한다. 이렇게 소구력있는 이미지는 또한 극단적으로 자극적이고 일상성을 벗어나야하는 것이다. 또한 후기산업사회의 문화변동, 즉 포스트모더니즘의 즉각성, 다양성 등의 특성이 취향과 기호, 스타일 등에 투영되면서 무한히 쪼개지는 파편화된 욕망이 이미지로 재현된다. 몸은 이제 단순히 건강한 몸으로서가 아니라 스타일을 구현하는 도구로서, 개인의 품격을 드러내주는 외피로서, 그리고 자신의 정체성을 수행하는 터전으로서의 몸으로 개념적인 진화를 거듭하고 있다. 이에 따라 몸 이미지는 실제의 물질적 몸 그 자체에 못지않게 중요한 하나의 재현으로서 존재감을 갖게 되었다.

자본주의 사회에서 사람들의 욕망을 추동하는 광고 이미지의 홍수는 일상적인 환경이 되었다. '보는' 행위의 사회문화적 의미가 심대해지는 영상문화 사회에서 육체자본으로 인식되는 몸 이미지의 형성과정에 주체성 개입의 정도, 몸 이미지의 파편화 정도, 몸 이미지가 반영하는 젠더 정체성의 전형이 내면화되는 과정, 몸 이미지 형성에 있어서 제시되는 사회적 전형과 주관적 내면화 사이의 상호작용의 기제는 모두 광고나 영화 등 소비문화산업의 시각체제와 연관되어 있다. 외형적으로는 마치 여성의 자발적이고도 적극적인 행위성이 현대의 몸 이미지를 구축하는 데 있어 절대적인 요인으로 보이지만 실제로는 이미 여성이 자신의 몸을 바라보는 젠더화된 응시를 수용하고 있는 사례가 매우 빈번하게 확인된다. 이렇게 성적으로 강조된 왜곡된 몸 이미지가 소비되는 상품으로 자리매김하게 되는 맹목적 소비사회에 대한 비판적 인식이 필요하며 이를 통해 여성의 성적 이미지가 몸에 대한 가치와 욕망을 어떻게 젠더화하면서 구축되고, 생산되며 또한 소비되고 있는지 알 수 있을 것이다.

관음증과 노출증의 교차

하나의 가설을 세워보자. 광고에 이미지로 제시된 몸이 이를 바라보는 개개인의 몸보다 더 아름답다고 생각하면서 이를 '나'의 몸으로 만들고자 하는 욕망이 생겨나고 실제로 이러한 관음증과 노출증이 교차하면서 젠더화된 응시가 투사되어 '나'를 광고 속 몸 이미지의 재현과정으로 유인한다는 것이 그것이다. 가장 흔한 예는 외모가 중시되는 사회에서 대부분의 젊은 여성들이 미끈한 몸매와 아름다운 얼굴에 대한 선망을 가지고 있으며 이를 실현하기 위해서 성형수술이나 다이어트 등 몸매관리에 매진하게 되는 현상이다. 이 과정에서 작용하는 것이 외부로부터의 젠더화된 응시로 이루어지는 관음증과 자신의 몸에 대한 외부 시선을 유인하고 평가받기 원하는 노출증이 교차된다. 이 현상은 오랜 시간 동안 내면화된 몸 이미지가 작동하면서 현실화하는

데 이 과정을 추동하는 것이 다이어트를 강조하는 대중매체와 광고, 그리고 성형수술을 몸의 부위별로 권장하는 성형외과의 광고 등이다.

최근에는 케이블TV 채널이 증가하면서 오디션 프로그램이 경쟁적으로 유행처럼 확산되고 있다. 그중 비만여성을 모집하여 일정기간 내에 가장 감량을 많이 하는 사람을 뽑아 시상하는 오디션 형식의 서바이벌 프로그램도 있다. 2007년에 시작된 케이블 채널 'S'의 〈다이어트워〉[8]는 다이어트 서바이벌 프로그램의 원조격이다. 이 프로그램에서는 감량 전의 사진부터 시작하여 매주 감량한 체중을 수치화하고 몸 사진도 비교하여 이미지화하여 제시함으로써 시청자들에게 다이어트의 강력한 동기화를 시도한다. 이와 유사한 오디션 프로그램이 공중파 개그 프로그램에서도 있었다. 개그우먼 두 명을 대상으로 하여, 이미 이전에 비슷한 프로그램으로 감량과 몸 만들기에 성공한 동료 개그맨 두 명이 트레이너로 활동하면서 매주 방송에서 감량된 사실을 직접 몸무게를 측정하면서 보여주고 그 다음 주 방영까지의 목표치를 정해 이에 도달하지 못하면 벌칙을 수행하는 방식이다.

감량 후의 몸무게 목표치를 55kg으로 잡은 이들은 이를 통해 실제로 두 여성 중 한명은 12주 만에 26kg을 감량했고 다른 한 명은 37kg을 감량했다. 케이블채널의 프로그램이나 개그프로그램 모두 맨 처음 감량 전 사진으로는 반바지와 가슴 부분을 탑으로 가린 후 나머지 비만 부분을 모두 보여주는 이미지화를 시도하였다. 이들의 허리부분 살이 옷으로 가리지 않은 부분으로 모두 드러나온, 극도로 비만한 사진을 내보내고 매주 점차 감량된 사진을 함께 게시하였다. 맨 마지막에 가서는 맨 처음 사진과 감량된 최종 사진을 역시 같은 복장으

8. 이 프로그램은 약 10명의 참가자가 20주 동안 전문트레이너들과 함께 식이요법과 운동을 병행한 체중조절을 하면서 매주 감량한 몸무게를 가지고 중도탈락 등의 과정을 거쳐 최종적으로 가장 많이 감량한 여성에게 상금을 주는 일종의 오디션 프로그램이다. 2012년 8월 25일에 끝난 시즌6에서는 30대 후반의 주부 지원자가 116.9kg에서 61.9kg으로 총 55kg을 감량, 감량률 47%로 최종 우승을 하였다.

로 보여줌으로써 대비되는 두 사진으로 극단적인 감량 사실을 보여준다. 또한 〈다이어트워〉에서는 감량 전의 사진은 비키니 스타일로, 감량 후에는 몸매가 드러나는 원피스나 드레스 착용의 사진으로 대비시켜 보여준다.

이들 프로그램은 공통적으로 우선 고도 비만의 몸매를 시청자들에게 모두 적나라하게 드러내는 사진을 게재하여 시각적인 자극을 유도한다. 이렇게 가장 뚱뚱한 몸의 살을 그대로 노출하는 방식에는 시청자들의 관음증적 시선을 동원하여 시청률을 높이고자 하는 의도가 들어있다. 또한 '날씬한 몸'에 대한 절대적인 믿음을 바탕으로 하여 참가자들로 하여금 스스로 자신의 치부라고 생각될 정도의 몸매를 그대로 노출시키도록 유도함으로써 결과적으로 이 이미지의 소비 과정에서 관음증과 노출증이 교차하는 것을 볼 수 있다.

몸매관리업체에서는 이러한 행사를 하기 위해서 연예인들을 대거 참여시켜 광고료를 지불하면서 진행하기도 한다. M사의 사례를 연구한 논문(이수안, 2009a)에 의하면,[9] 다국적 기업인 이 몸매관리업체는 2003년에 한국에서 사업을 시작하면서 당시로서는 파격적인 광고를 일간지에 대대적으로 게재하면서 눈길을 끌었다. 전문직을 가진 일반인 3~4명을 미리 섭외하여 탱크탑과 핫팬츠 차림으로 앉거나 서게 하여 단체 사진을 찍고 이들이 감량한 후 똑같은 복장을 입고 찍은 사진을 나란히 배열하여 비교하는 시리즈 광고였다.

이 광고지면은 광고를 보는 사람들 뿐 아니라 광고 속의 모델들 자신이, 버거의 지적대로 여성 자신이 '조사받는 자'이면서 동시에 '조사자'로서, 즉 응시를 받는 대상이면서 동시에 자신의 몸을 응시하여 제거해야 할 '살'과 교정해야 할 '몸매'를 분류해내는 역할을 하고 있음을 보여준다. 이때 도달해야할 목표치인 소위 S라인 몸매는 오랫동안

9. M사의 사례에 관한 기술은 이 논문 내용에서 부분적으로 발췌, 보완, 정리했다.

자신의 시각적인 '조사' 기준에 의거하여 구축된 이미지로 형상화되어 있다. 또한 광고를 보는 일반 독자들로 하여금 여성의 경우는 자신, 남성의 경우는 자신의 아내, 또는 연인의 몸을 돌아보게 하고 스스로 엄격한 조사자로서 응시하도록 하며 감시자의 역할을 수행하도록 요구한다.

젠더화된 응시의 자기감시적 내면화

연예인의 경우에는 감내할 수 있다고 쳐도 일반인의 경우에는 시중 일간지에 자신의 뚱뚱한 몸을 팔, 다리와 허리살을 다 드러나게 하여 모두에게 보이는 일이 어떻게 가능할까 하는 단순한 의문[10]이 들 정도로 시선을 끌 수밖에 없는 광고 이미지이다. 여기에는 이를 가능하게 하는 사회적 분위기도 한 몫을 한 것으로 보인다. 날씬한 몸에 대한 신화는 모든 여타의 수고와 수치스러움을 누를 정도로 강렬하게 작동하기 때문이다. 이는 타인의 관음증적 시선이 일종의 묵시적 강제가 되어 정형화된 몸 이미지를 강요하면서 작용하고, 날씬한 몸을 갖지 못한 다수의 여성들이 지속적인 자기감시의 시선을 내면화한 결과이다. 그 단적인 예가 'M여성들'을 선발하는 전 과정이다.

이 업체의 인터넷 홈페이지로 들어가면 이들 외에도 연예인으로서 일종의 홍보대사 격의 역할을 하는 여성들의 다이어트 전후 사진과 일반 여성들의 수기와 사진들이 매우 자세한 몸매 유형 묘사와 함

10. 이들은 이른바 'M여성들'에 선발되어 무료로 몸매관리를 받고 그 대신 몸매관리 받는 과정을 홍보에 이용할 수 있도록 하는 프로그램에 참가한다. 이러한 일종의 보상 방식은 〈다이어트워〉와도 유사한데, 그 보상의 구체적인 방법은 M사의 경우는 12주간 관리해주는 비용과 감량 · 관리된 결과물로서의 몸이고, 〈다이어트워〉의 경우는 관리비용과 날씬해진 몸, 그리고 우승자에게 주어지는 상금으로 기획되어 있다.

께 게재되어 있다. 이 회사에서는 비만 여성의 몸의 유형을 과일의 형태에 빗대어 사과형, 수박형, 배형으로 규정하고 있으며 이 유형에 맞추어 소위 '맞춤 관리'를 한다는 점을 강조하고 있다. 홈페이지에 수록되어 있는 사례를 하나 들어보면 다음과 같다(M사 홈페이지): "라디오 리포터로 활동하던 L씨는 68kg이 넘는 뚱뚱한 몸매 때문에 방송리포터 선발시험에서 매번 낙방해야만 했다. ……전체적으로 온 몸에 살이 퍼져있던 L씨는 지방 활성화 관리 프로그램으로 전신관리는 물론 복부와 허벅지 집중 관리를 통해 14kg을 감량하고 ……울퉁불퉁한 셀룰라이트의 집중 관리로 탄력있고 매끈한 몸매로 거듭났다." 이렇게 사회적으로 권장되지 않는 몸매 유형을 세분화함으로써 여성의 몸에 대한 묘사는 매우 상세하게 분류된다.

이렇게 세분화된 몸매에 대한 묘사가 존재하지만 크게 보자면 M사의 광고뿐 아니라 사회적으로 몸 이미지는 일차적으로 두 가지 종류로 구분된다. 즉 몸매관리가 되지 않은 '뚱뚱한 몸'(before)과 관리가 잘된 '바람직한 몸'(after)으로 존재한다. 일단 몸매관리가 성공적으로 이루어진 이후의 몸 이미지는 비로소 광고 화면을 통해 다시 소비자를 의식하여 여러 가지 직업 범주에서 강조되는 몸매의 전형으로 유형화되면서 서사적으로 언어화되어 분류된다. 즉 어느 한 부위가 강조되기는 하지만 결과적으로는 가장 중요한 관리품목으로 제시되는 체중감량 이후에 만들어지는 몸매의 유형 자체가 크게 다르지 않기 때문이다.

광고에서 여성의 몸이 파편화되어 재현되는 것은 젠더화된 응시의 결과이며 이러한 파편화, 특히 몸매관리산업의 광고에서 보여지는 파편화된 이미지는 여성의 몸이 '개선되거나', '고쳐져야 할' 부분으로 비쳐지며 이로써 여성의 몸을 혐오스러운 존재로 보게 되는 경향이 있다는 점은 여성이론가들의 이론에서 이미 수없이 지적되고 있다(Wihship, 1987: 25). 여성 몸의 파편화된 인식은 여성을 주체적인 존재로 인식하지 못하게 하는데 결정적인 역할을 한다. 또한 특별프로그램을 통해 다양한 세대의 여성들이 각 세대마다 몸매관리를 받아야하는 대상으로 표상화됨으로써 여성은 직업을 가졌든지, 아니든지, 그 직업이 무엇이든지 평생토록 몸매를 정형화된 기준에 맞도록 관리받아 사회적 통념을 몸매로 드러내야 하는 존재로 인식하게 하는, 즉 '응시의 대상'으로 인식되도록 하고 있는 것이다.

영화 〈이창〉에서처럼 지속적인 관찰을 바탕으로 한 응시가 주로 남성중심적 응시라고 한다면 최근에 TV방송으로 나오고 있는 우리나라의 한 침대 광고에서는 '보는 주체'가 여성이고, '보여지는 대상'은 남성으로 설정되어 젠더화된 응시이지만 성별이 전도된 경우가 있다. 이 광고는 침대 매트리스의 견고함과 옆사람에게도 진동이 느껴지지 않음을 보여주기 위하여 이를 이미지 메시지로 전달하는 광고다. 여러 아파트 세대에서 동시에 여성들이 매트리스에서 튀어 올라와, 건너편 아파트에서 샤워하고 난 직후 샤워타월로 허리 아래를 감싸고 나온 젊은 근육질의 한 남성을 보면서 감탄하다가 결국 그 남성을 둘러싼 샤워타월이 흘러내리는 장면을 보여줌으로써 성적인 호기심이 극대화되는 것으로 끝나는 광고다. 이 광고는 영화 〈이창〉과는 응시의 주체에 있어서는 반대의 설정이지만 성적인 코드에 있어서 여전히 '보여지는' 남성이 주도권을 갖는 것 같은 느낌을 주는 광고다. 그 이유는 한 남자에 여러 여자, 특히 침대 매트리스 옆에 남편이 잠들어있는 기혼 여성도 포함된 시퀀스가 있기 때문으로 보인다.

몸에 대한 자기감시적 응시는 다이어트 몸매관리 광고와 성형외과 광고, 시리얼이나 간편음식 광고 등에서 두드러지게 나타난다. 모 시리얼 광고 중 비키니를 입을 여름철에 대비하여 미리 다이어트를 해야 한다는 내용의 광고에서 여성 모델의 몸매는 이미 보통 사람들과는 달리 현격하게 날씬한 몸매이지만 이를 더욱 날씬한 몸으로 화면보정을 하여 보여준다. 유명한 패션모델이 등장하는 한 라면 광고는 지나치게 가는 허리를 강조하는 방식으로 여성들이 이상적인 몸매라고 여기는 전형적인 S라인 몸매의 모델을 이미지로 전시함으로써 이를 보는 일반 소비자들에게 이미지 전형을 내면화하면서 자기 자신의 몸과 비교하여 자기감시적 응시를 하도록 유도한다.

광고에 이미지로 제시된 몸이 이를 바라보는 개개인의 몸보다 더 아름답다고 생각하면서 이를 '나'의 몸으로 만들고자 하는 욕망이 생겨나고 실제로 이러한 관음증과 노출증이 교차하면서 젠더화된 응시가 투사되어 '나'를 광고 속 몸 이미지의 재현과정으로 유인한다(이수안, 2009a: 103). 현실 속 일반인의 몸매관리 전과 후의 사진을 즉각적으로 비교하게 하는 광고는 일반적인 상품광고와는 비교할 수 없을 정도로 흡인력이 강하다. 따라서 이러한 광고는 표상 이미지를 매개로 하여 일차적으로 강렬한 메시지를 전달하고 그 후속으로 체험에 대한 언어적 이미지를 보강하여 소비자로 하여금 적극적인 수행성을 발휘하도록 하는 힘을 발휘한다.

다이어트 프로그램에 참여한 여성들이 모집 공고에 '지원하고 참여'하는 과정에서 이러한 결정을 하게 되고 또한 관리를 받게 되면서 이상화한 몸 이미지의 표상을 향하여 스스로 자신의 욕망을 추동시키는 과정을 발견하게 되었고 이것이 남성, 또는 다른 여성들의 시선을 내면화하는 과정이라는 점이 자명해졌다. 이 과정에서 사회적인 전형에 자신을 투사하여 변신을 꾀하는 것이 적극적인 수행성을 요구하기는 하지만 이것은 주체를 구성하기 위한 행위성과는 구별된다. 여성이 광고를 접할 때 주체적인 자기 인식을 하면서 비판적인 시선을 놓치지 않는다면 사회적이고 문화적인 강제와 남성중심적 응시가 응집된 여성의 성적 대상화된 몸 이미지를 내면화하지 않을 수 있는 가능성을 모색해 볼 수 있을 것이다. 이를 위해 여성의 몸에 대한 주체적 인식과 이의 확산을 위한 시각체제적 시도들이 필요할 것이다.

과시적 소비의 욕망 투사

신분을 타인에게 과시하고자 사용가치보다 훨씬 상회하는 가격의 고급스러운 상품을 소비하는 소비양식이 상품시장을 지배하기 시작했는데 베블런이 명명한 바 있는 유한 계급의 '과시적 소비'는 현대 소비자본주의 사회에서는 더 이상 유한계급만이 수행하는 행위가 아니다. 짐멜의 트리클다운 효과와 연동되어서 과시적 소비는 오늘날 광고에 의해서, 혹은 우회적인 언론 기사에 의해서 소시민에게도 광범위하게 욕망되고, 또한 욕망하도록 추동되고 있다. 과시적 소비의 행위 이면에는 특정 상품을 소비함으로써 그 상품이 지시하는 계급적 지위에 자신도 속한다고 믿게 되는 상품의 이미지가 작용한다.

베블런의 과시적 소비를 유추해낼 수 있는 가장 대표적인 예가 한국의 아파트와 자동차 광고 문구다. 아파트 광고에서 빈번하게 등장하는 광고문안인 '당신이 사는 곳이 당신이 누구인지 말해주고 있다'는 대표적인 '구별짓기'의 서사를 재현하고 있다. '〈당신은 ○○에 사십니다〉'라는 광고문안으로 시작하는 이 아파트 광고의 이미지로 채택되는 것은 유럽 중세풍 성과 그 안에서 이루어지는 여유롭고 품격 있는 삶이다.

중세 유럽의 성처럼 높이 쳐진 담장과 그 안의 잔디밭이 넓게 펼쳐진 정원을 지나 그 끝에 자리잡은 성 안으로 들어가면 천장이 높은 실내에 긴 벨벳 커튼이 드리워져 있는 홀에서 아이들이 웃으면서 술래잡기를 한다. 중세 귀족들의 성 안 천장높은 응접실에서 음악회를 개최하는 장면을 넣어 귀족적인 삶의 클리셰를 제공한다. 중세 귀족의 성에서 사는 삶이 현재의 아파트라는 주거생활에서는 실현되기 어려운 환상인데 바로 이러한 환상이 아이러니하게도 도시의 소시민 소비자에게는 소구력을 높이는 요소로 작동한다. 아파트가 갖는 기본적인 구조적 실체와는 대척점에 있지만 바로 그 점 때문에 환상적 이미지가 더욱 매력적으로 소비심리를 끌어당기는 것이다.

특히 1970년대 이후 압축적 고도성장의 상징처럼 등장했던 아파트가 시간이 지남에 따라 천편일률적인 구조와 외관으로 개성도 없고 종국에는 '콘크리트 상자'라는 악명까지 듣다보니 아파트 건설회사로서는 이를 보완하고 대체할 이미지가 필요했던 것이다. 그러기 위해서는 급격한 고도성장의 상징, 급조된 주거생활의 천박한 기준 등으로 덧씌워진 아파트의 이미지와는 가장 반대편에 있다고 추정되는 '품격 있는' 삶, 즉 서양에서 추구했던 파티나(patina)의 고색창연한 품격과 귀족 이미지가 추구되었고, 이를 아파트의 이름에 반영하고 그 이미지를 광고에 활용하게 된 것이다.

이렇게 만들어진 이미지는 대체로 아파트의 내부에 반영하기 어려우므로 외관, 즉 파사드, 그중에서도 현관 정도와 단지의 입구를 캐슬처럼 보이도록 만드는 정도에서 반영되고 있다. 그러므로 이 또한 전체적으로 조망해본다면 결과적으로 매우 조화롭지 못한 구성이 되는 것이다. 결코 함께 갈 수 없는 성(城)과 '콘크리트 상자'의 이상한 조합이 과시적 소비의 한 단면을 부추기면서 또 하나의 기이한 주거형태와 도시공간를 만들어낸다. 이로부터 1970년대의 '졸부'가 보여주었던 과시적 소비에 귀족적 삶의 이미지가 추가된 것이다. 최근의 또 다른 아파트 광고에서는 시골의 샛길과 텃밭, 그리고 울창한 숲을 보여주면서 여유로운 전원생활이 가능한 것처럼, 그리고 자연에 둘러싸인 생활양식을 이상적인 주생활의 전형처럼 제시하고 있다. 아파트의 획일성을 피하여 땅을 딛고 살고싶은, 자연친화적 삶에 대한 갈망을 가진 소비자를 겨냥한 광고로서 결국 이 또한 앞의 아파트처럼 이율배반적인, 함께 갈 수 없는 요소들을 한 데 모아놓은 기이한 조합의 또 다른 버전이다. 이 두가지 사례에서도 볼 수 있지만 이들 아파트들은 브랜드명과 콘셉트를 바꾸고 그에 따라 상승된 가격으로 다른 아파트들과 구별짓기를 시도한다. 한국 사회에서 아파트는 이미 특별한 소비문화적 위상을 확보하고 있지만 아파트의 브랜드를 끊임없이 바꾸는 경향에서도 바로 이러한 구별짓기는 구현되고 있다.

광고에서 에로티시즘을 매개하는 몸

광고에서 에로티시즘을 표현하는 수위는 매체에 따라 직접적으로 또는 완곡하게 조절되지만 광고를 구성하는 상당히 많은 부분이 에로티시즘에 의존하고 있다는 것은 부인하기 어렵다. 대체로 섹슈얼리티와 매우 밀접하게 연결되는 상품 광고에 에로티시즘이 반영된다. 술과 자동차 광고가 대표적이다. 두 가지 모두 오랫동안 남성들의 전유물이다시피 했기 때문에 그 제품들을 매개로 하여 여성을 성적 대상으로 하는 비유나 은유가 에로티시즘으로 구현된다. 특히 남성들이 즐겨보는 잡지에 매우 직설적인 시각적 이미지로 등장하기도 한다.

보드리야르가 언급한 바 있는 J. F. 헬드 인용의 앙리오 회사 샴페인 영상 광고는, 언어적으로 옮겨지면서 마치 성관계의 모든 과정을 묘사하듯이 에로티시즘을 극대화한다: "샴페인 한 병과 장미꽃 한 송이, 장미꽃이 빨개지면서 반쯤 벌어진다. 클로즈 업, 장미꽃이 커지면서 부풀어 오른다. 심장의 고동소리가 방 안을 울리고 그 다음에는 속도가 빨라지며 화면으로부터 뜨거운 분위기가 전해져온다. 샴페인 병의 목에서 마개가 천천히 빠지기 시작하여 점점 커진다. 클로즈업, 묶여있는 놋쇠줄이 하나씩 끊어진다. 심장박동이 더욱 격해진다. 장미꽃이 팽창한다. 또 마개가 — 앗! 갑자기 고동이 정지하고, 마개가 펑하고 튄다. 샴페인의 거품이 병목을 따라 쪼록쪼록 흐른다. 장미꽃이 파래지며 힘없이 다시 닫힌다. 긴장이 점점 약해진다."(Baudrillard, 2004: 220)

이 광고보다는 덜 직접적이지만 한국의 한 수입산 양주 광고에서는 시각적으로 여성의 몸과 양주 병을 병치시키면서 에로틱한 상상력을 자극한다. 남성 전용 잡지에 게재된 이 위스키 광고는 여성의 어깨에 양주병을 각인시키거나, 검정 가죽으로 된 끈달린 드레스의 등과 허리 부분을 커다란 위스키병 실루엣으로 오려내어 속살을 드러냄으로써 위스키 병의 윤곽을 음각한 듯이 보여준다. 술의 주요 소비자인 남성이 등장하지는 않지만 모델인 여성의 몸이 이미 '유혹'하는 매체인 술로 등치되면서 사진만 가지고도 매우 에로틱한 설정을 만들어내고 있는 것이다. 여기에서 사용하는 문구는 "유혹은 지워지지 않는 흔적", "거부할 수 없다면 유혹이 아니다" 등으로 술, 여성, 여성의 몸과 피부, 그리고 여성의 어깨, 등, 허벅지 등의 성적 상징과 연결되는 신체 부위로 매개되는 성적 유혹이 모두 하나로 등치된다. 다른 버전의 사진광고에서 여성 모델이 입은 드레스는 호크 하나로 연결되어 있어서 언제라도 벗길 수 있는 상태이고 술병과 병 입구의 위치는 매우 치밀히 계산되어 남성의 성기관을 은유적으로 보여주면서 마치 여성의 성기관과 연관이 있는 것처럼 이미지화하였다.

이 광고 시리즈 중 마지막 사진에는 여성 모델이 부드러운 소재의 드레스를 입고 술병 안에 들어가서 위스키 오크통으로부터 쏟아지는 술이 그대로 모델의 드레스로 변하는 형상을 연출하고 있다. 여기에서 "화려하게 번지는 깊은 유혹"이라는 내러티브를 사용하여 술과 여성을 등치시키고 드레스 자락이 술과 연결됨으로써 여성과 술을 유혹 사이의 경계를 모두 무화시켜 하나로 통합시킨다. 이는 술과 여자, 즉 성적 대상으로서의 여성을 유혹이라는 범주로 묶어서 이성적 판단의 범주 밖으로 위치지우는 클리셰를 그대로 보여준다. 여성다움의 부드러움과 술을 이성을 마비시키는 공통분모를 가진 존재로 치환시킴으로써 광고의 메시지가 강력한 마사지 기능(McLuhan, 2002)을 하여 여성의 몸 이미지를 이용해 소비자를 유도하는 광고 방식을 시각화하여 보여주고 있다.

4 대중문화 풍경과 젠더 디스플레이

후기 근대의 문화적 재현이 보여주는 특징의 핵심에는 여러 가지 문화양식을 통해 이루어지는 개인의 다양한 정체성의 재현이 자리 잡고 있다. 여기에는 대중문화에서의 문화적 재현에 대한 논의가 학문적인 담론의 수준을 넘어서서 일상의 영역으로 확산되어 가는 것도 포함된다. 전지구적 문화변동의 기류 중에서 우리가 체감할 수 있는 가장 뚜렷한 징후는 대중문화의 급부상과 인터넷 등 멀티미디어를 통한 문화의 전지구적 확산, 그리고 문화산업의 다변화와 인터넷을 통한 개인의 미디어화 등이다.

인터넷 미디어를 통한 대중문화의 확산의 가장 대표적인 사례에는 뮤직비디오가 있다. 실시간으로 정보를 공유하는 유튜브 등을 통하여 음반이 나오기도 전에 티저 영상을 통해 음반의 반응을 살피는 것은 이제 보편적인 현상이 되었다. 유튜브라는 전지구적 매체는 이제 명실공히 문화적 파동을 단시간에 실감할 수 있게 해주는 대표적인 매체가 되었다. 이를 통해 단시간에 전세계적 스타가 되는 경우도 우리 주변에서 목격되고 있다. 대표적인 사례로는 가수 싸이의 뮤직비디오 〈강남 스타일〉을 들 수 있다. 지난 2012년 7월 15일 유튜브에 처음 뮤직비디오가 공개된 이후 9월 4일에 조회수 1억 회가 넘더니 11월에는 무려 7억 뷰(view) 돌파를 기록하여 세상을 놀라게 하고 있다.

미국 아이튠즈의 뮤직비디오 차트에서도 지난 8월 21일 이후 9월 18일 기준으로 29일째 1위를 달리고 있다. 빌보드 챠트에도 67위로 등장하여 1주일만에 2위를 차지하고 곧 1위를 차지할 것으로 예상되고 있다. 음원 역시 미국을 비롯한 10여개 국 아이튠즈 음원 차트(Top Songs Chart)에서 1위를 기록하며 인기 돌풍을 이어가고 있다. 이외에도 전 세계적으로 수많은 패러디 영상이 속속 유튜브로 올라오고 있으며 미국 유수의 언론기관에서 〈강남 스타일〉에 대한 분석기사부터 시작하여 한국의 강남과 강북의 이분법적 사회 상황에 대해 분석하는 기사들까지도 나오고 있다는 점에서 주목을 받고 있다. 이러한 〈강남 스타일〉 열풍은 인터넷 네트워크에서 시각성의 글로벌 미디어스케이프의 놀라운 힘을 보여주기도 하거니와 이국적인 대중문화와 전세계적인 정서의 문화가 혼종되는 양식을 보여주는 좋은 사례이기도 하다. 여러 비평에서도 드러나듯이 〈강남 스타일〉이 지시하는 문화는 사실상 'B급 문화'라고 할 수 있는데 그러한 저급의, 비속한 스타일이 대중문화의 핵심적인 요소라는 점에서 이 비디오와 노래의 놀라운 확산속도가 설명될 수 있을 것이다.

대중문화와 고급문화의 경계가 모호해지고 있는 것은 이러한 인터넷 문화의 확산으로 더욱 공고해지고 있다. 보드리야르의 팝 아트 탐구는 주킨의 예술사회학적 연구보다 더욱 깊숙이 내용적인 분석으로 들어가면서 이미지로서 팝아트가 소비사회와 연결되는 맥락을 통해 예술과 대중문화 사이의 경계와해를 분석적으로 제시하고 있다. 그는 팝 아트에 대해서 '우리가 말하는 기호와 소비의 논리에 근거한 현대예술의 한 형식인가?, 아니면 단순히 유행의 산물에 불과한 것이어서 그것 자체가 순수한 소비대상인가?' 라는 질문을 던짐으로써 이미지와 예술로서의 본질, 그리고 이 관계가 소비사회에서 가지는 위상에 대해 생각해보도록 유도한다. 즉 소비의 논리는 예술표현에 전통적으로 주어지고 있는 최고의 지위를 인정하지 않고 그것을 없애버리려 하는 속상이 있다는 점을 들어서 엄밀한 의미에서 사물의 본질이나 사물의 의미작용이 더 이상 이미지보다 특별히 우월하지 않다고 역설한다.

양자 중의 어느 하나가 다른 쪽의 진리가 된다고 할 수 없으며 이로써 사물도 이미지도 서로 팽창하고 또 동일한 논리적 공간 속에 공존하는 것이 된다는 점을 강조한다. 따라서 사물도 이미지도 이 논리에 근거해서 함께 기호로서의 역할을, 차이 표시적, 가역적, 조합적 관계를 지니면서 '행한다'고 보는 것이다. 고급문화와 대중문화의 경계가 뚜렷했던 시절에는 팝 이전의 모든 예술은 '심층적인' 세계상이라는 것에 근거한 데 반해, 팝은 기호의 내재적 질서에 동화하려고 한다는 점을 들어 팝 아트는 기호의 산업적 대량생산, 환경 전체의 인위적 인공적 성격, 사물의 새로운 질서의 팽창해버린 포화상태, 아울러 그 교양화된 추상작용에 동화하려 한다(Baudrillard, 2004: 165)고 보는 것이다.

최근에는 대중문화의 가장 첨단에 서있는 광고에 고급문화의 범주 중 가장 대중화되기 어려운 클래식 음악이나 고전적인 유화를 삽입하여 사실상 대중문화와 고급문화의 경계를 해체, 내지 융합하는 경우가 있다. 그 예를 들려면 너무 많아서 열거하기도 힘들 정도인데, 비교적 온건한 방식으로 꼽자면 시각 광고와 클래식 음악의 결합을 들 수 있다. 예를 들면 스토리가 목록화하여 가시화한 '광고에 사용된 오페라와 클래식 음악'이라는 목록이 있다(Storey, 2001: 125-126). 또한 고전 명화에 광고 카피를 넣거나 제품을 슬쩍 집어넣는 경우도 유명한 회화의 인지도를 활용하는 동시에 제품의 품격을 그만큼 끌어올리는 효과를 냄으로써 매체적으로 보면 고급문화와 대중문화의 결합으로 인한 양측의 경계 흐리기가 된다.

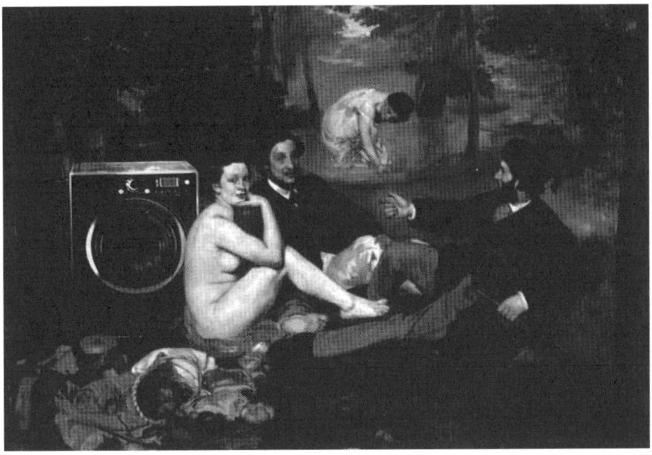

명화를 이용한 전자제품 광고.
사용된 유화는 〈풀밭 위의 점심식사 *Le déjeuner sur l'herbe*〉
(에두아르 마네 Édouard Manet, 1862)

우리나라에서도 한동안 모 전자회사에서 인상파 그림을 기본으로 하여 만든 동영상을 전자제품 광고에 사용한 예가 있다. 고급예술의 고상한 이미지와 전자제품을 구매하고자 하는 소비자의 욕망을 무의식적으로 고급문화의 레벨로 승격시키는 방식을 통해 소비를 유도하는 사례라고 할 수 있다. 3DTV 광고를 예로 들자면 〈모나리자〉를 비롯한 여러 개의 명화에서 나온 주인공들이 3D 안경을 낀 채 클림트 그림의 주인공들이 화면에 나오는 3DTV를 보고 있는 장면으로 구성된 광고가 있다.

이 전자회사에서는 이 광고 외에도 대중에게 많이 알려진 그림들에 전자제품 이미지를 끼워넣는 광고를 시리즈로 내놓았다. 이를테면 르누아르(Pierre-Auguste Renoir)의 〈뱃놀이 하는 사람들의 점심식사 *Le déjeuner des canotiers*〉(1880년) 그림 속에 대형 냉장고와 노트북을 슬쩍 끼워놓고 그림 속 인물들이 노트북을 함께 들여다보는 것처럼 이미지화 한다든가, 마네(douard Manet)의 〈풀밭 위의 점심식사 *Le déjeuner sur l'herbe*〉(1862년) 그림에서는 나체의 여성 뒤에 세탁기를 삽입시키는 방법으로 눈길을 끈다. 익숙한 유화에 그 당시에는 없었던 전자제품을 끼워 넣음으로써 의외성을 포함시켜 시선을 더욱 집중시키는 광고 기법을 구사한 것이다.

특히 〈풀밭 위의 점심식사〉는 등장인물들부터 남성들은 정장을 한 신사들이고 여성은 나체로 등장하여 그림 자체가 버거가 지적한, 보여지는 대상으로서의 여성을 전면에 내세운 전형적인 유화인데 바로 그렇게 관객의 시선을 포획하는 여성 나체 바로 뒤편에 제품을 놓음으로써 응시의 효과를 극대화시킨다. 유명한 그림이 가지고 있는 이미지로서의 명성에 제품을 편승시켰다는 비난도 받고 있지만 결국은 소비자의 시선을 유도하여 소비하도록 하는데 있어서 명화의 이미지를 소비문화에 잘 이용한 사례이다. 또한 예술과 자본주의적 소비라는 어울리기 어려운 가치를 한 데 융합시킨 사례이기도 하다. 문화적 양식의 혼종이라는 관점에서 본다면 팝페라 또한 오페라라는 고급문화와 팝뮤직이라는 대중문화가 융합된 형태이다. 이런 사례들에서도 발견되듯이 고급문화와 대중문화의 경계가 와해, 혹은 융합되고 있는 현상은 매우 흔하게 포착되고 있는데, 이는 문화산업과 매스미디어를 통해 자연스러운 일상적 현상이 되고 있으며 광고 같은 매우 구체적인 일상문화에도 광범위하게 퍼져있음을 확인할 수 있다.

대중매체와 젠더 정체성

넓은 의미에 있어서 매체의 다변화는 몸과 성 개념의 다양한 변화 가능성을 예고하고 있다. 이러한 문화변동의 기류를 감안할 때 여성성이나 남성성은 기본적으로 시대적 사고와 기대, 그리고 젠더에 대해 사회적으로 부여된 이미지가 반영되어 형성된다는 점은 좀 더 명확해진다. 더욱이 다양한 개인의 정체성이 극대화되는 문화적 변동이 이루어지고 있는 상황에서 여성성 또는 남성성은 지극히 가변적이다. 이는 또한 다양한 정체성 형성의 가능성을 의미하고 여성성과 남성성이 고정된 스테레오 타입으로부터 점차 풀려나는 것처럼 보이나 한편으로는 또 다른 차원의, 여전히 새롭게 여성성과 남성성이 대응되는 스테레오 타입을 다중적으로 만들어내고 있음을 의미한다.

문화변동의 징후를 문화산업을 통해 살펴본다고 한다면 과연 남성성은 대중문화에서 어떤 구체적인 이미지를 통하여 재현되어 왔고 이는 경제위기 이후의 문화변동의 징후를 어떻게 반영하고 있는지, 특히 젊은 남성들의 시대적 전형은 구체적인 대중문화 장르에서 어떻게 재현되고 있는지, 더 나아가 매체적 관점에서 보면 유동적 주체(mobile subject)(Nayak & Kehily, 2008: 30)로 주체가 진화하고 있는 상황에서 과연 어떠한 남성성 이미지의 전형이 발견되는지 주목해볼 필요가 있다. 남성성이 시대적 변화를 응축하여 보여준다고 한다면 문화변동의 여러 층위는 결국 남성성을 구성하는 시대적 요청이나 욕망으로 구체화된다고 할 수 있다.

관객성 논의에 따르면 아이돌 걸그룹을 바라보는 여성관객의 입장과 남성관객의 입장은 동일시의 측면에서 크게 차이가 난다. 여성관객은 자신을 걸그룹과 동일시함으로써 자신의 몸이 함께 남성적 응시의 대상이 된다는 느낌을 받는 반면, 남성관객은 걸그룹을 단지 대상화하여 바라봄으로써 즐기기만 하면 되는 것이다. 이는 직설적인 언사로 즉각적인 반응을 많이 하는 DC인사이드 같은 포털사이트의 걸그룹 관련 갤러리에서 자주 목격되는 즉흥적인 감상에서 발견되는 태도다. 이상에서 살펴본 바에 의하면, 응시에 의해 성애화하는 몸 이미지를 일종의 스펙터클로 보고 이를 관객의 입장에서, 여성으로서는 동일시하거나 남성으로서는 대상화하면서 기호가치로 소비하는 일련의 과정은 소비문화에서 가장 자본주의적인 특징으로 나타나는 과정이다.

한국에서의 아이돌 열풍을 하나의 문화현상으로 명명한다고 할 때 이것은 생산의 측면에서는 문화산업 구조 속의 문화상품이자 동시에 소비의 측면에서 보면 기호가치이다[11]. 특히 미소녀, 미소년으로 구성된 아이돌 그룹은 강력한 비트의 음악과 파워풀한 댄스의 구성, 그리고 무엇보다도 예쁘고 늘씬한 몸매와 근육질의 복근으로 무장된 몸이 시각적 이미지를 극대화하여 대중연예상품의 소비에 구체적으로 명명되는 기호가치로 등장하고 있는 것이다. 대형기획사에서 이른바 기획형 가수 그룹을 탄생시키면서 1990년대 중반에 한국 대중음악계에 본격적으로 아이돌 가수 시장이 형성되었다.

아이돌 그룹 중 혼성팀보다 하나의 성별로 이루어진 팀이 월등히 많은 이유는 성별로 대별되는 춤과 노래말 등을 매개로 하여 표방하는 이미지 콘셉트를 잡기 용이하고 이를 통해 대중에게 감정적 호소를 하기가 더 쉽기 때문으로 분석된다. 아이돌 그룹의 몸과 패션 스타일, 그리고 댄스 스타일에서도 일정한 성차가 존재한다. 전반적으로 미소년, 미소녀인 점에서는 같으나 이들이 강조하는 젠더 정체성과 표방하는 이미지에는 분명한 차이가 있으며 이는 철저하게 소비자들의 욕망과 부합하는 교차점을 찾는 방향으로 조정되어 있다. 여성 아이돌 그룹과 남성 아이돌 그룹이 표방하는 이미지의 유형이 지향하는 바에 따라 구체적으로 표현하는 몸 이미지의 기호적 상징이 상품으로 소비되는 메커니즘을 알 수 있다.

---

11. 이 글 중 아이돌 걸그룹 이미지의 기호가치화 부분은 필자의 2011년 논문에서 분석 부분을 발췌, 요약하였다.

'파워풀하고도 섹시한 남성'의 기호

'짐승돌(짐승 + 아이돌)'[12]은 2PM이 탄생시킨 신조어로서 팔뚝과 복근 등 몸은 근육질의 남성적 특징을 보여주는데 최근에는 보다 세분화하여 얼굴은 하얗고 야리야리한 '아이' 같은 외모에 복근 등 근육질 몸을 한 남성 아이돌들을 '꽃짐승'이라고 일컫는다. 이들은 거의 예외없이 근육질 몸매와 복근을 자랑하고 있다. 하지만 '짐승'이라는 단어가 전면에 드러나는 것은 '본능에 충실한 야성미'를 소비자에게 제공한다는 의미로 이 역시 소비자가 최우선인 조건을 그대로 보여주는 사례이다. 소년에서 탈피하여 남성적인 야성미를 더하기 위해 최근에는 눈화장을 진하게 하고 파격적인 헤어스타일, 그리고 근육질의 몸을 드러내는 의상 스타일 등을 보여주고 있다. 남성 아이돌 그룹 이미지의 가장 커다란 특징은 '파워풀하고도 섹시한 남성'이라는 기호이다. 즉 힘이 있는 동시에 어느 한구석 유약한 면이 보이는 섹시한 매력을 표방한다는 것이다.

남성 아이돌 그룹의 외적 이미지를 연구한 한 연구(김주미·신세영, 2010)에서는 남성 아이돌 그룹의 외적 이미지를 크게 여섯 가지 유형으로 나누고 있는데 이를 요약하면 다음과 같다. 엘리트(elite)형은 전체적으로 지적이고 단정한 이미지로서 남성적 이미지는 두드러지지 않고 부드럽고 감성적인 이미지로 소위 '초식남'이며 의상은 대체로 무채색 계열의 세미정장이다. 어번시크(urban chic)형은 성숙한 남성미를 가지고 있으면서도 세련되고 도시적인 느낌을 보여주며 '메트로 섹슈얼'한 면이 있다. 헤어스타일이나 패션에 관심을 많이 가지고 있으면서 내면의 여성성을 긍정적으로 즐기는 현대 남성으로 일컬어지고 있다. 몸에 피트되는 슬림한 슈트를 입되 가슴이나 팔 등의 부분 노출로 잘 가꾸어

---

12. "2PM '짐승돌'의 정체는?" 헤럴드경제. 자료검색일 2010. 5. 20.
자료출처 http://biz.heraldm.com

진 몸매가 드러날 수 있게 한다.

카리스마(charisma)형은 근육질의 몸매 노출과 강한 남성미를 강조하여 짐승남에 가장 가까운 이미지를 표방한다. 의상은 주로 검정색이고 가죽 소재의 액세서리를 많이 사용한다. 반항아 형은 아이돌 그룹에 가장 많은 유형으로서 거칠고 강하면서도 힙합과 펑크스타일에서 카리스마형과 차별성을 보인다. 길거리 패션에 징이 박힌 금속 액세서리 등을 사용하고 페이스페인팅 등으로 독특하고 강한 메이크업을 하고 있다. 토이보이(toy boy)형은 여성의 장난감같은 남성이라는 의미로, 어리고 귀여운 느낌으로 여성의 모성본능을 자극하는 미소년과 연하남 이미지를 뜻한다. 옴므파탈(homme fatal)형은 '치명적인 매력을 가진 남성'을 뜻하는데 마초적인 나르시시즘과 여성적인 비주얼의 크로스 섹슈얼이 복합된 이미지이다. 패션 스타일은 검정 위주의 무채색 계열에 화려한 이미지가 공존하는 방식이다.

이상에서 살펴본 남성 아이돌 그룹의 이미지는 '남성적인 매력'에 맞추어져 있고 이는 춤출 때는 팔을 드러내는 민소매 티셔츠 등이나 슈트를 입어도 적절히 부분적인 몸을 볼 수 있게 기획하였다. 남성 아이돌 그룹의 경우에는 대체로 어린 여성들이 팬덤을 이루기 때문에 이들이 가장 좋아하고 기대하는 점이 무엇인지 파악하여 이에 따라 적절히 콘셉트를 바꾸면서 이미지를 만들어낸다. 분명한 점은 남성 아이돌 스타들은 곡을 쓰거나 연예활동을 하는데 있어서 컨셉을 잡는 것도 비교적 다양한 자기 스타일을 찾아갈 소지가 있지만 여성 아이돌 스타의 경우 소비자인 관객의 응시를 받을 수 있는 가장 효과적인 요소를 섹시한 몸으로 강조할 수 밖에 없다는 성별적 차이가 존재한다는 점이다.

여성성을 강조하는 이미지

아이돌 걸그룹의 이미지[13]는 그동안 등장했던 그룹을 중심으로 보았을 때(차우진, 2009 참조) '여성성을 강조하는 이미지'와 여전사 이미지로 대별되는데, 압도적으로 큰 비율을 보이는 '여성성을 강조하는 이미지'는 다시 극단적인 두 가지 유형, 즉 '여성-소녀 이미지'와 '팜므파탈 이미지'로 나뉜다. 원더걸스와 소녀시대 등 현재 인기를 끌고 있는 대부분의 아이돌 걸그룹들이 '여성성을 강조하는 이미지'를 표방하고 여기에 노랫말과 댄스 스타일을 집중하고 있다.

초기 걸그룹들은 귀여움과 순수함이라는 소녀들에게 요구되는 고유의 특성을 전면에 내세움으로써 문화시장에서 소구력을 갖추었다. 의상 및 무대 구성에서 순백색을 활용하는 경향이 뚜렷했고 심지어 타이틀 앨범 이미지에서 요정 날개를 단 모습으로 등장하기도 했던 걸그룹들은 부르는 노래 역시 철저하게 깨지지 않는 영원한 사랑에 대한 꿈, 약속, 첫사랑의 순수함과 설레임과 같은 주제를 담고 있었다. 즉 '소녀'들은 상당히 조직적인 방식으로 성애적인 요소와는 구분되어 있었고 요정, 성스러운 존재 등으로 나타낼 수 있는 상상적 이미지로서 존재한 것이다. 그리고 이와 같은 노래의 주제, 의상, 안무 같은 코드들은 이들 걸그룹들의 실제적 나이와 깊게 연관되어 있어서 이들의 물리적 나이가 소녀를 벗어나게 되는 순간 이 아이돌 그룹은 그 이미지를 잃고 사실상의 해체를 경험하게 된다. 즉 이들의 물리적인 나이가 '소녀'를 벗어나게 되면 '요정'의 자리에서 내려와 다른 이미지를 구축하는데, 이때 보통 미디어는 이들에게 '소녀에서 여자로' 등의 수식어를 붙이면서 소녀의 성스러움으로부터 선을 긋고자 한다(김수아, 2010: 91).

---

13. 아이돌 걸그룹의 이미지 유형에 대해서는 필자의 논문(2009a)을 발췌하여 윌리스의 젠더 디스플레이 이론을 적용하여 발전시켰음을 밝힌다.

소녀시대가 유니폼 혹은 군복 등의 제복을 입고 무대에 서는 것을 일본 애니메이션 캐릭터와 같은 맥락으로 소비된다고 보는 해석도 있다(차우진, 2009). 즉 청소년들에게 연애에 대한 판타지와 중년남성들에게 소년기에 대한 노스탤지어를 자극하는 것이다. 연예기획사는 바로 이런 소녀 이미지가 제공하는 연애에 대한 판타지, 소년기에 대한 노스탤지어 등을 기호가치로 만들고 이를 소비자들에게 상품으로 제공하는 전략을 세우는 것이다. 보드리야르의 기호가치 이론을 적용하자면, 여기서 중년남성들의 팬덤의 중심에 있으면서 무조건적 열광으로 포장된 섹슈얼리티, 또는 섹슈얼리티와 연결된 욕망, 성적 환상, 성적 이미지 등은 이들에게 절대적인 기호가치가 되고 있다. 한편 멀비가 주장하는 관객의 동일시 과정도 동시에 드러나는데, 특히 10대 소녀팬들이 패션을 모방한다든가, 스타일을 따라한다든가 하는 것은 바로 여성관객이 영화 속의 여주인공과 자신을 동일시함으로써 그 이미지를 내면화하는 것과 맥락이 같다.

원더걸스의 복고(retro) 코드 또한 중년 남성에게 소구력이 크다. 복고는 어느 세대에게나 통한다. 복고는 보편적인 요소를 담고 있기 때문에 정확하게 구사하면 폭넓은 사랑을 받을 수 있다. 무엇보다 원더걸스가 이렇게 호응을 받는 데는 복고 또는 '레트로 문화'가 접합되어 있기 때문이다. 50년대부터 시작하여 6, 70년대 유행하던 팝송을 그 시절의 패션과 헤어스타일을 그대로 재현하는 복고풍의 스타일로 불렀던 것도 이러한 '레트로'를 통해 향수를 느끼는 나이든 세대에게 어필하기 위한 전략에서 나온 것이다. 보다 폭넓은 소비자층을 겨냥한 '레트로'라는 노스탤지어에 그 시절의 아련한 사랑과 소녀 이미지라는 기호를 창출하여 소비하도록 함으로써 한 계층이 아니라 10대에서부터 중년까지를 모두 포괄하고자하는 전략을 사용한 것이라고 하겠다.

'소녀'에서 팜므파탈, 그리고 여전사 이미지

몇 년 전 인터넷을 달구었던 두 명의 문화평론가를 중심으로 한 논쟁은 걸그룹을 바라보는 시선의 이중성을 그대로 보여주고 있다. 원더걸스와 소녀시대를 바라보는 강명석과 이규영의 논쟁은 이들의 이미지를 어떻게 이해하는가에 있어서 극단적으로 대립되는 입장을 보여주고 있다. 강명석이, 원더걸스나 소녀시대의 '소녀들'을 보면서 성애적인 욕망을 느낀다면 이는 '변태'라면서 이들을 그 나이대 그대로의 풋풋한 사춘기 소녀로 보아야 한다는 입장을 보인 반면, 문화 블로거 이규영은 이에 대해 강력한 반론을 제기하면서 '원더걸스와 소녀시대를 좋아하는 남성은 롤리타 콤플렉스에 따른 것일 뿐'이라고 규정한다.

2000년대 이후 등장한 노무(no more uncle)족은 멋진 중년 남성상의 표본임을 자임하는데(김헌식, 2010) 이 노무족들이 소녀시대나 원더걸스의 팬덤 현상의 주인공들이 될 가능성이 매우 크다. 왜냐하면 이들 경제력있는 3,40대 남성들의 팬덤 현상이 소녀시대 등 여성아이돌그룹을 지원하면서 이 여성들의 소녀 이미지를 소비하여 전형적인 롤리타 신드롬 같은 형태의 대중문화 생산과 소비의 형태를 띠게 되기 때문이다(이소현, 2009 참조). 이규영의 언설에서 이미 드러나듯이 원더걸스의 '교태'는 철저하게 계산된 마케팅 전략에서 나온 성애적 제스처이다. 이로써 '어린 소녀의 풋풋한 외모'와 이를 반전시키는 '교태스러운 몸짓과 스타일'이 이들의 마케팅을 성공시키는 강력한 기호가치로 등장하는 동시에 중장년 남성들로부터 적극적으로 소비되는 것임을 알 수 있다.

원더걸스가 미국 활동으로 인한 1년여 간의 공백 후 국내 컴백을 하면서 내놓은 〈Be My Baby〉 티저 영상에 대한 반응으로 쏟아져 나온 언론보도는 '소녀에서 여성으로'라는 캐치프레이즈를 그대로 반영하고 있다. 보도들은 원더걸스가 '깜찍하고 귀여운 소녀에서 뇌쇄적인 표정과 스타일의 팜므파탈 이미지'로 변신하고 있음을 강조하고 있다. 이 티저 영상은 발표한 당일 하루 만에 조회수 56만을 넘어 폭발적인 반응을 보였다. 바로 이러한 열광적 반응 자체가 관객들이 이들의 이미지를 기호가치로 소비하고 있는 반증이다. 콘서트 티켓을 사고 음악방송의 공개녹화 현장을 방문하는 실제적인 소비행위만이 아니라 인터넷을 통해 반응을 보이고 동영상을 찾아서 보는 행위가 이들의 이미지를 '소비'하는 행위인 것이다.

팜므파탈 이미지는 최근의 많은 걸그룹들이 표방하는 이미지다. 그룹 카라나 애프터스쿨 같은 경우가 유혹적인 몸짓으로 팜므파탈 이미지를 보여주는 대표적인 예이다. 시간이 흐름에 따라 초창기 걸그룹의 소녀적 순수함으로부터 변신이 요구될 때 대중의 시선을 가장 획기적으로 끌 수 있는 방법은 '반전'이다. 이는 '마리아의 이중적 의미'와도 통하는데, 여성들에게 가장 많이 요구되는 이미지가 바로 '성모 마리아'와 '창녀 마리아'이기 때문이다.

다소 과장된 표현인 '여전사', 또는 소위 '쎈 여자' 이미지로는 단연 2NE1이 꼽힌다. 이 이미지의 경우에는 외양(appearance)으로서 뿐 아니라 소구 대상과, 표방하는 기호가치를 어디에 두면서 이미지메이킹을 했느냐하는 점을 보는 것이 중요하다. 〈Fire〉로 데뷔한 2NE1은 주체적으로 당당하게 서기를 주문하는 노랫말로 10대 소녀들 뿐 아니라 20대 여성들에게도 선풍적인 인기를 누리고 있다. 특히 자아존중감을 갖기 권하는 노랫말과 파워풀한 동작의 안무로 사랑과 이별, 눈물 등 감상적이고 수동적인 자세를 보여주는 노래에 공감하지 못하는 여성들에게 잘 받아들여지고 있다.

몸매를 비롯해서 여러 면에서의 자신감을 표현한 노래인 〈내가 제일 잘 나가〉는 트렌드와 스타일 면에서도 남보다 우위에 서기를 열망하는 10대 여성들에게 매력적으로 다가갈 수 있는 가사[14]로 구성되어 있다. 이들은 소위 '쎈 여자' 이미지에 맞게 긴 레깅스에 티셔츠와 점퍼 또는 재킷 등의 의상으로 무대에 등장하며, 간혹 권투글러브나 야구방망이 등의 소품을 사용한 안무로 공격성을 드러내기도 한다. 2NE1의 팬은 대체로 주체적인 삶을 중요시하는 여성들로 구성되는데 이는 이들의 이미지를 동일시하거나 동경하는 태도가 반영된 것으로 볼 수 있으며 결과적으로 이들의 이미지도 '주체성', '당당함'이라는 가치의 기호로 소비되는 것이라고 할 수 있다.

성애적 이미지의 구성요소

성애적 이미지는 안무와 몸짓, 손짓, 손의 위치, 의상 콘셉트, 노랫말 등이 성적 코드를 지시하고 이 요소들이 모여 성애적 기호가치로 만들어지면서 감각적·통속적·자극적·외설적 수준의 섹슈얼리티 이미지가 만들어진다. 특히 걸그룹의 섹시댄스는 이들의 주요 소비대상인 이른바 삼촌팬의 롤리타 신드롬을 이끌어내는 방식으로 만들어지는데 그 내용은 골반댄스같이 성행위를 노골적으로 묘사하는 춤으로 채워진다.

월리스는 뮤직비디오에서 여성과 남성의 젠더 디스플레이를 분석하면서 다음과 같은 네 가지 가설을 세운 바 있다(Wallis, 2011: 164). 첫째, 여성이 리드하는 공연팀들은 남성 리드의 공연팀들보다 더욱 복

---

14. 〈내가 제일 잘 나가〉의 가사는 다음과 같다: "누가 봐도 내가 좀 죽여주잖아/둘째가라면 이 몸이 서럽잖아/넌 뒤를 따라오지만 난 앞만 보고 질주해/내가 제일 잘 나가/내가 봐도 내가 좀 끝내주잖아/네가 나라도 이 몸이 부럽잖아/남자들은 날 돌아보고 여자들은 따라해/내가 앉은 이 자리를 매일 넘봐 피곤해/어떤 비교도 난 거부해 이건 겸손한 얘기/가치를 논하자면 나는 billion dollar baby/뭘 쫌 아는 사람들은 다 알아서 알아봐/아무나 잡고 물어봐 누가 제일 잘 나가?/내가 제일 잘 나가"

종적인 비언어 행동을 전시할 것이다. 이는 분석 결과 부분적으로 맞는 것으로 확인되었다. 둘째, 남성 리드의 공연자들은 여성 리드 공연자들에 비해 더 지배적인 비언어 행동을 전시할 것이다. 이 가설은 분석 결과 맞지 않는 것으로 나타났다. 셋째, 여성 리드 공연자들은 명시적인 섹슈얼리티를 전시할 것이다. 반면, 남성 리드 공연자들은 제시적인 제스처, 얼굴 표현, 그리고 복장을 보여줄 것이다. 이 가설도 결과적으로 맞는 것으로 나타났다. 넷째, 남성 리드 공연자들은 여성 리드 공연자들에 비해 더욱 공격성의 비언어 전시에 관여할 것이다. 결과를 놓고 봤을 때 이 전제는 부분적으로 맞는 것으로 확인되었다. 즉 공격적인 악기다루기 – 예를 들면 기타나 드럼 등이 대표적이다 -, 손가락이나 손을 흔드는 동작 등에서 의미 있는 결과를 보였다. 그러나 열정적으로 노래하는 것과 힘에 대한 쇼에서는 그리 의미 있는 결과를 보이지 않았다.

일반적으로 사회 변화와 대중문화의 변화에도 불구하고 남성과 여성이 리드하는 공연자들은 그들의 뮤직 비디오에서 스테레오 타입의 젠더 디스플레이를 보여줄 것이라는 가설이 세워졌다. 월리스는 이 분석을 위하여 MTV와 MTV2에서 방영된 뮤직비디오들을 분석하였다. 변수들은 손가락/손 흔들기, 힘의 과시, 머리 만지기, 미묘한 자기 몸 만지기, 외설적인 안무, 미소짓기, 열정적인 노래 부르기, 중성적인 복장, 조금 도발적인 복장, 도발적인 복장 등이다. 여기에는 입으로 가져가는 손가락, 성적인 자기 몸 만지기, 공격적인 연기, 관능적인 시선 등이 포함될 수 있다.

이 연구를 통해 월리스는 젠더 디스플레이가 뮤직비디오의 가장 핵심적인 특성이라는 사실을 결과로 도출하고 있다. 기대한 대로, 공연 리더가 남성인가 여성인가에 따라서 젠더 디스플레이의 차이가 있었고, 젠더 디스플레이는 의미있게 재강화된 전형적인 남성성과 여성성의 기술(notions)이었다는 점이 드러났다. 여기서 가장 주목할 만한 결과는 명시적인 여성성의 젠더 디스플레이다. 여성 공연자의 머리 쓰다듬기와 섬세한 자기 몸 만지기는 고프만의 연구, 그리고 벨크납(Belknap)과 레오나드(Leonard)(1991), 그리고 강(Kang)(1997)의 연구와 맥을 같이한다.

윌리스에 의하면, 몇 개의 이전 연구들과는 대조적으로 남성 공연자들은 성적 행동에 관여하는 것으로 관찰되지 않았다. 최근의 내용분석에 의거해 비디오 게임에서 남성 묘사와 일관되어 나타난다는 점이 흥미롭다. 어쨌든, 다섯 가지 중 세 가지의 여성 디스플레이, 즉 자기 몸을 성적인 포즈로 만지기, 외설적인 춤추기, 도발적인 복장은 성적 행동에 속하는 것으로서, 이러한 성적으로 외설적인 행동은 뮤직비디오에서 남성에게는 그렇지 않지만 여성에게는 정상이고 적합한 것이라는 메시지를 보여준다.

외설적으로 춤추거나 성적인 방식으로 자신을 터치하는 여성 리드 공연자들의 이미지는, '여성들이 남성에 의해 소비될 준비가 되어 있는 성적 대상'이라는 클리셰를 이미지화한다. 의상도 또한 이런 메시지를 보여준다. 최근 들어, 여성들이 대부분 도발적인 의상을 입는데 반해 남성들은 중성적인 옷을 입는다(Wallis, 2011)는 점이 그것이다. 윌리스의 연구에서 공연자의 행동을 세분화된 측정 코드로 측정한 점은 매우 흥미롭다. 이를 감안하여 걸그룹의 공연을 살펴보면 한국의 경우에도 매우 선정적인 성적 행동이 표현되고 있음을 알 수 있다.

윌리스의 연구에서 보는 바와 같이 아이돌그룹의 경우에는 보이그룹이건 걸그룹이건 공연 전반에 걸쳐서 젠더 디스플레이가 두드러지게 나타나고 있음을 알 수 있다. 선정적인 몸짓은 주로 가슴과 허리, 골반, 다리를 이용한 춤과 이에 수반하는 표정과 눈빛, 그리고 결정적으로 손의 표현으로 이루어진다. 아이돌 걸그룹이 점점 수를 더해가면서 경쟁이 치열해짐에 따라 선정성도 갈수록 수위를 높이고 있다. 성애적 이미지들은 많은 수의 그룹 멤버들이 등장하여 기본적으로 화려한 퍼포먼스와 조명, 그리고 점점 정도를 더해가는 선정적인 제스처들로 이미지의 스펙터클을 형성하면서 제공된다. 더욱이 안무 중 가장 대중에게 환호를 받는 자극적인 동작은 후크송과 함께 반복적으로 보여지면서 관객들은 이에 중독되면서 열광하게 되는 것이다. 바로 이러한 점이 청소년들로 하여금 성애적 이미지에 몰입하고 수용하게 되는 기호가치의 소비적 측면이다.

성애적 이미지의 댄스를 담는 뮤직비디오의 경우에는 여성의 몸을 파편화하여 남성적 응시의 대상으로 제공하는 대중문화의 관음증적 시선에 초점을 맞추어 제작된다. 뮤직비디오의 경우 공중파보다 훨씬 노골적인 장면을 담는데 제약이 적으므로 보다 과감한 제스처가 많이 들어가고 그만큼 의상도 훨씬 노출이 심한 편이다. 멀비가 지적했듯이 서사 안의 남성의 응시, 그리고 남성 관객의 응시를 통해 남성의 욕망을 위한 스펙터클로 창조되며 그 장치는 다양하게 동원된다. 더욱이 이를 인터넷이나 모바일기기를 통하여 수시로 볼 수 있는 매체환경이 되었기 때문에 이제 언제든 원하는 장소에서 관음증적으로 감상할 수 있게 된 것이다.

노랫말과 시각적 이미지의 상호작용

아이돌 그룹의 노랫말의 내용이 언어적으로 그다지 중요한 전달수단이 아니고 오히려 시각적 이미지를 보조하는 방식으로 사용된다고 할 수 있다. 노랫말이 대부분의 경우 후크송이고 의미 없는 후렴부분이 반복적으로 사용되는데 이로써 관객들로 하여금 언어적 이미지에 신경 쓸 필요 없이 오히려 시각적 이미지에 더욱 집중하게 만드는 역할을 하고 있다. 이미지 기호학은 고정된 이미지를 통해 의미 작용 및 의미의 생산을 이해하는 작업을 중심으로 구축되었다(Joly, 1994: 10). 이미지라는 것이 현실 세계의 순수한 반영이 아니라 어떤 일정한 규칙에 따라 만들어지고 해독된다는 점은 이미 다양한 이미지 연구에서 명시적으로 정의되어 온 바 있다.

롤랑 바르트는 기호의 모든 체계(혹은 의미작용 및 커뮤니케이션의 체계)가 언어적 언어 행위와 혼합되어 있다는 중요한 이론적 근거를 제공한 바 있다(Joly, 1994: 33). 이렇듯 바르트의 기호이론은 아이돌 그룹의 노랫말이 실어 나르는 이미지 분석에서 시사하는 바가 크다. 바르트는 모든 이미지, 예를 들면 영화·텔레비전·광고·만화·신문의 사진 등에서 언어적 언어행위가 시각적인 실체를 이중화시키고, 그리하여 거의 모든 경우에 시각적 메시지와 더불어 구조적인 관계를 유지하고 있음을 보여준다(Joly, 1994: 33). 이는 언어 행위가 사고의 근본적인 도구인 다른 지각적 매체와 상호작용하는 것임을 보여주면서 그중 이미지와의 결합에서 시각적 매체와 상호작용하는 과정을 설명하고 있는 것으로, 걸그룹의 노랫말에서 자주 나타나는 사랑에 모든 것을 거는 여성 이미지가 몸짓과 상호작용하는 면모를 잘 설명하고 있다.

기호에 대한 일반적인 정의는 "기호는 어떤 관계 혹은 어떤 타이틀 하에서 누군가를 위해 무엇인가를 대신하는 어떤 것이다"(Peirce, 1978; Joly, 1994: 46에서 재인용)라는 퍼스의 제안이 적절하다. 졸리에 의하면 이러한 정의는 기호의 모든 물질성 —'무엇'은 대상, 소리 혹은 냄새일 수 있다 — 을 통합할 뿐만 아니라 역동성과 해석의 상대성도 포함하고 있다. 이런 맥락에서 본다면 아이돌 그룹의 이미지는 다양한 기호의 구성 요소를 갖추면서 대중문화 시장에서 다양한 기의를 가진 기호가치로 전화된다고 할 수 있을 것이다.

한국의 연예상품 시장에서는 아이돌 그룹의 살아남기 위한 경쟁이 치열하다. 결국 경쟁률이 시장을 지배하고 이로써 기획사의 컨셉이, 보다 치밀하면서도 선정적인 방향으로 시장이 성립한다. 기획사의 오디션을 거쳐 확보된 아이돌 연습생들을 바탕으로, 콘셉트 정비와 콘셉트에 대한 반성적 전략도 이루어지면서 동시에 의상이나 춤 등

트렌드를 포착하고 팬덤 등을 통한 소비대상이 어떠한 소비심리의 궤적 속에서 무엇을 원하는지 파악하는 것이 이미지를 만들기까지의 과정이다. 이후 이미지를 구성하고 이를 무대에 올리는 순간 그 콘셉트는 기호가치로 전화되어 미디어를 통해 소비된다. 공연과 음악프로그램, 언론보도, 팬덤 등을 통해 피드백을 받는 것이 일종의 순환구조 속에서 이루어지는 이미지의 소비패턴이다.

결과적으로 대중문화 스타의 이미지는 문화소비자가 열망하는 바와 판타지를 반영하여 만들어지는 것이고 이를 잘 포착한 기획사들이 아이돌 그룹의 총체적인 이미지를 구성하여 기호가치로 상품시장에 내놓는 것이다. 즉 아이돌그룹의 공연에서 섹시미, 순진무구, 청순함, 노스탤지어 등을 주요 콘셉트로 하여 재현되는 여성성과 짐승돌, 초콜릿복근으로 형상화되는 남성성의 콘셉트와 트렌드를 기호로 만들어 이미지의 소비를 통해 몸 이미지를 경제자본으로 환원시킨다. 몸이라는 기호를 소비하는 메커니즘 내지는 몸 이미지가 대중이 원하는 환타지나 특정 정서와 결합되어 기호가치로 전화하여 소비되는 새로운 소비양식이 한국의 대중문화 연예상품에서 확산되고 있음이 확인되고 있다.

글로벌 미디어스케이프와 이미지

컴퓨터가 등장하기 전까지 가장 파급력이 큰 글로벌 문화산업은 영화산업이었다. IT기술의 발달로 컴퓨터를 통한 문화산업에 점차 밀리는 추세이지만 영화는 여전히 막대한 자본과 다양한 장르의 복합체로서 전지구적으로 영향력을 미치는 문화산업의 커다란 축이다. 영화를 통하여 앞에서 언급한 서구와 비서구의 대비되는 이미지와 역할이 보다 극명하게 나타난다. 전세계 영화계에서 서구 출신 감독들이 변함 없이 중심적 역할을 하는 가운데 주목받는 일부 비서구 지역 출신 영화감독들이 이미 다수 등장하고 있다. 비서구 출신이면서 주목받는 감독 중 장예모 감독이나 왕가위 감독, 그리고 최근 몇몇 아랍권 국가와 올해의 베니스 영화제 황금사자상을 받은 한국의 김기덕 감독들은 정서상 서구 영화와는 일정한 거리를 갖는 영화들을 만들어왔다. 다시 말하자면 이들이 이처럼 주목받고 성공한 배경에는 바바가 지적한, 대비되는 양쪽 문화의 '사이에 낀(in-between)' 상태에서의 문화혼종성(Bhabha, 1994)이 존재하고 있음을 알 수 있다.

이들 비서구 출신의 세계적 영화감독들의 경우에도 서구의 주목을 받기 시작한 것은 장예모 감독처럼 베를린영화제를 비롯하여 칸, 베니스 영화제 등에서 수상함으로써 이루어졌고 이를 통해 비로소 세계적 감독으로 작품성을 인정받는다. 그런데 바로 이러한 영화들의 중심 내용은 여전히 비서구적 이국풍경과 동양적 내면세계를 재현한 것으로 '사이에 낀' 문화적 혼종성을 보여주고 있다. 이를테면 장이모 감독이 베를린 영화제에서 금곰상을 받은 〈붉은 수수밭〉(1987년)이나 그 후 1990년에 칸영화제에서 루이 브뉘엘상을 받은 〈국두〉, 이듬해에 베니스영화제에서 감독상을 받음으로써 명실공히 세계적 감독으로 인정받는 계기로 작용한 〈홍등〉(1991년), 그리고 〈영웅〉(2002년), 〈연인〉(2004년) 등이 그 예가 될 것이다.

이 영화들이 서구 영화계에서 각광을 받은 배경에는 전통적인 중국의 무술과 동양적인 사랑이 깔려있고 이것이 서구 영화계의 극찬을 이끌어내는 계기가 되었다. 또한 왕가위 감독은 〈열혈남아〉(1988년)를 비롯하여 〈아비정전〉(1990년), 〈중경삼림〉(1994년), 〈화양연화〉(1997년) 등을 통해 영국식민지였던 홍콩이라는 역사적인 도시의 젊은이들의 암울한 세계를 섬세하게 그려냄으로써 찬사를 받았다. 올해 베니스영화제에서 황금사자상을 받은 김기덕 감독의 〈피에타〉(2012년)같은 경우에는 한국의 전통문화를 다룬 임권택 감독과는 다른 방식으로 모성이라는 한국적 정서를 표현했는데 이 영화에서 혼종적 문화의 흔적을 찾자면 미켈란젤로의 조각작품인 〈피에타 *Pieta*〉(1498년)에서 모티브를 찾았다는 점이다.

대상 수상의 배경에 대해 분석한 글 중에는 이탈리아의 베니스 영화제였기 때문에 이탈리아의 예술작품에서 모티브를 얻은 이 영화가 부각되었을 것이라고 해석하는 글도 있지만 이는 지나치게 단순화한 해석이다. 오히려 모성과 자비라는 전세계 공통적인 개념을 주제로 하면서 정작 무대는 청계천변 이면에 자리한 낙후된 수공업적 공장들로, 그 안에서 펼쳐지는 광경은 서양인들에게는 매우 이국적인 풍경일 것이다. 그 안에서 전지구적 현대 자본주의의 잔혹성이 가장 한국적인 개념 중 하나인 '모성'과 함께 혼합되어 제시된 점이 수상 이유가 되었을 것이다.

문화혼종성을 보여주는 이러한 영화들의 내용은 특히 장예모 감독의 작품들에서는 동양 여성에 대한 서구적 시선의 젠더관계를 나타내고 있다. '홍등'에서 특히 이러한 시선은 잘 드러나고 있다. 영화에 대한 분석에서 일반적으로 지적되고 있는 여성에 대한 남성의 시선(gaze)에 더하여 이들 영화에 대한 서구 남성들의 시각은 사이드(Edward Said, 1979)가 정의한 오리엔탈리즘이 수용된 것으로 볼 수 있다.[15] 한편 문화산업을 통하여 부각되는 이상적인 여성이미지와 실제로 성산업을 통하여 소비되는 여성이미지는 약간의 차이를 보인다. 즉 섹슈얼리티를 매개로 한 문화산업에서는, 가령 영화의 영상이나 가상공간을 통하여 이상적이고 매력적인 여성의 이미지로 '금발의 8등신 백인미인'이미지가 소비되면서 실제 현실 속의 공간에서는 국제 성매매를 통

---

15. 이지연(2005)은 아시아 영화와 오리엔탈리즘의 관계를 밝히는 박사논문을 통해 특히 장이모 감독의 사례를 분석하면서 '사이에 낀(in-between)' 존재로서의 동아시아 출신 영화감독에게 명명된 셀프 오리엔탈리즘(self-orientalism)에 대해 논쟁점을 부각시키고 있다.

해 '서양적(개방적)'이라고 분류되는 성적 태도를 견지하면서 동시에 순종적인 동양여성의 이미지를 재현하는 아시아의 여성들이 소비된다.

문화제국주의적 관점뿐 아니라 보다 근본적인 논쟁점은 여성이 타자(other)로 재현되는 기제이다. 그런데 이러한 문제점을 제기한 탈식민주의 문화이론가 중 대표적인 학자 중 하나인 민하(Trinh T. Min-ha, 1989)는 제3세계 여성들, 특히 아시아 여성들이 이중적으로 타자화되는 상황에 대해서 남성의 타자로서의 여성, 서구의 타자로서의 원주민에 대한 논의가 중요함을 시사하면서도 근대적 개념으로서의 내부자/외부자의 이분법을 경계해야함을 역설한다. 이는 비록 원론적으로는 여성에 대한 남성의 타자화와 동양에 대한 서양의 원주민화를 비판적 시각으로 보되 이를 뚜렷하게 이분법적으로 가를 수 없는 지구화의 과정 속에 놓여있는 탈근대적 시대상황이 함께 놓여있음을 암시적으로 보여주는 것이라고 하겠다.

주로 아시아 지역에서 불고 있는 '한류' 열풍의 근원에는 또 다른 각도에서 볼 수 있는 문화적 지구화가 내재되어 있다. 동양의 문화적·정서적 공통점을 근간으로 한 소비자들의 감정이입을 바탕으로 하여 글로벌 문화산업 유통망과 생산/유통 시스템이 이른바 글로컬(glocal)한 '한류' 열풍을 몰고오는데 기폭제가 되고 있는 것이다. 즉 정서적인 토대로 보아서는 로컬이지만 문화산업의 유통과정에서 보면 글로벌과 로컬의 요소들이 함께 작동되고 있는 것이다.

여기서 우선 글로벌 문화산업과 여성의 관계를 분석하는 데 있어서 왜 이미지가 중요한가를 간략하게 살펴보자. 이미지가 주목받는 가장 큰 이유는 그것들이 사회구성원인 개인이 자아를 구성하는 과정, 즉 정체성 형성과정에 깊숙이 관여하기 때문이다. 이미지와 정체성은 유사한 것처럼 보이지만 특정 대상을 규정하는 시각의 출발점에 따라서 근본적인 차이를 보인다. 특정 사회의 특정대상에 대한 이미지는 이 특정대상을 객체화하여 사회구성원이 공유하는 집합적 표상이다. 집합적 표상이라는 점에서 이미 개인의 다양한 특성은 묻혀버리고 그 대상이 처해있는 사회의 집단적 의식이 집합적으로 또는 선별적으로 집결된 지각과 사회적 기대가 합쳐져서 이미지를 구축한다. 이때의 이미지를 구성하는 표상은 대상을 가시적이고 인식 가능한 형태로 객체화(objectification)한 것이며 이 객체화는 한 사회의 집합적 지향점이 외화(externalization)된 것이다.

한 사회의 가치, 규범, 그리고 집단적 무의식이 투사되는 외화의 과정을 거쳐 이루어진 대상에 대한 객체화, 즉 집합적 표상들은 그러므로 그 사회의 대상에 대한 집합적으로 이루어진 선별적 지각이며 잠재적 기대와 욕망을 근저에 깔고 있다. 이미지를 구성하는 표상이 한 사회의 집합적 지향점이 외화된 것이라고 한다면 글로벌 문화산업에 의해 재현되는 여성의 이미지는 특정 지역이나 특정 시공간에 한정된 표상이 아니라 글로벌한 평균적 이미지라고 규정할 수 있을 것이다. 그러나 이는 텔레커뮤니케이션에 의한 인터넷을 통한 문화산업의 경우에 한정적으로 적용해볼 수 있을 것이며 영화산업의 경우는 특히 지역적, 문화적 차이에 따라 특정한 이미지가 외화되고 있음을 알 수 있다.

글로벌 문화산업 생산자의 경우 특정한 정치적 지향을 가지기 어렵고 또한 하나의 일관된 방향으로 콘텐츠를 구성할 수 없는 상황에서 문화생산과 소비가 정교한 계산을 바탕으로 또다시 서로 연동되어 있다. 따라서 글로벌 문화산업에 재현되는 여성 이미지와 젠더 정체성 역시 하나의 일관된 방향에 따라 분석하기 어려운 단계에 이르렀다고 하겠다. 그러므로 문화다양성, 또는 문화혼종성과 테크놀로지의 발달은 급격히 변화하는 문화산업의 제반 환경과 함께 여성 이미지의 재현 양상과 젠더 정체성의 새로운 조합에 여러 가지 가능성을 제공하고 있으며 앞으로 그 필요성은 더욱 강조될 것이다.

글로벌 미디어스케이프의 측면에서 볼 때 지금의 테크놀로지의 발달단계에서 보이는 매체의 융합 현상은 앞에서 분석했던 각 매체에서 보여주는 젠더역학의 복잡한 현상 또한 동반할 것이라고 전망할 수 있다. 따라서 매체 융합에 따른 여성의 이미지와 몸 개념의 변화, 그리고 젠더역학의 다양한 가능성을 따라가면서 읽어내는 작업은 앞으로도 더욱 정교하게 수행되어야 할 과제로 등장한다. 또한 여전히 중요한 것은 문화적 지구화의 다양한 역학 속에서도 여성이 문화 생산의 주체가 됨으로써 젠더역학과 이미지 재현에서 새로운 세대의 감성과 정서에 부합되는 하나의 중심을 이루어 나가야 한다는 점이다.

맺는 글: 포스트젠더와 탈경계적 몸 이미지

포스트모던 사회에 대한 연구가 풍성해지면서 페미니즘 이론에서는 근대적 주체에 대한 논의는 점차 소멸되어가는 한편 여성주체와 더불어 포스트젠더(postgender) 논의가 활발해지고 있다. 여성주체 형성 논의에서 물질적 육체성 개념은 이론의 토대로서 중심적 역할을 한다. 이러한 맥락에서 논의되는 몸의 물질성은 몸의 노동수행성, 그리고 생산성과 직결되면서 또한 섹슈얼리티와 욕망의 주요 전제조건으로 작용한다. 그런데 이렇게 여성주체 논의의 핵심으로 작용하는 몸의 물질성은 디지털 문화환경에서 빠른 속도로 기존의 정의와 다르게 해석되고 있다. 왜냐하면 포스트모던한 사회의 사이버공간은 젠더와 몸 개념의 이미지가 한 가지의 고정된 시각이 아닌 다양하고 계속해서 변화하는 유동성을 전제로 한 이미지 생산의 공간이기 때문이다. 즉 포스트젠더 담론이 부상하고 있는 것이다.

탈물질의 몸과 상상 속 실재

정보사회의 진화와 더불어 사이버공간에서 젠더 정체성은 아바타나 게임캐릭터 등 몸의 형상을 띤 이미지로 구체화되는 반면 몸은 점차 물질성을 잃고 체화(embodiment)로부터 멀어진다. 또한 젠더 정체성은 종종 채팅에서의 ID 선택이나 구체적으로 자신을 묘사한 글에서 선택적으로 묘사된다. 이는 사이버공간에서 젠더 정체성이 더 이상 생물학적 성별에 구속력을 갖는 상태로 표현되지 않음을 말해준다. 또한 몸은 이미 들뢰즈와 가타리의 표현대로 '기관 없는 신체'로서 존재하게 된다. 즉 정신과 신체가 함께 작동하는 통일체로서의 인간의 몸(human body)이 아니라 물질성이 사라진 탈인간의 몸(posthuman body)으로 존재하게 되는 것이다(Hayles, 1999). 탈인간의 몸 종류에는 로봇 같은 극단적인 기계적 인공의 몸이 있겠지만 사이버공간으로 한정해 본다면 이미지화한 인간의 몸으로 아바타, 게임캐릭터, 애니메이션의 인물들이 있고 그 중간 단계로서 사이보그가 있다.

급격히 발달하는 디지털 미디어 시대에 젠더이미지의 형성과 변형을 논의할 때 필연적으로 다음과 같은 논제들이 떠오른다. 멀티미디어 문화와 컴퓨터에 의해 자동 제어되는 사이버공간에서 등장하는 포스트휴먼 보디에 있어서 몸의 물질성을 논의할 수 있는 경계선은 과연 존재하는가? 그리고 탈육화된 몸의 이미지가 상상적으로 부여하는 물질성이란 과연 현실세계에서의 여성의 몸 이미지, 노동수행성과의 관계에서 어떠한 의미작용을 하는가? 또한 탈육화된 몸의 이미지에서 다양하게 생성되고 선택되는 젠더 정체성이 사이버공간과 현실세계 사이에서 어떠한 사회적 관계를 반영하는가? 이러한 맥락에서 젠더 정체성은 몸과 어떤 의미망으로 엮여질 수 있을 것인가? 궁극적으로 젠더 정체성과 몸의 새로운 패러다임이 보다 진취적인 여성이미지를 매개로 하여 여성주체 형성에 연결되어 작용할 방법론은 무엇일까?

현대의 이미지 재현이 본래의 본질적 자아를 보여주기보다는 시뮬라크르를 생산해내는 시뮬라시옹의 대표적인 현상이라고 설명하는 보드리야르(Beaudrillard)는 새로운 이미지의 다양한 등장에 대해 언급하면서 이미지 자체로 이미 자생적 정체성을 갖는다는 점을 시사한다(Beaudrillard, 2001). 시뮬라시옹처럼 실재를 대체하는 복제물이 더 실재처럼 느껴지는 포스트모던 사회에서 주체는, 예를 들어 포스터(Poster) 등의 이론가들에 따르면 이미지와 스타일로 자신을 표현하고 정체성을 구성한다(Poster, 1998: 12). 이미지 과잉의 사회는 개인으로 하여금 다양하게 제시된 정체성을 선택하도록 한다. 한편 이미지는 '새롭게 만들어진, 또는 재생산된 시각이며 최초에 나타나서 받아들여진 장소와 시간으로부터 잠깐 또는 수세기나 떨어진 외관(外觀)'(Berger, 1996: 28)이면서 사물을 보는 시각을 구체화하는 표현이다. 그러므로 사이버공간에서 재현되는 성 정체성의 이미지는 사이버공간에 현실적 사회관계가 반영된다는 전제 하에 이를 바라보고 정의하는 사회적 시각이 구체화되어 나타난 결과라고 가정해 볼 수 있다.

하이퍼미디어와의 관계를 고려하는 맥락에서 주체형성은 새로운 조건의 규정을 받을 수 밖에 없다. 사이버공간은 개인의 육체가 물질적으로 현존할 수 있는 공간이 아니기 때문에 그동안 여성학의 몸연구에서 논의되었던 바와 같이 주체형성의 주요 조건인 육체의 관여가 불가능하다. 전자적 공간 안에서 의사소통하는 동안 이를 매개하는 기호들만이 눈앞에 보이는 상황이지만 컴퓨터 앞의 인간은 컴퓨터로 매개되는 경험과 욕망 등을 본인의 것으로 갖게 되는 기이한 현상속으로 들어가게 된다. 이때 '진정한 자아'라는 개념에 대한 근본적인 회의가 등장한다. 인터넷과 사이버공간에서는 TV 등의 기존 영상미디어에서 이루어지는 문화적 분절보다도 더욱 현저하게 정체성의 다양화현상이 나타난다.

젠더 정체성에 있어서의 다양화는 정형화된 성 정체성이 아닌 다양한 성 정체성의 형성 또는 발현으로, 예를 들면 컴퓨터로 매개되는 커뮤니케이션에서 흔하게 이루어지는 현상이다. 좀 더 세분화 해보면 다른 성별로 인식시키는 ID선택, 고의적으로 다른 성별의 언어사용방식을 통해서 상대방으로 하여금 성별을 다르게 인식하도록 하는 행위, 또는 원래와는 다른 젠더의 아바타 선택을 통한 젠더스와핑 등이 성 정체성의 분절화 내지 다양화로 의미화될 수 있을 것이다. 이 과정에서 현실세계의 자기의 생물학적 몸과 별개의 젠더로, 또는 동시에 여러 개의 젠더로 증식시킴으로써 젠더 매스커레이드가 등장하기도 한다.

여성 특유의 문화에 관한 논의에서 제시되는 여성성, 또는 여성적 가치가 디지털문화와 어떠한 친화력을 갖는지 살펴보는 것은 디지털문화 환경에서 다양하게 등장하는 젠더 정체성과 몸의 이미지를 이해하는데 있어서 중요한 이론적 맥락을 제공하는 작업이 될 것이다. 디지털문화를 살펴보면 디지털문화의 영향은 가상현실에서 뿐만 아니라 구체적 현실에서도 현대인의 다중 인격의 구조 형성에 영향을 주고 있으며 이로써 다양하게 통합되고 역동적인 가상현실에 의해 영향을 받는 현대인은 이 현실로 통하는 통로인 인터페이스만큼이나 유동적이고 복합적인 성향을 보이고 있다고 평가되고 있다. 디지털 매체의 등장, 다시 말해서 끊임없이 자기 증식하는 하이퍼미디어의 등장은, 그러므로 이 시대를 살아가는 사람들을 유동적이고 가변적이며 분산적으로 만들고 있다.

가상현실은 현실성을 지니되, 분명하게 존재하는 실재적인 하나의 현실성이 아니고 화면 안에서 복수로 존재하는 다양한 형태의 현실성이다. 이로 인해 미디어는 원본을 화면을 통해 매개하면서 시뮬레이션화하고 있다. 가상현실은 컴퓨터가 만들어낸 장소이며 이때 참여자의 위치는 미리 짜여진 컴퓨터 프로그램이나 영화 시나리오에 따라 결정되는 것이 아니라 그들의 실제 행동에 따라 결정된다. 이것이

TV 같은 미디어와의 차이를 보이는 지점이다. 따라서 진짜의 현실과는 다른, 시뮬레이션이 일상적으로 일어나는 모니터 속에서 자아정체성이 형성되는 조건은 그 근본부터 변화하는 것이다.

사이버공간은 즉각적이며 자유로운 공간이지만 완전히 현실세계를 떠난 가공의 공간이 아니라 지속적으로 현실세계의 규범과 문화를 반영한다. 즉 사이버공간은 사회적으로 구성되고 재구성된 공간으로서 존스의 언급과 관련하여 살펴보면 다음과 같이 이해될 수 있다: "컴퓨터로 매개되는 커뮤니케이션은 사회적 관계의 구조일 뿐 아니라 그러한 관계가 생겨나는 공간이면서 개인이 그 공간으로 들어가기 위해 이용하는 도구이기도 하다. 그것은 개인과 집단들에 의해 이끌어지고 유지되는 상징적인 과정들에 의해 상상적으로 구성되는 공간이면서 그 안에서 사회적 관계가 일어나는 맥락이다."(Jones, 1995: 16) 사이버공간이 사회적 관계를 구성하고 재구성한다는 페른벡의 논의는 사이버공간과 실제 공간 간의 구별이 모호해지는 차원으로 확대된다. 그에 의하면 사이버공간은 '집단적인 문화적 기억을 위한 보관소'인데 그 문화적 기억이란 그 안에서 우리가 누구인지를 상기시켜주는 (문화의) 거주자에 의해 창조되는 서사이며, 가상의 텍스트 속에서 살고 재생산되는 것으로서의 삶이다(Fernback, 1998: 37). 또한 그는 사이버공간이 권력의 각축장이라는 점을 강조하는데 이로써 사이버공간이 사회적·정치적·경제적 그리고 문화적 상호작용을 위해 재고된 대중영역임을 확인시켜주고 있다.

사회적 관계가 재현되거나 적어도 적극적으로 반영되는 상호작용의 장으로서의 사이버공간은 아바타의 생성과 젠더, 또는 성 정체성의 상관관계를 밝히는 데 있어 상징적인 의미를 갖는다. 또한 기존의 사회적 관계가 적극적으로 거부되는 현상도 사이버공간이 가지고 있는 중요한 매력에서 기인한다. 다시 말하자면 사이버공간은 실제세계의 연장의 의미에서 무의식 중에 기존의 문화가 적극적으로 반영되는 공간이기도 하지만 한편으로는 기존의 문화에 대한 카운터파트로서 적극적인 부정의 장이 되기도 하는 이중적 얼굴을 갖고 있다. 그러므로 사이버공간에서 나타나는 성폭력이 실제세계의 왜곡된 성문화의 적극적인 확산이라고 한다면 아바타를 통한 젠더 스와핑은 자기 존재에 대한 부정과 실제세계의 성 정체성으로부터의 일탈을 경험하게 한다.

포스트젠더와 탈경계 이미지

다양한 형상의 사이보그 영상 이미지를 접하면서 해러웨이의 '사이보그를 위한 선언문'에서 포스트모던한 인공적인 사회에서 성차별이 없는 세계를 상정하는 유토피아적 전망이 가능성 있는 전망으로 다가옴을 예상할 수 있다. 해러웨이는 포스트모던한 인공적인 사회에서 성차별이 없는 세계를 상정하는 유토피아적 전통 속에서, 사회주의 페미니스트 문화와 이론에 기여하려는 노력의 일환으로 사이보그의 포스트젠더에 기대를 건다. 포스트모던한 테크놀로지의 사회를 전제로 하면서도 해러웨이가 결코 포기하지 않는 부분은 소외되지 않는 노동이고 여성의 몸을 통한 노동수행성이다.

근대와 탈근대가 공존하는 논리상의 모순에도 불구하고 해러웨이는 사이보그 논의를 통해 현대적인 생산시스템이 일과 노동을 사이보그를 통해 식민화하고 이로써 산업사회를 지배해온 테일러리즘의 '악몽'을 목가로 만듦으로써 유기체로서의 몸을 노동의 소외로부터 해방시키려는 포스트모던 기획에 동참한다. 해러웨이는 성차별의 역사가 각인된 여성의 몸이 테크놀로지를 발판으로 하여 비로소 산업사회적 굴레로부터 벗어날 수 있다고 보면서 사이보그 논의를 시작한 바 있다. 더욱이 유색인종 여성이 긴 차별의 역사로부터 벗어날 수 있는 방법은 외피적인 신체조건을 벗어나는 것 밖에 없다는 점을 주지시킨다. 사이보그 논의는 물질적 육체를 넘어서는 상상력을 통해 포스트젠더 논의를 촉발하였다.

육체적 유물론의 틀 안에서 사이보그와 여성주체를 생각해보는 것은 가상공간에서도 여전히 육체에 대한 문화적 재구성이 이루어질 것이라는 어두운 전망과 거기서 어쩌면 해방의 미학이 발견될 수도 있다는 밝은 전망이 공존하기 때문이다. 사이보그가 실물로서의 인간의 육체를 제거하고 순수한 의식만을 추구하고자 하는 또 다른 신체로 정의된다면 끊임없이 육체를 상기시키는 멀티미디어 방법론에서는 과연 어떠한 신체론이 가능한가? 또한 물질적인 신체가 사라지는 멀티미디어의 시대에 생물학적 결정론에 근거하여 부과되던 고통스러운 여성 신체의 억압이 사라질 것이라던 해러웨이(Haraway)의 전망은 어떻게 이해되어야할 것인가? 더욱이 몸의 성별적 표식이 그 결정요소로 통용되던 젠더 정체성은 어떠한 위상을 갖게 될 것인가?

분절화로 일컬어지는 현상은 젠더 정체성과 몸 개념에 있어서 각기 다음과 같은 경우에 일어난다고 볼 수 있다. 성 정체성의 분절화와 더불어 몸 개념 또한 다양하게 분절화되는데 이는 크게 두 가지 차원에서 이루어진다. 우선 현실세계에 속하는 생물학적이고 물질적인 몸이 분절화된 이미지로 재현되는 현상과, 보다 근본적으로 물질적인 몸을 떠나 가상현실에서 탈육체화하고 새로운 신체로 형상화하는 차원으로 나뉜다. 앞의 분절화된 물질적 몸의 분절화의 가장 극적인 현상은 포르노그래피에서 나타난다. 포르노그래피에서 보여지는 몸은 성적 자극을 유발하기 위해 극단적으로 분절화하여 등급이 매겨지고 시선의 대상으로서만 다루어진다. 더욱이 성적 기관만이 부분적으로 강조됨으로써 몸의 모든 다른 기능이 사라지고 그 대신 부분적으로 왜곡되는 극심한 분절화를 보인다. 다음의 차원이 우리가 주목해야할, 새로운 신체로의 형상화의 차원이다. 사이버공간에서 페미니즘이 주목하는 몸의 물질성으로부터의 해방을 의미하는 사이보그의 차원이다. 이는 해러웨이가 표현하는 '몬스터'로서의 사이보그이기도 하다. 즉 기존의 성별화된 몸의 외피를 철저하게 부정함으로써 새로운 형상화를 꾀하는 것이다.

이리가라이와 그로츠의 육체유물론이 접근방식에 약간의 차이를 보이지만 어쨌든 섹슈얼리티라는 개념을 중심에 놓고 전개된다고 한다면, 해러웨이는 한편으로는 고전적인 유물론의 틀을 놓치지 않는 방식으로, 또 다른 한편으로는 테크놀로지와 육체 개념이 결합되는 방식으로 여성의 몸을 통한 주체형성을 논한다. 해러웨이는 인종이나 계급 등 정치경제학적 성차별을 타파하기 위해 기존의 재생산의 고리를 끊기 위해서 사이보그를 위한 선언을 함으로써 사회주의 페미니즘의 유물론적 관점을 이으면서 '포스트모던한 인공적 사회에서 상상력과 물질적인 실재가 모두 농축된' 사이보그 이미저리를 도입한다.

사이보그는 탈육체화하고 따라서 출처를 모르는, 또는 굳이 출처를 알 필요도 없는 상황에서 '어디든지 존재하는' 몸이다. 따라서 공간적 초월성을 띤다. 해러웨이는 사이보그의 이미지를 통해 단편화된 포스트모던한 신체를 상징적으로 묘사한다. 그것은 해체되고 재결합된 포스트모던한 집합적이고 개인적인 자아로서 '끊임없이 그녀와 그의 신체로 변화하며 개성을 창조하고 재창조하고 시간을 초월해 떠다니는 불확정한 성과 변화할 수 있는 성별의 신체'이다.

크리스 커닝햄 감독이 만든 아일랜드출신 가수 비요크(Björk)의 노래 〈All is full of love〉 뮤직비디오를 보면 사이보그들이 기계의 몸을 하고 있으나 섹슈얼리티를 표현함으로써 에로틱한 환상을 연출하고 있다. 로봇같이 만든 기계인간이지만 노래도 하고 키스도 하는 등 감정을 그대로 나타내는 일종의 사이보그다. 사이보그는 특히 최근에 영화에서 이미지화하는 경향이 두드러진다. 가장 대표적인 사이보그는 영화 〈매트릭스 *Matrix*〉에 나오는 인물들이다. 이들의 경우는 실제

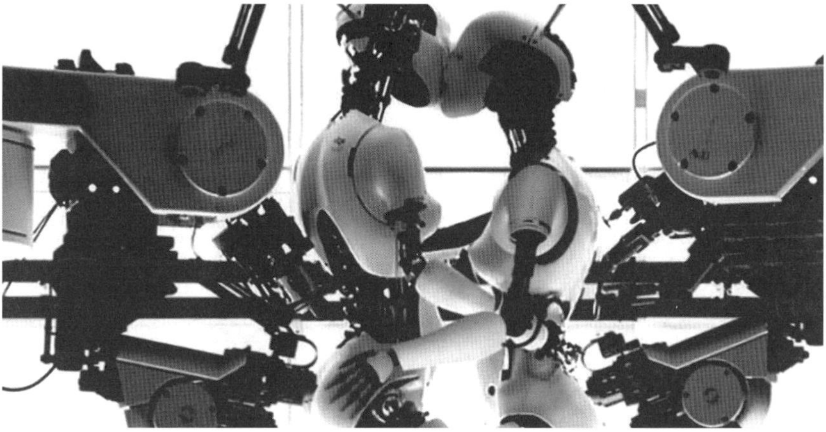

비요크(Björk) 노래 〈All is full of love〉 뮤직비디오 중 한 장면. 감독 Chris Cunningham, 1999

형상은 인간이지만 컴퓨터회로에 디지털 코드로 연결되어 있어서 유기체와 기계의 결합이라는 차원을 넘어서는 사이보그라고 할 수 있다. 매트릭스와 달리 외양에서부터 완전히 사이보그라는 점을 드러내는 형상을 한 유형은 영화 〈아바타 *Avatar*〉에서 나타난다.

영화 〈아바타〉는 미래에 닥칠 지구의 에너지 고갈 문제를 해결하기 위한 프로젝트를 기획하면서 시작된다. 대체 자원을 채굴하기 위해 머나먼 행성 판도라로 진출하기로 하는데 판도라의 대기는 인간이 견딜 수 없는 독성을 지니고 있다. 독성을 지닌 대기로 인해 자원 획득에 어려움을 겪게 된 인류는 판도라의 토착민 '나비(Na'vi)'의 외형에 인간의 의식을 주입, 원격 조종이 가능한 새로운 생명체 '아바타'를 탄생시키는 프로그램을 개발한다. 이 프로그램에 의하면 하반신이 마비된 전직 해병대원 제이크 설리같은 경우에도 자신의 '아바타'를 통해 자유롭게 걸을 수 있게 된다. 자원 채굴을 막으려는 '나비(Na'vi)'의 무리에 침투하라는 임무를 부여받은 제이크와 만나 사랑에 빠지게 되는 '나비(Na'vi)'의 여전사 네이티리는 제이크와는 달리 인류가 아닌 일종의 사이보그지만 아바타와 뚜렷이 구분되지 않는 사이보그이다.

영화 〈아바타〉 포스터

인간이 테크놀로지에 의존하는 정도가 높아질수록 인간과 기계 사이의 구분은 점점 희미해진다. 산업로봇이 하나의 구체적인 예가 될 것이다. 또한 인간과 기계가 수렴되는 과정에서 생기는 새로운 잡종의 실체, 즉 사이버네틱 유기체, 또는 사이보그는 컴퓨터게임, 비디오게임, 영화 등에서 더 이상 낯설지 않게 되었다. 또한 기든스가 정의했던 조형적 섹슈얼리티는 이제 가상공간 안에서 자주 등장하는 현실이 되고 있다. 영화 〈여섯번째 날 *The Sixth Day*〉에서처럼 실제로 존재하지 않는 가상현실의 연인과 실제로 성관계를 맺는 것 같은 혼종적 감각의 공간이 생겨나고 물질적 몸을 갖지 않은 연인과의, 가장 현실적이라고 할 수 있는 성관계를 갖는 감각 시뮬레이션이 바로 조형적 섹슈얼리티의 디지털 문화적 공간에서 이루어지는 상황이다. 이러한 맥락에서 본다면 현실과의 경계도 불분명해지는 상황에서 육체의 물질적인 표면이라는 것도 점차 의미가 없어질 것이다. 육체를 떠난다는 사실과 함께 성과 노동을 모두 떠날 수 있는 탈(脫)섹슈얼리티, 탈육체, 노동의 부재 등의 유토피아적 미래에서도 여전히 물질적 육체에 가해졌던 차별적 문화가 지속될 것인가 하는 문제제기가 가능하다.

포스트모던 페미니즘 이론가들의 경우 본질주의에 반대하면서 젠더라는 범주 자체가 문화적 구성이기 때문에 생물학적으로 정해진 성이 사라지면서 이미 정체성의 전복과 위장이 자연스러운 것이라는 견해를 밝히고 있다. 특히 버틀러는 '젠더 퍼포먼스'를 제의하는데 이는 바로 생물학적으로 규정되지 않는 다양한 젠더 정체성을 예견하는 적절한 개념이다. 즉 특정한 젠더 정체성을 연출함으로써 젠더 정체성 자체의 인위성을 드러내는 행위를 의식적으로, 공공연하게 그리고 문화전복적 의도 하에 실행하는 구역과 하위문화가 비록 한정적인 구역이지만 존재한다는 점을 지적하고 있다(Stefan, 2002: 103). 버틀러의 '젠더 퍼포먼스'는 원래 퀴어이론을 바탕으로 하고 있기는 하지만 의미에 있어서 사이버공간에서의 젠더스와핑과도 긴밀한 관계에 놓여있다.

사이버공간에서의 젠더 정체성에 대한 연구는 더 이상 생물학적 결정론과 엮여있을 수 없게 되었다. 또한 디지털 문화의 전개는 여성주체의 다양하고 적극적인 성립을 상정해볼 수 있는 조건을 제공해주고 있다. 근대적 몸의 기억을 파편화시키고 새로운 몸의 물질성을 고려해볼 수 있도록 만드는 즉각적이고도 새로운 시도들이 그러하고 포스트모던하고 변화 가능한 정체성의 다양한 선택을 가능하게 하고 있다. 또한 이 과정에서 나타나는 현상, 즉 젠더매스커레이드와 젠더스와핑은 그 자체가 젠더 정체성에 대해 새롭게 성찰하게 하는 역동적 과정으로서 여성주체를 보다 긍정적으로 사고하게 하는 조건을 만들어준다고 평가될 수 있다.

물질적 육체성이 점차 희석되는 사이버공간에서 역설적으로 물질로서의 육체가 부각되는 것은 다름아닌 성별을 가진 육체의 이미지가 실제의 육체와는 다르게 유동적으로, 고정된 의미를 탈주하면서 새로운 정체성의 정치학을 구현하기 때문이다. 이를 디지털문화와 여성성이 친화력을 갖는 공통의 특성이 발휘되는 포스트모던 사회의 새로운 패러다임이 제공하는 가능성으로 보아도 무방할 것이다. 생산기능에 따른 여성의 몸이 갖는 역사적 구속력과, 섹슈얼리티를 담보하는 몸이 갖고 있는 성별화된 이미지는 몸의 물질성을 탈피하게 될 것으로 기대되고 있는 디지털문화에서 한편으로는 기존의 성역할 수행을 전제로 한 부정적 이미지와 다른 한편 전복적 이미지로 다양하게 존재하고 있다. 성별화되고 분절화된 몸의 물질적 재현이 한 축에서 여성의 이미지를 극단적으로 부정적인 방향으로 끌고 가지만, 한편으로는 사이버펑크에서 보여주는 전복적 이미지가 기존의 몸으로부터 해방된 자유로운 젠더이미지를 가능하게 하는 것이다. 이로써 해러웨이의 사이보그 논의가 함축하는 해방적 이미저리가 여성주체의 보다 자유로운 형상화를 가능하게 하는 촉발제가 되어왔다는 점에 동의하게 된다.

플루서의 '신체 기획'이라는 주제는 몸의 물질성과 연관된 여성주체의 새로운 기획에 일종의 대안적 제안으로 작용할 수 있을 것이다. 인간이 그냥 주어진 대로의 신체의 법칙 아래 놓인 채로 또 그럼으로써 물체의 법칙에도 종속된 채로 있지 않고 오히려 자기 자신을 사용할 수 있다는 것이 매우 매혹적이라고 보는 플루서는 '대안적 신체'에 대해 논의함으로써 해러웨이의 사이보그 논의에서 한걸음 더 나아간다. 더욱이 그가 "중요한 것은 신체가 아니고 바로 기획(Projekt)"(Flusser, 1994: 102)이라고 내리는 결론은 여성주체 논의에 있어서도 중요한 시사점을 준다.

버틀러가 제시한 젠더 퍼포먼스는 이제 퀴어이론을 넘어서서 몸의 물질성과 젠더 고정성을 넘어서는 사이버공간에서의 여러 가지 시도로 구체화되고 있다. 〈걸 *grrrl*〉시리즈에서도 보듯이 여성주체 형성에 있어서 주요 조건인 물질적 몸의 수행성, 노동의 가능성, 능동적이고 적극적인 섹슈얼리티에 대한 사고, 욕망의 구현 등이 사이버공간에서의 이미지로서의 몸을 탈육화한 차원에서 다양하게 정의되는 젠더 정체성과 함께 '기획'될 수 있다면 디지털 문화환경에서 여성의 주체적인 이미지정치학이 성립될 수 있을 것이다.

참고문헌

국내 문헌

강수미. 2011.『아이스테시스: 발터 벤야민과 사유하는 미학』. 파주: 글항아리.

김명혜·김훈순·유선영(공편). 1997.『성·미디어·문화』. 서울: 나남출판.

김미현. 2008.『젠더 프리즘』. 서울: 민음사.

김소연. 2010. “김기덕 혹은 (불)가능한 사랑의 연대기”.《영상예술연구》 제17권.

김수아. 2010. “소녀 이미지의 볼거리화와 소비방식의 구성: 소녀 그룹의 삼촌팬 담론 구성”.《미디어, 젠더 & 문화》 제15호.

김우창·성완경 외. 1999.『이미지는 어떻게 살고 있는가』. 서울: 생각의 나무.

김주미·신세영. 2010. “남성 아이돌 스타의 외적 이미지 유형 연구”.《한국미용예술학회지》 제4권 제3호.

김창남. 2012.『대중문화의 이해』. 서울: 한울.

김헌식. 2010.『트렌드와 심리』. 서울: 울력.

김호영. 2003.『멜로드라마, 조폭, 예술영화』. 서울: 현대미학사.

______. 2002. “김기덕의「나쁜 남자」와 ‘이미지-텍스트’로서의 영화”.《역사와 사회》 제3권 29호.

______. 2010. “영화 이미지, 언어기호인가, 이미지기호인가? - 메츠, 에코, 파솔리니, 바르트의 논의를 중심으로”. 《프랑스문화예술연구》 제33집.

김홍중. 2009. 『마음의 사회학』. 서울: 문학동네.

______. 2005. “문화사회학과 풍경(風景)의 문제: 풍경 개념의 구성과 그 가능성에 대한 이론적 탐색”. 《사회와 이론》 제6권 제1호.

______. 2012. “소명으로서의 분열 - 〈사당동 더하기 22〉가 사회학에 제기하는 문제들”. 《문화와 사회》 통권 12호.

김홍탁. 2000. 『광고, 대중문화의 제1원소』. 서울: 나남출판.

나병철. 2009. 『영화와 소설의 시점과 이미지』. 서울: 소명출판.

남은영. 2007. “한국의 소비문화와 중산층의 생활양식 : 문화적 자본 및 사회적 자본의 함의를 중심으로”. 서울대학교 대학원 사회학과 박사학위 청구논문(미간행).

들뢰즈, 질(Gilles Deleuze). 1995. 『들뢰즈의 푸코』. 권영숙·조형근 옮김. 서울: 새길.

드보르, 기(Guy Debord). 1996. 『스펙터클의 사회』. 이경숙 옮김. 서울: 현실문화연구.

드브레, 레지스(Régis Debray). 2011. 『이미지의 삶과 죽음』. 정진국 옮김. 파주: 글항아리.

딜릭, 아리프(Arif Dirlik). 2005. 『포스트모더니티의 역사들』. 황동연 옮김. 서울: 창비.

라이프니츠, 빌헬름(Wilhelm Leibniz). 2010. 『형이상학논고』. 윤선구 옮김. 서울: 아카넷.

래시, 크리스토퍼(Christopher Lash). 1989. 『나르시시즘의 문화』. 최경도 옮김. 서울: 문학과 지성사.

리즈만, 데이비드(David Riesman). 1978. 『고독한 군중』. 류근일 옮김. 서울: 동서문화사.

르메르, 아니카(Anika Lemaire). 1994. 『자크 라캉』. 이미선 옮김. 서울:

문예출판사.
맥크레켄, 그랜트(Grant McCracken). 1996.『문화와 소비』. 이상률 옮김. 서울: 문예출판사.
맥고완, 토드 & 실라 컨클(Todd McGowan & Sheila Kunkle) 엮음. 2008.『라캉과 영화이론』. 고양: 인간사랑.
맥루언, 마샬(Marshall McLuhan). 2002.『미디어의 이해』. 김성기 옮김. 서울: 민음사.
메츠, 크리스티앙(Christian Metz). 2011.『영화의 의미작용에 관한 에세이 1, 2』. 이수진 옮김. 서울: 문학과지성사.
문강형준. 2010. "우상의 황혼: 한국사회에서 아이돌은 어떻게 소비되는가?"《시민과 세계》제17호.
미첼, 윌리엄스 J. 토마스(Williams J. Thomas Mitchell). 1997.『디지털 이미지론』. 김은조 옮김. 서울: (주)클라이닉스.
______. 2005.『아이코놀로지: 이미지, 텍스트, 이데올로기』. 홍성택(옮김). 서울: 시지락.
버크, 피터(Peter Burke). 2009.『이미지의 문화사』. 박광식 옮김. 서울: 심산출판사.
배영달. 1998.『보드리야르의 문화 읽기』. 서울: 백의.
버거, 존(John Berger). 1990.『이미지 - 시각과 미디어』, 편집부 옮김, 서울: 동문선.
버틀러, 주디스(Judith Butler). 2008.『젠더 트러블』. 조현준 옮김. 서울: 문학동네.
벅 모스, 수잔(Susan Buck-Morss). 2004.『발터 벤야민과 아케이드 프로젝트』. 김정아 옮김. 서울: 문학동네.
베르그송, 앙리(Anri Bergson). 2005.『물질과 기억』. 박종원 옮김. 서울: 아카넷.
______. 2005.『창조적 진화』. 황수영 옮김. 서울: 아카넷.

벤야민, 발터(Walter Benjamin). 2006.『아케이드 프로젝트』. 조형준 옮김. 서울: 새물결.

______. 2007.『기술복제시대의 예술작품』. 최성만 옮김. 서울: 도서출판 길.

______. 2007.『일방통행로/ 사유이미지』. 김영옥·윤미애·최성만 옮김. 서울: 도서출판 길.

벨, 다니엘(Daniel Bell). 1990.『자본주의의 문화적 모순』. 김진욱 옮김. 서울: 문학세계사.

벨지, 캐서린(Catherine Belsey). 2008.『문화와 실재』. 김전유경 옮김. 부산: 경성대학교 출판부.

보드리야르, 장(Jean Baudrillard). 1992a.『기호의 정치경제학 비판』. 이규현 옮김. 서울: 문학과 지성사.

______. 1992b: 2004.『소비의 사회』. 이상률 옮김. 서울: 문예출판사.

______. 2001.『시뮬라시옹』. 하태환 옮김. 서울: 민음사.

______. 2002.『유혹에 대하여』. 서울: 백의.

볼드윈, 일레인(Elaine Baldwin) 외. 2008.『문화코드, 어떻게 읽을 것인가?』. 조애리 외 옮김. 서울: 한울.

부르디외, 피에르(Pierre Bourdieu). 1995.『구별짓기: 문화와 취향의 사회학』. 최종철 옮김. 서울: 새물결.

브룩스, 앤(Ann Brooks). 2003.『포스트페미니즘과 문화 이론』. 김명혜 옮김. 서울: 한나래.

뵐플린, 하인리히(Heinlich Wölfflin). 1995.『미술사의 기초개념』. 박지형 옮김. 서울: 시공사.

새럽, 매던(Madan Sarup). 1994.『알기 쉬운 자크 라캉』. 김해수 옮김. 서울: 백의.

서인숙. 2003.『씨네 페미니즘의 이론과 비평』. 서울: 책과길.

세베이지, 마이크 & 앨런 와드(Mike Savage & Alan Warde). 1993.『자본주의 도시와 근대성』. 김왕배·박세훈 옮김. 서울: 한울.

스터르큰, 마리타 & 리사 카트라이트(Marita Sturken & Lisa Cartwright). 2006. 『영상문화의 이해』. 윤태진·허현주·문경원 옮김. 서울: 커뮤니케이션북스.
스토리, 존(John Storey). 2001. 『대중문화와 문화연구』. 박만준 옮김. 서울: 경문사.
슈스터만, 리처드(Richard Shusterman). 2010. 『몸의 의식: 신체미학-솜에스테틱스』. 이혜진 옮김. 서울: 북코리아.
실버만, 카자(Kaja Silverman). 2010. 『월드 스펙테이터』. 전영백 옮김. 서울: 예경.
알베르티, 레온 바티스타(Leon Battista Alberti). 1998. 『알베르티의 회화론』. 노성두 옮김. 서울: 사계절.
오몽, 자크(Jacques Aumont). 1999. 『영화분석의 패러다임』. 서울: 현대미학사.
______. 2006. 『이마주』. 오정민 옮김. 서울: 동문선.
유웬, 스튜어트(Stuart Ewen). 1996. 『이미지는 모든 것을 삼킨다』. 백지숙 옮김. 서울: 도서출판 시각과 언어.
______. 1998. 『광고와 대중소비문화』. 최현철 옮김. 서울: 나남출판.
유평근·진형준. 2002. 『이미지』. 서울: 살림.
워커, 존 & 사라 채플린(John A. Walker & Sarah Chaplin). 2007. 『비주얼 컬쳐』. 임산 옮김. 서울: 루비박스.
원용진·한은경·강준만 엮음. 1993. 『대중매체와 페미니즘』. 서울: 한나래.
월터스, 수잔나(Susanna Walters). 1999. 『이미지와 현실 사이의 여성들』. 김현미외 옮김. 서울: 또하나의 문화.
이나영·정민우. 2010. "탈/식민성의 공간, 이태원과 한국의 대중음악 - 이태원 '클럽'들의 형성과 변화과정을 중심으로(1950-1991)". 《사회와 역사》 제87집.
이수안. 2008. "소비문화산업의 몸 이미지와 젠더화된 응시".

《한독사회과학논총》 제18권 2호.
______. 2009a. "여성 몸 이미지의 전형과 내면화 과정의 시각 체계적 상호작용". 《여성학논집》 제25권 제1호.
______. 2009b. "서울 도심의 공간 표상에 대한 젠더문화론적 독해 - '검경(speculum)'으로 보며 '산보하기(flânerie)'". 《대한지리학회지》 제44권 제3호.
______. 2010a. "대중문화 연예상품에서 문화적·사회적 자본의 동원 매커니즘 - 아이돌 스타의 경제자본화 과정을 중심으로. 《사회과학연구》 제18권 제2호.
______. 2010b. "몸의 물질성과 섹슈얼리티: 이론과 영상 재현의 대응적 독해". 《젠더와 문화》 제3권 제2호.
______. 2011. "대중문화에서 기호가치로서 몸 이미지의 소비양식". 《문화와 사회》 통권 11권.
이수연. 1999. "여성관객과 시선의 정치학". 『대중매체와 성의 정치학』. 김명혜 외 엮음. 나남출판.
이수자. 2004. 『후기근대의 페미니즘담론』. 서울: 여이연.
______. 2006. "글로벌 문화산업과 젠더역학의 징후적 독해". 《경제와 사회》 통권 70호.
이영철 엮음. 1999. 『21세기 문화 미리 보기』. 서울: 시각과 언어.
이진경. 2007. 『문화정치학의 영토들』. 서울: 그린비출판사.
임인숙. 2004. "다이어트의 사회문화적 환경: 여대생의 외모차별경험과 대중매체의 몸 이미지 수용도를 중심으로". 《한국사회학》 제38권 제2호.
______. 2007. "몸자아의 소비문화적 연결방식과 불안정성". 《한국사회》 제8권 제1호.
정대현·서정신·김혜숙. 1999. "인문학으로서의 영상문화학". 김우창·성완경 외. 1999. 영상문화 학회 엮음. 『이미지는 어떻게 살고 있는가』. 서울: 생각의 나무.
정민우·이나영. 2009. "스타를 관리하는 팬덤, 팬덤을 관리하는 산업 - '2세대' 아이돌 팬덤의 문화실천의 특징 및 함의". 《미디어, 젠더 & 문화》 제12호.
정진만. 1993. "쟈끄 라깡의 욕망이론 -「롤리타」분석을 중심으로". 경희대학교 대학원 영문학과 석사학위 청구논문(미간행).
제이, 마틴(Martin Jay). 1999. 『모더니티의 조망 체제』. 이영철 엮음/백한울 외 옮김. 서울: 시각과 언어.
졸리, 마틴(Martine Joly). 1994. 『영상 이미지 읽기』. 김동윤 옮김. 서울: 문예출판사.
______. 2004. 『이미지와 기호』. 이선형 옮김. 서울: 동문선.
주유신 외. 2005. 『알고 누리는 영상문화』. 서울: 도서출판 소도.
주은우. 2003. 『시각과 현대성』, 서울: 도서출판 한나래.
______. 1994. "근대적 시각과 주체". 《사회비평》 제12권. 서울: 나남.
주진숙. 1999. "시선과 권력, 그리고 그것을 해체하기". 김명혜 외 엮음, 『대중매체와 성의 정치학』. 서울: 나남.
주형일. 2007. 『내가 아는 영상 기호 분석』. 용인: 도서출판 인영.
주창윤. 2003. 『영상 이미지의 구조』. 서울: 나남.
짐멜, 게오르그(Georg Simmel). 2005. 『짐멜의 모더니티 읽기』. 김덕영 · 윤미애 옮김. 서울: 새물결출판사.
채오병. 2011. "이행과 번역 - 한국사회의 근대성 이해를 위한 방법론적 소고". 《경제와 사회》 통권 89호.
최우영. 2006. "한국사회의 '근대' 해석과 대중문화 지형의 변화". 《담론 201》 제9권 4호.
커리, 그레고리(Gregory Currie). 2007. 『이미지와 마음』. 김숙 옮김. 서울: 한울.
쿤, 아네트(Annette Kuhn). 2001. 『이미지의 힘』. 이형식 옮김. 서울: 동문선.

크래리, 조나단(Jonathan Crary). 2001.『관찰자의 기술』. 임동근·오성훈 외 역. 서울: 문화과학사.

파우저, 마르쿠스(Markus Fauser). 2008.『문화학의 이해』. 김연순 옮김. 서울: 성균관대학교 출판부.

페더스톤, 마이크(Mike Featherstone). 1999.『포스트모더니즘과 소비문화』. 정숙경 옮김.서울: 현대미학사.

포스터, 핼(Hal Foster) 엮음. 2004.『시각과 시각성』. 최연희 옮김. 부산: 경성대학교 출판부.

프랑클, 폴(Paul Frankl). 1986.『건축 형태의 원리』. 김광현 옮김. 서울: 기문당.

푸코, 미셸(Michel Foucault). 1993.『임상의학의 탄생』. 홍성민 옮김. 서울: 인간사랑.

________. 2003.『감시와 처벌』. 오생근 옮김. 서울: 나남.

________. 2012.『말과 사물』. 이규현 옮김. 서울: 민음사.

피스터르스, 파트리샤(Patricia Pisters). 2007.『시각문화의 매트릭스』. 정민아 옮김. 서울: 철학과현실사.

채니, 데이비드(David Chaney). 2004.『라이프스타일』. 김정로 옮김. 서울: 일신사.

초우, 레이(Rey Chow). 2004.『원시적 열정』. 정재서 옮김. 서울: 이산.

최종렬. 2009.『사회학의 문화적 전환』. 파주: 살림.

허천, 린다(Linda Hutcheon). 1998.『포스트모더니즘의 이론과 전략』. 장성희 옮김. 서울: 현대미학사.

헵디지, 딕(Dick Hebdige).『하위문화』. 이동연 옮김. 서울: 현실문화연구.

호르크하이머, 막스 & 테오도르 아도르노(Max Horkheimer & Theodor Adorno). 2001.『계몽의 변증법』. 김유동 옮김. 서울: 문학과 지성사.

홍성욱. 2002.『파놉티콘 - 정보사회 정보감옥』. 서울: 책세상.

홍준기. 2005.『오이디푸스 콤플렉스, 남자의 성, 여자의 성』. 서울: 아난케.

황수영. 2006.『물질과 기억, 시간의 지층을 탐험하는 이미지와 기억의 미학』. 서울: 아카넷.

국외 문헌

Anderson, Michael. 1984. *Madison Avenue in Asia*. Cranbury: Associated University Presses.

Anthias, Floya. & Yuval-Davis, Nira. 1992. *Racialized Boundaries*. London: Routledge.

Appadurai, Arjun. 1996. *Modernity at Large*. Minneapolis: University of Minnesota Press.

Arnheim, Rudolf. 2002. *Film als Kunst*. Frankfurt a. M.: Suhrkamp.

Balsamo, Anne. 2011. *Designing Culture*. Durham & London: Duke University Press.

Baudrillard, Jean. 1993. *Symbolic Exchange and Death*. Iain Hamilton Grant (trans.). London: Sage.

Beasley, Chris. 2005. *Gender and Sexuality: Critical Theories, Critical Thinkers*. London: Sage.

Belknap, P. M. & Leonard, W. M. 1991. "A Conceptual replication and extension of Erving Goffman's Study of Gender Advertisements." *Sex Roles*. 25: 103-118.

Belova, Olga. "The Event of Seeing: A Phenomenological Perspective on Visual Sense-Making." *Culture and Organization*. 12(2): 93-107.

Benhabib, Seyla. 2002. *The Claims of Culture*. Princeton, N. J.: Princeton University Press.

Benthien, Claudia. 2002. *Skin: on the cultural border between self and the world*, New York: Columbia University Press.

Berger, John. 1972. *Ways of Seeing*. London: British Broadcasting Corporation and Penguin Books.

Berry, J. W. 1990. "Psychology of Acculturation: Understanding individuals moving between culture." in Brislin, R. (ed.). *Applied cross-cultural psychology*. 14: 232-253.

______. 1997. "Immigration, acculturation, and adaptation." *Applied Psychology: An International Review*. 46(1): 5-68.

Bhabha, Homi K. 1994. *The Location of Culture*. London, New York: Routledge.

Blood, Sylvia K.. 2005. *Body Work: The Social Construction of Women's Body Image*. New York: Routledge.

Blumberg, Paul. 1974. "The Decline and Fall of the Status Symbol: Some Thoughts on Status in a Post-Industrial Society." *Social Problems*. 21(4): 480-498.

Brennan, Teresa. 1996. "The Contexts of Vision from a Specific Standpoint." in Teresa Brennan & Martin Jay (eds.). *Vision in Context: Historical and Contemporary Perspectives on Sight*. New York & London: Routledge. 217-230.

Browne, Jude (ed.). 2007. *The Future of Gender*. Cambridge: Cambridge University Press.

Bruzzi, Stella. 1997. *Undressing Cinema: Clothing and Identity in the Movies*. London & New York: Routledge.

Buikema, Rosemarie & Iris van der Tuin. 2007. *Doing Gender in Media, Art and Culture*. London: Routledge.

Canclini, Néstor García. 1995. *Hybrid Cultures*. Minneapolis: University of Minnesota Press.

Castles, Stephan & Davidson, Alastair. 2000. *Citizenship and Migration: Globalization and the Politics of Belonging*. New York: Routledge.

Chen, Kuan-Hsing. 1996. "Not Yet the postcolonial era: The (Super)Nation-state and transnationalism of cultural studies." *Cultural Studies*. 10(1): 37-70.

Conley, Tom. 1996. "The Wit of the Letter: Holbein's Lacan." in Teresa Brennan & Martin Jay (eds.). *Vision in Context: Historical and Contemporary Perspectives on Sight*. New York & London: Routledge. 45-62.

Connell, Robert W. 1983. "Theorizing Gender." *Sociology* 19: 260-272.

______. 2000. *The Men and the Boys*. Cambridge: Polity Press.

Constable, Nicole. 2003. *Romance on a Global Stage*. Berkeley & Los Angeles: University of California Press.

Crary, Jonathan. 1990. *Techniques of the Observer: On Vision and Modernity in the Nineteenth Century*. Cambridge: MIT Press.

Crawley, Sara, Lara Foley & Constance Shehan. 2008. *Gendering Bodies*. Maryland Rowman & Littlefield Publishing Group.

Damisch, Hubert. 1994. *The Origin of Perspective*. John Goodman (trans.). M. A.: MIT Press.

Debord, Guy. 1994. *The Society of the Spectacle*. New York: Zone Books.

de Lauretis, Teresa. 1984. "Desire in Narrative." in Teresa de Lauretis (ed.). *Alice Doesn't: Feminism, Semiotics, Cinema*. Bloomington: Indiana University Press. 103-157.

Devereaux, Mary. 1990. "Oppressive Texts, Resisting Readers, and the Gendered Spectators: The New Aesthetics." *Journal of Aestetics and Art Criticism*. 48(4): 337-347.

Doane, Mary Ann. 1997. "Film and the Masquerade - Theorizing the female spectator." in Katie Conboy, Nadia Medina and Sarah Stanbury (eds.). *Writing on the Body - Female embodiment and Feminist Theory.* New York: Columbia University Press. 176-194.

Edgerton, Samuel Y. Jr. 1975. *The Renaissance Rediscovery of Linear Perspective.* New York: Basic Books.

Fanon, Frantz. 1967. *Black Skin, White Masks.* New York: Grove Press.

Fletcher, John. 1988. "Versions of masquerade." *Screen.* 29(3): 43-71.

Foster, Hal (ed.). 1985. *Postmodern Culture.* London: Pluto Press.

Flusser, Vilém. 1994. *Vom Subjekt zum Projekt. Menschwerdung.* Stefan Bollmann & Edith Flusser(hrsg.). Bensheim & Düsseldorf: Bollmann.

Frisby, David. 1981. *Sociological Impressionism: A Reassessment of the Social Theory of Goerg Simmel.* London: Heinemann.

Frye, Marilyn. 1983. *The Politics of Reality: Essays in Feminist Theory.* Trumansburg & New York: The Crossing Press.

Gerson, Judith M., & Kathy Peiss. 1985. "Boundaries, Negotiation, Consciousness: Reconceptualizing Gender Relations." *Social Problems* 32(4): 317-331.

Gilligan, Sarah. 2011. "Performing Postfeminist Identities: Gender, Costume, and Transformation in Teen Cinema." in Melanie Waters (ed.). *Women on Screen.* Palgrave MacMillan. 167-181.

Goffman, Erving. 1976. "Gender Display." *Studies in the Anthropology of Visual Communication* 3: 69-77.

______. 1977. "The Arrangement Between the Sexes." *Theory and Society.* 4: 301-331.

______. 1979b. *Gender Advertisements.* New York : Harper Colophon Books.

Grogan, Sarah. 2008. *Body Image: Understanding Body Dissatisfaction in*

Men. Women, and Children. New York: Routledge.

Hansen, Miriam. 2004. "Pleasure, Ambivalence, Identification: Valentino and Female Spectatorship." in Leo Braudry & Marshall Cohen (eds.). *Film Theory and Criticism.* Oxford: Oxford University Press. 634-651. originally in *Cinema Journal* 25(4): 6-32.

Halberstam, Judith/Jack. 2012. "Gaga Feminism: Sex, Gender and the End of Normal." Proceeding of the Twentieth Anniversary International Conference of KAFSEL. June. 8 - 9. 2012. New Millennium Hall. Yonsei University.

Hall, Stuart. 1994. "Cultural Identity and Diaspora". in P. L. Willams (ed.). *Colonial Discourse and Post-Colonial Theory.* New York: Columbia University Press. 392-403.

______ (ed.). 1997. *Representation: Cultural Representations and Signifying Practices.* California & London: Sage.

Hartmann, Frank. 2000. *Medienphilosophie.* Wien: WUV-Universitätsverlag.

Hayles, Katherine. 1999. *How We Became Posthuman.* Chicago: The University of Chicago Press.

Heath, Stephen. 1989. "Joan Riviere and the masquerade." in Victor Burgin, James Donald & Cora Kaplan (eds.). *Formations of Fantasy.* London: Routledge. 45-61.

Holmes, Mary. 2007. *What is Gender? Sociological Approaches.* London: Sage.

Howard, Keith. 2002. "Exploding ballads: The transformation of Korean Pop music." in Craig, T. J. & King, R. (ed.). *Global goes local.* Vancouver: University of British Columbia Press. 80-95.

Irigaray, Luce. 1985. *Speculum of the Other Woman.* Gillian G. Gill (trans.).

Ithaca. New York: Cornell University Press.

Jameson, Frederic. 1984. "Postmodernism: or the Cultural Logic of Late Capitalism." *New Left Review.* 146: 53-93.

______. 1985. "Postmodernism and the Consumer Society." in Hal Foster (ed.). *Postmodern Culture.* London: Pluto Press. 111-125.

Jay, Martin. 1988. "Scopic Regimes of Modernity." in Hal Foster (ed.). *Vision and Visuality.* Seattle: Bay Press.

______. 1993. *Downcast Eyes: The Dinigration of Vision in Twentieth-Century French Thought.* Berkeley: University of California Press.

Jenks, Chris (ed.). 1995. *Visual Culture.* London & New York: Routledge.

Jonas, Hans. 1966. *The Phenomenon of Life.* New York: Harper & Row Publishers.

Kang, Mee-Eun. 1997. "The portrayal of Women's Images in Magazine Advertisements: Goffman's gender analysis revisited." *Sex Roles.* 37(11/12): 979-996.

Kearney, Mary Celeste (ed.). 2012. *The Gender and Media Reader.* New York & London: Routledge.

Kraidy, Marwan M.. 2005. *Hybridity, or the Cultural Logic of Globalization.* Philadelphia: Temple University Press.

Kymlicka, Will. 1995. *Multicultural Citizenship.* Oxford: Oxford University Press.

Lacan, Jacques. 1979. *The Four Fundamental Concepts of Psycho-Analysis.* in Jacques-Alain Miller (ed.). Alan Sheridan (trans.). London & New York: Penguin Books.

______. 1982. "The Signification of the Phallus." *Écrits.* Bruce Fink (trans.). New York: W. W. Norton & Company.

Lee, Ji Yeon. 2005. "Traveling Films: Western Criticism, Labelling

Practice and Self-Orientalised East Asian Films." Goldsmiths College University of London (Ph. D. Thesis).

Lee, Jamie. 2004. "Linguistic hybridization in K-pop: Discourse of self-assertion and resistance." *World Englishes*. Vol. 23 No. 3.

Leiss, William, S. Kline & S. Jhally. 1886. *Social Communication in Advertising: Persons, Products and Images of Well-Being*. Toronto: Methuen.

Lury, Celia. 2011. *Consumer Culture*. Cambridge: Polity Press.

Manuel, Peter. *Popular Musics of the Non-Western World*. Oxford University Press. 1990.

Mayo, Clara & Henley, Nancy. M. 1981. *Gender and nonverbal behavior*. New York: Springer-Verlag.

McKendrick, Neil, John Brewer, and J. H. Plumb. 1982. *The Birth of a Consumer Society: The Commercialization of Eighteenth-Century England*. Bloomington: Indiana University Press.

McRobbie, Angela. 1982. "Setting accounts with subcultures: A Feminist Critique." *Screen Education*. 34.

______. 2009. *Aftermath of Feminism*. London: Sage.

Metz, Christian. 1982. *The Imaginary Signifier: Psychoanalysis and the Cinema*. Indianapolis: Indiana University Press.

Milestone, Katie & Meyer, Anneke. 2012. *Gender and Popular Culture*. Cambridge: Polity Press.

Minh-ha, Trinh, T. 1989. *Woman, Native, Other*. Bloomington & Indianapolis: Indiana University Press.

______. 1991. *When the Moon Waxes Red: Representation, Gender and Cultural Politics*. New York & London: Routledge.

Mitchell, Williams J. T. 1994. *Picture Theory: Essays on Verbal and Visual*

Representation. Chicago & London: The University of Chicago Press.

Modleski, Tania. 1989. "Some functions of feminist criticism, or the scandal of the mute body." *October*. 49: 3-24.

Mulvey, Laura. 1975. "Visual Pleasure and Narrative Cinema." *Screen* 16(3): 6-18. http://www.jahsonic.com/VPNC.html

______. 1990. "Afterthoughts on Visual Pleasure and Narrative Cinema Inspired by Duel in the Sun." in Ann Kaplan (ed.). *Psychoanalysis and Cinema*. New York: Routledge. 24-35.

Nayak, Anoop & Kehily, Mary Jane. 2008. *Gender and Youth Culture-Young Masculinities and Femininities*. Hampshire: Palgrave Macmillan.

Okin, Susan, M. 1999. *Is Multiculturalism Bad for Women?*. Princeton: Princeton University Press.

Panofsky, Erwin. 1991. *Perspective as Symbolic Form*. New York: Zone Book.

Phillips, Anne. 2007. *Multiculturalism without Culture*. Princeton: Princeton University Press.

Pilcher, Jane & Whelehan, Imelda. 2004. *50 Key Concepts in Gender Studies*. London: Sage.

Plante, Rebecca & Lis M. Mauerer (eds.). 2010. *Doing Gender Diversity*. Boulder: Westview Press.

Rajchman, John. 1988. "Foucault's Art of Seeing." *October*. Spring.

Rakow, Lana. 1986. "Feminist approaches to popular culture: Giving patriarchy its due." *Communication*. 9. 19-41

Riviere, Joan. 1966. "Womanliness as a Masquerade." in Hendrick M. Ruitenbeek (ed.). *Psychoanalysis and Female Sexuality*. New Heaven: College and University Press.

Rogers, Everett. 1983. *Diffusion of Innovations*. New York: The Free Press.

Romanyshyn, Robert D. 1989. *Technology as Symptom and Dream.* London & New York: Routledge.

Rosalind, Coward. 1985. *Female Desires: How They Are Sought, Bought and Packaged.* New York: Grove Press.

Rose, Gillian. 1978. *The Melancholy Science: An Introduction to the Thought of Theodor W. Adorno.* London: Macmillan.

Said, Edward, W. 1979. *Orientalism.* New York: Vintage Books.

Schilder, Paul. 1950. *The Image and Appearance of the Human Body.* London: Routledge.

Silvermann, Kaja. 1988. "Dis-Embodying the Female Voice." in M. A. Doane, P. Mellencamp & L. Williams (eds.). *Re-vision: Essays on Feminist Film Criticism.* Indianapolis: Indiana University Press. 141-186.

______. 1996. *The Threshold of the Visible World.* New York & London: Routledge.

Simmel, Georg, 2006 (org. 1903). *Die Großstädte und das Geistesleben.* Frankfurt a. M.: Suhrkamp.

______. 2012 (org. 1908). *Soziologie. Untersuchungen über die Formen der Vergesellschaftung.* Berlin : Duncker & Humblot. http://www.archive.org

Soysal, Yasemin N. 1994. *Limits of Citizenship.* Chicago, London: University of Chicago.

Spivak, Gayatri C. 1987. *In Other Worlds.* New York: Methuen.

Storey, John. 2006. *Cultural Theory and Popular Culture.* Athens: The University of Georgia Press.

Sun Jung. 2011. *Korean Masculinities and Transnational Consumption,* Hong Kong University Press.

Tseëlon, Efrat. 2001. *Masquerade and Identities: Essays on Gender, Sexuality and Marginality.* London: Routledge.

Tyler, Stephen. A. 1984. "The vision quest in the West, or what the mind's eye sees." *Journal of Anthropological Research.* 40(1). 23-39.

Veblen, Thorstein. 1912. *The Theory of the Leisure Class.* New York: Macmillan. http://www.archive.org

Wallerstein, Immanuel. 1990. "Culture as the Ideological Battleground of the Modern World-System." in Mike Featherstone (ed.). *Global Culture, Nationalism, Globalization and Modernity.* London: Sage. 58-63.

______. 1997. "The National and the Universal: Can There Be Such a Thing as World Culture?". in Anthony D. King (ed.). *Culture, Globalization and the World-System.* Minneapolis: University of Minnesota Press. 91-106.

Wallis, Cara. 2011. "Performing Gender: A Content Analysis of Gender Display in Music Videos." *Sex Roles.* 64: 160-172.

Walters, Suzanna Danuta. 1995. *Material Girls.* Berkeley & Losangeles: University of California Press.

Waters, Melanie (ed.). 2011. *Women on Screen: Feminism and Femininity in Visual Culture.* London: Palgrave McMillian.

Webb, Jen. 2009. *Understanding Representation.* London: Sage.

Weinstein, Deena. & Michael Weinstein. 1993. *Postmodern(ized) Simmel.* London: Routledge.

Welsch, Wolfgang. 1999. "Transculturality - the Puzzling Form of Cultures Today." in Mike Featherstone and Scott Lash (eds.). *Spaces of Culture: City, Nation, World,* London: Sage. 194-213. http://www2.uni-jena.de/welsch/Papers/transcultSociety.html

West, Candace & Zimmerman, Don H. 1987. “Doing Gender.” *Gender & Society* 1, no. 2 (June 1987). in Rebecca Plante & Lis M. Mauerer (eds.). 2010. *Doing Gender Diversity.* Philadelphia: Westview Press. 3-12.

Williams, Raymond. 1982. *Dream World: Mass Consumption in Late Nineteenth Century France.* Berkeley: University of California Press.

______. 1983. *Keywords: A Vocabulary of Culture and Society.* London: Flamingo Edition, Pontana Paperbacks; Revised Edition. New York & Oxford: Oxford University Press.

Winship, Janice. 1987. “Handling Sex.” in Rosemary Betterton, *Looking on: Images of Femininity in the Visual Arts and Media.* London: Pandora Press. 25-39.

Young, Robert. 1995. *Colonial Desire: Hybridity in Culture, Theory and Race.* Routledge.

Zeisler, Andi. 2008. *Feminism and Pop Culture.* Berkeley: Seal Press.

Zukin, Sharon. 1982. “Art in the Arms of Power.” *Theory and Society.* 11(4). 423-451.

색인

ㄱ

ㅇ

ㅈ

ㅊ

ㅋ

ㅌ

ㅍ

ㅎ

탈경계인문학 연구총서 발간에 부쳐

전지구적 자본주의와 국경을 넘나드는 이주의 확산, 새로운 매체의 출현과 생명공학의 발달 등으로 인해, 근대 인문학이 그어놓은 인간·지식·문화의 경계들은 빠르게 해체되고 있으며, 인문학은 이전과는 전혀 다른 새로운 문제들에 직면하고 있다. 이화인문과학원 탈경계인문학연구단은 이 새로운 현상을 '탈경계'라는 개념으로 포착하여 인문학의 새로운 패러다임으로 '탈경계인문학'을 제안하였다. 이 연구 아젠다는 2007년부터 한국연구재단의 〈인문한국(HK) 지원사업〉에 선정되어, 탈경계인문학의 구축과 확산을 위해 노력하고 있다.

'탈경계인문학'은 기존의 분과학문이나 지역적 사고로는 그 경계가 빠르게 재편되고 있는 현실 속의 다양한 인간 경험을 담아내기 어렵다는 문제의식에서 출발한다. 우리는 이 새로운 현상들을 조망하고 해석하기 위해 문학과 문화, 인간과 기계, 예술과 테크놀로지, 주체와 타자, 젠더, 텍스트와 현실, 지구와 지역의 경계를 넘어서는 연구 관점이 필요하다는 공동인식에 도달했다. 또한 인문학 연구의 대상을 텍스트로 국한하지 않고, 우리가 살아가고 있는 삶의 현장으로 확장할 필요가 있다고 보았다. 따라서 우리의 연구는 학제적·융합적이고, 지구지역적(glocal)이며, 탈경계적이다. 이러한 탈경계적 방법론을 통해 우리는 역동적 현실에 민감하게 반응하면서 기존 인문학의 분과를 넘나드는 탈경계인문학 이론을 생산하고자 한다.

본 연구총서는 탈경계인문학연구단의 연구 성과뿐만 아니라, 그 문제의식을 공유하는 다양한 연구자들의 성과를 한자리에 모아 탈경계인문학의 구축과 확산의 계기를 마련하기 위해 기획되었다. 이 총서를 통해 우리는 분과 학문의 경계를 넘나드는 학제적 시각에서 전통 인문학의 주제들을 재해석할 뿐만 아니라, 21세기 탈경계 문화 현상을 해석하고, 경계의 구성과 해체에 개입하는 권력을 비판적으로 성찰하는 열린 토론의 장을 이끌어 내고자 한다. 21세기 인문학의 새로운 패러다임을 구축하고 탈경계 문화 현상 속의 인간과 인간 경험의 전 영역을 아우르는 통합적 인문학 연구의 장을 만들어내는 것, 우리의 삶의 현장과 유리되지 않는 역동적인 인문학의 위상을 정립하는 것, 대안 가치와 새로운 세계를 고민하는 인문학적 소통의 장을 만들어 내는 것, 그것이 탈경계인문학 연구총서를 내는 우리의 기대이다.

2012년 12월

이화인문과학원 탈경계인문학연구단